财经法启

RISK MANAGEMENT
OF EAST ASIAN FINANCIAL INSTITUTION
Legal Review

陈景善　张婷/主编

东亚金融机构风险处置
法律评论

第2辑

法律出版社
LAW PRESS·CHINA

作者简介

陈景善

吉林延边人，日本早稻田大学法学院法学博士。现任中国政法大学民商经济法学院教授、博士研究生导师，《中国政法大学学报》副主编。兼任北京市破产法学会常务理事、北京市比较法学研究会理事、中国法学会保险法学研究会理事、中国法学会银行法学研究会理事、东亚破产再建协会理事。代表性著作：《资本制度的现代化与理念冲突研究》、《中国公司法》（中译日）、《公司法改革——公开股份公司法的构想》（日译中）。研究方向：公司法、破产法、证券法、保险法、金融法，侧重于东亚比较法研究；精通日语、韩语。

张　婷

江苏徐州人，中国人民大学法学硕士。现任北京大成律师事务所高级合伙人。兼任中国法学会银行法学研究会金融安全与金融法专业委员会副主任、北京市破产法学会常务理事、中国政法大学破产重组研究中心高级研究员、中国人民大学破产法研究中心研究员等职务。执业领域：公司重整、破产清算、债务重组及金融机构风险处置，曾承办中国二重、云南煤化工、无锡尚德、中钢集团等多个重大破产重整、债务重组案例以及多个金融机构风险处置案例。国内最有影响力的破产重组律师之一，获评ALB 2017年中国最佳女律师。出版《困境公司如何重整》《公司重整：角色与规则》《公司重整制度中的股东权益》等专著，受邀撰写《钱伯斯中国破产法实践指南》，曾向监管部门提交近百万字的金融机构风险处置研究报告和专家咨询意见。

序 言 一

由于金融经济的特殊性，国际上关于金融机构破产处置的立法模式，已呈现出以特别法为主导的发展趋势。我国的金融机构破产立法，目前采用的是以2007年6月实施的《企业破产法》为基础、以基于该法第134条授权制定的行政法规为补充的模式。但是，《企业破产法》的一般性规定，在立法目的、法律原则和程序设计等方面，对金融机构破产处置的特殊需求缺乏充分考虑，而授权制定的行政法规，除了2008年4月发布的《证券公司风险处置条例》外，至今尚未出台。因此，总的来说，当前我国解决金融机构破产问题的法律资源明显供给不足。

2007年12月，国务院法制办公室开始酝酿起草关于银行业机构破产的条例，委托银监会负责。随后，银监会政策法规部与中国政法大学民商经济法学院联合成立研究小组，开始了《银行业金融机构破产条例》起草的前期工作。本人执笔草拟了最初的大纲，于2008年1月提交研究小组讨论。其间，我曾为银监会机关主讲了题为《银行破产法律制度》的讲座。研究小组于同年3月拟定提纲，4月形成初稿。此后，在银监会主导下，经征求相关各方和学者的意见，就条例涉及的一系列重要问题进行了深入研究。经过多次修改，条例草案于2009年年初完成正式讨论稿。但彼时适逢全球金融风暴，为避免在社会上造成不必要的负面心理暗示，条例的立法进程暂时停止。

当然，这种临时应对之举毕竟不是金融稳定的长久之策。要实现有效的风险管控，建立持续健康发展的金融秩序，就必须给企业和银行提供明确的制度导向，使包括债权人和债务人在内的金融交易参与者能够在公平和透明的破产制度下保持理性的行为预期。所以，在两年沉寂之后，银行业金融机构破产条例的起草工作于2011年再次启动。经过多年的努力，我国银行破产特别立法所需的知识储备、政策储备和文案储备都已臻于成熟。

与此同时,我国的保险公司破产处置条例也一直在积极制定之中。

当然,在银行破产立法方面,目前还存在一些有争论的问题,例如,行政程序与司法程序的关系、行政接管制度的具体设计、监管部门的职权、破产申请的主体、存款保险机构的角色、适用司法重整程序的必要性、破产清偿顺序的特殊安排、条例与破产法的关系等。但是,这种情况并不足以对条例的出台构成实质性障碍。经验证明,立法往往是求同存异的结果。造就良法的秘诀在于从不同选项中进行最优选择,以及面对不同意见做出明智的整合与妥协。

值此之际,陈景善、张婷主编的《东亚金融机构风险处置法律评论》一书,即将由法律出版社出版。本书介绍了中国金融机构破产制度建设的前沿问题,编译了介绍日韩两国金融机构破产法制经验的文章。本人与日本的高木新二郎教授、韩国的吴守根教授曾于2009年共同发起组织"东亚企业破产重组论坛",在中、韩、日三国轮流举办年度研讨活动,为各国的破产法实务界和学界人士提供交流与合作的平台,目前已经成功举办了六届。本书的作者都是该论坛的积极参与者。本书在一定程度上展现了这些年来三国破产法学界交流的成果,它的出版将有助于我国金融机构破产法制的完善。

中国银行法学研究会会长,中国政法大学教授

王卫国

2015年8月20日

序 言 二

中国金融机构破产法制的完善成为亟待解决的课题,这是市场经济成熟的佐证。日本曾经出现过金融机构的破产、银行的破产——从 20 世纪 90 年代开始,日本陆续出现了金融机构破产事例,这超出了当时人们的预期。毋庸置疑,为所有的产业输送血液、提供资金的金融机构的作用极其重要。但是,在经济的动态发展中,金融机构也并未幸免于破产。培育健全的金融机构,淘汰不健全的金融机构,在市场经济的发展中是不可欠缺的。

几年前,中国、韩国、日本的学者和实务界组建了东亚破产再建协会运营,相互交流经验。希望今后三国能持续互相协助、共同完善包括金融机构在内的破产处置以及事业再生制度,解决实务上出现的问题,进而构建超越欧美的经济产业配套制度。

野村证券公司顾问,法学博士

高木新二郎

2015 年 7 月

序言三　谨祝《东亚金融机构风险处置法律评论》的出版

作为近邻，遥祝中国政法大学"东亚企业并购与重组法制研究中心"与金杜律师事务所共同编著、编译出版了《东亚金融机构风险处置法律评论》。借此书出版之际，与各位共享成果问世之喜悦。中国的学界以及实务界关注金融机构的破产，象征着破产法学研究的发展水准，意味着法学家的作用扩大到了经济以及金融政策的构建。因而，本人认为本书出版的意义在于其象征着中国破产法研究更上了一层楼。

本人学习破产法的当时，韩国还没有像样的破产法书籍，只好学习美国的破产法书籍。美国破产法书籍专设了银行破产一章，但当时我们根本无法想象银行会破产。当时的韩国银行与国家机关并无区别，所以既没有银行破产的事例，以银行破产为前提的破产相关法规以及实务惯例也不存在。所以，本人跳过该章节，根本没有阅读。其后，不到 10 年，在韩国亲眼看见了银行的破产。在韩国，将金融作为一个产业和营利机构来认识，这并不容易，至今仍是韩国尚未解决的一个课题。

在破产法与破产实务中，金融机构从两个侧面发挥重要的机能。首先，是作为重要的债权人发挥机能。实际上，破产程序是以合理的债权人为前提而设计的。如果债权人不合理地表决，破产程序就会歪曲。因而，主要债权人金融机构是否正确地发挥作用将会左右破产程序的成败。其次，金融机构本身的破产。如果将金融机构作为独立的企业来认识，金融机构的破产并不为怪。众所周知，进入亏损状态的金融机构适时地、有效而有序地退出，可促进经济的有效发展。

但是，如果强调金融机构的公共性以及工具性，就会出现金融机构作为债权人无法发挥作用或回避金融破产的事情，并且时而发生。在国家主导经济发展的体制下尤其如此。因而，金融机构作为债权人的机能、金融机构的破产、法律秩序和经济政策将会聚焦在一起,需要相互协调与均衡。

期待今后东亚金融机构破产相关论文集持续出版,能为中国的法制建设与经济发展做出更大的贡献。并借此机会向为本书出版付出辛劳的相关人员表示敬意,特此感谢!

韩国梨花女子大学　法学专门大学院院长

吴守根

(陈景善译)

2015年7月

编 者 序

党的十九大报告提出，要深化金融体制改革，增强金融服务实体经济能力，提高直接融资比重，促进多层次资本市场健康发展，健全金融监管体系，守住不发生系统性金融风险底线。因此，总结金融安全与法治建设、法治战略、金融风险的预防与处置、金融消费者的法律保护以及目前存在的问题，注重理论与实践相结合，密切关注新趋势、新发展和新问题，对完善我国金融安全法治体系具有重要的意义。

在实现金融服务实体经济能力大幅提升，区域金融发展新格局基本形成，完善地方金融体系，金融风险和地方政府债务有效管控中，金融法治建设在金融改革发展、稳定起到有力的推动、促进作用。保障金融安全、加强金融法治建设是党的十九大、第五次全国金融工作会议的重要要求，金融稳定发展成为治国理政的主要内容之一。鉴于此，2017 年 11 月中国法学会银行法学研究会成立了金融安全与金融法专业委员会，由长期从事金融安全与金融法相关研究的学界以及实务界人士共同探讨加强国家金融安全法治战略、金融安全法治保障、新兴金融法治建设等问题研究，为国家金融安全立法、司法、执法等提供智力支持、顶层设计，以此推动我国金融的稳定发展。在成立大会上，王卫国会长在致辞中明确指出，为贯彻落实党的十九大、全国金融工作会议上习总书记关于金融安全的一系列重要思想和部署，成立金融稳定发展委员会，建议专委会加强与金稳会的联络，随时为其做好智力支持。专委会肩负重要历史使命，要成为我国经济发展、金融发展的保护者，扮演好卫士角色，遮风避雨、保驾护航；扮演好医生角色，处置风险、治病疗伤。本书主编张婷律师任专委会的副主任，在金融机构风险处置方面积累了丰富的实务经验。从理论结合实践的角度出发，本书由大成律师事务所张婷律师团队与中国政法大学东亚企业并购与重组法制研究中心共同企划、编著。继 2015 年 8 月出版第 1 辑后，本次出版第 2 辑。本辑专门组稿日本、韩国金融机构破产相关案例以及制度分析等,对各国制度实施背景、适用中遇到的问题、在金融机构破产中主要采用的救济模式,以及风险预防机制作了系统梳理。主要侧重于银行、保险、信托等金融机构的破产,并对各国法律体系以及最新动态作了介绍,以期得到启发予以借鉴。

日韩在破产法体例下均专门制定了金融机构破产重整相关条例。例如,日本破产法分为规范中小型公司与个人的破产重整程序的《民事再生(重整)法》,规范股份公司的破产重整程序的《公司更生(重整)法》,规范破产清算的《破产法》,债权人或债务人根据需要基于不同的法律申请重整或破产清算。本书为了区分并尊重日本原有法律体系,"再生"与"更生"均用原语。本辑得到日本同志社大学金春教授的大力支持,收录了日本破产法权威专家山本克己教授的论文。同时,得到日本实务界的支持,收录了曾经参与过银行破产实务的木下信行先生的论文,以及曾担任保险公司破产管理人的阿部信一郎律师的论文等。

韩国与日本不同,于2007年将破产清算、重整等程序统一归纳为一部法律,名称为《债务人回生(重整)及破产法律》。除此之外,金融机构破产可依据的法律有《关于金融产业结构改善的法律》《存款人保护法》《关于金融委员会的设置等的法律》《韩国银行法》《韩国产业银行法》等。本辑得到韩国大法院吴世庸的大力支持,收录了他系统阐述并分析韩国金融机构破产制度的研究,达10多万字。同时,通过吴法官的推荐,收录了韩国不良债权处理、保险公司破产、信托公司破产相关领域的前沿论文。

本书今后将持续编写东亚破产法最新动态,为我国破产法、金融法学界以及实务界提供交流的平台,以期为我国金融安全与法治建设尽微薄之力。

编委会

2017年11月16日

目　录

日本破产法、民事再生法概论①

[日]山本克己* 著 崔延花** 译
金 春 监译***

一、法庭内的破产处理程序

(一)破产现象和集体处理破产

在市场经济秩序中,经济主体(企业以及家庭经济)有时会陷入经济困境。尤其是在货币经济体制下,这种经济困境通常以经济主体丧失资金的流动性(缺乏能够立即使用的流动资金),以无力或有可能无力清偿金钱债务的形态显现(票据交易盛行时,其典型形态是进行票据交易的企业因资金不足拒付票据义务而受交易禁止处分)。经济困境的程度差别很大,本文将经济主体陷入这种困境状态称为"破产"(原文为"倒产")。另外,因为陷入破产状态的经济主体通常背负过大或多重债务,所以称为"债务人"(有时,在债务人中,对已启动破产处理程序的,特称其为"破产债务人")。

站在债权人的立场,继续向已经破产的债务人提供

---

① 本文原载于山东克己等著:《破产法、民事再生法概论》(日本商事法务2012年版),第2页以下。

* 日本京都大学教授,曾任京都大学法学院院长、日本民事诉讼法学会会长。

** 中国政法大学副教授。

*** 日本同志社大学法学副教授,中国人民大学客座教授。

信用会面临风险,所以,债权人通常希望回收自己的债权。但是,如果允许这些债权人各自行使权利,就有可能发生以下不良事态。首先,通常会发生在社会上处于优势势力的债权人占到便宜,或捷足先登等损害债权人之间公平的事态。其次,在债务人的破产程度轻微时,只要暂时延缓债务清偿就能恢复手头流动性,且经济活动能够回归正常的情形,如果纵容债权人对债务人擅自追究权利,有可能阻碍债务人的重整。最后,有时招来第三人(尤其是与反社会集团有关联者)的不当介入。要避免这些不良事态的发生,就有必要将所有债权人或者大部分债权人作为对象,通过整体性、概括性的制度来处理债务人的财产性法律关系(破产处理)。

在法庭外的当事人的意思自治范围之内,通过自主谈判进行破产处理,称为"法庭外债务清理"或"内部处理"。① 但是,法庭外债务清理毕竟是通过积聚每个债权人与债务人之间的单独的和解合同来整体处理债务人的财产性法律关系,因此,无法约束不同意谈判的债权人。这里所谓的无法约束是指不能禁止这种债权人单独行使权利。而且,属于法庭外债务清理内容的减免债权人的债权以及延缓期限的效果不能及于不同意谈判的债权人。但是,1999年制定的《关于为了促进特定债务等重整的特定调停的法律》所规定的特定调停,却允许通过暂时禁止债权人单独行使权利,在法院民事调停的框架之内协助进行法庭外债务清理。② 这样就将法庭外重组,即以第三人(不限于法院)为媒介的程序视为法庭外纠纷处理程序(Alternative Dispute Resolution, ADR)之一,并称其为破产ADR,现已经有几种制度框架已被付诸实践。③

---

① 有关法庭外债务清理的实际状况,参见高木新二郎、中村清:《法庭外债务清理实务》(金融财政情况研究会,1988年)。另外,关于法庭外债务清理,近几年各国都呈现出追求规则化的趋势,日本也在2001年制定并颁布了有关企业的《法庭外债务清理指南》。进而,受东日本大地震的影响,于2011年制定并颁布了《个人债务人的法庭外债务清理指南》。有关这些问题,参见法庭外债务清理指南研究会事务局:《法庭外债务清理指南概要》,金法2001年第1623号第6页以下;小林信明:《个人债务人的法庭外债务清理指南概要》(上)(下),NBL年第962号第48页、第963号第64页以下。

② 有关特定调停概要,参见山本幸三监修、特定调停法研究会编:《一问一答特定调停法》(商事法务研究会,2000年)。

③ 破产ADR的核心就是上述特定调停,即司法型ADR。不管债务人为个人还是法人均可利用。此外,作为民间型ADR,债务人为法人时,存在2007年修改《产业活力再生特别措施法》(产活法)时引进的特定认证纠纷解决程序(所谓的事业再生ADR);针对个人债务人,存在信用咨导。有关破产ADR,参见山本和彦、山田文:《ADR仲裁法》第378页以下(日本评论社,2008年),山本和彦:《倒产处理法入门》(第4版),第27页以下。

不管如何,法庭外债务清理作为概括性破产处理制度框架存在局限性,而且不能充分应对单独行使权利所带来的弊病。另外,法庭外债务清理不能完全排除债务人为了回避债权人的权利追究,而实施藏匿财产等违法行为。

(二)破产相关法与法庭内的破产处理程序

由此产生了由公权力介入伴有强制力的破产处理制度的必要性。虽然在此承担公权力的机关可以是行政机关,但在近代国家,多数是由法院负责发挥这一作用。日本也不例外。如此将法院的破产处理制度具体化的法就是破产相关的法律,破产相关法规定的程序就是法庭内的破产处理程序。①

法庭内破产处理程序的强制力分为指向破产债务人的强制力和指向债权人的强制力。

指向破产债务人的强制力通过以限制或剥夺破产债务人管理自己财产的权能(财产管理处分权)的形式发挥作用。在法庭内的破产处理程序中,多数情况是剥夺债务人的财产管理处分权,将其赋予被称为管财人的第三人机关。由此既可以防止破产债务人隐匿财产,也可以向多数债权人公平地分配债务人财产,进而还可以站在客观的立场上判断债务人营业的重整可能性等。

指向债权人的强制力中最普遍的是禁止债权人单独行使权利。与此同时,在和解型及重整计划型破产处理程序中,通过债权人的多数表决来认可和解协议及重整计划的成立,也可以通过和解协议及重整计划对表示不赞同的债权人强制进行权利变更(与此相反,在破产清算程序中,是根据法律预定的债权人之间的优先顺序规则,对债权人机械性地按份偿还)。通过这些强制性的机制来保护债权人之间的公平。

法庭内的破产处理程序属于裁判程序,因此破产相关法对程序作出了规定(破产程序法)。但是,在法庭内的破产处理中,正如在禁止单独行使权利中所见到的那样,在破产处理程序之外还需要不同于一般性实体法秩序(平时实体法)的适当的实体法的规律。这种法庭内的破产处理所固有的实体法的规律就被称为破产实体法。破产相关法的特点在于破产实体法和破产程序法的有机结合。如后述,破产处理程序有几种类型,但破产实体法和破产程序法有许多部分在所有破产处理程序相关法中是共通的。

---

① 有关法庭外债务清理的局限性与公权性的破产处理的必要性。

二、破产处理程序中的清算型和重建型

破产处理程序可以根据其指向的目标分为清算型和重整型。[①] 法庭外债务清理也有清算型和重整型,破产 ADR 则通常是由第三人介入的重整型的法庭外债务清理框架。

(一)清算型程序

清算型程序是指以完全分解破产债务人的财产,将其折合成金钱后再向债权人进行分配为目的的破产处理程序。破产债务人为营业体时,除破产债务人的财产以营业转让的形式折价的例外情况之外,清算型程序以破产债务人营业整体的解体为前提。因此,对于几乎所有的法人形态,破产清算程序的启动即构成法人的解散事由(《一般法人法》第148条第6项、第202条第1款第6项,《公司法》第417条第5项、第641条第6项等)。

在现行法中,清算型破产处理程序包括,破产(清算)法规定的破产程序以及公司法规定的股份公司特别清算程序(依据特别法,[②]特别清算程序也被扩张到股份公司以外的几种法人)。破产清算程序的特点在于依据法律预先设置的债权人之间的优先顺序规则,机械性地按照债权额对债权人进行比例偿还。而在特别清算程序中,原则上,要依据被称为协定的一种和解方案(债务人与作为集团的债权人团之间达成的一种和解,而且,债权人团内部以采用多数决定原理为宜),向债权人分配债务人的财产。

(二)重整型程序

与清算型程序相对,重整型程序是指以在该程序之下维持破产债务人的营业,并探寻其重整可能性为目的的程序。由于在多数情况下为了重整营业需要减免债务或延缓期限,重整型程序设置了按照计划实现减免债务、延缓期限的机制。同时,在尝试重整的过程中,要按照计划[③]对债权人进行偿还。

然而,破产清算程序往往被定位为概括性的执行程序,即为所有债权人准备

---

① 有关破产处理程序中的清算型与重整型参见谷口安平:《倒产处理法》(第2版)(筑磨书房,1980年),第7页以下。

② 例如,依据《保险业法》,适用于相互公司(保险公司)(《保险业法》第184条)。

③ 和解的性质是债务人与债权人团之间的和解,与此相反,就计划而言,债务人不参与计划,计划具有债权人团以及关联人团决议的性质。还有,和解法上的和解和旧破产法上的强制和解属于再建型和解,而现行法中不存在重整型和解。详情参见《民事再生法》第11页(山本克己)以下。

的强制执行程序。这里体现出破产清算程序是为债权人实现权利而准备的程序的思想(但是个人破产清算,因为存在免责程序,不允许这种片面的理解)。

与此相反,重整型程序具有浓厚的为破产债务人而准备的程序的性质。但是,也不能说它完全不具备为债权人而准备的程序的性质。因为,应当适用依重整计划变更权利后的债权人的权利内容不得低于假定破产债务人破产清算时债权人能够获得的破产分配额这一基本原则(清算价值保障原则)(《民事再生法》第174条第1款第4项规定了这一宗旨)。① 重整型破产处理程序的基本特性之一,是把基于营业重整改善营业内容的改善成果加入假定破产清算分配之后再向债权人进行分配(企业营运价值分配原则)。

但是,由于压缩债权人的权利肯定会对营业重整有利,所以营业重整(要注意营业的重整与确保雇佣有着密切联系)与向债权人分配营业重整成果之间很容易形成矛盾。这一矛盾在制度设计和程序运用上都会制造出难题。

以上就债务人为营业实体的情形阐述了重整型程序的特质。但除了个人营业实体外,对于个人债务人,不存在营业重整的概念。不过,对于个人债务人,也存在阻止因破产清算程序破坏生活基础的利益。为了保护这一利益,准备了不对债务人财产进行全面折价,而是集团性地处理个人债务人债务的程序。这种程序也具备以重整家庭经济(在《民事再生法》第1条中表述为“经济生活的再生”)为目的的程序性质,所以仍属于重整型破产处理程序。《民事再生法》设置的小规模个人重整和工资所得人重整等,均为专门为重整个人债务人而设。个人债务人也可以利用普通的民事再生。

(三)再生程序与更生程序

在日本现行法中,属于重整型的破产处理程序,包括民事再生法规定的再生程序以及《公司更生法》规定的适用于股份有限公司的更生程序(依据特别法,②

---

① 《民事再生法》第174条第1款第4项的“违反再生债权人的一般利益时”,体现了规定清算价值保障原则的宗旨,这种解释是贯彻有关《和解法》第51条第4项的判例、通说立场的结果。参照谷口第352页以下。与此相反,再生程序中虽然没有明文规定清算价值保障原则,但在解释论上一直得到承认。参见伊藤真:《公司更生程序中的更生担保权人的地位与分组基准》,载山本克己外编:《新公司更生法理论与实务》第222页以下(2003年)。另外,所谓的权利保护条款是以清算价值保障原则为前提的。参见《条解会更》(下)第645页以下,松下淳一:《部分组的不同意和权利保护条款》,载山本克己外编:《新公司更生法理论与实务》第239页以下(2003年)。

② 《关于金融机构等更生程序的特例等的法律》(1996年法律第95号)第3条以下,第168条以下。

更生程序也可以扩张到采用股份公司之外的法人形态的金融机构、保险公司)。再生程序与更生程序的共同点是根据由债权人(等)以多数票成立的重整计划(一种决议)决定重整方法,并按照计划向债权人进行偿还。两者的不同点如下。

首先,对破产债务人的财产拥有抵押权等特别担保权人的待遇不同。在再生程序中,担保权人被作为别除权人对待,如《民事再生法》规定,只要没有特殊规定,担保权人可以如同未启动再生程序时一样对债务人实行担保权,即再生程序规定的禁止单独行使权利不涉及担保权人(破产清算程序亦同)。这出自于债务人破产这种担保权最应发挥功效的场合,应万无一失地保护担保权人的宗旨。但是,在持续经营所需的资产上设有担保权时,一旦实施担保权,重整营业就会希望渺茫。因此,更生程序中的担保权人被作为受禁止单独行使权利的效力约束的更生担保权人对待(只能依据更生计划得到满足),以此来阻止因实施担保权而妨碍继续经营。在再生程序中,为了限制在持续经营所需的资产上所设的担保权,设置了担保权执行中止命令以及担保权消灭请求制度。但这些毕竟是例外。

其次,作为程序执行主体的管理机构不同。正如在更生担保权制度中见到的那样,更生程序对私人权利关系介入的程度较强。因此,委托第三人执行更生程序很有必要性。由此,在更生程序中,有必要选任管财人,所有更生程序都由管财人来执行(虽然理由不同,但破产清算程序中也有必要选任破产管财人)。与此相反,介入私人权利程度浅的再生程序就没有必要选任管财人。原则性的管理机构是作为再生程序中的破产债务人的再生债务人,管财人只是在特别有必要时作为例外而选任而已。

最后,股东的地位有很大不同。在更生程序中,破产债务人的股份公司(更生公司)股东也被视为服从更生程序的权利人,承受基于更生计划的权利变更。并且在另一方面,股东也被赋予对更生计划案进行表决的表决权。另外,将股东加入程序中后,就可以省略公司法规定的机关决定,仅依据更生计划就可以实施减少资本金额、发行新股、新股预约权、合并、公司分割、股份交换、股份转移等直接影响股东利益的有关公司组织的行为。与此相反,在再生程序中,即使再生债务人为股份有限公司,其股东既不是要服从程序的权利人,也不是再生计划案的表决权人。股份有限公司为再生债务人时,要实施有关公司组织的行为,除《民事再生法》作为例外而设置了特则的情况之外,都需要采取公司法规定的程序。

(四)破产处理程序相互间的优劣关系

众所周知,有些国家的法制采用了统一破产处理程序,即在启动程序之后,在程序中选择清算还是重建。① 而日本法则采用了准备几类破产处理程序,由启动程序的申请人选择其中一个程序的法制。② 在这一法制下,会出现就同一债务人,包括启动程序在内的多个破产处理程序相互并列的情况,因此需要建立规则解除这种并列状态。

《公司更生法》第 50 条第 1 款规定,更生程序优先于再生程序、特别清算程序、破产清算程序。而《公司法》第 39 条第 1 款规定,再生程序优先于特别清算程序、破产清算程序。《公司法》第 515 条第 1 款规定,特别清算程序优先于破产清算程序。具体来说,在决定启动更生程序、再生程序之后就不可以申请启动特别清算程序、破产清算程序。已经启动的破产清算程序当然要停止,而特别清算程序则失去其效力。决定启动更生程序后的再生程序的处理以及下达特别清算命令后的破产程序的处理,与上述破产清算程序的处理相同(《公司更生法》第 50 条第 1 款、《民事再生法》第 39 条第 1 款、《公司法》第 515 条第 1 款)。总之,现行破产法制所设置的优先顺序是"更生程序—再生程序—特别清算程序—破产清算程序"。

这一优先顺序的宗旨是,在重整型和清算型之间优先重整型程序,在重整型程序中优先更强有力的更生程序,在清算型程序中优先可以更加灵活处理的特别清算程序。然而,这个优先顺序规则并非绝对的,有时顺序会颠倒(参考《公司更生法》第 41 条第 1 款第 2 项、《民事再生法》第 25 条第 1 款第 2 项、《公司法》第514 条第1 款第3 项)。还有,在这个优先顺序中破产清算程序处于最下位,但反过来讲,可以说破产清算程序是面向其他破产处理程序无法处理的债务人的终极破产处理程序。

三、日本近代破产法制的立法史

在法国法的影响下制定的 1891 年《商法》第 3 编"破产"(旧破产法)被视为

---

① 法国破产法和德国破产法均属于此。参见伊藤真:《倒产处理制度的理念与发展》,载民事诉讼法学会编:《民事诉讼法、倒产法的现代潮流》第 224 页以下(信山社,1998 年)。

② 有关日本的清算型程序与重整型程序的一体化,参见宫川知法:《债务人更生法构想、总论》第 341 页以下(信山社,1994 年);福永有利:《倒产法一体化的是非与问题点》,载《法律家》第 1111 号第 29 页以下(1997 年)。

日本近代破产法制的开端。但是,由于旧破产法只适用于商人,所以针对非商人的个人的清算型破产,1891年制定了《家资分散法》。之后,1923年引进了德国法及奥地利法的理念,制定了旧破产法和《和解法》。《和解法》规定了和解程序,这一程序是日本第一个正式的重整型程序。另外,1938年修改了《商法》第2编(公司编),创设了特别为股份公司设置的两个程序,即属于重整型程序的整理程序和属于清算程序的特别清算程序。

第二次世界大战后的1952年,在GHQ司令之下,制定了深受美国法影响的旧公司更生法,同时修改了旧破产(清算)法,引进了免责制度。但是此后,除了1967年大幅度修改旧公司更生法之外,破产立法一直处于不受关注的状态。

然而,受自1975年的"消费者破产"增加以及1989年的泡沫经济破灭所带来的产业结构的转换等社会局势变化的影响,从1996年开始,展开了破产法制的全面修改工作。[①] 其成果如下:

首先,1999年出台了《民事再生法》,废除了《和解法》。《民事再生法》创设了再生程序,用以代替缺点较多的和解程序,作为适用于所有债务人种类的新的重整型程序的再生程序。[②] 2000年,修改了《民事再生法》,新设了以个人债务人为对象的再生程序(个人再生程序),同时制定了关于承认协助外国破产处理程序的法律等,也完善了国际破产处理法制。其次,于2002年制定了新的《公司更生法》,2004年制定了新的《破产(清算)法》。在制定《破产(清算)法》之际,还修改了《民事再生法》和《公司更生法》,在刷新再生程序与更生程序中的破产实体法的同时,新引进了从某种破产处理程序转移到其他破产处理程序的规则。最后,于2005年制定了《公司法》,将特别清算制度移至该法中(参照《公司法》第510条以下、第857条、第858条、第879条以下),并在内容上进行了微调。同时,公司整理制度(整理程序)因《民事再生法》的出台而失去了其存在的意义,被废除。

以此结束了日本破产法制的修改(然而,随着2006年现行信托法的制定,《破产(清算)法》被修改,引进了信托财产的破产清算制度),而在立法形式上值

① 有关1996年破产法制修改工作的概略,参见《基本构造》第5页以下。

② 有关和解法上的和解运用实际状态,参见青山善充编:《和解法的实证性研究》(商事法务研究会,1998年)。有关和解程序的缺点以及和解程序和再生程序之间的差异,参见《一问一答民事再生法》第12页以下,《倒产法概说》第394页以下(笠井正俊)。

得强调的是，程序的细节并没有规定在法律上，而是规定在了最高法院规则中。具体来说，再生程序被规定在民事再生规则中，更生程序被规定在公司更生规则中，而特别清算程序的细节则被规定在公司非诉案件程序规则中。

四、个人债务人的破产处理（消费者破产）

旧破产（清算）法设想的破产者是个人营业者，即其设想的破产程序的主要作用是，当个人营业者经营失败时，主要清算其营业所用的资产和营业上的债务。

但是，伴随公司及其他法人制度的发展，现在几乎所有的营业者都采用了法人形态，几乎不存在个人营业者成为破产者。而目前大部分破产清算案件（破产清算的新受理申请件数的95%以上）①是个人债务人的破产清算。这意味着作为非营业者的个人债务人的破产清算占据了破产清算案件的绝大多数。从1975年中期开始，这一倾向变得非常明显。作为背景存在一些经济现象，即所谓的以工薪层为对象的高利贷和信用卡支付等消费者信用的飞跃发展。

以前，对于作为非营业者的大多数个人来说，要为确保手头资金的流动性而取得信贷，只能投亲靠友或利用当铺（要注意利用当铺需要担保）。其后，住房贷款等面向非营业者个人的贷款也获得了发展，而住房贷款已设想好在住宅（以及其用地）上设定抵押权。但是，从1975年前后开始飞速发展起来的面向工薪阶层的高利贷等消费者信贷，却也为非营业者的个人提供了无须担保就可以轻松享受信用贷款的可能。在附担保融贷的场合，信用贷款的额度上限通常是担保物的评估价，因此不太会出现得到信用贷款者的债务总额超出手头财产很多的情形。但是，在无担保信贷的场合，给予信用贷款的一方要把握接受贷款一方的支付能力，并将贷款金额控制在其支付能力的范围之内，否则会存在后者的债务金额无限增加的危险。

非营业者个人破产清算案件数大幅增加，正是因为随着无担保消费者信用的发展，上述无担保融资的风险成为现实的结果。此前，所谓的面向工薪阶层的高利贷无担保且不进行信用调查，无选择地进行融资。因无选择地进行融资而造成呆账的风险，不仅要通过高利来弥补，而且有时还会付诸暴力，残酷地回收

---

① 参见《最高法院司法统计年报》。

债权成了常态。于是,陷入无力清偿状态的工薪阶层高利贷借贷者,为回避债权人的严酷催收而开始采取申请自我破产清算的战略。这种自我破产清算,人们通常称为"工薪阶层高利贷破产清算"。1983年制定实施的《贷款业规范法》,针对放贷业者实施了严格管制利率及催收方法的措施,工薪阶层高利贷破产在一定程度上得到了缓解。

然而,此后随着信用卡分期付款和无人贷款机等的普及,非营业者个人负担超出自己清偿能力债务的事例络绎不绝。因消费者信用的利用者负担过重过大的债务而启动破产处理程序,一般被称为"消费者倒闭"。①

虽然在此种意义上的"消费者倒闭"一词着眼于与消费者信贷相关的债务这一债务人所负担的债务的属性的用语,但有时也着眼于债务人的属性,在限定于非营业者个人破产的意义上使用"消费者倒闭"一词。然而,恐怕自然人即便是营业者,同时也会是消费者。自然人具备身为家庭经济成员的一面,所以把作为营业者的个人排除在消费者之外并不恰当(参考《消费者合同法》第2条第1款、第2款的"消费者"与"营业者"的定义)。因为,与"消费者破产"紧密相关的破产免责制度是,以作为个人的破产者以及与破产者同属于一个家庭经济者的最低生活保障为目的的制度其射程包含所有自然人,并非限定于非营业者。另外,如果将"消费者倒闭"限定为负担与消费者信用相关的债务者的倒闭,那么在特定社会现象的称呼上暂且不论,在法律上也应该说没有必要。因为,针对因负担与消费者信贷相关的债务以外的债务而破产的个人,也开辟了通过破产清算免责来作为消费生活者取得更生的路径。小规模个人再生作为面向个人的再生程序,也把个人营业者作为对象。由此可以明显地看出,以上内容也适用于个人债务人的再生程序。② 从这一认识出发,本文不使用"消费者倒闭"或"消费者破产"这种用语。③

还有,"消费者倒闭"在很多时候作为与企业倒闭相对立的概念使用。但是,从上述"消费者倒闭"的理解来看,"消费者倒闭"与"企业倒闭"的关系并不是简

---

① 有关消费者信用的现状以及消费者破产的沿革,参见宫川知法:《消费者更生的法理论》第1页以下、第262页以下(信山社,1997年),田头章一:《消费者倒产处理程序的现状与理论》,载《倒产法大系》第305页以下。

② 另外,"消费者"与破产现象的关系,并不局限于"消费者破产"。就这一点,参见山本和彦:《倒产法与消费者》,载《法律家》第1139号第116页以下(1998年)。

③ 另参见《倒产法概说》第7页以下(水元宏典)。

单的对立关系。个人营业者的财产关系可以分为与企业(营业活动)相关联的部分及家庭经济(消费生活)相关联的部分。因此,个人营业者的破产,同时存在前者的清算这一企业破产的侧面与后者的清算、更生这一"消费者破产"的侧面。另外,在个人营业者民事再生的场合,不管它是依据通常的民事再生还是依据小规模个人再生,其企业和家庭经济要进行一并处理。

五、破产法制的理念

破产法制既然作为一个法领域形成体系,就会和其他法领域一样,存在贯穿破产法制的理念。那么,贯穿破产法制的理念为何呢?

(一)作为程序法的理念——程序保障

法庭内的破产处理程序是介入私人财产关系或私人间的法律关系中,按照概括性制度框架处理债务人财产性法律关系的程序。其负责机关并非是行政机关而是法院。其原因为,从公正中立的角度出发,法院作为介入私人的法律关系的机关更合适。但是,公正中立的裁判机关无法充分地说明介入私人法律关系的合理性。还必须赋予债务人、债权人及其他利害关系人能够主张自我权利或利益的程序性机会,即需要向利害关系人提供程序保障。①

然而,程序保障的必要性,并不能否认概括性的债务处理程序所固有的一些限制需求。例如,在破产清算程序中,属于破产财团的不动产的出售价格的多少,通常与所有债权人(破产债权人)的利害直接相关。但是,当破产债权人众多时,让所有破产债权人就这一点阐述意见并不太实际。另外,这也会妨碍程序的迅速进行。在重整型程序中,有时债权人(再生债权人)之间就处理债务人的财产关系存在利害不一致的情形。在民事裁判程序中,采用两个当事人对立结构的民事诉讼法上的判决程序对利害关系人的程序保障最为完善,但破产处理程序作为集团性程序,在程序保障上存在一定限制也属迫不得已。因此,对于法庭内的破产处理程序的制度设计与运用来说,应该对谁以何种形式给予何种程度的程序保障是个重大问题。

(二)作为实体法的理念——优先顺序规则及债权人平等

简言之,破产清算程序,就是把债务人(破产人)的财产(破产财团)全部卖

---

① 有关作为破产法的程序法理念的程序保障(正当程序),参照谷口安平:《倒产处理法》(第2版)(筑磨书房,1980年),第11页以下、第51页以下。

掉后,将其价款分配给债权人(破产债权人)的程序。如果价款总额足以满足所有债权人的全额债权,则不会出现大问题。但是对债务人启动破产清算程序时,通常是价款不足以满足所有债权人的全额债权。此时,就应该考虑向哪个债权人分配多少的问题。于是,破产(清算)法规定,根据其债权和担保权在实体法上的性质,将债权人分成几个等级,同时列出等级间的优先顺序,从优先顺序为先的债权人开始逐一给予满足。而且,因价款不足,不能给予有些等级的债权人全额满足时,其等级的成员,原则上按各自的债权额得到按份偿还(比例偿还)(同一等级内的债权人平等)。如何划分等级以及如何确定等级间的优先顺序规则是破产实体法的重要课题(以上,以破产清算程序为例进行了说明,在重整型程序中,虽然形态不同,但也存在同样的问题)。

然而,在怎么应对这一课题上(破产实体法的应有理念),学者之间存在微妙的差别。一个极端的观点认为,应从破产(清算)法独自的立场出发,划分等级以及制定优先顺序规则。① 而另一极端的观点则认为,具有对所有债权人有利的性质的债权(很多财团债权、共益债权属于此类)暂且不论,但可以适用于债权人未启动破产处理程序之际的民法及其他实体法(平时实体法)规定的划分等级及优先顺序的规则应反映在破产实体法上。② 现实中的立法介于两者之间,而采用哪一个观点,则受到破产实体法解释论的影响。

如上所述,在破产清算程序中,同属于一个等级的债权人按照债权额得到比例偿还,在这一点上是平等的。另外,在再生程序中,同属于一个等级的债权人,原则上在再生计划中被平等对待。把这种债权人平等理解为破产法独自的理念,还是理解为平时实体法的(特别是民事执行法规定的金钱执行程序中的)债权人平等在破产法制上反射的,取决于对上述的优先顺序规则的看法。但是,如后述,即使在认为破产法制中的债权人平等属于平时实体法中债权人平等的反射的场合,在法庭内的破产处理程序中,比其他法制更加强调债权人平等。

首先,在执行程序中,可以作为一般债权人接受分配等的债权人,需要拥有

---

① 伊藤第12页以下阐述的"平衡"理念即属于此。另外,应放弃事先依据法律分等级,破产实体法的内容要根据个案的性质来决定的观点,参见井上治典:《关于债权人平等》,载《九州大学法政研究》第59卷第34号第73页以下(1993年)。

② 参见水元宏典:《倒产法中的一般实体法的规范原理》(有斐阁,2002年)。

债务名义(执行依据)(《民事执行法》第22条、第51条第1款、第105条第1款、第154条第1款等),但在破产处理程序中,获得破产分配和计划不需要债务名义。其次,在启动破产处理程序之前债务人的财产状况就已恶化的情况下,如果一部分债权人提前得到满足,那么就会破坏债权人平等。破产法制设置了预防这种提前得到满足(程序启动前的保全处分),或者事后纠正提前得到满足所引起的债权人之间不平等(撤销权、禁止抵销)的工具。

(三)有关破产法制的宪法案例

对破产法制也存在就其合宪性作出判决的最高法院的判例。这些宪法判例与上述破产法制的理念有关。

首先,举一个有关破产程序法的宪法判例。针对未预定公开审判进行的破产宣告(相当于现行法的破产程序启动决定)的程序以及破产免责程序,1970年6月24日最高法院裁定(《民事判例集》第24卷第6号第610页)[①]和1991年2月21日最高法院裁定(《金融法务事情》第1285号第21页)[②]认为对破产宣告和对免责的裁判,都不属于以确定当事人主张的实体性权利义务的存在与否为目的的单纯诉讼案件的裁判,其性质在本质上是针对非诉案件的裁判,并判定不必适用宪法上的公开审判原则(《宪法》第82条)要求[虽然两个裁定都属于关于旧《破产(清算)法》的决定,但是其判决内容适用于现行《破产(清算)法》]。对于法院批准更生计划的程序,1970年12月16日最高法院决定(《民事判例集》第24卷第13号第2099页)[③]和1985年1月22日最高法院裁定(《判例时报》第550号第136页)也作出了同样的裁决(两个裁定都属于有关旧《公司更生法》的决定,但其裁决不仅适用于现行《公司更生法》,而且还适用于对《民事再生法》上的再生计划批准程序)。

---

① 参见《倒产判例百选》1①事件(青山善充)。

② 参见《倒产判例百选》1②事件(青山善充)。

③ 参见《倒产判例百选》2事件(小岛武司)。

这4个裁定位于最高法院以往的诉讼——非诉二分论的延长线上。[①] 虽然可以认为通过这4个裁定,在判例上确定了宪法上的公开审判要求不仅不适用于破产清算程序启动程序、免责程序以及更生计划批准程序,也不适用于更广泛的破产处理程序中,不过,4个裁定并未明确指出反映利害关系人的意见时需要什么样的具体程序。

其次,举一个关于破产实体法的宪法判例。破产处理程序多多少少会制约或消灭利害关系人对债务人的权利(债权、担保权等),因此,在与《宪法》第29条规定的财产权保障的关联上会出现问题。

1961年12月13日最高法院裁定(《民事判例集》第15卷第11号第2803页)[②]就是针对破产免责制度与《宪法》第29条的关系所作出的判决。该裁定就免责制度的宗旨作出如下判定,"作为对诚实破产人的优惠,在破产清算程序中,除特定的债务外,对破产财团无法偿还的债务,免除破产者的责任,其制度的目的在于,如果允许在破产终结后无限制地通过破产债权追究责任,那么,破产者在经济上就难以东山再起,甚至有可能带来生活的破裂。因此,为了使诚实的破产者得以更生,阻断了构成其障碍的债权人的追究"。并且进一步提出"虽然就破产债权免除破产者的责任对债权人明显不利,但在另一方面,如上所述,也需要使破产者得到更生,保障其过上人类应有的生活的权利。进一步说,如果不允许免责,那么债务人一般就会隐瞒资产状态恶化,结果会发展至最坏的状态,反而损害债权人的情形也并不少见。所以,免责对债权人来说也是避免最坏状态的理由。从这一点上看,免责规定是为了公共福祉,宪法所允许的有必要且合理的财产权限制"。这个裁定的特点在于将保护破产者利益这一权利论上的论据与提高整个社会的福祉这一功利主义上的论据混为一谈。虽然有可能对这种争

---

① 诉讼——非诉二分论的判例理论是,以1960年7月6日最高法院裁定《民事判例集》第14卷第9号1657页(旧《金钱债务临时调停法》第7条规定的代替调停的裁定)为源头,通过1965年6月30日最高法院裁定《民事判例集》第19卷第4号第1089页[高桥宏志等编:《民事诉讼法判例百选》(第4版)(有斐阁,2010年)2事件(佐上善和执笔部分)——《有关夫妇同居义务的具体内容的审判》、1966年3月2日最高法院裁定,载于《民事判例集》第20卷第3号第360页(《有关遗产分割的审判》)等一系列最高法院裁定得以确立]。就诉讼与非诉,参照铃木正裕《诉讼与非诉》小山升外编《演习民事诉讼法》(新版)第28页以下(青林书院,1989年),中野贞一郎:《民事程序的现在问题》第2页以下(判例时报社,1989年),新堂幸司:《诉讼与非诉》,载青山善充、伊藤真编:《民事诉讼法的争点》(第3版)第12页以下(有斐阁,1998年)。

② 参见《倒产判例百选》72事件(伊藤真)。

论方式的合适与否存在歧义，但免责制度并不会损害受到免责效果影响的破产债权人的财产权的观点，现已得到广泛认可。

另外，前述1970年12月16日最高法院裁决就更生程序的制度目的，指出“公司更生法……是，鉴于因破产企业的解体清算，不仅会给一个利害关系人带来损失，有时还更广泛地对社会、国民经济造成损失，因此，对于虽在困境当中但还有希望重整的股份公司，应在调整债权人、股东及其他利害关系人的利害关系的同时，谋求维持和更生其营业”。在此前提下，按照更生计划对更生债权、更生担保权、股份禁止个别行使权利或按照更生计划的减免及其他的权利变更指出“虽然明显在限制更生债权人、更生担保权人以及股东的财产权，但是为了实现上述目的，上面所列各法条规定的财产权的限制是必要且迫不得已的。另外，法律规定了更生程序在法院的监督下按照法定的严格程序进行，尤其规定了更生计划……要在经过相关人集会的审理、决议之后，再得到法院的批准方可生效，并详细规定了取得批准所必要的要件等，为公正且公平地实现上述目而设置了周到而合理的诸规定”。最终，最高法院判定不产生违反《宪法》第29条的问题（该裁定是关于旧《公司更生法》的，但该判定除了适用于现行《公司更生法》之外，还适用于《民事再生法》上再生债权的处理）。

上述1961年12月13日最高法院裁定提出的通过履行法定正当程序可以正当化限制利害关系人实体权利的这一逻辑，在与设想更生程序作为法院程序的关系上值得注目。

该裁定认为限制《公司更生法》上的权利并不违反《宪法》第29条。对于这一结论现在几乎没有异议。但是，对于依据更生计划以及再生计划变更权利，并非不受《宪法》第29条财产权保障原则的限制。在这一方面值得关注的是如前所述的清算价值保障原则。① 破产债务人的权利清算价值是债务人破产时的该权利实际价值。换言之，清算价值保障原则是向权利人保障债务人破产时权利的实际价值的原则，其内容是不得以破坏该实际价值去谋求营业及家庭经济的重建。应该认为正因为存在清算价值保障原则的制约，按照再生计划以及更生计划减免权利及变更其他权利才不违反《宪法》第29条。

此外，破产免责制度并不违反清算价值保障原则。这是因为在破产清算程

① 参见《法条解释公司更生法》（下）第635页。

序因分配结束而告终之后的免责是,破产债权人通过破产分配得到清算价值的满足后才享有的免责。另外,破产清算程序中以财产不足为由被终止后获得免责的情形,虽然未实施破产分配,但可以将此时的破产债权的清算价值视为零,因此同样不违反清算价值保障原则。①

① 有关破产免责制度与《宪法》第25条的关系,参见山本克己:《消费者信用交易与民事裁判程序》金融法研究、资料编第9号第107页(1993年)。

日本金融机构的债务有序处理框架①

[日]山本和彦* 著 崔延花** 译

一、本次修改的概要

我是一桥大学的山本。由我以《日本金融机构的债务有序处理框架》为题，向大家报告在这次法律完善过程中，有关破产处理法制部分的修改。由于本人能力有限，报告不能全面覆盖所有修改。仅就我所关心的与破产法有关的稍理论性的部分作如下报告。在这个意义上也许报告可能会有点随心所欲，在此预先求得大家谅解。

先简单介绍一下整体修改的概要。修改的缘由，尤其是关于所谓的"key attributes"，我在《金融法务事情》(1975号)发表的论文中作了简单介绍。我第一次看到"key attributes"时的印象是日本的法律制度已经在相当程度上满足了其标准。尤其在与办理存款业务的金融机构的关系方面，日本具有自20世纪末金融危机以来的完善法制的积累，在国际上业已达到相当水平。因此，在我看来，这次修改的重点在于对这些规则的不足之处以及应对市场型金融危机这一新的状况所需部分进行修改，

---

① 本文原文出处为(日)金融法条事情1975号(2013年)，第32页以下。

* 日本一桥大学教授。

** 中国政法大学副教授。

同时将其规则扩大到金融商品交易业者等其他业种,而并不是什么根本性的改革。最终公布的法律,虽然在转让营业部分稍超出了我最初的预想,但基本上还是在其范围之内得到了解决。

今天我要讲的内容基本上是《存款保险法》的修改。本次修改的重点是,作为市场型金融危机的应对策略,将证券公司、保险公司等办理存款业务的金融机构之外的机构也纳入《存款保险法》的处理对象。其结果大大扩大了存款保险机构的活跃范围。规定措施对象为"金融机构等","在我国的金融体系中政令规定的占有重要地位的机构"也包括在其中,由此能够根据情况灵活地划定对象范围。另外,作为措施内容包括非资不抵债时的特定第一项措施以及资不抵债时的特定第二项措施。后者属于今天的主题,其中规定了经金融危机应对会议决议,由内阁总理大臣下达特定管理命令。其前提是由存款保险机构掌握业务执行权以及财产管理处分权。这可以说与以往的金融整理管财人的管理处分程序相同,虽由存款保险机构发挥金融整理管财人的作用,但其结构与以往的金融整理管财人的管理处分程序基本上相同。并且,以此为前提,区分为谋求金融体系的稳定而不可或缺的债务以及其他债务,由承继金融机构等仅继承前者,并要求其履行债务,以免严重扰乱金融体系。

二、行政与司法协同处理破产

以上述理解为前提,开始探讨具体问题。这次的框架基本上以行政与司法协同处理破产为前提。在这一点上沿用了以往的破产处理框架。

以往的破产处理框架根据金融机构的不同而不同。对办理存款业务的金融机构,规定须依据《存款保险法》以及《更生特例法》,主要适用民事再生程序。针对保险公司,规定须依据《保险业法》以及《更生特例法》,主要适用公司更生程序。对证券公司等,规定须依据《金融商品交易法》以及《更生特例法》,主要适用破产程序。换言之,其前提是通过行政性程序与法院的司法程序、法律破产程序的协作进行处理。这是有关办理存款业务的金融机构的所谓"金月处理"等所代表的处理方法,实际上,最近金融机构的破产处理就是以这种形式运行的。

这次破产处理的框架基本上也是以此为前提。当然与以往一样,存款保险法规定行政性程序,更生特例法规定司法程序。采用两者各自规定独立程序的形态。不过,在存款保险法中作出了几个排除适用破产法规定的规定。这在破产程序中提高了行政性活动的自由度。反过来说，其设想是《存款保险法》上的程序和法院的破产程序并列适用的状况。在这个意义上，这次的修改无意改变以往的实务运行。

不过，细心观察“Key attributes”，就可以看出其前提是“负责破产处理的行政机关”应享有有关破产处理的广泛权限。禁止偿还和禁止执行，或者不经合同实施削减债权本金和出售股份的法律上的内部舒困(Bail in)也被列为破产处理机构的权限。如果这些规则落实到位，那么通过行政程序完整地处理破产就是充分可行的。以前日本也存在这样的制度。例如，更生特例法修改前的保险公司的破产处理，其前提就是依据保险业法，运用行政性程序完整地实施。利益分配解禁前的办理存款业务金融机构的破产处理也是如此。而且，实际上存在很多不依靠法院程序处理破产的例子。

但是，这种办法的最大问题是变更债权人权利的可能性。当然可以通过合同达到内部舒困时不存在问题，但到了甚至要动用法律上的内部舒困时，就需要强制变更权利的方法。这会出现在行政程序中能否变更债务减免等权利的问题。虽然一直以来一般认为这一问题很难出现，但上述处理之所以成为可能，是因为对以往的金融机构没能考虑到存款人或保险合同人以外的一般债权人，对存款人可以由存款保险全面救济，对保险合同人可以通过业法上的多数表决来进行集体性处理，因此没有必要特地采用法律上的破产程序。但是，由于劣后债或金融派生产品交易等，一般债权人在金融机构的破产处理上也变得很重要，同时，因利益分配的解禁，通过存款保险全面保护存款的前提很难维持下去，债权人的权利变更变得必不可少，其结果就须通过更生特例法的适用及其扩大来应对。

如此，理论上会出现原本作为大前提的行政程序中的权利变更是否真的不可能的问题。换句话说，反过来这个问题可以归结为为什么在司法程序、法律上的破产程序中权利变更却是可能的问题。变更权利对债权人的财产权构成侵害，但为什么变更权利在宪法上会被允许？1970 年最高法院大法庭裁定(最大决 1970 年 12 月 16 日《民集》第 24 卷第 13 号第 2099 页)揭示了这一点。该裁定认为《公司更生法》中依据更生计划变更权利不违反《宪法》第 29 条。其理由是，这种权利变更是为了达到《公司更生法》的目的所必需且迫不得已的，然后还指出“更生程序是在法院的监督之下按照严格的法定程序进行”，尤其是就更生计划作了严密的规定，并为公正而公平地实现该法的目的而设置了“周到而合理的诸规定”。换句话说,限制财产权必须是“符合公共福祉的合理的限制”,为此必须采用依据周到且合理规定的严格的程序。

如果以这一判例的宗旨为前提,则为了确保采用行政程序变更权利的合宪性,事实上有必要制定与法院的破产程序相同的严密的程序。当然,发生纠纷时必须由最终的司法审查做担保。所以,这一程序中的不服需要通过行政诉讼申诉。反过来讲,只要制度完善,通过行政进行包括变更权利在内的完整处理也绝非不可能。只是,我认为这次只需要实质上认可国际性的破产处理机构的权限即可,未承认仅依靠行政程序完整进行破产处理的必然性。

三、事业(营业)转让程序

如上所述,若要结合行政程序和司法程序进行处理,具体设想的程序大致如下:一方面,要依据《存款保险法》向承接的金融机构或者桥梁金融机构转让所谓优良部分的事业和资产,并以资金援助为前提,向该金融机构移交存款合同和保险合同等合同以及与金融系统有关的合同等。另一方面,其他资产和负债仍留给原来的金融机构,并由法院依据破产程序进行处理。其结果,在破产程序中变更残存债权人的权利,即该措施的重点在于移交与金融系统有关的合同等,其程序独立于以往的破产处理程序。在证券公司等,也许只依据此程序即能应对,但在银行和保险公司等,一般把成为保险对象的存款等也一并转让给同一承接机构。

在采取这一措施时,转让事业所需的期限以及程序会成为实际问题。转让事业可在启动破产程序之前或之后进行。在启动破产程序之前转让事业的,要采取公司法上的股东大会决议等程序。之后转让事业的,采取破产法上要求的程序,如《公司更生法》中规定了需要听取债权人和工会的意见等程序。但是,这样的程序需要花费相当长的时间,这期间转让事业不生效,另外也有可能转让事业最终不被认可。其结果不能排除对金融系统给予重击的可能性。

首先可以想到的是,在未进入破产程序阶段也可以采取措施,排除股东大会决议的可能性。在现行法中已认可这种代替许可制度,即在办理存款业务的金融机构资不抵债时,法院可以代替股东大会许可转让事业。因为资不抵债时股东对该金融机构实质上的持股比例已被否定,没有必要保护其程序性利益。不过,这次进一步在结构上探讨了在尚未资不抵债时是否也有可能代替许可的问题。因为考虑到为了在早期阶段启动有秩序的处理,确保金融体系的稳定,即使未确定对象金融机构陷入资不抵债,也有必要采取措施。

但是,这里又出现为什么在没有资不抵债时也可以无视股东程序性权利的问题。这次的修改思路是,扩大平衡资金援助对象,保障残存于原有金融机构的债权人的清算价值,将其适用对象从债权人扩大至股东等利害关系人,以起到保护作用,即最终转让事业的价款过少时,采用平衡资金援助等救济股东的相应损失。当然,还存在仅靠这种措施是否已充分的问题。但是,在破产程序中转让事业时,理论上在未进入资不抵债阶段转让事业是可行的。此时,也可以仅依据法院的许可进行转让。考虑到现实中没有专门针对股东的程序性保护,也可以把它作为平行措置。换句话说,就像与在价款显著不相符时,发生违反破产管财人善管注意义务问题一样,在此,可能发生违反存款保险机构的善管注意义务的问题。

如上所述,如果可以在行政性程序中通过代替许可迅速转让事业,那么进而成为问题的是,在进行转让之前怎样防止债权人通过申请启动破产程序或强制执行程序。只要启动破产程序,就很难在这一框架内迅速转让事业,即使通过强制执行能够一一抵押转让事业的对象财产,但仍然不可能迅速转让事业。于是,首先想到在这种行政程序之下停止破产程序和执行程序。但这在宪法上存在制约,难以实现。即既然行政程序不一定不把保护所有债权人的权利等作为前提,那么从保护债权人的财产权和接受裁判的权利等宪法保障的权利的观点来看,制约启动以实现债权人权利为目的的破产程序和执行程序不被允许。而且,倘若可以通过行政迅速转让事业,那么也可以考虑在此期间通过运用,在实际上不启动破产程序等的状态下停止程序。实际上,修改法中也设置了内阁总理大臣就程序的启动时间向法院陈述意见的制度。但是,由于该意见并不是为了约束法院,所以只依靠运用上的措施,无法否定每个法院的应对会不尽相同,从而缺乏普遍的信赖性,尤其很难向其他国家解释。更重要的是,由于不能否定转让事业程序长期化的可能性,所以单靠运用上的停止仍存在局限性。

于是,最终想到了在与破产程序平行的前提下,迅速转让事业的构思。如果与破产程序平行,那么可以利用启动程序的效果和启动前的中止命令等破产法上的力量阻止强制执行。另外,针对破产法要求的措施,即听取债权人意见等会耽误程序的问题,通过认可排除适用这些措施来应对。破产法上之所以要求这些程序,是为了保护债权人和劳动者的利益。对于劳动者,即使不听取意见,也能够通过向作为管财人的存款保险机构选出的合适的承继方转让事业进行适当的利益保护。而针对债权人,仍然可以通过平衡资金援助等进行保护。但是,这里也存在是否充分的问题。个别没有得到充分保护的债权人,也许可以追究存款保险机构违反善管注意义务。针对存款保险机构的善管注意义务,新法作出了与公司更生的更生管财人的善管注意义务平行的规定。但今后有必要进一步针对成为注意义务对象的关系人的范围及其裁量权的范围等善管注意义务的内容进行探讨。

四、停止启动早期解约条款

这次的结构在理论上备受关注的还包括停止启动早期解约条款的相关措施。如果金融机构等破产,金融派生产品交易等同时被解约,那么就会像雷曼危机时所实际发生的那样,对交易对方带来很大的影响,有可能导致金融市场不稳定。而且,考虑到这种影响,就有可能对启动破产处理体系犹豫不决。于是,作为可以及时确切地启动这种措施的前提条件,有必要将启动破产处理程序与启动早期解约条款分割开。

不过,这种措施与以往的讨论内容相反,给人有些唐突的印象。以前,这方面的法制追求明确化,以使早期解约条款的效力尽量得到认可。1998年的《关于一揽子清算金融机构等实施的特定金融交易的法律》(以下简称《一揽子清算法》),规定了表征金融机构破产的"一揽子"清算事由,明确了发生"一揽子"清算效果。基于2005年《破产法》修改,该法第58条等的规定确认了伴随启动破产程序等产生合同解约的效果,承认了当事人之间基本合同的有效性。这一规则的宗旨是,因为连在这种场合也给予双方未履行双务合同相关管财人解除履行的选择权的危害,尤其是对方地位的不稳定成为问题,所以最好迅速使合同关系终止,依靠当事人之间的合同进行处理。

然而,这次的修改却与此相反,可以说是以承认在这种"一揽子"清算、启动早期解约条款反而会对金融体系带来混乱时,用当局的权限限制其效果为目的。其实质性的根据是,如上所述,这种场合,是以通过转让事业等持续事业作为前提,此时的前提条件是将停止启动早期解约条款等重要的合同移交承继的金融机构,其履行有担保。即既然可以将承继金融机构等按照约定履行该合同作为前提,那么就没有必要许可通过解除合同保护对方利益,相反,以持续事业为前提更加符合当事人的利益,也符合其意思。

具体来说,为了避免给日本的金融体系带来严重混乱,在必要的范围内,可以作出在内阁总理大臣规定的期间,合同的特定解除等不具有效力的决定。在该期限内排除《一揽子清算法》和《破产法》等的适用。而且,前提是这样的合同关系通过转让事业被承继金融机构等承继,并在那里按照约定得到履行。这样的规范是,由行政介入停止启动私人间合同内容的效果,不能否定其相当反常。另外,以当事人的合理意思为根据设置强行法规,在考虑这种合同当事人的属性时,稍有不协调的感觉。不过,在"回避金融体系的混乱"这一公益的背景之下,为了实现其目的别无选择,而在另一方面,由于实质上不对合同当事人产生实际损害,所以这样的介入被正当化。

问题在于,理论上存在解约停止决定的对象与转让事业的承继对象不一致的可能性。此时,最终有可能产生对没有被承继的合同进行补偿的问题,即对合同当事人是否真的没有实际损害的问题。实务中,平时也要在所谓的重建、处理计划中,做好能够迅速应对的精心准备。在这一前提下,在合同条款效力停止期间内彻底调查对象合同,做到不产生偏离。不过,合同条款效力停止期间仍存在一定的界限,也许不能否定结果出现偏离的可能性。此时,也许最终以资金援助为前提承继与维持金融体系无关的合同,或者通过存款保险机构善管注意义务的违反以及国家赔偿等进行救济。这就是广义上的维持金融体系的成本。

另外,其理论含义有可能引起对破产解除特约的普遍讨论,即对于即使启动破产程序后也担保其后履行的合同,可以否定基于当事人合意的解除权、破产解除特约的观点。理论上,即便以债务人经济状况恶化为根据的解除约定,只要其后的履行被担保,那么似乎就存在以行使解除权构成一种权利乱用的形式,将这一宗旨普遍化的余地。不过,此次并不仅存在破产程序上的利益,其背景中还包含维持金融体系这一公益,并且存在由国家机构担保履行等的特殊情形,所以对其普遍化还须保持谨慎态度。

五、其他的问题

以上对金融机构有序处理框架的概要,主要是对其理论上的论点进行了探讨。此次修改也含有其他几个从破产法的观点来看比较感兴趣的内容。最后作为其例子,观察一下外国银行分行的破产处理程序。

对于外国银行分行,以往的法制以通过特别清算程序处理分行的财产为前提。这是因为外国银行不属于《更生特例法》的适用对象,另外,《银行法》第51条第3款规定对外国银行分行的财产准用特别清算程序,适用特别清算程序。实际上,BCCI案就是通过特别清算法进行处理的。但是,虽然特别清算程序在这次《破产法》的彻底修改中实现了一定的合理化,但它还属于简易的破产处理程序,并不适合如金融机构那样,各种各样的权利关系错综复杂,债权人保护要求繁多的案件。

因此在这次的修改中,明确了外国银行也属于《更生特例法》的适用对象。由此,金融厅的破产程序启动申请权等得到认可。值得注意的是,此次成为再生程序和更生程序对象的是外国银行本身。再生程序和更生程序等的破产程序是根据法人格来划分其适用对象的。由于外国银行分行原本就不具有独立的法人格,所以外国银行本身成为程序的对象,即成为再生债务人乃至更生公司。只是,即使在日本启动了针对某外国银行的公司更生等,总行所在地国也不一定承认,反而多数情况是在该国也同时启动破产程序。此时,要意识到日本的破产程序事实上只是把在日本分行的事业和财产作为对象,会出现国际并列破产的状况,实际效果与只将分行作为对象相同。之后需要通过《公司更生法》等平行破产的合作框架,通过管财人之间的合作等措施应对。

总之,这次的修改具有重大意义,但也留下一些问题。例如,如小出教授的报告中所提到的那样,外国银行分行不适用存款保险制度的结果,会造成存款保险机构不参与破产程序。由于不存在存款保险机构的债权申报和表决权的代理行使程序,所以在某些情形下有可能由众多的存款人直接行使权利,而另一方面不行使权利的存款人很可能会失去权利。在这个意义上,也许最好运用再生程序,因为再生程序以存款保险机构根据特定管理命令进行管理为前提,同时,存在自认债权制度,在结构上未申报的债权人也不会失去权利,但还是很有必要对包括平行破产的国际合作框架等在内的实际运用进行精心模拟。

日本金融危机之制度背景及应对

[日]木下伸行(Kinoshita Nobuyuki)* 著

一、引言

本人曾在日本大藏省、金融厅、日本银行工作过，主要从事金融系统相关业务。特别是从20世纪90年代后期开始负责日本金融自由化与金融危机应对业务。其间的主要工作如下表所示。

1994年	利息自由化	存款利息自由化的完成
1997年	金融系统改革	银行持股公司的解禁、业务范围的扩大
	金融危机应对	制定不良债权额的信息公开基准，使其义务化 完善合并报表监督制度 对存款保险基金投入财政资金
1998年	金融监督厅的设立	新审计监督体制的完善
1999年	银行资本增强	依靠公共资金增强大银行资本

* Ahurato公司顾问。

续表

2000年	地域银行的整理	地域银行破产处置、资本增强、促进重组
2001年	企业再生制度的改革	完善《法庭外重组破产指南》及实施环境
2002年	企业再生的组织完善	完善基于公共资金的企业再生框架
2003年	中小企业金融	改革同产业政策的合作、担保以及保证制度
2005年	存款的定额保护转变	转变为定额保护制度后最初的纠正措施
2007年	邮政民营化	邮政民营化相关的政府内部调整

本文基于前述经验,从较为宽泛的角度对日本的金融制度背景与应对措施进行说明,并探讨现今银行破产处置中出现的问题。

二、日本的金融危机

进入20世纪90年代后,日本泡沫经济崩溃,大额的不良债权开始威胁银行的经营。起初只是地方的小金融机构出现丑闻,到了90年代后期,明显对整体经济造成了深刻的影响。

1997年秋,日本发生严重的金融危机,当时的监管机构没能采取足够的应对措施。

1997年秋的金融危机对第二次世界大战后的日本经济造成了史无前例的冲击,北海道拓殖银行及山一证券等大型金融机构接连发生资金周转不灵而破产的现象。日本众多银行发生储户取款潮导致存款流失,银行间的短期拆借资金交易停止。在政府宣布对银行负债全额保护后,虽然暂时止住了取款潮,但是银行因担心自身的资金周转而收回贷款资金,这导致极度的信用紧缩,众多企业因资金周转不灵而面临破产。

回顾当时的情形,特别是破产的金融机构在此之前没有显现的问题持续暴露,导致谣言蔓延。因此,为了消除对银行的信息公开的不信赖,日本对《银行法》进行了修改,对银行附加了基于国际准则公布不良债权的义务。另外,为了应对利用关联公司迂回融资的不正当行为,《银行法》创设了对合并报表的审计以及监督规定。而且,在此存款保险政策是导致信用不安的原因,除决定投入财政资金外,为应对急速恶化的实体经济,转为实施积极的财政金融政策。

这些问题背后的隐患来自大藏省及日本银行的丑闻。泡沫经济时期(大藏省)职员接受银行等的宴请,而且在金融危机时期,出现公职人员被逮捕、辞职的现象。此类事件大大加深了储户对监管机构的不信赖。因而,金融监督厅从大藏省中分离出来,并通过仅安排没有丑闻的职员,尝试了新的开始。而且,金融监督厅在2000年改组成拥有法案提议权的金融厅。

此事在当时被认为是非常迅猛果断的措施,但是在日后看来,不能否认存在以狭隘的眼光解决眼前问题的弊端。其典型的表现,就是1998年春以"行政保驾护航"方式增加资本。好不容易导入以公共资金增强银行资本的制度,但没有就有关裁员等进行充分的交涉,银行之间相互进行了增资。在财务状况不稳定的情形下增资,大众对银行产生疑惑,最终于1998年夏天金融危机再次爆发。

三、金融危机制度背景

(一)银行信息公开的缺陷

1998年金融危机和政府应对措施的背景中含有日本经济构造的缺陷,以下就其主要内容进行说明。

首先,就银行的信息公开而言,日本银行的贷款是基于默示的长期关系而导致的灾难。例如,即便借贷的偿还期限届满,延缓期限也是一般惯例。因而,多数情况下借款人实际上没有偿还能力,也无法判定是否已形成不良债权。

在金融制度方面,公开披露银行的不良债权额制度自20世纪70年代后期开始就悬而未决,直至1997年,这20多年来,披露相关信息并未成为义务。这是由于考虑可能导致个别银行的经营不安,但是最终从结果上却造成了由于不信任而导致的全面的金融危机。

日本长期信用银行及日本债券信用银行的不良债权比率至破产时急剧增加。这是因为在破产前为维持信用不良债权认定范围较窄,破产后,因为外部了解了实际情况,不良债权认定范围也立即变得宽泛。

另外,在应对这种情形出现经营危机时,发生了大量的资金流出的现象。

在不良债权的会计处理上,税务方面出现了很大的障碍。不良债权被抵销,银行应支付的法人税就会减少,因而只要不存在破产的客观理由,税务当局就会采取不认可呆账的方针。在实务中,银行考虑到日后的税务调查,不得已按照税务上的流程进行结算,最终在会计处理方面实际上根本无法作为不良债权处理。

不良债权的抵销与税务之间的关系。1997年以前,一方面在税法所允许的限额内计入,另一方面对税法所不允许的征税部分向监管机构备案之后才被允许。如此,无法抵销不良债权的情形在持续。

1998年以后,允许银行自己核定不可回收的金额,即使在税务上不被认可作为损失计入,在结算的时候可以直接作抵销处理。其结果是,银行一时间产生了巨额损失。

(二)破产程序的不完善

银行的不良债权问题对于贷款方企业而言,有可能导致经营困难。在日本,当企业陷入经营困难时,基于同银行之间的长期默契,通常会寻求增加贷款。银行也通常会在贷款人资不抵债时继续放贷。

在法律制度方面,当时的日本破产程序并未发挥作用。例如,法院一般认为只有为了公共利益而存在再建的必要时,才应该适用《公司更生法》。法院产生这一认识的原因在于没有很好地认识到企业再生的意义。例如,1998年夏季为了处置泡沫经济产生的负遗产,有提出设置临时的准司法机构的法案,但是该法案因未被采纳而遭废弃。

在此情况下,陷入经营困难的企业或者继续从银行贷款或是因资金周转困难而相继破产导致混乱陷入了危险的局面。就银行角度而言,如果支援贷款企业的事业再生,银行会有被税务机构认定为捐赠而被征税的可能,因而其会想尽早着手解消困境存在的困难。

(三)银行经营基础的脆弱性

在发生金融危机时,日本的银行虽然被指责资本过少,但是经营基础的脆弱性是其根本的问题。贷款是银行的本职功能,即便基于长期默契的合作关系,但是为了避免损失的发生,不动产担保及个人保证的保全也是银行现实业务的基础。但是,因为泡沫经济的崩溃导致不动产价格下跌时,对担保以及个人保证的依存和风险管理的不充分之间会出现恶性循环,导致不良债权的发生,无法阻止贷款损失的扩大。

在金融制度方面,以不妨碍政府的经济运营为前提而促进自由化的做法也带来了诸多弊端。曾经的日本利息体系以民间金融机构和政府金融机构及邮政储蓄并行为基础。利息自由化,应考虑对此类公共机构的客户而推动。另外,对于政府金融机构,实行政府主导的辅助及信用完善,对邮政储蓄在政府所存放的预备金提供了优惠利息。这就导致银行经营基础被削弱。

四、应对金融危机的制度措施

(一)综合构造改革

在日本,如前所述的构造缺陷,导致了财政金融政策的过度偏差继而发生了1997年秋的惨状。有关银行的经营、脆弱的基础和信息公开的不完善,引起了恶性循环。日本在陷入金融危机后才开始认识到之前的资本比例规制没有实际效果,不得不开始确立依照市场规律的银行经营。然而,此前的监管机构已经失去了民众的信赖。

此后,日本为克服金融危机和不良债权的问题花费了将近10年时间。这期间的解决措施为一方面完善新的审计监督体制,另一方面就银行的信息披露、企业再生、银行的经营基础等问题点进行综合的构造改革。以下就此类构造改革的内容进行说明。

(二)银行的信息披露与经营规律

1998年夏,必须消除是否仅在信用可维持的范围内确定不良债权的问题。因此,在新的审计监督体制下,通过金融审计严格验证银行进行的资产评定,优先适当披露不良债权额。另外,就根据审计而验证的不良债权,进行保守的清偿处置。从不信任出发,在对银行的信息公开方面确立信任之前,需要经过几个必要的阶段。

在此过程中,对于陷入资不抵债的银行应迅速地进行破产处置。在程序方面,除了一般企业的破产程序以外,金融厅及存款保险机构承担以特别的角色为基本的框架。届时,就破产银行的资不抵债额,用全额、存款保险及财政资金来填补。

日本在1998年到2003年集中进行了破产处置。在此期间的破产金融机构数量为180家,为填补资不抵债而支出的公共资金约18兆亿日元,其中由国民负担的财政资金约为10兆亿日元。

(三)企业再生制度的完善

在日本,有关企业再生的制度完善原本是政治难题。因为回避破产和烂账是首要命题的这一意识观念极强,如果尝试完善对企业再生制度,其本身就容易招致道德的谴责。但是,即便如此,金融厅同经济产业省及法务省仍然坚持共同合作致力于企业再生制度的完善。

在法庭外重组程序方面,基于银行界与产业界的共识,除了制定《法庭外重组破产指南》以外,还创设了企业再生 ADR(多元纠纷解决)制度。另外,在法定破产重整制度方面,制定了《民事再生法》,全面修订了《破产法》,使破产制度依次得以完善。在金融行政方面,要求银行利用这些制度,从资产负债表中分离出对困境企业放出的贷款。

其结果减少了因停止银行交易而导致资金周转不灵破产的企业,在法院主导下井然有序地进入法定破产程序的企业有所增加。但是,大多数企业进入破产清算程序,如果以企业再建为目的,会受制于不存在为再建后的企业提供资金的市场。

因此,首先在 2002 年通过现有的公共机构对企业再生投入了公共资金。其次在 2003 年为推动企业再生程序,设立了投资公共资金的"产业再生机构"。该机构在至 2007 年解散为止的 4 年间,处理了 41 件,198 家公司的企业再生案件。投入的公共资金获得了 400 多亿日元的利润。在此过程中,配备的与企业再生相关的人才及资金市场是极大的成功。

(四)修复银行的经营基础

有关银行的经营基础,在新的体制下进行审计的结果,自 1999 年以后判断为能再建的银行,批准其申请基于公共资金增资。通过审计确立申请银行的信息披露与经营整顿是其最主要目的。具体而言,在消除此后破产的风险之前投入充足的资本,在提出足以弥补的严格经营再建计划时,在能够完成计划为情形所设定的有利条件对应增资。在银行所提出的经营再建计划立即公布的基础上,金融厅后续跟踪,在履行不充分的情形下,追究经营责任。

另外,金融厅就银行整体从 2003 年导入了早期预警制度,从财务、资金周转两方面进行具体监管,依据市场规律完善确立银行经营的监管体制。

日本在此情形下,进行了大规模的金融重组,修复了银行经营基础。增加投入的公共资金上升到 8 兆亿日元,这些资金并不是在填补资不抵债部分而是投资于银行,最终得到 3500 亿日元的利润。

此外,在公共金融方面,2001 年起实施的财政投融资改革停止在政府新设账户存入邮政储蓄等资金存款等,消除了利息体系的问题。在此基础上,关于公共金融机构的组织体系,从 2007 年以后进行了构造改革,整合了政府的金融机构并对邮政实施了民营化等。

日本通过以上综合改革，于2005年终于解决了不良债权问题，取消了全额保护银行负债的异类措施。

五、银行的破产处置课题

(一)对世界金融危机的应对

此后，发生以雷曼危机为开端的世界性金融危机时，日本的金融系统本身并未遇到过多的障碍。但是，世界性金融危机是市场的产物，与日本之前的金融危机性质不同。2013年日本为了灵活应对金融危机对证券公司等进行了制度完善。这一完善体现为金融机构面临金融危机时，就金融系统上重要的交易由存款保险机构在资金及管理方面的参与，使约定得到履行。

另外，世界金融危机因为在贸易方面对日本的产业界予以严重的打击，因此日本创设了灵活周转资金的措施。在此过程中，特别是对中小企业，强化信用保证制度的规模扩大及继续贷款等，出现了与构造改革背道而驰的现象。公共金融机构的改革也被束之高阁。

(二)银行的破产处置制度

日本于1998年至2003年集中进行了银行的破产处置。其大多数是在企业的一般破产程序中进行，并由金融厅及存款保险机构担任特别角色。但是，因为银行负债全额得到保护，没有必要进行债务调整。另外，在相关程序中银行的资金周转以保护全额负债为前提，日本银行(央行)提供了资金。

对于日本长期信用银行及日本债券信用银行，采取国有化方式政府强制获得银行的全部股份。这是因为日本的银行在外国金融市场进行了大规模的交易，为了回避因破产制度的适用而伴随的混乱。但是，因为与破产程序不同不能适用解除合同的条款，由政府直接负经营者责任，所以事业再建等遇到了重大的困难。

2005年之后，因为转向存款的定额保护，银行在破产时，有必要进行债务调整或是过程中的资金周转应对。立足于此点，银行破产处置程序与一般的企业破产相比较存在以下不同。

1. 通过金融厅的审计监管，认定银行经营破产的事实。

2. 继续存款支付等日常业务。

3. 存款保险机构成为整理管理人。

4. 准备承继银行的一方,不认可 DIP 方式。

5. 拆分不良债权,出卖给整理回收机构。

6. 亏损由存款保险进行填补。

7. 政府控制企业受让方的选定程序。

(三)与支付结算系统的关系

如此制定银行与一般企业破产程序的差异,其根本原因是银行的存款为储户的支付手段,即使破产程序开始也不能停止支付。另外,支付途中的资金数额减少,对支付系统的运行产生障碍的同时,对顾客的资金周转也会产生不良影响。

特别是,日本的支付系统通常处理数量庞大的支付,即便是小规模的地方银行,大多数的中小企业也通过银行支付系统相联系。这些中小企业同银行之间,利用支付业务的同时,作为贷款方建立资金周转依存关系。如果交易银行在破产的时候停止支付业务,众多中小企业可能陷入连锁性破产,从而对地方经济造成严重的打击。

因此,在2005年转入存款定额保护时,限于支付用的存款继续被全额保护。另外在日本银行中,为削减银行间的支付风险而下了大功夫。在此期间,为了使担负着实际业务的存款保险机构也能进行灵活的破产处置,进行了各种准备工作。

但是,在日本银行负债全额担保被撤销之后,没有由支付系统出现问题的银行破产事例。2006年虽然有地方银行陷入金融危机的事例,但是因为应对得早,这些银行得以进入再建的轨道。在2010年虽然有破产处置的事例,但该事例是徒有银行的商号,实质上没有支付业务的金融机构,不具有影响。

在日本,以存款定额保护为基础,能否灵活处置支付系统构成的银行的破产依然是重要课题。

人寿保险公司的破产
（大和人寿保险股份公司）

［日］阿部信一郎* 著 席修举** 译

一、当前人寿保险公司的状况

（一）逆差问题的发生

保险公司将能够将之活用的预存保险金的预定利率规定为商品，这种实际的运用收入比预定利率少的情况，称为利差损。日本的保险公司，在泡沫经济时期以高收益率销售约定的高利率商品。但是，泡沫经济崩溃后因不动产价格暴跌，经济低迷加之保险公司投资的房地产价格下降，运用收益便恶化了。保险公司虽然支付了在高利率时购买的商品的到期金额，但是超出运用收益的情况一直都有发生。

（二）中小人寿保险公司的固有问题

中小人寿保险公司的固有问题是费差损的问题。实际的费用超出公司运营预计的必要成本费用，称为费差损。中小保险公司相比大规模的保险公司，公司事务成本相对较高。当时，业界第一的日本人寿保险公司的总资产是45兆日元，而中小企业大致是3兆多日元。大和人寿保险公司的账面价格只有2300亿日元。中小企业

* 中央大学法律研究生院客座教授、律师。
** 中国政法大学法律硕士学院硕士研究生。

如果不向人寿保险商品的销售人保证与大型人寿保险公司同样的高利率回报,优秀的保险销售人便会因被其他公司拉拢而丧失。因此,中小人寿保险公司的事务成本比之大规模的公司相对较高。中小人寿保险公司为了充分运用事务成本,高利率的资产运用就变得尤为必要,因此它们会进行积极投资。这种积极的投资在泡沫经济时期是得不偿失的。

(三)破产保险公司

- 根据《保险业法》进行破产的企业:1997年的日本产业人寿保险公司,1999年的东邦人寿保险公司,2000年的第百人寿保险公司、大正人寿保险公司。
- 根据《公司更生法》《更生特别法》进行破产的企业:2000年的千代田人寿保险公司、协荣人寿保险公司、东京人寿保险公司,2008年的大和人寿保险公司。

二、大和人寿保险公司案件实务经验(2008年10月10日申请公司更生)

(一)申请之前

1. 大约3周前开始与金融厅商谈并讨论

(1)偿付比例能够显示保险公司经营状况的健全与否,须对偿付比例的危险界限值进行确认。保险公司的支付余力的判断要素为,如果超过200则为安全。值得一提的是,2013年9月在日本业界排名第一的日本人寿保险公司的支付余力为733%,排在第二位的第一人寿保险公司的支付余力为708%。当下(2008年),大和人寿保险公司确认其处于接近200的危险位置,并有必要就采取救济措施达成一致意见。

(2)救济的方式为,根据《公司更生法》(《更生特别法》)就申请方面获得同意。

(3)这种方式是不再根据以前的《保险业法》进行破产处理的确认。

根据《保险业法》的规定,经过破产处理的日本产业人寿保险公司、东邦人寿保险公司、第百人寿保险公司、大正人寿保险公司等作为业界的破产处理负荷,可以从政府取得巨额的财政援助(人寿保险合同人保护机构),分别为日本产业公司2000亿日元、东邦公司3800亿日元、第百公司1450亿日元、大正公司262亿日元。

对此,之后破产的千代田人寿保险公司、协荣人寿保险公司、东京人寿保险公司根据《公司更生法》(《更生特别法》)采取措施,无法从政府(合同人保护基金)获得援助。以此回避国民的负担。

2. 在申请前后就金融厅的对策进行探讨

(1)申请后就金融厅的说明内容、就与法院的关系方面进行磋商。

与资助候选公司的再度接触(p公司:"宁吃死鱼,不吃烂鱼")。

(2)以前,作为销售候选公司,p公司实施了DD策略。拒绝了法庭重组前的公司转让。

3. 与法院的磋商

法院与候选保全管理人的磋商。

(二)申请及申请之后

1. 申请的同时,东京地方法院选任保全管理人(2008年10月10日)。

2. 公司方面——由董事长·员工在全国5个地方就公司状况进行说明。

向保险合同人进行说明(由人寿保险合同人保护机构说明责任保护基金高达90%的保护等)。

3. 保全管理人——保全管理人办公处设置于公司内部,由保全管理人将指挥命令系统统一化。

(三)财产管理人的主要活动

1. 选任财产管理人(2008年10月17日)。

2. 资助人的选定。

——须将推进所持资产的销售、回避资产估价争议作为方针。

(1)固定削减10%的责任公积金。

(2)固定预定利率和早期解除合同的扣除条件。

(3)财产的调查·评定。在该案中,破产的原因之一是该保险公司的过度投资(不动产投资基金、不动产证券化商品、金融派生商品)加之早期进行资产销售,因此,调查·评定变得明确化、简单化。

(4)和人寿保险合同人保护机构就支付补偿保险金签订合同,一发生保险事故时须支付90%的保险额度。

(5)与保险合同相关的债权。保险合同人在公司的总财产基础之上享有优先特权(《保险业法》第117条第2款)。责任公积金的削减率为10%、预定利率最大为1.0%。

(6)劳动者债权。免除优先债权、确定债权额的24.8%(另外,由高木担任财产管理人的协荣生命有限责任公司,免除的保险合同和劳动债权为同期利率的8%)。

(7)调查经营责任。根据《公司更生法》第100条,对工作人员有无损害赔偿这一情况进行了调查。与公司进行积极投资相比,计入了巨额的有价证券估价损失,使公司的纯资产减少,并进行了破产事由的调查。结论是无民事责任。

关于不良金融机构和概算给付金制度的研究
——以储蓄银行为中心①

[韩]吴承坤* 金世皖** 洪正孝*** 著
李锦珠**** 译

一、绪论

2008年因美国次级抵押贷款事态引发的世界金融危机,使对于金融市场的不确定性和金融机关的经营稳定性的忧虑越发严重。金融机构的不良事态发生时,不仅会因为金融中介机能的毁损使实体经济停滞,而且会使金融消费者受到金融交易瘫痪或储蓄债券的损失等直接或间接的损害。大部分国家为金融消费者,特别是为保护小额存款人而制定了存款保险制度,在金融机构不良时对一定规模的存款支付存款保险金。

韩国自从1996年实施存款保险制度后,于2010年4月以5000万韩元为限度进行存款保险。但是超过投保

① 本文是存款保险公司2010年外部研究支援项目的结果,属于作者本人的意见,与存款保险公司的见解无关。同时,向对本文提供宝贵论评的两位匿名评审员和编辑长表示深深的谢意。

* 存款保险公司首席研究委员。
** 梨花女子大学副教授。
*** 庆南大学副教授。
**** 大成律师事务所助理,中国政法大学硕士。

限度的非保护存款需要不良金融机构清理程序结束后才能通过破产分配得以保全,非保护对象存款人需要接受较长时间的流动性约束或根据破产分配的程度曝光损失。

概算给付金制度是指为了减轻非保护对象存款人的长期流动性约束,根据不良金融机构的预期回收率提前支付非保护存款的一部分的方案。

本文为了能对非保护对象存款人提供方便和为金融市场的安定及信用恢复提供帮助,研究最近以不良的互助储蓄银行存款人为对象引进的概算给付金制度,对主要热点问题提供政策性的含义。

为了分析如何引进有效的概算给付金制度,本文做了以下研究:

第一,分析了概算给付金制度的引进必要性和概算给付金给付程序,概算给付金给付后可能发生的事后清算问题等内容。

第二,设定合理的概算给付金规模的概算给付率模型,利用过去的不良储蓄银行的资料进行了实证分析。检讨债权人预期红利率、调整系数、各批次的股息支付率等组成的概算给付金模型的可行性,活用了储蓄银行的破产资料算定了概算给付金的规模。为了算定和概算给付金有关的预期红利率、分配所需时间及调整系数等主要变数,参考了从1998年3月以后破产的87个储蓄银行的破产财团。其中,到2002年为止破产的75个储蓄银行通过存款保险基金债券偿还基金、2003年以后破产的12个储蓄银行通过存款保险基金进行了清理。

第三,为了缓解非保护存款人的流动性损失,分析1993年首次引入的美国FDIC的优先股息(advanced dividend)制度和给付案例等,观察概算给付金适用对象及给付期间、事后清算等符合国内金融市场概算给付金制度的相关问题。

本文继第一部分绪论之后在第二部分提到了《存款人保险法》和该法实施令上的概算给付金制度,在第三部分说明了韩国不良金融机构破产财团现状及破产程序等,在第四部分提到了概算给付金制度核心的概算给付率算定模型和在算定概算给付率时需要的预期红利率、调整系数、分配所需时间等的实证分析结果,在第五部分分析了FDIC优先股息制度和概算给付金制度实施相关的主要时事,最后在第六部分提到了本文的结论及相关问题。

二、概算给付金制度

(一)概算给付金制度概要

概算给付金制度是指存款保险公司给存款人等给付保险金时将超过《存款

人保险法》规定的保障限度(5000 万韩元)的非保护存款从存款人手中买入,同时根据不良金融机构的预期回收率算定概算给付率支付概算给付金的制度。《存款人保险法》规定的概算给付金相关条款如下:

第35条第2款(存款等债券的买入)

1. 公司根据第31条第1项的规定支付保险金时可以买入当年和保险事故有关的存款。

2. 公司根据第1项的规定买入存款等债券时根据存款人的请求,根据第3项的规定向存款人支付概算为存款等债券价值的金额(以下简称概算给付金)。这时将公司买入的存款等债券回收的金额减去所需费用的金额超过概算给付金时,需要将超过的金额追加支付给当年的存款人。

3. 概算给付金中公司从存款人等买入的存款等债券的价额是以保险金给付公告日为基准算定的金额(排除承担保证债务的存款人等的相当于保证债务的金额的存款和作为债权和担保权的标的的存款)乘以根据第35条第2款规定的概算给付率计算出的金额。

《存款人保险法》规定的概算给付金制度的特征是持有不良金融机构的非保护存款债权的存款债权人需要长时间等待破产财团的持有资产变现,但是导入概算给付金制度时不需要等待长时间的破产程序,可以迅速回收债权。

(二)概算给付金给付程序

存款保险公司的概算给付金给付基本程序如图1所示:

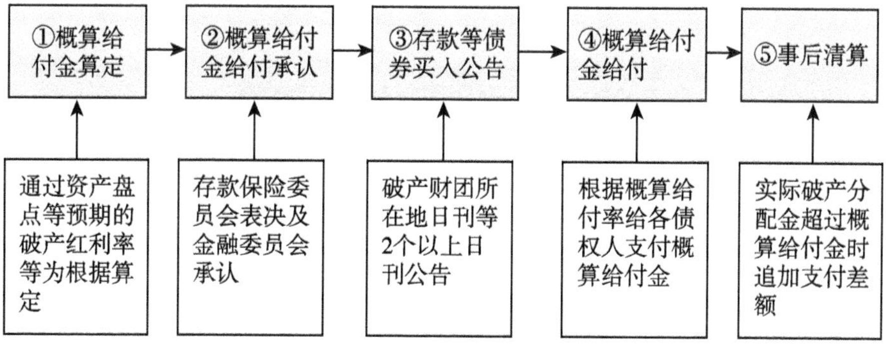

图1　概算给付金给付程序

资料来源:存款保险公司。

根据图1的概算给付金支付程序应先算定存款保险公司的概算给付率。根据《存款人保险法》(第35条第3款)公司买入存款等债券时考虑到当年对于不良金融机构相关存款等债券能够变现的金额决定概算给付率。基本上概算给付率是根据通过不良金融机构的资产清查等的预期破产红利率等来算定的。

第一,公司为了能获得概算给付金给付的认可需要经过存款保险委员会("存保委")的表决并获得金融委员会("金融委")的认可(第35条第4款)。

第二,公司将对存款等进行债券买入公告。这时需要对破产财团总公司的所在地两个以上的日刊进行公告(第35条第5款)。

第三,公司将概算给付金支付给存款债权人。这时概算给付金应根据已经算定的概算给付率对各存款债权人进行概算给付金给付。

第四,公司在破产财团业务合法经济地终结之后将和受领概算给付金的非保护存款债权人进行事后清算。公司和非保护存款债权人的事后清算是实际破产分配金超过已支付的概算给付金时,其差额将被公司追加给付给非保护存款债权人。

比如说,A存款债权人已支付的概算给付金为10,000韩元,但实际破产财团业务结束后,存款债权人A要受领的破产分配金被决定为12,000韩元,那么公司要给存款债权人A追加支付2000韩元。反之,当存款债权人A要受领的实际破产分配金被决定为9000韩元时,公司将从存款债权人手中回收1000韩元。但是破产财团终结后从存款债权人手中回收超过部分已支付的概算给付金可能会有相当大的难度,所以公司在支付概算给付金时有必要相当保守地算定概算给付率。

三、韩国不良金融机构的破产财团现状及破产程序

(一)破产财团现状

据存款保险公司所说,于2010年6月末有456个不良金融机构处于破产财团的管理之下,其中,正进行破产程序的不良金融机构有207个,破产程序终结的不良金融机构是占整个破产财团55%的249个。

破产金融机构按类别来看,有银行5个、保险10个、金库(储蓄银行)90个、综合金融公司22个、证券4个及信用合作社325个,金库(储蓄银行)和信用合作社破产金融机构各自占整体破产机构的20%和71%(见表1)。

表 1　破产金融机构现状

单位:个

金融领域	进行破产程序	终结破产程序	合计
银行	4	1	5
保险	6	4	10
金库(储蓄银行)	85	5	90
综合金融公司	22	—	22
证券	3	1	4
信用合作社	87	238	325
合计	207	249	456

资料来源:存款保险公司。
注:以 2010 年 6 月末为准。

为了使投入公共资金的破产财团能够有效回收公共资金,依据 2000 年 12 月制定的《公共资金管理特别法》及 2002 年年末修订的《存款人保护法》,制定了能够选任存款保险公司或其管理人员的制度性规定。在现今 456 个(终结财团 249 个除外)破产财团中,有 454 个破产财团选任了存款保险公司的管理人员为破产管理人(或清算人)。

观察表 2 的各年度破产金融机关的现状,从 1998 年到 2010 年上半年不良金融机构一共显示为 469 个。1997 年外汇危机后的 1998 年出现 47 个不良金融机构后,1999 年有 112 个金融机构退出了。还有 2003 年因信用卡事件等使不良金融机构激增为 131 个,之后减少为 10 个以下呈现出安定的局面。

观察累计的破产财团数量,从 1998 年的 47 个开始,持续增加到 2009 年的 469 个,到 2010 年 6 月末因破产财团终结等原因比起 2009 年年末减少了 13 个显示为 456 个。

表 2　各年度破产金融机构现状

单位:个

基准日	各年度破产金融机构数量	破产金融机构数量(累计)
1998 年年末	47	47
1999 年年末	112	159
2000 年年末	68	227
2001 年年末	66	293

续表

基准日	各年度破产金融机构数量	破产金融机构数量(累计)
2002年年末	21	314
2003年年末	131	445
2004年年末	10	455
2005年年末	3	458
2006年年末	4	462
2007年年末	3	465
2008年年末	3	468
2009年年末	1	469
2010年6月末	—	469
计	469	469

资料来源:存款保险公司。

(二)经营管理业务及破产财团清理程序

一般不良金融机构清理大致可以分为经营管理业务和破产财团管理业务。金融委员会以对于不良金融机构的营业禁止的行政命令为根据使存款保险公司派遣经营管理人后经历资产清查及业务交接过程后施行法院的破产宣告等破产财团管理业务。①

而且储蓄银行因过多保有不良债权,自有资本率未满1%而远不能达到资产健全性指导标准时,将根据金产法(《金融产业构造改善的相关法律》的简称)下达适时纠正的措施(经营改善命令履行要求)。也就是说储蓄银行将要经历,对于该金融机构经营时态分析及评价→经营改善劝告(自有资本率未满5%)→经营改善要求(自有资本率未满3%)→经营改善命令(自有资本率未满1%)的过程。

① 经营管理措施的目的是防止不良金融机构的不良情形增加及最小化存款人损失、维持信用秩序。根据互助储蓄银行的案例,金融委员会依据《金融产业构造改善的相关法律》第2条及第10条、《互助储蓄银行业监督规定》第48条,决定不良金融机构及依据经营改善命令措施使停止营业(停止给付)6个月及委员的停职,选任管理人等。通常不良金融机根据金融监督院的检查结果(经营时态)为过多保有违法、不良贷款而担心会有资本蚕食或巨额的金融事故发生,而符合经营管理要件时,也将符合储蓄银行法上的经营管理要件。

被赋予适时纠正措施的金融机关在经营改善履行期间(2 个月)包括资本金扩充的大股东履行计划书将提交给金融监督院,经营改善计划等无法履行时经过不履行警告后金融委员会将进行向存款保险公司通报包括营业禁止等的事后处理方案的程序。

根据图 2 经营管理业务流程,经营管理人将着手进行为履行金融委员会行政措施事项的经营管理,施行统合财产调查、不良责任调查及管理人措施、保险金支付及调查、保单转移决定或第三者抛售推进、对于法院的破产申请及保单转移之后的事后管理(清算)业务、向金融监督院提出经营管理终止结果报告书等业务。若在这些经营管理阶段之后法院宣告破产决定,经营管理阶段将转为破产管理阶段,之后的财产管理人将施行破产财团的资产处分等相关业务。

破产财产及破产财团出售有关程序如图 3 所示。基本上企业或金融机关申请破产时法院会经过形式审查和实质审查作出驳回或破产宣告。宣告破产将选任财产管理人,财产管理人会将破产财团保有的资产变现分配给债权人,最终进行清算从而终结破产程序。

四、国外案例

本部分内容分析美国和日本的概算给付金相关案例,考虑韩国金融市场的现状,思考是否有能有效运营概算给付金制度的启发。

(一)美国

不良金融公司处理时根据美国 FDIC 给非保护承存款人给付的分配类型(types of divinds)有以下四种形态。第一,“advance”是营业禁止后 30 日内给非保护存款人给付的分配;第二,“traditional”是不良金融机构在进行资产变现时给付的分配;第三,“initial”是破产机关的第三者出售时从销售货款中扣除的适当保留金的价额根据记号给营业禁止后的非保护存款人按照人数给付的情形;第四,“post insolvency inserest”是给非保护存款人和一般债权人给付本金 100% 后给付的分配。

FDIC 为了缓解非保护存款人的流动性困难(liquidity hardship),在不良银行停业后支付优先红利(advance dividend)的制度是 1984 年首次施行的。优先红利率是以不良银行资产的预期回收价值为基础算定的,但是银行停业时的资产价值没有合理决定的话就没有支付优先红利金。而且如果 FDIC 的实际回收额

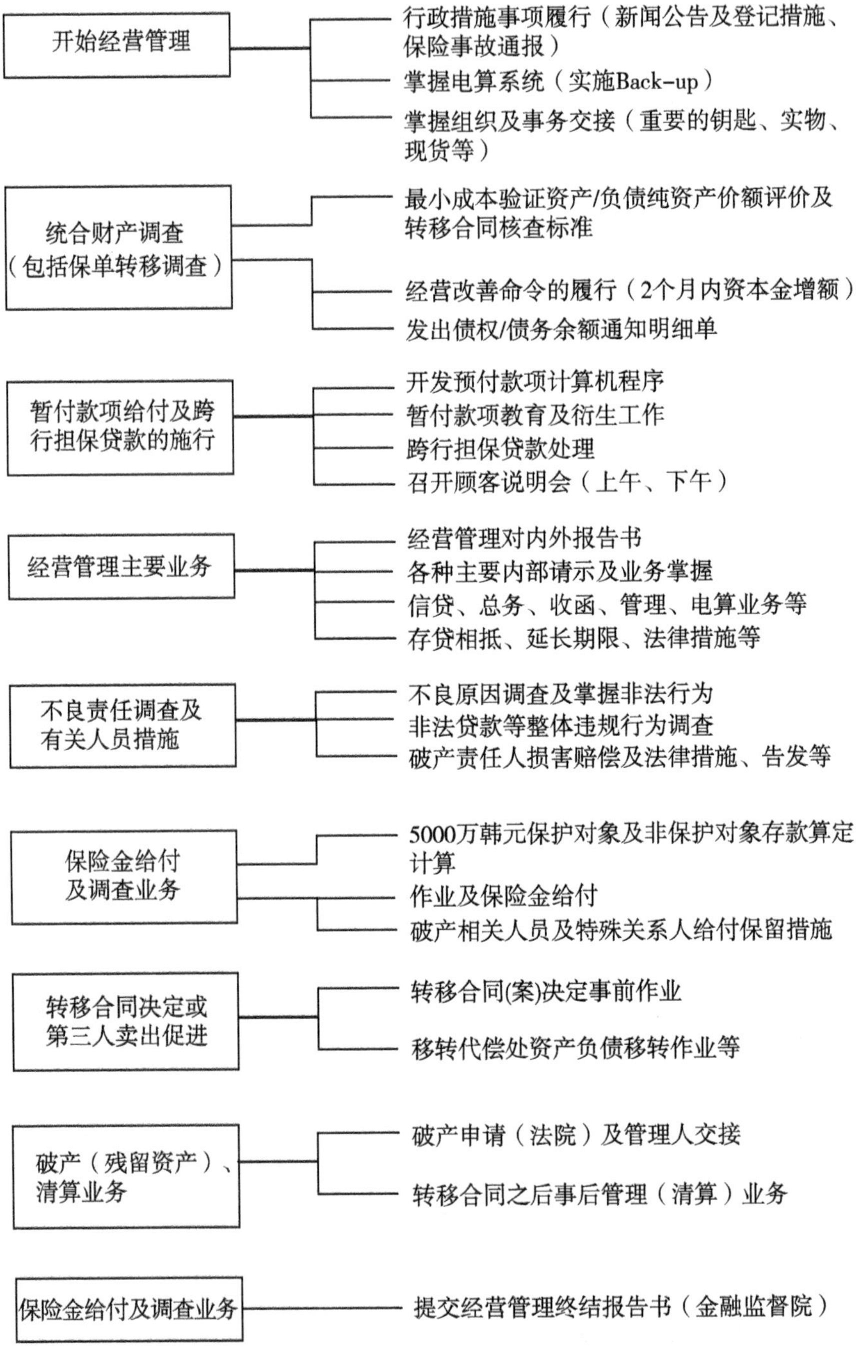

图 2 不良金融机构经营管理业务流程

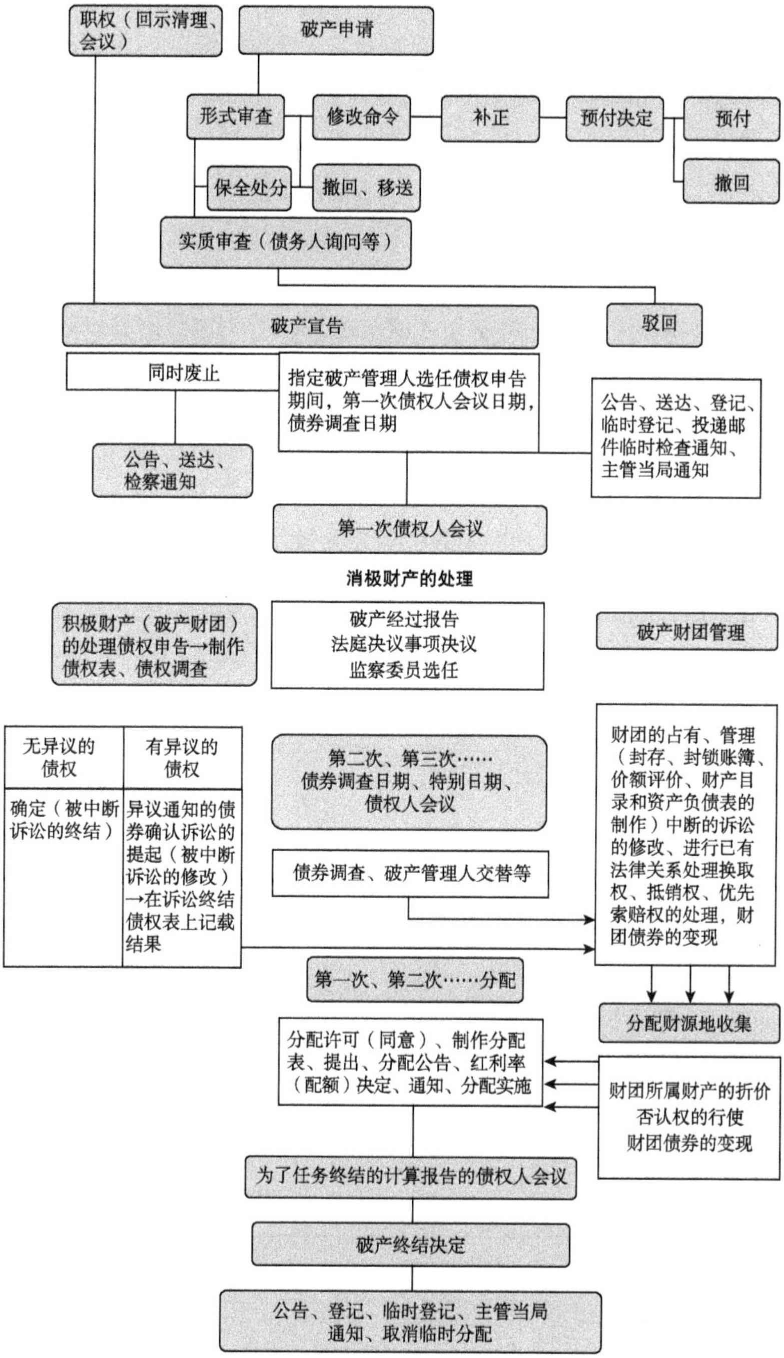

职权（回示清理、会议）
破产申请
形式审查
修改命令
补正
预付决定
预付
撤回
保全处分
撤回、移送
实质审查（债务人询问等）
破产宣告
驳回
同时废止
指定破产管理人选任债权申告期间，第一次债权人会议日期，债券调查日期
公告、送达、登记、临时登记、投递邮件临时检查通知、主管当局通知
公告、送达、检察通知
第一次债权人会议
消极财产的处理
积极财产（破产财团）的处理债权申告→制作债权表、债权调查
破产经过报告
法庭决议事项决议
监察委员选任
破产财团管理
无异议的债权
有异议的债权
确定（被中断诉讼的终结）
异议通知的债券确认诉讼的提起（被中断诉讼的修改）→在诉讼终结债权表上记载结果
第二次、第三次……
债券调查日期、特别日期、债权人会议
债券调查、破产管理人交替等
财团的占有、管理（封存、封锁账簿、价额评价、财产目录和资产负债表的制作）中断的诉讼的修改、进行已有法律关系处理换取权、抵销权、优先索赔权的处理，财团债券的变现
第一次、第二次……分配
分配财源地收集
分配许可（同意）、制作分配表、提出、分配公告、红利率（配额）决定、通知、分配实施
财团所属财产的折价
否认权的行使
财团债券的变现
为了任务终结的计算报告的债权人会议
破产终结决定
公告、登记、临时登记、主管当局通知、取消临时分配

图 3　韩国破产程序流程

比起优先红利和清理费用加起来更多,将给非保护存款人和债权人追加支付;如果实际回收额更少时,FDIC 的存款保险基金将承受该损失。大部分优先红利是以 FDIC 基金的公司账户(corporate account)中向财产管理人以贷款的形式提供,根据财产管理人的资产出售时的现金偿还贷款。

从优先红利制度开始的 1984 年到 1987 年被清理的 118 个银行中有 29 个银行向非保护存款人支付了优先红利,之后的 4 年时间里再没有支付优先红利的案例。但是如表 3 所示,1992 年至 1994 年的 174 件清理案例中也有 69 件支付了 2.74 亿美元的优先红利,其中 9 件案例中显示有 32.4 万美元的超出给付。1995 年发生的 6 件不良案例全部支付了优先红利后优先红利支付案例开始急速减少,1996 年 2 件、2000 年发生了 1 件给付案例,最近因世界金融危机,2008 年 7 月不良化的 IndyMac 银行对约 10 亿美元的非保护存款支付了 50% 水准的优先红利。①

表 3 1992~2002 年 FDIC 的优先给付红利案例

单位:个,%

年份	破产银行数(A)	优先红利给付机关数(B)	优先红利给付比率(B/A)
1992	120	35	29
1993	41	26	63
1994	13	8	62
1995	6	6	100
1996	5	2	40
1997	1	0	0
1998	3	0	0
1999	7	0	0
2000	6	1	17
2001	3	0	0
2002	10	0	0
合计	215	78	36

资料来源:FDIC、Kaufman(2003)再引用。

① 2001 年 7 月 FDIC 清理了当时资产规模为 23 亿美元的 Superior Bank FSB(芝加哥所在地),因为被发现不良原因为存在大量欺诈行为而未支付优先红利。

(二)日本

从1971年开始施行的日本《存款保护法》中也有相当于韩国概算给付金制度的所谓概付的制度。[①] 所谓概付是指在保险对象存款中除了结算用存款以外的存款中超过本金1000万日元以外的部分或者外汇存款和其利息,存款保险机构将以买入存款等债券的方式支付金钱的意思。这时,给付的金额以存款保险机构从存款人手中获得请求为基础,考虑到债券分配金的预想金额等后乘以决定的一定比例(概付率),被设定担保权的存款等排除在支付对象外。但是,存在灾害等其他不可抗力时,经过买入期间后存款人可以买入债券。

决定存款人被给予的概付额的概付率是根据存款报销机构运营委员会的表决决定的,这是需要获得内阁总理大臣及财务大臣的许可的(日本《存款保险法》第71条)。通过存款保险机构的公报等公告概付率和买入期限等后会采取向存款人给付的程序。另外,在从存款人手中买入的债券的回收额中除掉买入费用概付额后的金额更大时,其超过金额将追加给付给存款人,这被称为清算支付。

2002年日本《存款保险法》修改,对于定期公积金、定期存款等的存款保险,随着保护本金1000万日元及其利息,[②]概付给付虽然是有可能的但从2009年年末到现在并没有概付给付的案例出现过。这是因为1999年之后日本的不良金融机构的清理都是通过资金支援方式进行的,随之接收金融机构接手不良金融机构事业的全部或部分继续营业无须支付保险金或概付金。在最近的世界金融危机中,虽然2009年9月日本金融厅有过对存在不良危机的陆奥银行等3家银行和全国信用协同组合联合会以优先股和信托受益权的接收形式各自资金支援了700亿日元和450亿日元的案例,但到2009年年末为止没有以保险金给付方式清理不良金融机构的案例。

五、概算给付金算定模型及实证分析[③]

第四部分概算给付金给付程序中存款保险公司可能直面的各种问题中,为

---

① 日本《存款保险法》第70条到第73条规定了有关概算给付金制度的内容。对于第70条存款等债券的买入、第71条概算给付率、第72条买入的公告、第73条课税关系等分别进行了定义。

② 满足"无利息、活期存款、提供结算服务"这三个条件的活期存款、普通存款、专项存款从2005年4月以后进行全额保护。

③ 参见《破产分配金概算给付率算定模型资讯报告书》,三一会计法人。

了公司和非保护存款债权人之间的事后清算问题最小化,概算给付金或概算给付率的合理算定是非常重要的。所以本文对于用怎样的方式算定概算给付金的方法进行了分析。

(一)概算给付金算定模型

1. 概算给付金算定

基本上概算给付金可以用以下的方式进行算定:

概算给付金 = 买入对象债权额 × 概算给付率 (1)

上面的式(1)中的概算给付金是买入对象债券额乘以概算给付率算定的。概算给付率越高存款公司对存款债权人支付的概算给付金金额更好。

买入对象根据《存款人保护法》第34条的内容,虽然可以意味着有保险金给付决定的不良金融机构的保险金支付对象,但是像亏损相关人员等被保留保险金给付的存款人是被买入对象债券排除的。买入对象债券额意味着保险金给付公告日标准的超过5000万韩元的本金及利息,根据担保债务及担保提供的存款等债券的金额从买入对象债券中排除。买入对象债券额虽然意味着破产财团保有的金额本身,但概算给付率还需存款保险公司推定合理的价额。

2. 概算给付率算定

基本上存款保险公司算定概算给付率时是根据该不良金融机构的事前(ex-ante)尽职调查(due diligence)结果推定的破产财团保有的资产的预期回收率为基础算定的。存款保险公司需要适当考虑可以领取概算给付金的非保护存款债权人之间的事后清算和因为破产财团保有资产的变现不确定的情况下概算给付金可以预先支付的情形而引发的时间性价值等问题而支付概算给付金。

理论上概算给付金应该根据破产财团保有的资产的未来价值来推定,但现实中预测未来是有相当大的难度的。对这一问题可以采取以过去的破产财团经验资料推定未来价值的方法。本文以如下方式设定了概算给付率的算定模型:

$$\text{概算给付率} = \text{预期红利率} \times \text{调整系数} \times \left\{ \text{各批次分配给付率} \times \frac{1}{(1+R)^n} \right\} \tag{2}$$

式(2)中 n 是指保单转移决定日起第一批次及第二批次等各批次分配给付时间为止的各所需期间。各批次的分配给付率意味着根据破产财团保有的资产推定的总预期股息金中第一次和第二次分配金(预想)等的各比例。

R 意味着贴现率(discount rate)。因为概算给付金的基本概念是将在未来发生的预期股息金在到来之前事前给付的概念,所以需要考虑在未来一定时期可预想分配金的时间价值。算定概算给付率时的贴现率是需要适用能够反映存款保险公司的风险(risk)、存款保险公司的自己运营收益率、账户之间的借款(筹措)利息、事后清算可能性等问题的贴现率(利息),存款保险公司作为公共机关可以使用国债或具有与此类似的信用等级的债券(货币稳定证券)的收益率或存款保险公司的过去数年间的资金运用平均收益率等。这时可能会发生该国债或货币稳定证券到期和分配金给付时期的不一致等问题,所以需要对该期间进行调整。

而且式(2)中预期红利率(expected dividend ratio)可以使用先承担破产财团资产调查的会计法人(accounting firm)根据存款保险公司资产调查标准及清算价值评价指南算定的清算价值评价报告书的债权人红利率。并且,除了会计法人清算价值评价报告书外破产财团财产管理人报告书也可以活用为算定预期红利率的基础资料。会计法人的清算价值评价报告书上为了预期红利率的算定的基准日期是从金融委员会指定不良金融机构及被营业禁止后的转移合同日期为基准日的。为了准确地算定概算给付率,考虑破产财团给付的全体分配禁止金额被认为是合适的。

但是对破产财团的管理仍处于进行中的状态,所以准确的破产财团红利率的推定多少存在限制。对此的弥补措施,根据过去对于破产财团的存款保险公司的经验来看,破产财团的第一次、第二次的分配金是破产财团给债权人们支付的总分配金的60%,所以算定概算给付率是只反映第一次和第二次的分配给付率也无不可。清算价值评价报告书上预期红利率如以下公式计算:

$$\frac{\text{预期红利率}}{} = \frac{\text{清算时可分配资产}}{\text{债权人债权额等}}$$

$$= \frac{\text{根据清算价值评价的资产总额} - \text{优先顺位债务} - \text{清算时为止的运营管理费} - \text{吸收存款及单人信贷贷款}}{\text{预收款总额} + \text{未支付利息费用} - \text{吸收存款及单人信贷贷款} + \text{其他}} \tag{3}$$

破产财团财产管理人报告书上预期红利率的算定时期是以法院的破产宣告日为基准日而算定的,算定方法是法院破产宣告日现破产财团包邮的资产的可回收金额和破产财团申报额为基准算定预期红利率的。一般法院对于不良金融机构下达破产宣告后,在法院的管理下可分配于债权人,所以概算给付金的给付时期设为法院破产宣告日之前更为妥当。随之考虑到对于分配的法院的管理监督,对比破产财团的财产管理人报告书上的预期红利率,利用会计法人的清算价值基准的预期红利率从时期上来看更为合适。

式(3)中的不良金融机构的债权人从破产财团保有的资产的折算到可以领受的预期红利率存在破产财团残留资产的回收可能性及可回收价额的变动性,即无法反映债权人们可以领受的配额的变动性的缺陷。为了反映如上所说的债权人无法受到分配的危险,可以引入调整系数。

基本上调整系数是因实际配额可能比原先的预期配额少,在存款保险公司的立场上调整系数可以被看作为了预防实际破产财团红利率对比概算给付金支付过多而可能发生的事后清算上的问题而存在的系数。红利率调整系数(= 预期配额 - 实际配额)推定时需要考虑预期的红利实际履行程度。调整系数可以利用过去不良化的储蓄银行的破产财团对于分红的统计资料,以如下的方式算定:

$$\text{调整系数} = \frac{\text{分配额}}{\text{调整分配额}} = \frac{\text{分配额}}{\text{清算时可分配金额} \times \dfrac{\text{破产债权承认额}}{\text{预期债权申报额}}} \tag{4}$$

(二)实证分析结果

1. 分析资料(data)及红利率(dividend ratio)

为了概算给付金或概算给付率的算定需要的预期红利率、各变数的计算,需要先行构成标本的取样。该标本的取样应当以存款保险公司投入公共资金经营管理及破产财团业务正在进行的或法律上或经济上终结的储蓄银行为对象。

表 4 基础统计量分析

单位:百万韩元,%

区分	最初债权人会议报告书			实际配额(推定)		
	最初债券承认额(A)	可分配额(B)	红利率(C = B/A)	破产债券承认额(D)	分红总额(E)	红利率(F = E/D)
总计	10, 702, 051	4, 921, 135	45.98	11, 128, 312	6, 066, 351	54.51
平均标 准偏差	120, 248 123, 377	55, 294 67, 202	48.51 20.07	125, 037 125, 801	68, 161 88, 895	55.45 23.34

资料来源:存款保险公司。

一般存款保险公司对不良化的金融机构（银行、证券、保险等）支付公共资金时，会利用到预报基金或偿债基金的财源。在这些金融机构中，存款保险公司清理不良储蓄银行的方式有：（1）保险金支付后清算或破产的方法；（2）将不良金融机关的资产和负债向财力健全第三人保单转移的方法（Purchase and Assumption，P&As）；（3）不良金融机构的资产和负债转移给过桥（bridge）银行的方法。

本文将1998年3月26日营业禁止的釜山东亚信用社开始到2008年12月16日营业禁止的全北储蓄银行为止的共89个储蓄银行选为标本。在89个储蓄银行中，有75个储蓄银行受到了偿债基金的支援，剩下的14个储蓄银行是通过预报基金进行的清理。

表4中89个不良储蓄银行存款人最初债权人会议时申报的最初债券承认金额为总共10,702,051百万韩元，其中可分配金额为4,921,135百万韩元，其红利率显示为46%。89个不良储蓄银行的最初债券承认额的平均（mean）和标准偏差（standard deviation）为120,248百万韩元和123,377百万韩元，平均红利率和标准偏差为48.51%和20.07%。

另外，根据89个不良储蓄银行的实际红利推定资料来看，破产债券承认总额是比最初债权人会议报告书上的债券承认额要高的11,128,312百万韩元，破产债券承认额平均和标准偏差也是比最初债权人会议报告书上的要高的125,037百万韩元和25,801百万韩元。实际红利总额6,066,351百万韩元显示为是破产债券承认额的54.51%。89个不良金融机构的实际破产债券的平均红利率的平均和标准偏差各是68,161百万韩元和88,895百万韩元，世纪红利率的平均和标准偏差各是55.45%和23.34%。

2. 分红所需期间

表5的储蓄银行破产财团的分红所需期间算定结果显示，第一次分红平均需要因金融机构不良化而导致的营业禁止日之后2.04年的时间，第二次分红需要从营业禁止日之后3.49年的时间。

表5 储蓄银行破产财团分红所需期间

单位:个,年

分红所需期间	第一次分红		第二次分红	
基金	破产财团数	年数	破产财团数	年数
1. 偿债基金	75	1.97	75	3.52
2. 预报基金	12	2.50	7	3.06
3. 偿债+预报基金	87	2.04	82	3.49

(三)调整系数

基本上调整系数根据概算给付率将事前红利支付给破产财团的债权人之后,将破产财团终结时可能发生的事后清算问题事前解决或缓解便是其目的。

在表6中,根据利用89个互助储蓄银行破产才团的资料推定调整系数的结果,调整系数平均和标准偏差各是117.31%和30.3%,全体调整系数的范围处于87.01%~47.61%。

表6 互助储蓄银行破产财团调整系数推定结果①

单位:%

区分	全体(89个)	偿还基金(75个)	预报基金(14个)
平均	117.31	115.71	125.86
标准偏差	30.30	23.45	54.68
High	147.61	139.16	180.55
Low	87.01	92.26	71.18

在全部标本中推定处于偿债基金下的75个破产财团的调整系数,调整系数的平均和标准偏差各是115.71%和23.45%,调整系数范围处于92.26%~139.16%。另外,预报基金下的14个储蓄银行相关破产财团的调整系数平均和标准偏差各是125.86%和54.68%,调整稀疏的范围处在71.18%~180.55%。

调整系数平均和显示调整系数变动性的标准偏差在偿债基金下的破产财团都比预报基金下的破产财团相对较低。

---

① 对于最近不良化的J储蓄银行适用公式(2)的概算给付率算定模型推定的结果,在只支付了第一次分红的情况下概算给付率呈现为17%的水准,但在第一次及第二次分红都支付的情况下概算给付率呈现为25%的水准。

存款保险公司概算给付金给付后，为了最小化和破产财团债权人的事后清算问题，本文认为有必要从多方面分析调整系数推定结果。

六、结论及启示

2007 年美国次级抵押贷款(sub-prime mortgage)事件等，随着金融危机转移到实体经济(main stereet)，世界经济大大停滞，外汇、股票及利息等主要宏观经济指标的变动性变得非常高。在这项世界经济危机过程中，退出了许多金融机构，也因此加深了对不良金融机构的关心。

本文的目的是解决在不良金融机构清理过程中超过存款人保护对象 5000 万韩元的非保护对象存款人可能直面的长期流动性制约问题，对于引入了《存款人保护法》上的概算给付金制度有关的内容以互助储蓄银行为中心进行分析，以提供对该制度施行有关的政策性含义。

为此，利用 1998 年 3 月到 2008 年 12 月营业禁止的 89 个互助储蓄银行的破产财团相关资料，实证分析了概算给付率算定时的预预期红利率、调整系数、分红所需时间等。主要实证分析结果如下：

第一，全体不良化的储蓄银行可预想平均红利率和标准偏差各是 55.45% 和 23.34%，最近支付了非付保存款债券的 25% 水准的概算给付金被判断为较为保守的定价。

第二，87 个储蓄银行破产财团的分红所需时间的推定结果，第一次分红和第二次分红分别需要从营业禁止日起平均 2.04 年和 3.49 年，概算给付金制度的实行对非付保存款人的流动性为题具有缓解的作用。

第三，为了概算给付金给付后存款保险公司和破产财团存款债权人之间的事后清算问题最小化，用代用值推定调整系数的结果，调整系数的平均和标准偏差各是 117.31% 和 30.3%，调整系数的范围应用保守的观点适用较低水准较为妥当，但调整系数的推定结果有必要需要从多方面进行分析。

这些实证分析的结果都可能对存款保险公司接受有效的概算给付金制度具有帮助。

如果概算给付金制度基本上能有效施行，是对存款保险公司的保护对象存款人和非保护对象存款人都有帮助的合理方案，但在实际施行的过程中，为了事先解决存款保险公司和非保护存款债权人之间可能发生的事后清算或基金不足等问题,需要多样的安全装置。而且,本文将概算给付率根据过去的存款保险公司的破产财团全体的经验值,使用了保守的方法,但为了合理地概算给付率的算定,考虑到个别金融机关不良状态,虽然需要追加提示制定合适的概算给付率算定方式或原则,但是这一部分内容因本文的局限,遂留作以后的研究课题。

保险公司破产时发达国家存款保险机构的保险金给付案例研究①

[韩]柳谨玉* 著 李锦珠** 译

一、研究的目的和背景

本文的目的是通过对美国、日本及欧洲等发达国家存款保险机构对破产的保险公司给付存款保险金的案例按照类别进行分析和体系化,从而得到有助于韩国存款保险的合理运营的启示。

韩国保险业从 1993 年开始独立设置运营了担保基金(guaranty fund)。② 但是随着 20 世纪 90 年代推进外型增长为主的经营战略的保险公司经历了 1997 年外汇危机后突然多了破产案例之后原有的担保基金的公积金不足以解决问题。最终政府为了恢复金融市场的稳定追加投入了公共资金。在对金融圈投入公共资金的过程中政府于 1998 年统合了银行、保险、证券及信用担保基金的保障功能,成立了叫作存款保险公司的单一组织。

给投保人给付的保险金作为不确定(contingent)债

---

① 感谢两位匿名评审专家对本文的评审。

* 首尔产业大学经营学科教授。

** 大成律师事务所助理、中国政法大学硕士。

② 详细内容请参见《担保基金的组成相关指南》(保险 45400-228,1993 年 10 月 21 日),载《保险惯例集》(保险监督院)1997 年 9 月,第 53~61 页。

务具有根据未来的损失规模变换金额大小的特性(indemnity),特别是保险公司破产时对被害规模及保险金额的理解差异和诉讼,还有构想问题等被复杂的牵扯在一起,所以对存款保险的给付需要合理运营程序和模板(best practice)。所以,本文对于美国、日本、英国及德国等具有较多破产清算经验的发达国家的担保保险机构的主要案例进行分析并得到启示。

因为很难找到对发达国家的保险金给付案例进行分析的研究,所以本文对和主题相关的已有研究的分析进行了省略,并在展开过程中引用为参考文献。本文研究的方法是对于保险金给付的相关各国的文献以调查整理的方式进行的。

二、主要国家对于破产保险公司投保人的保护制度

(一)选定国别案例研究对象

美国是世界第一保险市场。[①] 美国在2007年以12,297亿美元的保险收益占据了世界保险市场整体份额的30.2%。[②] 特别是美国的保险市场竞争非常激烈,每年破产的保险公司数量也比其他国家多。1981年到2000年,从美国保险市场退出的保险公司总共有944家,平均每年有47.3起保险公司退出案件。[③] 继美国之后拥有庞大保险市场的国家有英国(11.4%)、日本(10.5%)、法国(6.6%)、德国(5.5%)及意大利(3.5%),韩国(2.9%)有世界第七位的保险市场规模。本文将围绕保险市场规模较大、破产处理经验丰富的美国、英国、日本、法国及德国的事例进行集中分析。

(二)主要国家的投保人保护制度

破产的保险公司进行清理的方法主要分为两种,即清算(liquidation)和保单转移(transfer)。首先,清算方式是破产的保险公司向顾客给付保险金、到期及中途退保金或者直接给付未满期保费(unearned premiums)使破产的保险公司直接从市场上退出。其次,保单转移的方式是由保险保障机构或同机构安排的其他第三方金融机构将破产的保险公司的保单统一转移,保障保单的连续性及其效力。

---

① 详细内容请参见Swiss Re(2008年),第35~39页。

② 美国保险市场的规模和第2~5位(英国、日本、法国及德国)国家的合计规模相当。

③ 详细内容请参见金宪秀(2006年):IV.美国保险市场的退出分析,第63页。

一般而言,因为财产保险的保单期间相对较短,保险公司破产时的清算方式以接受投保人或第三方权利人的索赔(claim)申请,投保人保护机构给付保险(保障)金的方式清理的情况相对较多。[①] 而像人寿保险和养老保险这样的长期保险的结束合约的方式选择清算方式时对投保人不利的情况较多,所以选择活用保障合约连续性的转移方式较为普遍。[②] 因为参保人寿保险经过一定时间后保险公司破产并以清算方式清理时已经有一定年纪的投保人参保会被拒绝或保费会显著提高。所以在美国可以自由选择清算和保单转移的方式,还可以根据情况同一个清理对象混合使用两种方式。[③]

另外,保险公司破产时金融市场或经济体系给予的冲击,人寿保险受到的冲击比起非人寿保险相对较大。[④] 因为人寿保险具有和银行类似的储蓄及资金中介功能,而且和资本市场的联系也较高,威胁金融市场稳定的可能性也很高。所以人寿保险公司主要使用保单转移的方式,使用这种方式的代表性国家有日本、德国及韩国。

在非人寿保险的情况下,若赔偿责任保险的销售比重高,随着补偿金额不确定性的增多,到终止给付为止的期间也会变长,保险保障基金的保险金清算程序也会非常复杂。

1. 美国的制度

美国各州都有相异的保险保障基金(insurance guaranty fund)及制度。虽然美国保险监督官协议会制定了范本提示了统一标准,但各州并不一定都要适用。所以每个州的担保费率、保险金给付制度都不一样。

而且美国管理非人寿保险保障基金和人寿保险保障基金的主体不同。非人寿保险是由NCIGF(National Conference of Insurance Guaranty Fund)在保险公司因破产收到法院的清算命令后,接收具有保险金请求权的人们的书面申请书,进行检讨后给付保险金。人寿保险是由NOLHGA(National Organization of Life & Health Insurance Guranty Associations)来承担给破产的保险公司的投保人给付保险金的业务。非人寿保险被分为车险、工业事故险(工伤保险;WC)以及其他非

---

① 详细内容请参见Oxear(2007年)的欧盟各国的处理方式。

② 详细内容请参见Yasui Takahiro(2001年),第12页。

③ 1991年破产的Executive Life的清理事例就是这种情况。

④ 详细内容请参见Udaibir S. Das, Nigel Davies, and Richard Podpiera(2003), pp. 15-16。

人寿保险3个不同的账户进行管理。

保险保障基金的保障限度根据各个州而不同,长期保险的人寿保险领域比起非人寿保险的保障限度有稍多的情况。但是大部分人寿及非人寿保险的投保人的保护限度是一样的。人寿保险公司破产时死亡保险金一般在30万美元的限度内给付,中途解约的退款保障在10万美元内。而非人寿保险的情况是每件请求保障大概在30万美元以内。①

2. 日本的制度

日本于1996年开始,人寿保险协会及非人寿保险协会分别设立运营了独立的人寿投保者保护基金和非人寿投保者保护基金。人寿及非人寿保险协会设置的各基金在保险公司破产后为了保护投保人能够大范围地继承当初的保险协议而物色救济保险公司,投保者保护基金也基本上采取了保全资本损失金额的方式。每件破产事故都设置了资金援助限额,人寿保险基金的限度为2000亿日元、非人寿保险基金的限度则为300亿日元。

但是因为保险公司破产时保险投保人基金暴露出如找不到救济保险公司等各种缺陷,日本政府重新修订了《保险业法》,并于1998年12月为人寿保险和非人寿保险各自新设了投保者保护机构。该机构虽然没有补偿金上限,但于2001年4月开始修订为只补偿保障内容的90%。家族系地震险和汽车责任保险依然补偿100%。由1996年的《投保者保护基金》转换为1998年的《投保者保护机构》使补偿金额缩小。

日本再次提出了对于1998年设置的保护机构的补偿限额的重新调整,使机构更加合理运营的方法及筹措资金的问题等,于2005年4月22日再一次实现了对于《保险业法》的部分修订。② 主要变化的内容是破产的保险公司的投保人补偿不少于准备金的90%的情况如果是高利率保单时因为过度所以需要有所下调。其结果是,现在人寿保险公司破产时保护机构的补偿如表1所示进行了重新调整。③

高利率的保险产品,是指保险公司破产前5年间预定利率(assumed rate of

---

① 详细内容请参见存款保险公司(2007年)报告,第12~13页。

② 详细内容请参见 Life Insurance Association of Japan, Business in Japan 2007/2008, p. 33。

③ 详细内容请参见日本人寿保险协会(LIAJ), Policyholder Protection system, July 2008, pp. 176-177。

interest)通常超过准备金的储蓄利率(reserve interest rate)的保险产品。准备金的储蓄利率是政府及保险监督当局制定的利率,目前是3%。

根据破产处理的保单条件的变更许可并不止于准备金的削减。算定资产和负债的估价,根据超额债务的规模算定保险费时,可以调整假定的基本率。首先可以下调将来给付的预定利率。预定死亡率可以变更为最近的预定死亡率水准。预期营业费率也可以根据各类保险种类的平均营业费率进行变更适用。如果下调责任准备金和预定利率等变更合约内容,投保人将来能得到的保险金金额将大大缩小。

加上以基本率的变更可以使保险金额或退保金的变更代替保险费的变更,而且如果保险公司破产使保单交接给救济保险公司后在早期中途解约保单,因可以提升退保金可控制的金额,可能使净(net)退保金削减。在日本保险公司破产就算有其他救济保险公司交接合同,投保人受到损害的可能性还是很大,所以顾客需要选择优良的保险公司,而且保单签订后也需要持续性地监视该保险公司是否在健康经营。

表1 日本投保人保护机构的补偿限度变更(2005年标准)

保险商品的类型	投保人保护机构的补偿限度	
个人保险	一般保险	投保人责任准备金的90%
	预定利率高的商品(高息商品)	准备金×(90% - 调整率); 调整率 = 过去5年间预定利率的和 - 准备金储蓄利率(目前3%)
团体保险	一般商品	投保人责任准备金的90%
	预定利率高的商品(高息商品)	准备金×(90% - 调整率); 调整率 = 过去5年间预定利率的和 - 准备金储蓄利率(目前3%)
	实质分红型团体年金	补偿对象以外

3. 欧盟的制度

有关于投保人保护机构，目前欧盟成员国并没有一个共同的框架。反而银行及投资领域有着共同的保护机构框架。① 因为没有对于投保人保护的欧盟共同的指南，各成员国互相保有各自不同的制度。而且在欧盟27个会员国中，只有13个国家设立运营保险保障机构(Insurance Guarantee Scheme, IGS)，其中，具有最综合性的保险保障机构的国家是英国。②

设立保险保障机构的13个国家中有5个国家(拉脱维亚、马耳他、罗马尼亚、西班牙及英国)设立了单一综合机构来保障人寿保险和非人寿保险公司破产时投保人的权利。而法国和德国分别设立了运营人寿保险和非人寿保险的保险保障机构。

希腊、匈牙利、保加利亚、瑞典、荷兰、葡萄牙、塞浦路斯、捷克、爱沙尼亚等14个国家没有正式的法定保险保障机构。所以这些国家的保险公司破产时对于投保人的保护与否及保护程度会因各个事例当时的市场状况而有所不同。但一般欧盟成员国中大部分国家的保险公司破产的事情基本不会发生。其理由是保险公司内部风险管理做得很好，同时也具备了健全性监督规制的框架。③

三、美国保险保障机构的保险金给付事例

(一)破产保险公司清算程序及事例

在美国，当有保险公司破产而丧失给付能力的时候，该保险公司的总公司所在州(state)的法院在检查财政状况之后判断为不可重整时，会下达清算命令(liquidation order)。州政府的保险监督官将被任命为法定清算人(statutory liquidator)清算破产保险公司。

---

① 1994年欧盟的《存款保险指南》(Deposit Guarantee Directive)制定了对银行存款人的保护，1997年《投资人保护制度相关指南》(Investor Compensation Scheme Directive)制定了对证券投资者的保护。

② 详细内容请参见Oxera(2007年)，第6页。

③ 详细内容请参见Oxera(2007)，p. iii。

表 2　美国非人寿保险公司破产及存款保险给付事例

单位：百万美元

公司名称	清算命令年份	存款保险给付金额(P)	回收金额(R)	纯费用(N=P-R)
Reliance Insurance Company	2001	2265.8	1415.4	850.4
Legion Insurance Company	2003	1272.7	227.5	1045.2
California Compensation Insurance	2000	1049.7	327.8	721.9
Fermont Indemnity Insurance Company	2000	843.4	643.4	200.2
PHICO Insurance Company	2002	699.4	205.8	493.6
Transit Casualty Insurance Company	1985	566.5	379.5	187.0
Superior National Insurance Company	2000	555.8	174.2	381.6
American Mutual Liability Insurance	1988	543.1	238.2	304.9
Midland Insurance Company	1986	531.6	50.6	481.0
Southern Family Insurance Company	2006	516.8	246.1	270.7

资料来源：Insurance Information Institute, Insolvencies/Guaranty Funds, January 2009, p.9。

美国的人寿保险和非人寿保险分别设立了保险保障基金进行运营，非人寿保险领域的规模更大，破产保险公司数量也更多。在美国非人寿保险市场破产的保险公司中，如果将截至 2008 年的存款保险金给付规模从大到小依次整理，如表 2 所示。

最近美国存款保险金的给付规模在大大增加。20 世纪 80 年代中期以前 15 年间(1969～1984 年)，发生的保险金给付事例中规模最大的是 1979 年 Reserve Insurance 公司的破产，该公司破产给付了 8800 万美元。但 1985 年以后破产的保险公司需要给付的保障基金的保险金一般到达 2 亿～3 亿美元，其金额呈以快速增加的趋势。在截至 2008 年发生的事例中，给付存款保险金最多的非人寿保险公司是 2001 年破产的 Reliance Insurance，存款保险给付金额总共达到了 22.7 亿美元，但幸好回收金额达到了 14.2 亿美元，纯给付费用是 8.5 亿美元。保险金给付额如此激增的理由是像工业事故(WC)险一样的责任保险保险金请求额变多，特别是通过诉讼等方式请求金额经过较长时间大大增加。而且责任保险销售比例高的保险公司破产时保险保障基金(guaranty fund)的保险金给付额在早期无法确定持续增加的情况也是很普遍的趋势。

人寿保险的情况则是1990年年初期因美国经济停滞,破产的保险公司很多,需要给付的保险金规模也很大。保证基金需要给付1.5亿美元以上的事例如表3所示。

表3 美国人寿保险公司的破产及存款保险金给付

单位:百万美元

主要破产保险公司	清算命令年份	保险金给付金额(P)	回收金额(R)	纯费用(N=P-R)
Executive Life Insurance	1991	2576.8	20.5	2556.3
National Heritage Life Ins.	1995	294.4	18.5	275.9
Guarantee Security Life Ins.	1992	257.7	28.8	228.9
Mutual Security Life Ins.	1991	176.6	34.6	142.0
Confederation Life Insurance	1994	166.5	109.1	57.4
Inter-American Insurance(Illinois)	1991	173.1	57.4	115.7

资料来源:National Organization of Life & Health Insurance Guaranty Associations, Assessment Data:1998-2007,November 19,2008。

人寿保险和非人寿保险不同,因为一般采取定额补偿的方式所以请求额相对较早确定。而且因为人寿保险的保险协议是长期的,破产保险公司的投保人比起清算(liquidation)的方式,选择其他健全的保险公司移转合同以维持连续性的方式清理的情况更为常见。没有可以收购的保险公司时,破产保险公司的投保人由保险保障基金(guaranty fund)联合会直接管理或由联合会指定的第三机关(third-party administrator,TPA)管理。例如,美国人寿保险业界最大的破产事例Executive Life Insurance是1991年从加利福尼亚州法院接到清算命令保全损失后,1993年9月大部分合同移转到Aurora National Life Assurance Company。

正如表2和表3所示,破产的保险公司的保险金给付和回收金额的比例是不同的。理由是各个公司的持有资产价值的差异,再保单等应收债权的回收差异,还有包括最高经营者在内的利害关系人之间的纷争和诉讼结果的差异等的缘由。而且破产的保险公司会计账簿的作假及伪造账目与否和其程度差异也能带来回收比例的差异。所以,存款保险公司的债券回收这方面的努力是非常重要的。

(二)Reliance Insurance 的破产及保险金给付事例

1. 破产背景和清算命令

Reliance Insurance 是于 1817 年在宾夕法尼亚州设立总公司的一家保险公司。该公司是在美国 1 个州获得营业许可销售保险的具有全国性规模的大型非人寿保险公司。1998 年,该公司实现了年纯盈利 58,500 万美元,资本盈余金达到史上最高的 17 亿美元,从而获得信用等级"A"。但该公司在 1999 年和 2000 年连续记录营业赤字,开始从信用评价机关 A. M Best 公司获得等级下调。因为等级下调,Reliance Insurance 的保险营业及资金往来急速萎缩,经营开始变得越发困难。该背景是因 Reliance Insurance 从 20 世纪 90 年代后期开始追求外型增长,销售了很多低廉保费的保险所致。① 而且和不稳定的再保险公司签署危险协议也导致了该公司加速不良化的结果,同时,管理层的怠慢和不良也是其经营越发困难的原因。

其结果是,营业损失越发恶化,并于 2001 年 10 月 3 日收到了州法院的清算命令。2001 年 11 月 2 日,Reliance Insurance 的所有保单终结,宾夕法尼亚州政府保险监督官(M. Diane Koken)成为法定清算官受权处理有关于 Reliance Insurance 的所有财产处分和保单管理的权限和责任。② Reliance Insurance 的破产是美国非人寿保险历史上最大规模的破产。

Reliance Insurance 虽然寻求过各种重整的方式,但因为预想不到的"9·11"恐怖事件使在 World Trade Center 的交易再保险公司(如 Aon Re, Hartford, SCOR U. S. Corp. 等)因资金不足几乎无法获得再保险金,使之陷入更加严重的流动性危机中。③ Reliance Insurance 在 2001 年 3 月 31 日的总资产是 88.1 亿美元,占其中 67%。1 亿美元因交易,而从再保险公司要收到的应收账款。这种再保险应收账款的次数于 2001 年年初稍有减少,但在"9·11"恐怖袭击之后急剧恶化。而且 Reliance Insurance 的其他主要资产 Symbol Technologies 股份价值也因"9·11"恐怖袭击暴降。

---

① 为此利用了以下 URL 的搜索引擎: http://en.wikipedia.org/wiki/Reliance_Insurance_Company。

② 详细内容请参见 Commonwealth Court of Pennsylvania(2001)。

③ 详细内容请参见 Douglas McLeod(2001), pp. 2-3。

发出清算命令的同时,州政府保险监督官首先为了能够于2003年12月31日前提出Reliance Insurance相关人员对于清算资产有请求权的证明文件(proof of claim)和请求书发出通报。[①] 请求的内容主要有保单当事人或者受到损失的第三人以保险事故为基础请求保险金或者已经缴纳的保险金还剩下协议期间的话,将申请返还未到期保险金(unearned premium)。但是,具有发生基础(occurrence-based)非人寿保险单的投保人可以提出"不确定的保险金请求"(contingent claim)。

对于Reliance Insurance的投保人来说,在保险条款规定的限度以及保险保障基金规定的限度内(约30万美元)由保险保障基金协议会(Guaranty Association,GA)给付该金额,给付日期规定为从法院发布(2001年10月3日)清算命令之日起90日内。而除保险协议之外的一般债权人和依据再保险的权利请求都由法定的清算人(statutory liquidator)直接进行。

州政府的清算人和保险保障基金协议会(GA)虽然采取紧密的合作,但因为两者之间的利害关系的不同而引发诉讼。[②] 25个州的保险保障基金就Reliance Insurance的工伤(WC)保险的免赔额(deductible)的清算,向清算人宾夕法尼亚州保险监督官(Diane Koken)提出诉讼就是具有代表性的例子。[③] 为了企业从业员投保的工伤保险中会有巨额的免赔额(每件250,000~1,000,000美元)内容的条款。

为了解决两者间的矛盾,2004年议会在进行了各种意见讨论后修订了相关法律,规定免赔额的转销金属于保险保障基金,2006年法院判决保险保障基金协议会胜诉。[④] 其结果是,2009年3月末的现在10,300万美元的免赔额传销金回到了保险保障基金协议会(GA)。[⑤]

因为各州的保险保障基金各自给付的话各州的投保人之间会出现公平性问

---

① 详细内容请参见Notice to Policyholders, Statutory Liquidator of Reliance Insurance Company, Commonwealth of Pennsylvania: Office of Liquidations, Rehabilitations & Special Fuunds, 2001。

② 详细内容请参见Francine L. Semaya(2002), p. 20H。

③ 详细内容请参见Gavin Souter(2003), p. 3。

④ 详细内容请参见Second Quarter 2006 Report of the Liquidator on the Status of the Liquidation of Reliance Insurance Company, August 15, 2006 (http://www.reliancedocuments.com/page7.htm), p. 17。

⑤ 详细内容请参见Joel S. Ario(2009), p. 17。

题,所以各州追缴的存款保险金及从 Reliance Insurance 的一部分资产接受的转账①等集中在一起,统一了同一权利投保人按同一比例(pro rata)接受给付的标准。②

2. 保险保障基金协议会(GA)的保险金给付

为了给破产的 Reliance Insurance 的投保人及保险事故被害第三人给付保险金等,接收能证明有请求权的证明文件(proof of claims,POC)的结果,2008 年 12 月末接收了 159,672 件。如表 4 所示,被保人请求以 61,950 件占据了 38.8%,未到期保险费(unearned premiums)的返还请求及一般债权以 64,737 件占据了 40.5%。全体受理案件中已经结束审查确定给付与否的是 145,070 件(90.9%),剩下的(9.1%)正在进行追加情报收集及必要的审查等,还未确定应当给付的金额。

破产的 Reliance Insurance 的清算过程中最大的问题是资本亏损额(capital deficiency)的持续增加使保险保障基金的财政负担增加。2001 年 3 月末资本亏损(不足)额虽然推算为 10.5 亿美元,但同年 10 月正式接到清算命令时以 27 亿美元大幅上调。随着时间的经过资产价额和负债额的差异越发增加,2006 年 3 月末已经算定有 31 亿美元(负债额:84 亿美元;资产价额:53 亿美元)的资本亏损。之后 Reliance Insurance 的总资产是 2009 年 3 月 31 日的 52.3 亿美元,其中,投资(运用)资产 18 亿美元,再保险应收款是以 17 亿美元占据了较大比重的资产项目。总负债是 90.6 亿美元,其中保险金给付发生额是 47 亿美元。③ 2009 年 3 月末的现今总计发生了 38.3 亿美元的亏损。④

① 为了投保人的请求能在合适的时机给付,早期从法定清算人那里移交的 Reliance Insurance 的资产。

② 详细内容请参见 Joel S. Ario(2009),Exhibit D。

③ 非人寿保险公司的负债应该以保险受理性的推定,但因家庭的变更等原因可能发生差额所以资料都有误差。宾夕法尼亚州保险监督官对 Reliance Insurance 的总负债以 2006 年年末为基准委托 Price Waterehouse Coopers(PWC)中心进行了调整,之后可能需要追加调整。详细内容请参照 Joel S. Ario(2008),p. 10。

④ 详细内容请参见 Joel S. Ario(2009),p. 3。

表4 因 Reliance Insurance 清算的资产请求(claim)现状(2008年12月31日至今)

单位:件,%

请求(claim)类型	件数	比重
被保险人的请求	61,950	38.8
未经过保险费及一般债权	64,737	40.5
法定期限到期后的请求及代位权请求	28,692	18.0
地方政府	190	0.1
联邦政府	9	0.0
行政事务相关费用请求	4091	2.6
Reliance 股东	3	0.0
合计	159,672	100

资料来源:Qurrterly Report of the Liquidator on the Status of the Liquidation of Reliance Insurance Company as of March 31,2009。

在 Reliance Insurance 的清算过程中保险保障基金协议会(GA)给付的保险金到2009年3月31日为止已达26.97亿美元,为了之后追加给付的保险金保留的准备金为16.13亿美元,保险保障基金协议会(GA)预计总共负担43.1亿美元。如图1所示,破产命令后随着时间的经过,呈现了给付的保险金额越发增加,而准备金保留额相对减少的趋势。

因 Reliance Insurance 的破产,为了给付保险金和准备金管理及诉讼的进行,执行的行政费用到2009年3月末为止为23,876万美元,以后也计划支出3400万美元的追加经费。[①] 但是对于保险保障基金协议会(GA)执行的经费支出的适当性受到来自宾夕法尼亚州保险监督官(清算官)的检讨和牵制,对于部分经费执行的过多执行与否发生了意见冲突,被告知需要法院的决定。[②]

---

① 详细内容请参见 Joel S. Ario(2009),p.14。

② 详细内容请参见 Joel S. Ario(2009),p.15。

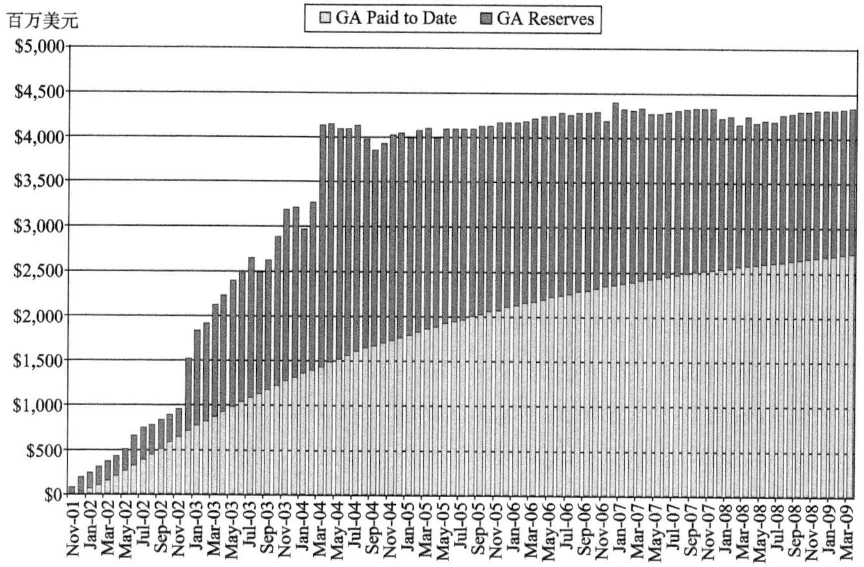

图 1　Reliance Insurance 破产相关保险保障协议会(GA)的保险金给付及准备金累计额

(2009 年 3 月末为止)

资料来源:Joel S. Ario(2009),Exhibit O,Commonwealth of Pennsylvania。

(三)Executive Life Insurance 的破产及保险金给付事例

1. 破产背景和清算命令

Executive Life Insurance Company(ELIC)在加利福尼亚州设立了本社,于 47 个州获得营业许可运营人寿保险业。ELIC 曾是加利福尼亚州最大的人寿保险公司,和 GIC(Guaranteed Investment Contracts)一起大量销售实际分配型的保险商品,而且进行了非常攻击性的资产运营使 20 世纪 80 年代的投资有价证券的 55% ~60% 进入了"垃圾债券"(junk bond)。与此相反的是,当时保险业界的垃圾债券的平均投资比重为 7% ~9% 的程度。[①] 从 1980 年后半段开始垃圾债券市场垮台使 ELIC 的保险人们大量申请解约使现金流向状态急剧恶化。同时 ELIC 因巨大的投资损失,于 1991 年年初陷入给付不能状态,当年 12 月 6 日从法院收到清算命令。[②]

---

① 详细内容请参见 California State Auditor report(2008),p. 1。

② 韩国保险市场的未来人寿资产以极具攻击性的比业界平均更高的股份投资一时获得了很高的利益,但是自 2008 年世界经济危机到来后于经营上遇到了巨大的困难。

1993 年收到加利福尼亚州法院的承认，制订了州政府的清算(重整)计划案，这使 ELIC 的投保人可以选择接受收购公司 Aurora 保险公司提供的新合约以投保人选择性加入(opt-in)还是终止和 ELIC 的保单以现金收取退保金(opt-out)。但是 ELIC 的资产分配给投保人的方法，州政府和保险保障基金协议会(National Organization of Life & Health Insurance Guaranty Associations; NOLHGA)之间对合约内容的解释存在的不同意见等各种矛盾和诉讼接踵而来。ELIC 的清算预计于 2011 年终结。①

2. ELIC 持有资产的决定和分配

加利福尼亚州政府对 ELIC 1991～2006 年年末进入整理程序的资产价值变动整理如表 5 所示。保险负债中将受到 100% 保护的保险保障基金的投保人的份额，受到部分保障投保人份额，还有完全不能受到保障的投保人的份额进行区分。但是实务上 ELIC 的持有资产的价值算定并不简单。特别是破产的保险公司对于资产运用的损益预测有困难而且因为对于资产请求权的利害当事人的意见不同，使就对于互相的权利进行诉讼的情况也很多。这时不仅是投资资产管理费用，诉讼费用及律师费用也很高，使进入整理程序的保险公司的资产价值被蚕食了不少。

表 5 Executive Life Insurance 的可用资产及清算内容(1991～2006 年)

单位：百万美元

区分(1991～2006 年)	金额		明细及参考事项
1. 可用资产(assets available)		8803.9	1991 年 4 月 11 日基准
1992 年投资损失		-1343.3	junk bond 的价格暴跌等
投资损失抵销后可用资产(A)		7460.5	

① 所有诉讼和 ELIC 的清算预计于 2011 年终结。详细内容请参见 California State Auditor Report(2008), p. 10。

续表

区分(1991～2006年)	金额		明细及参考事项
2. 资产增加因素(additions)			
投资收益	1370.8		
因判决胜诉而获得的收益(litigation proceeds)	1067.6		Altus①(ELIC的junk bond等资产收购公司资格要件未达要求)诉讼:730.5,FEC(ELIC的母公司资产运营者及junk bond投资公司Michael Milken,Drexel Burnham相关)诉讼:332.7,其他诉讼:4.4
保险费收入	280.2		
其他	18.3		
资产增加份额合计(B)		2736.9	
3. 总可用资产(C=A+B)		10,197.4	
4. 资产清算给付额			
协议收购者的资产划拨	6670.1		为了管理从ELIC的继承公司移转的保险协议,1993年ELIC投资等级有价证券和运用资产的大部分移交给了Aurora[Aurora将67亿美元中26.7亿美元给付给了选择解约的投保人(opt-out),而剩下的40.0亿美元则为了维持合约的选择者(opt-in)进行保留]
保险受益人的资产划拨	2674.4		一般死亡保险金给付(1112.2),因破产造成的投保人损失补偿(opt-in:821.9,opt-out:666.0)保险保障基金的退还(74.3)等使用

① 在《美国金融现代化法》(1999年)通过前银行无法支配保险公司,而Altus公司和构成国际财团的Credit Lyonnaise是由法国政府为大股东的银行。这种经济往来成了违反美国联邦法的存在。而且州政府保险法禁止了政府所有的企业持有民营保险公司的股份,这同样是违法的。参见California State Auditor Report(2008),p.10。

续表

区分(1991~2006年)	金额		明细及参考事项
事务行政费用	527.8		诉讼及专家费用(230.6),人力薪水(176.2)其他运营费(120.9)等
总给付额(D)		9872.3	
5. 可用资产余额(E=C-D)		325.1	2006年12月31日基准

资料来源:NOLHGA, Nationwide Assessment Activity by Insolvency, November 19, 2008, p. 16。

3. 保险保障基金的保险金给付

因为ELIC在47个州获得了营业许可销售保险,所以无法决定一个州的保险保障基金的保险金负担额。为了在47州的保险保障基金之间取得统一的立场,全国人寿保险保障基金联合会担当了存款保险公司的角色。加利福尼亚州因是以事后征收的方式收取必要的存款人保护基金,所以为了ELIC的清算从1991年起到2007年共收了25.8亿美元的存款保险金。① ELIC的大部分人寿保险协议于2003年9月被Aurora National Life Assurance Company收购了。

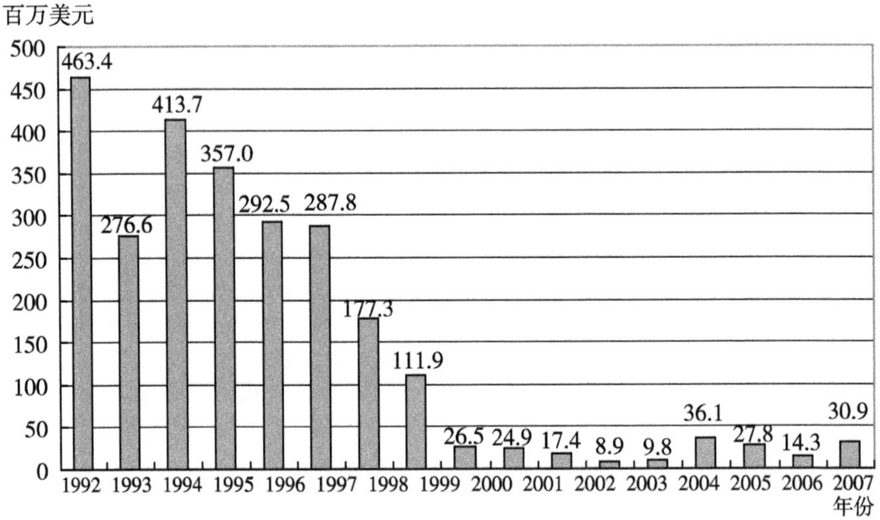

图2 Executive Life Insurance因破产的各年度保险费征收额

资料来源:California State Auditor Report(2008)。

① 破产的保险公司规模小的时候于1~5年时间内完成保险金给付。

根据加利福尼亚州审计员(Auditor)检讨,因 ELIC 的破产产生的投保人损失金额和保险保障基金的保险金给付额以 2005 年 8 月为止,如表 6 所示。

表 6 Executive Life Insurance 的可用资产及清算内容(1991～2006 年)

<table>
<tr><th colspan="2" rowspan="2">区分</th><th rowspan="2">投保人数(名)</th><th rowspan="2">法定准备金(A)(1991 年 4 月 11 日)</th><th rowspan="2">准备金不足额(B)(1993 年 9 月 3 日)</th><th colspan="2">保险金给付累计额</th><th rowspan="2">追加给付额(D)(1993 年 9 月～2008 年 8 月)</th><th>规制比例(A－B)+C+D</th></tr>
<tr><th>1993 年 9 月 3 日基准(C)</th><th>2007 年年末基准(*)</th><th>A(2008 年 8 月基准)</th></tr>
<tr><td rowspan="4">opt-in</td><td>100%保障协议</td><td>277,320(92.45%)</td><td>3954</td><td>1638</td><td>1638</td><td rowspan="4">2580</td><td>0</td><td>100.0%</td></tr>
<tr><td>一部分保障协议</td><td>11,803(3.93%)</td><td>1876</td><td>850</td><td>363</td><td>297</td><td>89.9%</td></tr>
<tr><td>无保障协议</td><td>10,844(3.62%)</td><td>488</td><td>145</td><td>0</td><td>56</td><td>81.8%</td></tr>
<tr><td>合计</td><td>299,967(100%)</td><td>6318</td><td>2633</td><td>2001</td><td>353</td><td>95.6%</td></tr>
<tr><td colspan="2">opt-out</td><td>27,278</td><td>3143</td><td>1068</td><td>0</td><td>0</td><td>411</td><td>79.1%</td></tr>
<tr><td colspan="2">总计</td><td>327,245</td><td>9461</td><td>3701</td><td>2001</td><td>2580</td><td>764</td><td>90.1%</td></tr>
</table>

资料来源:California State Auditor Report 2005－115.2,January 2008,p.33。但是,2007 年年末基准 guaranty fund 的保险金给付额(*)是以 NALHGA(2008)为基础推定的参考数值,难以和 Auditor Report 的数值和各项目进行比较。

投保人损失金额是清算过程中因 ELIC 的资产处分等原因可以收到的金额和 ELIC 不破产时投保人价值的差额。对于因 ELIC 的破产而终止保单的投保人(opt-out)给付了持有资产的退款金,没有给付保险保障基金的保险金。而从 Aurora 获得新的保单的投保人(opt-in)中 100%保障投保人们的不足额 163,800 美元都从保险保障基金获得支援。但是对于一部分保障投保人的不足额 85,000 万美元,保险保障基金支援了 36,300 万美元,无保障投保人完全没有保险金。之后虽然有追加给付额,但因 ELIC 的破产,投保人整体相当于获得了 90.1%的救济,因破产终止保单的投保人只有 79.1%获得了救济,其他人相当于受到了损害。根据加利福尼亚州监查院的调查(2005 年)之后 NOLHGA 2008 年发表的资料,给 opt-in 给付的保险金 2007 年年末合计为 258,000 万美元,1993 年 9 月合计

(200,100万美元)之后增加的金额为57,900万美元。

四、日本保险保障机构的保险金给付事例

(一)日本保险公司的破产及处理现状

日本自1997年日产生命破产以来,东邦生命、大和生命等共8个人寿保险公司已破产;2000年第一火灾和2001年大成火灾等共两个财产保险公司已破产。20世纪80年代,日本的保险公司先后销售约6%的高利息商品来追求了迅速的外形成长,但在20世纪90年代日本泡沫经济的崩溃以及不动产市场的长期停滞导致负利息现象而出现较多的破产事例。日产生命、东邦生命、第百生命、大正生命以及第一火灾根据《保险法》以包括以前的方式来进行处理,千代田生命、协荣生命、东京生命、大和生命以及大成火灾根据《更生特例法》进行处理。[①]

在日本,保险投保人保护机构对1997年以后破产的保险公司的资金支援额达到约7900亿日元(约66亿美元),其具体内容参考表7。千代田生命为例,此公司的资产对比负债超额评价为5950亿日元的巨额,AIG收购千代田生命且对其无形财产给付3200亿日元而没有给付保险金。[②] 最近,破产保险公司的投保人准备金最多削减到10%,保险商品的暴涨利息也进行了大幅削减,现下调至0.3%~2.75%。

表7 日本破产保险公司的清算结果

破产保险公司	破产时间(年)	保险金支援额(亿日元)[资产对比负债超额]	准备金削减率	日后保障利息(%)下调
日产生命 (Nissan Mutual Life)	1997	2000 [3000]	0	3.75~5.50→2.75
东邦生命 (Toho Mutual Life)	1999	3810 [6500]	10	4.79→1.50
第百生命 (Daihyaku Mutual Life)	2000	1450 [3200]	10	4.46→1.00

① 具体内容请参见武田久義:《生命保険會社の經營破產》,成文堂2008年版,第7页。

② 具体内容请参见Japan Center for Economic Research(2004),p.47。

续表

破产保险公司	破产时间（年）	保险金支援额（亿日元）[资产对比负债超额]	准备金削减率	日后保障利息（%）下调
第一火灾（Dai-Ichi Fire Mutual）	2000	400［未发表］	10	未发表→0.3~1.3
大正生命（Taisho Life）	2000	260［365］	10	4.05→1.00
千代田生命（Chiyoda Mutual Life）	2000	0［5950］	10	3.70→1.50
协荣生命（Kyoei Life）	2000	0［6895］	8	4.00→1.75
东京生命（Tokyo Mutual Life）	2001	0［731］	0	4.20→2.60
大和生命（Yamato Mutual Life）	2008	300（预定）［650］	10	3.35→1.00

资料来源：Michael Freeman and Masahiko Fujiki，"Why Some Japanese Insurers Are Failing"，Emphasis，2001年3月，p.7；Japan Financial Report No.11（October 2004），Japan Center for Economic Research，p.47，载《读卖新闻》2009年4月13日。

（二）日产生命的破产及保险金给付事例

日产生命设立于1909年，1987年开始大量销售个人年金等高利息商品来得到外形成长方面的成就，但经过泡沫经济（bubble）的崩溃和负利息现象的深化最终导致了破产。日本大藏省判断，对于日产生命而言，维持当初的保单是保护投保人的最佳措施。其结果开始试图进行通过"人寿保险投保人保护基金"的救济。但并没有出现救济日产生命的保险公司而遭到不少困扰。1997年6月，人寿保险业界只好共同设立"Aoba生命"（Aoba Life），以股份有限公司的形式维持、管理日产生命的现有保单。①

① 1999年11月，Artemis SA收购了Aoba Life。具体内容请参见Freeman and Fujiki（2001），p.6。

表8 为日本日产生命破产清算的事后征收分摊额

单位:%,亿月元

保险公司	日本	第一	住友	明知	朝日	三正	安田	千代田	八个大型公司	业界全体
分摊比率	20.2	13.7	11.8	8.7	6.3	5.5	5.0	3.3	74.5	100.0
分摊额	404	274	236	174	126	110	100	66	1490	2000

资料来源:李启亨:《日产生命破产以及其启示点》,CEO Report(1997年5月),保险开发员。

日产生命的最终债务超过额是2906亿日元,其中2000亿日元由人寿保险公司负担的"人寿保险投保人保护基金"来支援,因为当时保护投保人保护基金可以支援的限额为2000亿日元。对2000亿日元的事后征收额按照生存保险公司的规模来分配,具体数目请参见表8。对于剩下的债务,通过变更预定利率、控制解约率制度的运用等来维持并管理保单,且决定5年内处理完毕。作为具体的破产处理步骤,对现有保单的预定利率从现适用利率下调至2.75%且适用同样的保险费。变更保险金额,年金金额及给付金,7年内削减解约退还金且削减率从1997年的15%每年下调2%。

(三)协荣生命的破产及保险金给付事例

协荣生命的破产是第二次世界大战以后日本人寿保险业界的最大经营破产实例。在20世纪80年代以后的高利息背景下,协荣生命指向量成长而积极销售高利息商品,且在积极进行企业贷款、股票及不动产投资的同时对投保人的分配率也较高。所以,协荣生命经营恶化的最大的原因还是泡沫经济崩溃后不动产价格的暴跌以及负利息现象。

2000年10月,协荣生命由保德信生命收购。2001年2月通过的重整计划书如下:(1)协荣生命的总资产为40,890亿日元(包括3640亿日元的营业权),总负债额为44,145亿日元,债务超额为3255亿日元。在公司再建过程中的特征为不接受"人寿保险投保人保护机构"的支援;(2)保德信人寿保险的子公司投资资本金500亿日元,且通过后顺位债权筹备980亿日元来给付余力比率维持在500%左右;(3)为解除债务超额及负利息现象,无偿销毁已发行的全部股票;

(4)实行预定利率下调至1.75%等保单变更,在8年内适用早期解约退还控制制度;(5)经过4年及8年时,对适用削减责任准备金的保单实行特别分配。

(四)第一火灾保险公司的破产及保险金给付事例

第一火灾保险公司以高利率的储蓄型财产保险为主力商品,把总资产规模扩大到业界中级水平,这导致储蓄保险费占总收入保险费的60%,是高达财产保险业界平均值23%的两倍以上的商品构造。泡沫经济崩溃后,因为不良债券的增多与资产运用收益率的下降引起的负利息现象持续时间较长,最终导致破产。此公司对投保人出示过有关高利息保险商品满期保险金的保障金。

2001年1月17日公司提交破产申请后,同年4月1日第一火灾的全部保单移转到"财产保险投保人保护机构"。有关第一火灾的破产,2001年3月为止的根据事故发生而发放的保险金由"财产保险投保人保护机构"来全额保护,2001年4月起除了汽车赔偿责任保险均有10%~20%的减额。且对储蓄型财产保险的满期退还金减额10%以上。第一火灾破产处理标准即"财产保险投保人保护机构"的主要内容摘要为如下:第一,个人或小规模法人(职工少于20人的法人)的投保人时根据"财产保险投保人保护机构"的保护对象,且保险比率按照保险保单有所差距。第二,作为义务保险的汽车赔偿责任险和家庭地震险的保险金及退保金100%受到保障。第三,车险、火灾险及保障性财产保险在破产后3个月内可以被保障全额保险金,但其后保障80%,退保金不论期限地补偿80%。第四,疾病及伤害保险除了短期伤害保险等部分商品外,保障其保险金、退保金及到期返还金的90%。第五,储蓄型保险保障其储蓄部分的80%,高利率保险商品可以追加下调。

(五)大和生命的破产及保险金给付事例

大和生命是日本最近刚破产的保险公司,和其他过去破产的保险公司一样也是通过第三方协议收购的方式进行了整理。[①] 大和生命因2008年美国次级抵押贷款不实而引发的世界经济危机的余波,于2008年10月破产。2009年3月2日,大和生命的救济公司被决定为美国(保诚集团)Prudential下属的人寿保险公司。

---

① 详细内容请参见《读卖新闻》2009年4月13日、《产经新闻》2009年3月2日及*J-cast Mobile News* 2009年3月12日。

破产原因是因高风险—高收益的投资资产的扩大而导致的金融危机应对失败和因此导致的大规模投资损失。以2008年9月末为准的有价证券评估纯损失额为157亿日元,本期纯损失为110亿日元。而且大和生命的产业比重为比日本人寿保险业的平均(12.6%)高2倍以上的27.4%,因高费用低效率的事业构造受困于长期的保险展业赤字。

大和生命的超额债务以2008年10月末为准达到了650亿日元,并以削减投保人的保险金给付额等方式缩小了债务。为了缩小保险债务,大和生命削减了责任准备金的10%,并且将订立合约时约定的预定利率从3.35%缩小到1.00%。其结果是,约14万名投保人获得的保险金额根据合约内容大幅削减。这种措施与2000年破产的第百生命和大正生命一样都是对投保人十分不利的内容,而且因为大正生命破产后被大和生命收购,从大正生命开始的投保人甚至遭受了2次保险金削减的残酷措施。如上所述,日本的保单转移方式在整理破产保险公司的同时,也让投保人分担不少的损失,所以越发强化了投保前保险公司的选择或投保后对保险公司的监督责任。

五、欧盟成员国保险保障机构的保险金给付事例

(一)欧盟的保险公司破产和处理现状

欧盟27个成员国中有13个国家设立运营了保险公司破产时保护投保人的保险保障机构(insurance guarantee arrangements)。保障对象主要集中在投保为义务化的保险。[①] 特别是汽车责任保险有欧盟成员国中的14个国家以单独基金进行运营。虽然设立了保险保障机构,但没有破产保险公司清算经验的国家有丹麦、比利时、芬兰、马耳他等。以保险市场规模较大的欧盟国家为中心观察2002~2006年保险保障机构给付保险金的事例,如表9所示。[②]

① 详细内容请参见财产保险协会企划情报部门(2002),第38~56页。

② 详细内容请参见Oxera(2007),pp.51-52。

表 9 欧盟主要国家的保险公司破产及存款保险给付事例

国家	总费用	保险金给付代表事例
英国	487 欧元	2001 年财产保险公司 Independent Insurance 破产（投保人 190,000 名）。到 2006 年为止给付了 487 欧元，但随着诉讼的进行，存款保险金给付金额可能上升到 738 欧元
法国	10.2 欧元	财产保险的 International SA 于 1999 年破产。总费用推定为 10.2 欧元
德国	100 欧元	人寿保险公司 Mannheimer 因破产使 344,000 份人寿保单移转到 Protekor 进行整理中

资料来源：Oxera, Insurance Guarantee Schemes in the EU, November 2007。

在主要欧盟国家中，保险保障机构参与保险公司破产清理的步骤与志愿形式如表 10 所示。

英国与法国获得索赔请求后，给付相应报酬或维持当时保单的两种形式来保护投保人。反观德国是延续当时的保单来维持保险原本的效能来替代给付报酬和终止保单。在西班牙、意大利、丹麦等多数国家中，保险公司破产时选择索赔请求的给付金额和终止合同的基本清算方式。

表 10 欧盟国家保险保障机构的参与时间点及保障形态

保险保障机构的形态	国家名称	保险保障机构的参与时间点	保障形态
人寿财产保险统合单一机构	英国	基于监督机关，法院的判决基础上决定 FSCS 破产	—claim 给付报酬（compensation） —长期保险：合同的连续性
	西班牙	政府（财政经济部）的破产宣言	—给付报酬（payment of compensation）
	罗马尼亚	保险监督厅的决定	—给付报酬（payment of compensation）
人寿保险单一机构	法国	保险监督厅（ACAM）的破产决定	—给付报酬（payment of compensation） and/or —合同的连续性
	德国	金融监督厅（BaFin）的破产决定	—合同的连续性（保险保障机构来收购）

续表

保险保障机构的形态	国家名称	保险保障机构的参与时间点	保障形态
财产保险单一机构	丹麦	法院的破产宣告	—给付报酬(payment of compensation)
	法国	保险监督厅(ACAM)的破产决定	—给付报酬(payment of compensation) and/or —合同的连续性
部分财产保险保障特殊制度	德国	金融监督厅(BaFin)的破产决定	—合同的连续性(保险保障机构来收购)
	意大利	依政府决定开始清算	—给付报酬(payment of compensation)

资料来源:Oxera(2007),pp. 25 - 26。

(二)英国保险保障机构的设立及运营

2000年英国出台了《关于金融服务及市场的法律》(Financial Services and Markets Act, FSMA),根据此法保护金融消费者的机构FSCS(Financial Service Compensation Scheme)在2001年设立,不仅是投保人、银行的预存者、投资信托人,还有不动产抵押(mortgage)权人的权益也一同受保护。

2001年FSCS设立之前,依据1975年《投保人保护法》(Policyholders Protection Act, PPA)设立了投保人保护委员会(Policyholders Protection Board, PPB)来替代了保险保障机构的角色。PPB的全部资产和负债在2001年移转到FSCS。①

FSCS被分为5个下属组织,其中一个是保险保障机构(Insurance Sub-Scheme, ISS),是保险公司破产时保护投保人的单一组织。ISS再次被分为人寿保险(A4)和财产保险(A3)两个组织,两个组织各自征收保险费。基于2007年标准,有288个人寿保险公司加入了A4组织,有258个财产保险公司加入了A3组织。②

① 在韩国,保险监督员与保险保障机构分别设立过,而后合并为金融监督员而且保险保障机构也移转到存款保险公司,与银行等其他金融圈的保护机构一起运营为一个机构。

② 详细内容参见Oxera(2007),p. 250。

1. 保险金给付事例

在英国保险公司破产时,FSCS 会代替破产的保险公司给付保险金等必要的报酬。但是在人寿保险的情况下,与其清算保单,反而会采取合同之前的措施来维持合同的连续性,因为在维持合同的情况下更加有利于投保人。

若保险公司没有破产,FSCS 会依照当时签订的合同使投保人至少能获得 90% 的报酬。关于破产的投保人索赔金额(Claims,C)FSCS 的补报标准与限度如表 11 所示。首先,义务加入的财产保险 100% 会受到保障。但不是义务加入的一般财产保险在 2000 英镑(约 3000 欧元)以下的小额请求时会受到 100% 给付的保障,超过 2000 英镑(约 3000 欧元)的索赔额时只能保障 90% 以上。但是请求额没有最高给付限额(cap)。

在人寿保险的情况下,原先与不是义务加入的一般财产保险有统一的保障标准,但是自 2008 年 10 月开始,变更为起初 3000 英镑能够 100% 保障,其次 2000 英镑能够保障 90% 。请求金额超过 5000 英镑时,财源不足时没有任何保障措施,尤其像投保者分配金等获得法院的承认不予给付。

在英国,保险金给付的事例不多,表 12 显示了主要的破产事例。在 2001 年 12 月 1 日,FSCS 设立之后,只发生了一件小规模保险公司的清算事例。反倒是 FSCS 设立之前发生的 25 个财产保险公司和 2 个人寿保险公司的清算处理被主要干涉了。在英国,保险公司破产主要发生在 20 世纪 90 年代,尤其因为关于石棉(asbestos)而发生的癌症责任保险的损害率急增而破产的保险公司居多。

表 11　英国保险保障机构(FSCS)的补报及给付限度

保险类型		最低保障标准(C 是请求金额)	最高限度(cap)
财产保险	义务加入财产保险(汽车保险等)	100% ×C	无
	一般财产保险	100% Min(C,2000 英镑) +90% Max(C -2000 英镑,0)	无
长期保险(人寿保险、年金等)		100% Max(C,3000 英镑) +90% Min[Max(C -3000 英镑,0),2000]	无

资料来源:Oxera(2007),p. 253 及 FSCS 的最新官网。

表12 英国保险公司的破产

区分	破产保险公司	破产年份	区分	破产保险公司	破产年份
财产保险	Pacific&General Ins	1985	财产保险	Anglo American Insurance	1997
	Andrew Weir Insurance	1992		Marina MutualInsurance	1997
	Brahston Insurance	1992		North Atlantic Insurance	1997
	Continental Assurance of London	1992		Sovereign Marine&General	1997
	Trinity Insurance	1992		BAI Ltd.	1998
	English&American Insurance	1993		Black Sea&Baltic General	1998
	KWELM Group	1993		Drake Insurance	2000
	Bermuda Fire&Marine	1994		Chester Street Insurance	2001
	Municipal General Insurance	1994		HIH Casualty&General	2001
	OIC Run Off	1994		Independent Insurance	2001
	Scan Re Insurance	1994	人寿保险	Underwriters National Assur.	1980
	Paramount Insurance	1996		Oaklife Assurance	1993
	UIC Insurance	1996			

资料来源:FSCS 官网:www. fscs. org. uk/insurance_insolvencies。

由于保险公司的破产,FSCS 在 2002 ~ 2006 年给付的保险金大部分是关于财产保险公司,金额约统计为 5 亿英镑(73,800 万欧元)。

2. Independent Insurance Company 的破产及保险金给付事例

Independent Insurance Company(IIC)是 1986 年设立的英国的大型财产保险公司,在 20 世纪 90 年代大型扩张了市场占有率,在英国保险业界荣登第 9 位,1993 年在伦敦证券交易所上市。但是在 2001 年 6 月因为经营不善等原因破产。

IIC 的核心人员[社长迈克尔·布莱特(Michael Bright)等]3 名依 2008 年英国法院的判决因涉嫌虚假制造会计及监督被宣告了有期徒刑 7 年,在 Ford Open 监狱所服役。① 破产前一年的 2000 年度会计报告书中 IIC 资产总额是 9 亿英镑,纯资产价值为 3 亿英镑,纯利润为 2200 万英镑,因此从报告书上显示的数据来看

① 详细内容参见 Financial Fraud News(www. financialfraudnews. com),July 14,2008 及 Financial(The IFA's Bulletin;www. standardfinancial. co. uk),December 2007,p. 4。

公司的前景是非常美好的。但是依伦敦警察局大型欺诈重案办公室(Serious Fraud Office,SFO)调查,显示的结果是2000年至少纯损失为18,000万英镑而非当期纯利润为2200万英镑。

关于IIC破产FSCS给付的保险金是2007年9月末如今的36,600万英镑。但是IIC保单中居多的是责任保险,直到清算终结之前保险金的累计数额将会扩大到约5亿英镑。

(三)法国

1. 保险保障机构的运营

在法国,关于保险有两种保险保障机构(FGAP、FGAO)在设立运营。一个(FGAP)是人寿保险,另一个(FGAO)是为了保护义务加入财产保险的担保机构。① 为了保护投保者,1999年6月依民法(private law)设立了FGAP(Fonds de Garantie des Assures contre Ia defaillance des Societes d' assurances de Personnes)。这是因为1997年以欧盟ropavie的人寿保险公司的破产为契机,人寿保险协会的会员一同处理此事的同时设立了保险保障机构。所有人寿保险公司都要加入FGPA,现有128个人寿保险公司会员。

在财产保险方面,为了处理1951年的自动车保险公司的破产设立了保险保障机构(Fonds de Garantie Automobile,FGA)。此后这个担保机构增加了自动车事故责任保险和狩猎保险的补报,2003年8月开始财产保险范围内的保险全部扩张为义务保险,其名称也变更为FGAO(Fonds de Garantie des Assurances Obligatoires de Dommages)。FGAO现在有127个财产保险公司。

2. 保险金给付标准和事例

在法国依保险监督机关(ACAM)被判定为给付不能,该保险公司会进入清算程序。在人寿保险公司破产的情况下以FGAP介入日期为标准给付保单终止的给付金或违约金。这时签约者分配金或者未超时保险金不被保护。人寿保险的死亡保险金保障到90,000欧元,此外的仅受70,000欧元限度内的保护。

在财产保险的情况下,FGAO的保险金没有给付限度,但是投保人为被保险人的情形下能够保障到90%,保险人为第三人的情形下能受到100%的保障。但

① FGAP和FGAO外还存在两种保险保障机构:一种是担保相互保险公司,另一种是担保社会保险(健康保险)的保险保障机构。

是一个保险公司破产时给付的保险金的最高限额为 7 亿欧元。

给付保险金后 FGAP 或者 FGAO 会向基于破产有过错的人行使代位权,努力回收已经给付的保险金。这个过程会伴随大量的诉讼。

表 13 法国财产保险保障机构(FGAO)的保险金给付事例

单位:千欧元,件

清算对象保险公司	破产年份	2006 年年末为准发生费用	2006 年年末为准保险金请求案件数
International Claims Services SA	1999	10,238	260
Groupment d' Assurances 欧盟 ropeenners	2000	1466	27
Independent Insurance	2000	209	3
Compagnie Internationale de Caution Pulr le Development	2001	5770	187
Caisse Generale d' Assurances	2003	2638	407

资料来源:Oxera(2007),p. 205。

FGAP 的设立是因为人寿保险公司欧盟 ropavie 的破产,但在设立前无须介入破产的欧盟 ropavie 的清算。之后 2000 年 ICD Vie 破产时保险监督机关(清算机关)也仅对于 ICD 的资产价值进行评价给予了帮助。资产评价结果整理 ICD 的负债因没有资金不足的情况,所以没有发生实际保险金给付。

反而 2003 年设立的 FAGO 在 1998 ~ 2003 年负责了 5 个财产保险公司的清算处理工作而于 2003 ~ 2006 年给付的保险金为 2030 万欧元。最大保险金给付事例是 1999 年破产的 International Claims Services(ICS),2003 年 FAGO 介入了 ICS 清算过程处理了 260 件投保人请求,保险金给付额为 1020 万欧元(除了汽车保险)。

(四)德国

1. 保险保障机构的设立和运营

德国的两个法定保险保障机构于 2006 年设立,其中一个是为了人寿保险公司(Sicherungsfonds fur die Lebensversicherer, Sl)设立的,另一个是为了民营健康保险(Sicherungsfonds fur die Privaten Krankenversicher, SPK)设立的。2003 年 Mannheimer 人寿保险公司破产后所有的保单或终结或在被其他人寿保险公司收购前由 Protektor 负责管理 Mannheimer 的投保人的工作。因此，现在德国民营形态的 Protektor 和法定的保险保障机构共存，2006 年 5 月法定保险保障机构的角色短期内委任 Protektor 代为执行。

健康保险的情况也是由民营健康保险公司共同（协会：PKV）捐赠资本设立了担保机构 Medicator AG。虽然最终预定由法定健康保险保障机构（SPK）代替，但在 2006 年 5 月 SPK 的角色委任为 Medicator。在健康保险领域还没有保险公司，所以 SPK 处于无法启功的状态。健康保险的担保机构以事后征收的方式征收保险金，在这里以限度制进行运营，所以全体健康保险公司准备金只能征收的 0.2%。金额最多可以负担 10 亿欧元。

人寿保险的情况为事前储蓄式，各人寿保险公司每年以保险金缴纳责任准备金（net reserve）的 0.02%，基金储蓄到准备金的 0.1% 为止。以 2006 年为基准，目标基金额为 61,500 万欧元。作为算定保险金的基础的各公司的准备金是根据保险商品的构成和保险公司的财务健全性（给付余力比例），变化如下：

准备金 =（一般保险的准备 + 0.25 × 变额保险的准备金）

× 企业的财务健全性系数（以 3 个范畴分类）

（1）范畴 1（low risk）：0.75

（2）范畴 2（middle risk）：0.75 ~ 1.25（调整为 linear basis）

（3）范畴 3（high risk）：1.25

变额保险因为投资的风险由投保人承担所以保险公司破产时保险保障机构的负担也被认为比一般保险的投保人要少。而且保险公司的风险高的话破产可能性也会高，所以也要负担更多的保险金。这就是各保险公司的分级费率制。

2. 保险金给付事例

在德国保险保障机构的角色以“收购破产的保险公司的保单并维持其连续性”为首要目标，不考虑“给付保险金或给付金，清算保单”。① 而且当某个保险公司破产，在德国金融监督机关（BaFin）的主导下保险保障机构会按照当初的协议收购全部的保单有价证券，直到最终保单终结或第三者收购为止代为管理。② 但是 BaFin 判断保险保障机构的所有积累财源及追加筹资也难以维持所有合同

① 详细内容请参见 Oxera（2007），p. 208。

② 在日本日产生命破产时，因为没有出现收购公司，各人寿保险公司共同出资设立了 Aoba 生命达成了收购合同。

的连续性时收购协议的给付最多在5%的限度内进行削减。[1] 健康保险虽然也有Medicator帮助维持合同的延续性,但和Protekor亲自管理保险公司的角色不同,其是另行寻找其他健康保险公司保单转移。

在德国,若人寿保险公司破产保险保障机构会根据如下顺序筹措资金进行使用。[2] 第一,每年定期缴纳保险费及基本储蓄金的使用;第二,追加特别保险费增加财源;第三,如果用保险费财源也无法保障保单的连续性,将获得金融监督院(BaFin)的承认,最多削减5%的给付;第四,通过保险公司的民营组织(协会等)追加筹措资金。

3. Mannheimer生命的破产及保险金给付事例

德国于2004年制定了设立保险保障基金的法案,进行运营后还没有保险公司的破产事例。但是德国保险保障机关Protektor将在民营制度下破产的曼海姆(Mannheimer Lebensversicherung)的合同于2003年接受移转并进行管理。Mannheimer的破产是第二次世界大战后首次发生的破产案,是随着德国经济及社会构造的变化而产生的成长率停滞和因2002年股价大幅跌落而产生的破产案例。其间,德国的人寿保险业界一直维持着高度的财务健全性。以2002年为准,投保人保护机构存储着50亿欧元的基金,财政十分稳固。

在德国市场中属于小型人寿保险公司的Mannheimer,从1996年以后进行了将股份投资比重维持在40%以上等非常攻击性的资产运营,直到2002年股价大幅下跌造成了莫大的投资损失,于同年6月进行了破产。Mannheimer2002年年末保费收入的准市场占有率为0.56%,属于德国保险公司中的小型保险公司,所以其破产给予市场的冲击被评价为"并不大"。[3]

德国为了Mannheimer的重整,人寿保险公司们共同参与捐赠了24,000万欧元的资本。但是实际资金短缺额比预想的要少很多,Protektor的Mannheimer支援额以2006年为准只有1.0亿欧元。Mannheimer的344,000件人寿保单移交给Protektor,以无削减赔付的100%按照合同进行管理。但是由于没有对于投保者分红的保障,Mannheimer的投保人从投保者分红的角度可能遭受损失。

---

① 详细内容请参见Oxera(2007),p.209。

② 详细内容请参见Oxera(2007),p.211。

③ 详细内容请参见李相佑(2003),pp.103-107。

六、整理及启示

本文对于投保人保护机构或保险保障基金的保险金给付等问题,以发达国家的经验和事例进行了研究。为了以此为基础合理运营国内存款保险公司,对于如下事项提出了完善意见。

第一,需要实现对破产的保险公司有效的整理过程和保险金给付。陷入给付不能的保险公司的整理程序大致可以分为破产保险公司的清算或和第三方金融机构保单移转的方式。日本、德国及韩国主要使用保单转移的方式。而美国则是两种方式同时使用,并且活用清算方式使不良的保险公司退出(exit)市场。

在程序选择中主要考虑的事项有最大限度地保障投保人及被保险人的正当利益的同时,选择尽快恢复金融市场的稳定的方法中总投入费用较少的方法。而且在以赔偿责任保险为中心运营保险保障机构的欧盟看来被保险人的权益保护和保险制度的安定也是重要的考虑事项。

清算方式虽然是以销售短期财产保险商品为主的保险公司破产时适用的发达国家的一般性事例,但是在像韩国一样财产保险公司多数销售长期保险的情况下,很难适用发达国家的事例。而且作为义务保险的汽车赔偿责任保险或长期财产保险需要优先考虑被保险人的权益保护。

保单转移的方式主要用于保险期间较长的人寿保险等维持"保障的连续性"对投保人有利的情况,或者破产的保险公司的品牌(brand)价值或评判(good will)价值较高时,或破产的保险公司的从业员较多时难以无视雇佣效果的情况等。在保单转移方式中不良保险公司的雇佣虽然不是马上移转,但和清算方式比较来说,就雇佣的维持比例而言相对较高。

特别需要考虑的一点是人寿保险如果以清算方式整理保单,已经年长的投保人基本无法以相似的条件和价格加入其他保险公司的保险,其损失是非常大的。[①] 但是如日本和英国的事例所示,通过责任准备金的削减和预定利率的下调等追究破产的保险公司的投保人部分责任是合理的。这是保险公司及投保人之间需要削减道德松懈的市场的要求。而且韩国的财产保险公司也和人寿保险公司一样销售大量的长期保险产品,比起清算方式,保单转移的方式更加妥当。但

---

① 详细内容请参见 Green Meg(2004),pp. 50 – 55。

是如果只对投保人要求分担保险公司破产的相关损失,会使相对于银行等其他金融圈的消费者受到逆向差别对待,所以根据存款保险制度改善的顾客的损失分担需要其他金融领域的共同适用。

另外,为了防止因相关协议或法令的模糊性频频发生诉讼,有必要进行事前规制。就像从美国的事例中观察到的一样,责任保险因存在过失范围和责任界限的矛盾和解释差异、投保人保护中心的法院判例,还有多样的诉讼提起的可能性等问题,应当考虑到该问题点推定超额负债额。甚至对破产的保险公司负整理责任的保险监督机关和以保险金给付的存款保险公司之间既有同伴关系,又可能根据情况展开诉讼。

若保险公司破产,该公司剩下的最大的资产中代表性的就是再保单,美国的Reliance Insurance 便是这种情况。但是可能会因为对于再保单内容的解释不同,再保险公司和存款保险公司之间可能会展开诉讼,所以需要对这种情况做好准备。[①] 敌对保险公司如果存在对再保险公司提供虚假情报等欺诈行为,敌对保险公司可能会有破产时无法请求再保险金的情况。[②] 并且对"已发生未报告责任准备金"(IBNR),美国法院的判决也并不一致。例如,1996 年 New Jersey 法院(如 Integrity Insurance Co. 清算判例)的清算官虽然判决了可以从再保险公司受领 IBNR 索赔,但是加利福尼亚州法院(如 Mission Insurance 判例)判决无法请求。[③] 并且存款保险公司需要对再保单及 IBNR 的处理规定予以明确。

第二,存款保险公司的保险金不能重复给付。美国破产的保险公司的投保人加入数个保险公司的保险后,遭受保险事故可能获得其他保险公司的保险金时,保险保障基金可以拒绝给付保险金是法院的判例。韩国对于实损补偿的财产保险及健康保险等,也存在较多重复加入各保险公司的保险的情况,这时可以参考美国的事例,事前对相关法令进行研究并做好充足的准备,以防止存款保险公司的基金渗漏。

第三,为了保险公司的责任经营和破产防止,不仅是金融领域之间分级保险金,还要考虑保险领域内保险公司的全体风险并附加分级保险金,有必要制定引

① 详细内容请参见 Semlie T. Darrington and Robert M. Hall(1986),pp. 156 - 179。

② 详细内容请参见 Sonnett Sharon(2005),pp. 60 - 63。

③ 详细内容请参见 Aylward and Hummer(2004),pp. 452 - 453。

导责任经营的制度。① 存款保险公司比起事后给付保险金的角色,事前预防保险公司破产、研究引导责任经营的风险管理机制更加重要。这样才能减少保险公司的破产,减轻国民税金等国有资金组成费用。德国的保险公司对存款保险金征收时,对商品的构成(一般保险和变额保险)和保险公司的财务健全性进行分类并征收分级保险金。

与此同时,也有必要加强保险消费者对保险公司的监督功能。如此保险公司才会强化风险管理。若日本、英国等国家的保险公司破产,投保人准备金最高可以削减到90%,之后也可能受到有息利率大幅削减等不公正待遇,所以比起韩国一律保障5000万韩元的情况,投保人的监督功能更加重要。但是只对投保人进行保障限度调整、准备金削减等措施银行证券等其他金融圈也会发生规制的差益,所以需要各领域间没有差别的改善。

第四,根据保险保障基金的导入目的,在保护投保人的同时考虑各商品的风险、加入义务与否或发生费用构造等,需要提高制度运营的公正性和公平性方面的努力。欧盟各成员国也会区分义务加入保险和一般加入保险,并且义务加入保险的保障更有力度。日本高利率保险商品的投保人在保险公司破产时投保人准备金或预定利率的削减比例相对较高。所以国内要考虑保险商品的保障功能和角色、费用构造、强制加入与否等,检讨各商品分级保障的妥当性,以其结果调整补偿制度是有必要的。

---

① 详细内容请参见 Crosson Cynthia(1994),p. 3。

重整程序中有关房地产信托委托人的法律问题①

[韩]南东熙[*] 著 李慧璟[**] 译

一、序述

2008年世界金融危机以后向首尔中央地方法院破产部申请法人重整的案件激增,②其中建筑公司作为债务人而申请进入重整程序的案件也不少。

在很多情况下,建筑公司把自己名下的一部分房地产交给信托公司管理,所以建筑公司进入重整程序可能引起比较复杂的法律问题。③ 到目前为止,研究信托问题引起的法律问题的论文较多,但研究关于重整程序等破产程序中发生的法律问题的论文并不多。④

---

① 本文出处:司法发展基金会。

* 首尔南部地方法院法官。

** 中国政法大学东亚企业并购与重组法制研究中心研究员。

② 2007年法人重整案件只有29件,后来经过2008年的110件、2009年的193件,2010年收到155件重整案。

③ 实际上,除了建筑公司,其他行业的公司(如娱乐观光产业、房地产行业)也可能持有信托房地产。

④ 比较详细地论述信托房地产与破产程序之关系的文章有:高日光:《对房地产信托重整程序的处理——房地产担保信托为重点》,载司法第九号(2009年9月),司法发展财团;金春秀:《在破产程序上信托房地产的处理》,载《破产关系诉讼——裁判实务研究(五)》,韩国司法执行学会(2009年)。其他论文研究房地产信托与破产程序之关系所引起的法律问题并不全面。

目前在业界成功签订的房地产合同,不仅包括传统模式,而且包括以往无法想象的、多样化的新型模式。在资金流动化方面继续出现参考国外案例的新的合同模式。房地产信托投资基金作为其合同模式的一种受过很大的欢迎,但随着房地产业界的经济萧条,陆续向法院申请进入重整程序。[①] 作为一个从事破产实务的专家,很难去掌握全部类型的合同模式以及涉及其合同内容的全部知识,但对合同构造的理解和对可能发生的法律问题的掌握还是必要的。

房地产信托合同的交易量日益增多,但是连对传统模式的研究也不够周到,尤其是重整程序上的法律问题。在目前的情况下,有必要综合分析传统模式在重整程序上的法律问题,因而决定撰写本文。[②]

但也不能把全部的法律问题归于一篇文章,所以在本文研究范围限定为房地产信托的委托人申请进入重整程序时,论述在重整程序中应该如何处理的问题、从申请进入重整程序到提交重整计划草案分为几个阶段等诸多法律问题。

二、房地产信托概要

(一)房地产信托的概念

房地产信托是委托人对房地产的财产权进行转移等处分,在一定的目的下让受托人为受益人进行管理、处分房地产的行为或其法律关系。也就是指在《信托法》第1条第2款的信托行为中委托人转移给受托人的财产权之客体为房地产的情况,受托人有义务为受益人进行管理、处分其房地产的法律关系。

---

① 在金融实务方面,所谓的"房地产信托投资基金"是依照《间接投资资产运用业法》与《有关资本市场及金融投资业的法律》而设定、管制的基金既房地产间接投资机构,其运用模式为:资产运用公司用投资者的资金设定信托型房地产信托投资基金,与受托人签订信托合同时把投资者指定为受益人后公司作为实际运用主体指示如何运用信托财产。房地产信托投资基金陷入财务瘫痪时可否利用重整程序,在可以利用重整程序的前提下由谁来申请进入重整程序等问题超出了本文的研究范围,不进行研究。研究房地产信托投资基金之法律关系的文章有:金亨斗:《以房地产为标的物的信托之法律关系》,载《民事判例研究》2008年第30卷,第1028页以下;研究房地产信托投资基金陷入财务瘫痪时由谁来申请进入重整程序的文章有:李仲基:《受托人对信托债权人的责任范围——以责任财产限定特约的效力及重整程序上如何处理信托为重点》,载《民事判例研究》2006年第28卷,第507页。在此案中,首尔中央地方法院以申请人缺乏申请资格为由决定驳回,申请人不服进行抗诉,目前尚无审判结果。

② 笔者在2010年审理过两件拥有已设定信托房地产的建筑公司的重整案,一是担保信托案件,二是开发信托(土地信托)案件。前者因拥有信托房地产的大股东被视为重整程序中的债权人而无法享受破产隔离效果;后者因以担保的名义得到受益权的大股东在重整过程中被视为重整担保权人而无法享受破产隔离效果。

(二)利用房地产信托制度的目的

在破产程序上利用房地产信托的目的则是要享受破产隔离的效果。[①] 通过委托人所有的财产转移给受托人的行为,可以把信托财产的法定所有权全部转移给受托人。在原则上,信托财产不构成委托人的财产,所以债权人无法对信托财产主张其债权即使进入破产或重整程序。

(三)房地产信托的类型

1. 根据委托人与受益人之关系的分类

根据委托人与受益人之关系的分类不只限定于房地产信托,在广义上的信托也同样进行分类。签订信托合同时由委托人来决定受益人:委托人本人为受益人的信托是自益信托;除委托人以外的第三人为受益人的信托是他益信托。根据韩国《民法》第539条,在为第三人签订的合同中,第三人权利的生效要件为第三人对债务人要求提供合同所述的利益,但依照《信托法》第51条第1款,在他益信托合同中无特殊情况的前提下,即使没有受益人的意思表示也推定承诺享受信托利益,可以得到收益。[②] 根据《信托法》第51条第2款,如受益权具有风险,应得到受益人有关享受信托利益的意思表示。

2. 根据目的与内容的分类

房地产信托根据其目的与内容分为管理信托、处分信托、担保信托、开发信托(土地信托)等。实际上,签订房地产合同时,在传统类型的信托合同书的基础上会添加不少特约条款,所以判断其合同的类型的时候应该综合研究合同内容后判断房地产信托的类型,不能只限定于合同标题。[③]

(1)管理信托

房地产管理信托是指房地产所有人通过签约信托合同,把房地产所有权转

---

① 有些学者认为破产隔离的最主要的两个功能是:(1)可回避撤销权;(2)进入重整程序时可回避所取得的权利变成担保物的情况。对此观点的研究可参考:林蔡雄:《破产隔离研究》,载《民事诉讼》(韩国民事诉讼法学会报)第12卷第1期,韩国司法行政学会(2008年),第423页。

② 李在旭、李常浩:《信托法解说》,韩国司法行政学会(2000年),第34页。

③ 陈湘勋:《对房地产信托欺诈行为的判断方法》,载《民事执行法研究》(第4卷),韩国司法行政学会(2008年),第316页。根据最高法院判例,可以发现当事人把担保信托合同改写为"担保信托用房地产管理、处分信托合同"的案例(参见最高法院2001年7月13日宣告,2001da9267判决书;最高法院2004年7月22日宣告,2002da46058判决书;2004年12月23日宣告,2003da44486判决书等),所以判断其合同的类型的时候应该综合研究合同内容后判断房地产信托的类型,不能只限定于合同标题。林蔡雄:《担保信托的研究》,载《人权与正义》第378号,大韩律师协会2008年,第121~122页。

移到信托公司后房地产管理专家将替代房地产所有人管理租赁、设施的维持以及税务等全部业务并想房地产所有人交付信托收益或致管理受托财产的所有人名义的信托制度。房地产管理信托分为将综合管理、运用房地产而得到的收益交付给受益人的"甲类管理信托"与只管理信托房地产的所有权人名义的"乙类管理信托"。

(2)处分信托

房地产处分是委托人以处分房地产为目的将房地产的所有权转移到受托人名义下,受托人处分其房地产后结账给受益人的信托制度。此种信托一般适用于不易进行买卖的大型或高价房地产、因结账尾欠需要较长时间而需要注意管理其所有权的房地产、因对房地产的权利关系比较复杂而不易处分的房地产等。处分信托分为受托人管理信托房地产后进行处分行为的"甲类处分信托"与"乙类处分信托"。

(3)担保信托

房地产担保信托是委托人为了向债权人担保自己的债务履行,将自己所有的房地产名义转移到信托公司,信托公司将所有、管理其房地产,债务正常履行后信托公司向委托人返还其房地产的所有权的制度。在担保信托中以债权人为委托人,以债务人为受益人。① 如果债务人不正常履行债务,信托公司将处分信托财产来偿还委托人的债务,如有尾款,将其余额返还给委托人的信托制度。处分信托的优点是信托公司直接出售或通过法院的拍卖程序进行出售时可以节约时间,也可以减少房地产交换差价。近期在房地产开发事业方面,房地产担保信托常用于事业地基买入贷款的担保方案。在利用房地产开发事业方面的项目融金(Project Financing,简称 PF 贷款)时,房地产信托的受益权证书作为担保的案例越来越多,其优点是可以让贷款金融机构通过贷款债权与受益权的转让确保贷款债权的流动化。②

(4)开发信托(土地信托)

房地产开发信托是指土地所有人有效利用房地产(尤其是土地资源)而以得到收益为目的,将土地财产信托给专业开发土地的信托公司,信托公司根据合同

---

① 在一般情况下,债权人为第一顺位受益人,债务人为第二顺位。

② 刘在观:《信托法实务》,法律出版社 2008 年版,第 303 页。

内容对其房地产进行有效利用措施(如建造楼房等)后实施对建筑物或用地的租赁、出售等房地产事业,将其成果交付给受益人的信托制度。信托的对象是土地为由,此类信托又称土地信托,可以视为土地所有人与独体开发商互相协助、联合开发的一种形态。房地产信托根据开发后得到利益的方法分为出售型开发(土地)信托与租赁型开发(土地)信托。

(四)受益人与受益权

1.概念

受益人是委托人意图给予信托利益的人或继承其权利的人。[①] 受益人作为享受信托利益的主体,可以得到信托产生的各种权利,受益人得到的各种权利的总称为受益权。受益权包括:(1)得到信托财产产生的各种给付的权利——领取信托权(具体且个别的领取权又叫作"收益债券");(2)监督受托人的监督信托权(阅览文件请求权等)。[②]

受益人能取得的收益内容应当根据具体合同内容,但大体内容可以根据房地产信托的种类进行分类:(1)房地产管理信托,尤其是甲类管理信托得到利益是,信托合同终止或解除后应返还的房地产本身以及信托期间管理、保持、利用(租赁等)而产生的利益;(2)房地产处分信托得到的利益是,根据合同内容处分房地产后能得到的利益;(3)房地产开发信托得到的利益是,在信托房地产上建造建筑物后租赁或买卖其建筑物而产生的利益;[③](4)房地产担保信托得到的利益随着丧失期限利益等债务的不履行或担保价值的消减等交换差价要素的发生而有所变动。不发生债务的不履行或交换差价要素的正常期间,在不消减信托房地产价值的范围内房地产担保信托应得到的利益是,管理、保持、利用(租赁等)该房地产而产生的利益;[④]发生债务的不履行或交换差价要素时房地产担保信托应得到的利益是从信托房地产处分价款除去各种费用及报酬后的价款。

---

① 《信托法》除了受益人的观念外,还认定归属权利人既信托终止时信托财产应当归属的人的观念(《信托法》第60条、第61条)。关于受益人包括归属权利人与否存在争议,但因受益人是指委托人意图给予信托利益的人,归属权利人不该包括在内。史弓花付:《信托法》(新版),流飞阁1989年版;崔冬植:《信托法》,法文社2006年版,第321页。

② 崔冬植:《信托法》,法文社2006年版,第321页。

③ 高日光:《房地产信托重整程序的处理——房地产担保信托为重点》,载司法发展财团:《司法》2009年第9期,第74页。

④ 在一般情况下,第二顺位受益权人即委托人来取得该权利。

2. 受益权的性质①

受益人的性质与信托基本构造上存在的争论有关。此类争论以受益人对信托财产享有的权利或受托人对信托财产享有的权利的法定性质为中心。换言之,其争论是有关把信托理解为纯粹的债权性的制度还是理解为物权性的制度的立场差异。②

(1)债权说③

债权说是把受益权的性质视为债权的说法,将受益权视为对受托人的债权。根据债权说,与设定信托的同时财产权完全归属于受托人,受托人只承担根据信托目的为了受益人管理或处分信托财产的义务,受益人只是对受托人持有债权而已。

韩国最高法院判例也保持与债券说相似的立场。④

最高法院 1991 年 8 月 13 日宣告,91da12608 判决书中写道:在房地产信托,因信托人的委托向受托人转移所有权名义的,随着合同的签约所有权完全转移到受托人的名义下。产生信托终止的事由时受托人只承担向受益人或委托人转移目的房地产所有权的义务,不可视为目的房地产的所有权重返到受益人或委托人的名义下。

最高法院 2002 年 4 月 12 日宣告,2000da70460 判决书内容包括:《信托法》上的信托指的是委托人向受托人转移或进行其他处分特定的财产权,让受托人为信托目的管理、处分其财产权(《信托法》第 1 条第 2 款)。在房地产信托随着

① 吴英俊:《信托财产的独立性》,载《民事判例研究》2008 年第 30 卷,第 853 ~ 859 页。主要是日本信托法上的学说,此外还包括受物权说,房地产信托、现金信托分离说等,但本文不详细介绍有关内容。关于此类学说可以参见郑顺燮:《有关信托基本构造的研究》,载首尔大学金融法中心编:BFL2006 年第 17 期,第 13 页。在英美信托法上也有大人权说、大物权说、独自权利等说法,但本文不详细介绍有关内容。有关此类说法可以参考李连甲:《受益人在信托法上的地位》,载《民事判例研究》2008 年第 30 卷,第 918 ~ 939 页。

② 郑顺燮:《有关信托基本构造的研究》,载首尔大学金融法中心编:BFL2006 年第 17 期,第 10 页。

③ 中雅正俊:《信托法讲义》,朱正书店 2005 年版,第 16 ~ 17 页;辛正成:《信托法》,流飞阁 2002 年版,第 30 ~ 33 页;吴英俊:《信托财产的独立性》,载《民事判例研究》2008 年第 30 卷,第 853 页。

④ 吴英俊:《信托财产的独立性》,载《民事判例研究》2008 年第 30 卷,第 858 ~ 859 页;金春秀:《在破产程序上信托房地产的处理》,载韩国司法执行学会编:《破产关系诉讼——裁判实务研究(五)》,2009 年版,第 115 页。

完成房地产所有权的转移登记,房地产所有权完成转移到受托人名义下;在委托人与受托人的内部关系中,信托房地产的所有权并不保留在委托人名义下。随着得到信托财产的所有权,委托人得到信托财产的管理权,受托人只得到在信托目的的范围内根据信托合同的具体内容管理信托财产的限制。

(2)实质性法主体说①

法主体说主张受托人持有信托财产表面上的名义以及管理权,受益人享有对受托人的债权和对信托拆产的物质性权利。法主体说认为受托人只是管理人且信托财产不属于受托人的固有财产,信托财产本身持有独立于受托人的法主体性。所以受托人对受益人的义务仅次于对信托财产的义务,受托人持有的管理权是根据其名义持有直接或排他性的物质管理权。在受益人的权利方面,法主体说主张受益人的权利实际上是对信托财产的给付请求权,并主张受益人享有对信托财产的物质性权利。

(3)限制性权利转移说②

限制性权利转移说采取折中债权说与法主体说的立场,在信托法上的信托只能采取委托人向受托人转移财产权的方式,可视为财产权有着一定的变动。权利转移说的主张与债权说有所不同,权利转移说主张随着具体目的的变化发生转移的权利也有变化,比如,信托目的为管理时管理权发生限制性转移;信托目的为处分时处分权发生限制性转移。

限制性权利转移说以信托财产视为他人的财产为前提,主张受托人为受益人的利益而受到一定程度的限制。在形式上受托人是信托财产的所有人,但在实际上委托人才是其所有人。

(4)研究

上述三种立场都没有全面说明信托的基本构造及受益权的性质。根据《信托法》解释,《信托法》赋予了受托人所有权,赋予了受益人可以与受托人的所有

---

① 中雅正俊:《信托法讲义》,朱正书店2005年版,第16~17页;辛正成:《信托法》,流飞阁2002年版,第34~40页;吴英俊:《信托财产的独立性》,载《民事判例研究》2008年第30卷,第855页。

② 中雅正俊:《信托法讲义》,朱正书店2005年版,第18~20页;辛正成:《信托法》,流飞阁2002年版,第33~34页;吴英俊:《信托财产的独立性》,载《民事判例研究》2008年第30卷,第856页。

权并存的权利。[1] 但如果把受益人视为法定所有人就无法满足让受益人不享有所有权只享有经济上的利益的委托人的意志,也可能出现违反物权法定主义的情况,所以受益人应视为消极意义的债权人。受托人作为信托财产的所有人可以行使对信托财产的所有权,在为受益人的利益而限定的范围内承担管理、处分信托财产的义务。[2]

三、房地产信托重整程序中的法律问题

(一)重整程序开始申请到开始决定的阶段

1. 保全处分

若房地产信托的委托人开始申请重整程序,重整法院通常会在2~3天之内依据关于债务人重整及破产的法律(以下简称"法")第43条作为委托人的债务人业务及财产进行保全处分。随后开始,若债务人没有重整法院的许可不能对抗保全处分行为。

但是,像这种保全处分的效力会产生在重整程序开始申请之前委托人向信托房地产设定信托的法律行为上是否产生影响的问题,因为保全处分只是限定债务人的业务及关于财产的债务人的行为。

与此关联,对于前述的关于受益权的性质讨论的结果而言,依据委托人的信托设定,受托人完成所有权移转登记时,对内外的所有权会完全转移给受托人,所以委托人信托的房地产公司不再认为是作为委托人的债务人的财产。因此,保全处分以后信托房地产的受托人依据信托合同中约定的方法和程序不通过重整法院的许可而将处分的行为也不会影响保全处分的效力,所以不能将其认定为无效。

2. 终止命令或全方位禁止命令

有申请开展重整程序的情况时,重整法院通常依债务人的申请,[3]直到有重整程序的开展申请的决定为止,命令终止对正在进行的有关重整债权或重整担保权的有关程序("法"第44条第1款)。而且,认定有等同于上述因仅靠个别终止命令无法充分达成重整程序目的的特殊情况之时,对全体重整债权

---

① 若在物权与债权中必选其一,应是债权。

② 李连甲:《受益人在信托法上的地位》,载《民事判例研究》2008年第30卷,第938~939页。

③ 如需要可以使用职权,但在一般情况下,通过债务人等相关人的申请再进行有关程序。

人及重整担保权人命令禁止强制执行重整债权或重整担保权(“法”第45条第1款)。

但对于正在进行拍卖程序等类似于强制执行程序的信托房地产,涉及重整法院可否依终止命令或全方位禁止命令终止上述程序的问题。特别是在房地产在担保信托的情况下可产生上述争议点,所谓担保信托是可预见当债务不被履行时处分信托房地产并将该房地产销售金额去抵债的制度,当发生债务不履行等变现要因出现时,首先作为受益人的债权人被赋予对受托人请求处分信托房地产的权利(以下该权利均称为处分请求权),因而当有第一受益人的请求时受托人无关委托人的意志进行拍卖等程序。

之前保全处分中的论点也可相同的适用到上述情形,个别终止命令或全方位禁止命令是可禁止对债务人的财产实行的强制执行,因信托房地产在法律上是受托人的财产,即使有上述终止命令,但对信托房地产正在进行的拍卖程序不可中止。实务上曾有同时兼具委托人和实行人的债务人以中止正在对信托房地产进行拍卖程序为目的申请开展重整程序,但因上述相同原因,不适用对有关信托房地产的中止命令申请,因此驳回了重整程序的开展申请。[①]

3. 补正通知或审问代表

在有债务人申请开展重整程序的情况下,若该债务人所有建筑公司等房地产或类似的公司时,首先应审查是否存在信托房地产。申请开展重整程序的债务人应充分收集资料避免因时间不足,或对资料无充分了解的情况发生,通过补正通知确定是否存在信托房地产,并事先确认相关合同存在何种信托类型等事项。但通过上述补正命令尽管可得知债务人设立了何种房地产信托,但不能仅凭补正命令得到充分资料的情况实为大多数,随之应在审问代表程序审问详细

---

① 在上述案件中,信托房地产的拍卖起初计划进行15次,每次的标底都会降10%的方式进行,委托人即为了阻止信托房地产的低价中标而选择通过重整法院的中止令来中止其拍卖程序。以此为目的的重整程序开展申请可能属于“法”第42条第2项的情况,如果有关开展重整程序的申请尚未驳回,应检讨与“法”第42条第2项的关联性。

内容以及要求提出资料来审查该信托行为是否符合欺诈信托,[①]以及是否存在依债权人提出的欺诈信托撤销之诉等情形。

《信托法》第 8 条第 1 项规定了“明知债务人加害债权人设立信托时,尽管受托人可能是善意的债权人也可依民法第四百零六条第一项请求恢复原状”,这与其说是民法上规定的欺诈行为的要件,不如说更是对缓和取消要件的欺诈信托制度进行了规定。此种欺诈信托不存在当然无效,在债权人能够证明债务人设立信托行为属于欺诈行为并请求撤销设立的信托请求恢复原状时设立信托的行为可被消极地认为是无效的行为。[②]

因而,在开展重整程序前依债权人提出欺诈信托的撤销之诉时,因开展重整程序而中断诉讼程序且管理人要受继该诉讼程序。[③] 为此通过代表人审问等程序在决定展开重整程序之前有必要就提请的欺诈信托撤销之诉的存在与否进行确认。此时按照《民法》第 406 条第 1 项的规定债权人提起的欺诈行为撤销之诉在开始重整程序之前处于正在进行的状态时开展重整程序的诉讼程序会被中断且等于管理人继受被中断的诉讼程序(“法”第 113 条),[④]在《信托法》第 8 条第 1 项规定了可请求《民法》第 406 条第 1 项的取消及恢复原状,这也可看作债权人

---

① 信托与一般欺诈行为不同,根据信托合同的具体内容,信托房地产的管理、运用、处分等行为导致委托人责任财产的增加,应通过委托合同的目的以及内容来判断相关与否。判断委托人的欺诈意识时应综合信托的过程、委托人是否为了偿还一般债权人的债务而使用通过信托而得到的收益等事实再进行分析。参见陈湘勋:《对房地产信托欺诈行为的判断方法》,载韩国行政协会编:《民事执行法研究》(第 4 卷),2008 年版,第 321 页。上述论文第 321 页到第 343 页包括关于房地产信托各种欺诈行为的判断标准,也包括最高法院判例和初级法院判决,可供参考。与此关联,在判断欺诈性时可参考最高法院 2003 年 12 月 12 日宣告,2001da57884 判决书的判决:当债务人出售未完工的建筑物但因资金短缺等原因无法继续进行工程时,债务人认为完工建筑物才是最小化债权人的损失以及恢复债务偿还能力的最佳方法。为了继续建造建筑物,在债务人与信托公司签订了信托合同后完工的情况下,对于处于资金短缺状态的债务人来说是最佳方案,也是为了完工而不得不选择的方案。所以,其信托行为并非属于欺诈行为。

② 李仲基:《对欺诈信托的撤销以及恢复原状》,载韩国比较司法学会编:《比较司法》第 14 卷第 1 期(统卷第 36 号),2007 年版,第 594 页。欺诈信托的撤销与民法上的债权人撤销权相同,是为了保全责任财产。被保全债权应是货币债权,不允许为了保全对特定物的所有权转移登记请求权而行使撤销权(最高法院 2001 年 12 月 27 日宣告,2001da32236 判决书)。

③ 法律条文规定:管理人可以受继(“法”第 113 条第 2 款、第 59 条第 2 款)。

④ 决定开展重整程序时,对债务人财产的诉讼程序将会中断(“法”第 59 条第 1 款),一般情况下其诉讼不是从债务人为当事人,所以一般不是债务人的财产关系诉讼,但欺诈行为撤销之诉是债务人的债权人为了整体债权人策划债务人财产的恢复的诉讼,法院认为让管理人受继其角色比起管理人承担债权人的角色更有效地恢复债务人的财产。三ケ岳丈等:《条解公司更生法》,弘文堂 1999 年版,第 221 ~222 页。

取消权的一种。[①] 另外,信托法上的欺诈信托撤销之诉未在开展重整程序前提出的,有观点认为欺诈信托的取消在受托人善意的情况下被容许的点来看,相比重整程序下的撤销权,其对象更为广泛,对委托人的管理人开展重整程序后,不同于撤销权的行使可另行提起因欺诈信托的撤销之诉,[②]但从《信托法》第8条第1项来看债权人可提起欺诈信托的撤销之诉是不妥当的。

4. 开展重整程序的决定

(1)拍卖程序等的中止与否

重整法院对委托申请开展重整程序的债务人存在"法"第34条第1款规定的债务的偿还不能或破产的考虑,"法"第42条规定的申请开展重整程序的驳回事由不存在的情况下应决定开始重整程序。存在重整程序的开展决定不能按照重整债权或重整担保权对债务人强制执行,对债务人的财产已进行了重整债权或重整担保权的强制执行要中止("法"第58条第1款、第2款)。但如前文所述对信托资产已进行了合理的拍卖等类似于强制执行的程序之时,尽管有重整程序的开展决定,上述拍卖程序也可看作不会被中止。[③]

(2)诉讼程序的中断与继受

有重整程序的开展决定之时,债务人的财产的管理处分权会从债务人移转到管理人,此时有关债务人财产的诉讼程序会被中断("法"第50条第1款)。此时,对信托房地产已提起欺诈行为撤销之诉或欺诈信托撤销之诉时如同上文管理人应继受被中断的诉讼程序。

(3)审查撤销权对象与否

在若委托人设立信托的行为被怀疑成欺诈信托的情况下,当决定开展重整程序时未被提起欺诈信托的撤销之诉时应审查上述信托设立行为是否符合撤销权的对象与否。

在信托设立行为可视为撤销权的对象的情况下,管理人可将其否认,该种情况下可用管理人的否认之诉,否认的请求或抗辩方法进行裁判("法"第108条第1款),因使用撤销权,当下的信托房地产恢复原状成债务人的财产("法"第108

---

① 林蔡雄:《欺诈信托的研究》,载法曹协会编:《法曹》第55卷第9期(统卷第600号),2006年版,第12页。

② 三ケ岳文等:《条解公司更生法》,弘文堂1999年版,第223页。

③ 是破产隔离效果导致的结果。

条第1款),但在此种情况下"因否认对象的行为收益的人"不认识到该行为使债权人得到不利或停止支付等情形之时该行为也不会被否认,但这里存在应把该种行为看作哪方行为的问题。受托人只不过是信托财产的名义人兼管理人,很难视为其是因信托行为获利之人。将受托人视为获利之人之时委托人利用了善意的受托人把受益权赋予与其有特殊关系的第三人的情形下存在否认难的问题,此时应将受益人看作利益承受人更为妥当。①

另外,重整程序开展之前对陷入破产状态的债务人为偿还对总债权人的债务设立信托之时存在能否成为撤销权对象的问题。对此存在可作为撤销权对象的见解,以及成为撤销权对象之前已是破产法上的回避强行规定的违法行为应视为是无效的两种见解。为更公平的履行债权人的财产以管理或换价为目的设立信托,无法察觉到有迫害债权人的意图之时不将其视为是撤销权的对象更为妥当。②

(4)双方未履行双边合同

关于双边合同,债务人和对方在重整程序开始当时未完成履行时,管理人可以进行解除合同或者履行债务人的债务后向对方请求履行债务("法"第119条第1款)。这时双边合同是双方负担基于对等的代价关系的债务的合同,双方的债务之间成立、履行、存续的法律上、经济上具有关联性所以可以相互进行担保,③要适用上述规定,需要有对等的代价关系的合同上的债务全部或者部分都没有被履行,若是单纯的附带的情形,存在未履行的情况也不能认为是上述规定的未履行的情形。④

因此,在委托人不履行费用及保全的支付义务,受托人作为法定归属管理人也不向委托人收受尾款的情形下,这种情形会被认定为是未履行双边合同,委托人的管理人可以选择解除信托合同或者继续履行。这时管理人解除信托合同时信托终止,若未规定信托房地产的归属权利人的信托行为时此信托房地产归属

---

① 韩敏、朴仲贤:《信托与破产法问题》,载首尔大学金融中心编:BFL 2006年第17期,第35页。日本《改定信托法》第12条规定:在欺诈信托,得到利益的人视为全部或部分受益人。

② 史弓花付:《信托法》(新版),流飞阁1989年版,第150页;崔冬植:《信托法》,法文社2006年版,第108页;李在旭、李常浩:《信托法解说》,韩国司法行政学会2000年版,第104页。李仲基认为,在此种情形下,会出现相当于责任财产的减少部分的担保权的增加,所以并没有欺诈性。参见李仲基:《对欺诈信托的撤销以及恢复原状》,载《民事判例研究》2006年第28卷,第596页。

③ 最高法院2007年9月6日宣告,2005da38263判决书;最高法院2002年5月28日宣告,2001da68068判决书。

④ 最高法院1994年1月11日宣告,92da56865判决书。

于委托人或者其继承人(《信托法》第60条),受托人要返还给管理人信托房地产,随之受益人的受益权会进行无效处理,[①]信托房地产会成为债务人的责任财产而作为偿还财源对债权人使用。

(二)债权确定阶段

在以债务人的重整为目的的重整程序中其核心是以债务再调整的重整计划。为制定该项计划要先行了解其债券规模,随之法律会要求管理人提供重整债权人的名单("法"第147条)、要求想参加重整程序的重整债权人向法院申请其债权("法"第148条至第156条)、通过管理人或利害关系人的名单中所记载或申报的重整债权或重整担保权的内容承认与否[②]的方法来了解债务人的债务规模。

此时,以委托人的债权人为身份保留有关房地产信托权利(受益权等)的利害关系人在委托人的重整程序上是否承认其作为重整债权人或重整担保权人的地位与否存在争议点,尤其在于该信托的类型是否属于自益信托或他益信托与否有改变的可能。下文中,首先将详细了解委托人的债权人在重整程序上的地位,并研究其争议点后将分析实际中债权人在申报债权后如何承认与否的问题。

1.房地产信托委托人的债权人在重整程序中的地位

(1)最高法院判例的根据

针对有关房地产信托有哪项权利委托人的债权人在委托人的重整程序中如何被认定这一问题,最高法院的经典判例有3个,[③]其具体内容如下:①委托人为担保债务担保信托用房地产管理、处分信托、类型为他益信托的赋予债权人优先受益权的案件中,即便对委托人开展公司整理程序,判例中判决为"委托人的债权人保留的信托的受益权要被看作以第三人的受托公司所提供的担保";[④]②委托人签订买卖型土地信托合同时以担保债务为目的,他益信托为类型的赋予债权人优先受益权的案件中判决为"若对该受益权开展整理程序时不属于作为整

① 金春秀:《在破产程序上信托房地产的处理》,载韩国司法执行学会编:《破产关系诉讼——裁判实务研究(五)》,2009年版,第142页。

② 法律条文用的是"异议"一词。

③ 还有最高法院2004年7月22日宣告,2002da46058判决书;最高法院2004年12月23日宣告,2003da44486判决书等判决,但与上述3个判决和案例以及其内容差不多。

④ 最高法院2001年7月13日宣告,2001da9268判决书。

理公司的委托公司的财产”,因此不属于整理担保权;①③在委托人根据房地产管理信托合同以自益信托为类型将房地产向受托人信托,受托人为向委托人的债务人进行债务担保而设定信托房地产的固定抵押权的案件中,判决为“房地产作为信托的受托人的所有财产在该房地产设置抵押权相当于第三人提供的担保。”②债权人对委托人的公司重整程序上以贷款原利额债券作为重整债权或重整担保权未进行申报,无关重整程序可实现对信托的受益权或对房地产信托的抵押权。上述最高法院意见可作如下解释,以担保为目的设定他益信托向债权人提供受益权时或设定自益信托后直接就信托房地产向债权人设定固定抵押权时,此种受益权或抵押权不等于重整担保权,无关重整程序虽可以行使对此相关的权利,但设定自益信托委托人从受托人处接收受益权后,以担保为目的向债权人让与该受益权时等同于受益权的让与担保,即重整担保③因此会受到重整程序的制约。④

(2)研究

以上述判例为基础,在房地产信托的情况下,把与其相关权利的委托人的债权人看作重整债权人或重整担保权人与否的问题,谈谈如下一般化看法:⑤

首先,委托人设定他益信托时,应把债权人看作重整债权人。理由为:申请他益信托时,债权人会保留有关信托房地产的受益权。该受益权仅被认定为是一项针对有关房地产信托所有人的受托人⑥行使的权利,有关委托人所有的财产

---

① 最高法院2002年12月26日宣告,2002da49484判决书,关于此次判决的裁判研究人员的解说有:李朱贤:“在信托法上,签约信托合同时以担保为目的指定债权人为受益人的情形下,其受益权是否根据整顿计划而消灭”,载最高院《判例解说》第42期,法院图书馆2003年版,第584~605页。

② 最高法院2003年5月30日宣告,2003da18685判决书,关于此次判决的裁判研究人员的解说有:金湘俊:《对信托人的公司整顿程序已启动时土地信托公司为信托人以提供的实物担保的效力》,载最高院《判例解说》(第44期),法院图书馆2004年版,第552~571页。

③ 最高法院2002年12月26日宣告,2002da49484判决书包括以下内容:签订信托合同时,整顿前的公司作为委托人设置自益信托后以担保为目的向第三人让与其受益权,即以让与担保的形式提供其受益权时,其担保应该是对进入整顿程序的公司财产的担保。

④ 韩敏、朴仲贤:《信托与破产法问题》,载首尔大学金融法中心编:BFL第17期,2006年版,第31页。

⑤ 房地产管理信托、处分信托、担保信托、开发信托均妥当。

⑥ 上述3个判例都是有关委托人所有的房地产的判例,最高法院认为上述信托合同是根据信托法的信托,以房地产所有权转移到受托人名义下为前提而得出上述判决。对有关受益权性质的案例,最高法院判决:在房地产信托,根据信托人的委托完成其所有权转移登记,可视为其所有权完全转移到受托人名义下。从多数判例中可知,最高法院对房地产信托的立场是一贯的。

被看作无任何担保权。

其次,委托人设定自益信托时,根据情况不同会被看作重整担保权人或者重整债权人。其理由为:自益信托的情况下受益权人为债务人,当债务人把让与担保或以质权等担保为标的物提供受益权时应被认定是受益权的让与担保权人或受益权的质权人,但以上述为担保不提供时会被认定为是重整债权人。但事实上与后者相同时很难假定委托人向债权人不提供任何担保,不以受益权为担保提供的情况下和第三个判例相同。

(3)信托房地产受益人地位的解释及其涉及的问题

根据以上内容委托人设定他益信托时被指定为受益人的债权人在委托人的重整程序中始终被认定为重整债权人。因实现的权利被限定为债权人对委托人所享有的重整债权。同时,作为受益权人的债权人的债权因未被记载在目录上且未合理的申报债权,即使未被规定在重整计划的偿还对象中对受托人享有的有关房地产信托的受益权无任何影响。①

根据上述内容,有些学者主张房地产担保信托的受益权人在重整程序中的地位相当于"法"第250条第2款中提到的"债务人以外的其他人为重整债权人提供的担保"的保留者。② 其理由为:在信托合同该房地产所有人被看作为"债务人以外的其他人"的受托人,在信托合同上债权人被指定为优先受益人并发挥和"提供担保"一样的效果。③ 但根据上述内容,把第一个和第二个最高法院判决内容仔细研究后,会发现并不赞成上述见解,其理由如下:

首先,第一个判决其名称虽为"担保信托用房地产管理、处分信托",但实际上是"担保信托的情况下被设定为他益信托"的情况,第二个判决实际上是"土地开发信托下被设定为他益信托"的情况。判例中提到的依据为所有受托人的债权人在重整程序中不应被视为权利行使受到限制的重整担保权人,但判决理由

① 最高法院2001年7月13日宣告,2001da9267判决书;最高法院2002年12月26日宣告,2002da49484判决书。

② 高日光:《对房产依托重整程序的处理——房产担保依托为重点》,载司法发展财团:《司法》2009年第9期,第94页。首尔中央地方法院破产部实务研究会编:《重整事件实务(上)》(第2版),博英社2008年版,第363页中提到,在以信托为由完成所有权移转登记后,当受托人重新为信托人的债务人赋予对信托房地产的优先受益权或者受托人针对信托房地产给债权人设定抵押权时,上述的抵押权等属于"债务人以外的人为重整债权人或重整担保权人提供担保"的情形。

③ 高日光:《对房产依托重整程序的处理——房产担保依托为重点》,载司法发展财团:《司法》2009年第9期,第94页。

不尽相同，第一个判决的情况是受益权等同于在《公司重整法》第 240 条第 2 款中提到的“重整公司以外的人为整理债权人或整理担保权人所提供的担保”①，所以其整理计划的影响不会波及于此，但与此相反，在第二个判决的情况下受益权根据信托合同属于被指定作为受益人的第三人，②归属于委托人的财产权不等同于以担保为目的向第三人转移的财产权。

在同样设定他益信托的情况下作出不同判决的理由是什么？对这一问题用不同的角度看待第二个判例内容可以看出“不是担保信托而是让与买卖型信托”，因此第二个判例案相比第一个判例案有所区别。③ 具体来看，第一个判例案件为担保信托的情况，担保信托的情况下若债务人不履行债务，债权人具有要求终止信托的权利。从实际意义上来看以信托为目的的房地产从法律意义上无关受托人以此为保证，受益权本身就成了一种违约担保权。④

其次，第二个判决是有关开发信托的判例。在开发信托的情况下，信托目的与债权担保无任何关联，仅是提供其受益权为担保的标的物，即使有债务不履行的情况债权人也没有权利要求以信托为目的的换价或结束信托关系。结束开发或因其他理由自行中断信托后若有收益。⑤

此外，委托人指定债权人为受益人是否可看作委托人提供的担保权的这一问题来说：第一，有意见认为在开发信托的情况下不能以没有处分邀请权为由存在担保权；第二，从一开始指定受益人为债务人的情况与指定委托人为受益人后将该受益权作为质权的情况之间可能有异议存在，因此很难断定不是担保权。⑥

对此追加检查了该事件中的受益权是否属于委托人的财产，结果为在《信托法》上信托的情况下被指定为受益人的人原始取得受益权，虽有可能向第三人担保债权的目的指定第三人的债权人为受益人，但不能看作以担保为目的向第三

① 最高法院 2004 年 7 月 22 日宣告，2002da46058 判决书与最高法院 2004 年 12 月 23 日宣告，2003da44486 判决书都以第一个判决作为参考判例。

② 其判决内容为：委托人把自己指定为受益人时，委托人和受益人的地位应是分离的。

③ 李朱贤：“在信托法上，签约信托合同时以担保为目的指定债权人为受益人的情形下，其受益权是否根据整顿计划而消灭”，载最高院《判例解说》第 42 期，法院图书馆 2003 年版，第 584 ~ 605 页。

④ 同上书，第 596 页。

⑤ 同上书，第 597 页。

⑥ 同上书，第 599 ~ 600 页。

人转移财产权继而开始整理程序后该受益权不能视为是公司的财产。[①] 本人认为撰写上文的裁判研究官员对担保信托的事件与开发信托的事件相区分开来进行比对很有意义。担保信托和开发信托根据情况不同也会对受益权的解释产生不同的效果。[②] 笔者在撰写本文时存在的最大的疑惑是以自益信托设定信托后以该受益权用作担保标的物向债权人提供或以他益信托指定债权人为受益人的两种情况全部都是当事人意思表明债务人要向债权人提供何种担保,但提供担保的方式上应使用有破产隔离效果的信托方法。[③] 在他益信托的情况下债权人可享有完整的破产隔离的效果,但与之相反的是在自益信托的情况下有争议认为并不能完整地享有该种效果。实际交易中,若大部分当事人协商决定设定信托时要采用自益信托还是他益信托或采用担保信托、开发信托等其他类型的信托,即使不能完整地享有破产隔离效果也并无不妥。结论是不能根据房地产信托的类型进行判断。理由如下:

就相关内容对最高法院判例再次进行详细研究,第一个判决是担保信托与他益信托共存的形态,《公司重整法》第240条第2款所说的债权人的优先受益权应判断为"重整公司以外的人为重整债权人或整理担保权人提供的担保"。但笔者认为该解释存在问题。受益权虽是以担保为目的赋予受益权并可向受托人行驶该种权利,但向债权人赋予受益权人的是委托人而不是受托人。[④] 本人认为这种情况与第二个判例情况相同应解释成在重整程序开始时受益权不属于公司更为妥当。又以相同逻辑解析第三个判例,第三个判例是管理信托与自益信托共存的形态,其受益权本身是委托人的财产。因债权人未被提供到以此种权利为标的物的受益权,债权人应看作重整债权人。债权人可以从受托人得到对信托房地产本身的抵押权,其抵押权可视为"法"第250条第2款第2项指出的"除

---

① 李朱贤:"在信托法上,签约信托合同时以担保为目的指定债权人为受益人的情形下,其受益权是否根据整顿计划而消灭",载最高院《判例解说》第42期,法院图书馆2003年版,第601~605页。

② 参见高日光:《对房产信托重整程序的处理——房产担保信托为重点》,载司法发展财团:《司法》2009年第9期;林蔡雄:《欺诈信托的研究》,载法曹协会编:《法曹》2006年第55卷第9期(统卷第600号),2006年版,第128~129页。将"以债权人为受益人的他益信托"与"以担保为目的的信托"作为担保信托的两个核心要素。不过,据笔者之私见,"赋予受益人处分请求权的信托"才是担保信托与其他类型的信托相区别的最核心要素。

③ 当然,利用信托的目的并不仅仅是由于破产隔离效果,还意识到其与破产程序具有相同的效果。

④ 根据前述对受益人的定义,受益人为"委托人"为了给予信托利益而意图指向的人。

了债务人外的其他人为了重整债权人而提供的担保”,其抵押权不受重整程序的限制。①

2. 针对房地产信托委托人的债权人权利承认与否的方法

在债权调查过程中,针对房地产信托委托人的债权人权利如何进行肯定或否定成为问题。在通常情况下,在重整债务人的目录中管理人会被记载为重整债权人或重整担保权人。此后一般会以债权人申报债权的方式实现债权的申报。但在房地产信托的情况下,债权人无论自益信托或他益信托与否,潜意识里会受到来自受托人提供的担保的影响,即管理人目录记载与否,无条件申报为重整担保权人的情况占多数。为承认或否认该种情况应认清其类型为自益信托还是他益信托。

首先,如上文所述,在他益信托的情况下,应看作重整债务权人。针对用重整担保权来申报的债权人来说,要全额否认重整担保权并承认为是重整债权。否认重整担保权的理由为应认定为是“不存在担保权”。但否认事由记载成如上内容,存在债权人在年前从法院收到异议通知后对否认事由得不到充分理解的可能性,所以应代替“开启重整程序时受益权不属于债务人财产上存在的担保权”记载成“作为第三人为受托人的权利”更为妥当。②

其次,如前文所述,在自益信托的情况下会被看作重整担保权人或重整债权人。分具体情况:受托人对信托房地产设立固定抵押权等其他担保权时与他益信托的情况相同要全额否认重整担保权并承认其为重整债权,重整担保权的否认理由是不存在担保权。但根据上文所述,以相同理由记载成“债权人的固定抵押权应是债务人以外的人为重整债权人提供的担保而不是债务人在财产上存在的担保权”更为妥当。另外,将受益权作为质权或以让与担保为目的的债权人的情况,应将其看作重整担保权人,并有可能存在对申报的重整担保权至少在担保额的范围内对其进行承认的可能性,但实际上只能对其进行否认并承认其为重整债权。理由是在承认或否认阶段很难对作为担保物提供的受益权的价额进行详细评估、职能等相应的调查报告书的提出。重整担保权的否认事由应记载为“无法进一步对担保物的价额进行详细评估”。与其有关的具体内容将后会进行

① 与《公司整顿法》第240条第2款的内容相同。

② 如此仔细记载才能减少债权人不必要的调查确认判决的申请。

详细论述。

(三)调查报告书提出阶段

管理人通过债权调查对债务人的债务规模有了进一步了解之后调查委员通过债务人财产的实际情况,对属于债务人的所有财产开启重整程序时的价格进行评估并对调查债务人的财产目录及债务情况表,了解如何到了必要开展重整程序这一步的缘由,并向重整法院提出清算价值核算结果的调查报告书。此时涉及是否要把信托房地产看作委托人的财产并记载于债务人的财产目录及债务情况表①上,如何对有关房地产信托的继续企业价值及清算价值进行评价,设定以自益信托为类型的信托后,以受益权为担保向债权人提供担保时如何对该项受益权的担保额进行评估的几个问题。下面将对上述问题进行详细讨论。

1. 是否要把信托房地产归为委托人财产

有观点认为,在房地产担保信托的情况下将信托房地产看作委托人的资产并反映在核算清算价值或继续企业价值为妥当之举。② 其理由为:(1)《地方税法》第111条中作为非课税要件之一为《信托法》上因信托取得信托财产,第183条第2款第5项根据《信托法》以受托人的名义登记,记载的信托财产的财产税纳税义务人应视为委托人,把附加增值税的纳税义务人看作委托人是课税厅的例行之举;(2)类推适用信托财产的会计处理及监事基准,在房地产信托的情况下,可以看作委托人的财产。实际上韩国会计基准院质疑回信的结果为"以企业会计基准,信托资产的风险及效益大部分归属于委托权人,实质上可以看作在委托人所有信托资产的情况下,把其看作以担保交易的情况进行会计处理"。(3)在担保信托的情况下,房地产的所有权虽形式上属于受托人,委托人作为后顺位受益人实质上具有对信托房地产的使用权等权利。③

针对上述观点有以下疑问提出。如上所述,至少在法律上最高法院判例的一贯立场是"信托引发的房地产信托的对内外的所有人",目前为止争议过的多数观点也与最高法院持相同的立场,以房地产信托的法定所有人为受托人为前

---

① 在2009年引进IFRS之前称为资产负债表。

② 高日光:《对房产信托重整程序的处理——房产担保信托为重点》,载司法发展财团:《司法》2009年第9期,第96页。

③ 同上。

提对各种法律关系进行研究。但在调查委员会的调查报告书中提出阶段存在的疑问点，即与目前为止法律上持的立场不相同的是房地产信托实质上是属于委托人的财产，有争议认为此跟需要对信托房地产需要进行核算存在逻辑上的矛盾。针对上述观点，虽然对有关房地产信托的重整处理基准的存在与否进行过研究，但是目前对此并无准确的结论提出。① 但在韩国会计基准院的官方网站上对房地产信托进行质疑回信的事例有4个，其主要根据如下：

第一个事例是担保信托与他益信托两种类型共存的委托人保留次顺位受益权的事例。对此，若保留次顺位受益权及解除信托权而对交易上的后续经济性效益的统治权若并未完全进行转移，其实质上等同于担保借入，理解成对借入金进行会计处理更为妥当。第二个事例是开发信托与自益信托共存的事例，对此跟开发事业有关的危险或效益大部分应有委托人承担。第三个事例是担保信托与自益信托共存的委托人以受益权为担保得到贷款的事例。② 对于该信托资产的风险或效益大部分应由委托人承担，若现实中可以看作委托人所有信托资产，将其看作为担保借入金额进行会计处理为妥当之举。第四个事例是担保信托与他益信托共存，签订土地买卖合同并将其用于推进买受人的开发事业后委托人保留次顺位受益权的事例。对此，无论所有权转移登记与否，若有关土地的风险与效益继续归属于卖方则无须与土地买卖有关的会计处理（视为卖方的私人财产）。

在针对上述4个事例的质疑中共同指出来的问题是，该交易实质上与资产有关的风险和效益应归属于哪一方？该观点下观察信托房地产属于哪一方的财产后可以发现，属于受托人时，原则上应把信托财产视为固有财产但不能取得相应的权利（参见《信托法》第31条）。③ 从委托人继受取得有关信托财产的权利

---

① 如上述已提及，虽存在2000年7月21日制定的《信托财产的会计处理及审计标准》作为其根据之一，不过该会计处理标准亦未规定当信托财产为房地产时的会计处理方法。

② 对于房地产担保信托中是否能够以自益信托的形式设定信托确有疑问，不过由于记载着对于质疑内容本身相同地设定担保信托，本文也如同记载于此。

③ 信托受益人负有诸多义务，其中忠实义务是指受托人采取的行为只能是围绕受益人的利益而为。英美信托法已明文规定此内容。对此，虽然韩国信托法并未明文规定受托人的一般忠实义务，不过根据《信托法》第31条，表明对忠实履行义务的思考，可以认定韩国信托法在广义上承认将忠实义务作为受托人的义务。史弓花付：《信托法》（新），流飞阁1989年版，第23页；崔冬植：《信托法》，法文社2006年版，第206页。

后应履行管理或处分等义务,[①]从会计学的角度来看不能将信托财产看作受托人的财产。[②] 最后在为决定将委托人和受托人之间哪一方的财产入账与否首先应分为自益信托与他益信托来分析。首先自益信托是委托人直接成为受益人的情况,将信托房地产直接作为债务人的财产入账并不妥当。在他益信托的情况下究竟将风险和效益归属于哪一方?在让与财产的情形下,将该财产看作让与人的财产与否存在是否满足让与条件和接触条件的问题。满足上述条件时应从让与人的资产中去除该财产并入账为让受人的财产。此时为满足让与条件让与人对当年资产并不能保留控制可能性,为满足让与条件资产的风险和效益应不归属于让与人。[③] 该种观点下观察委托人在他益信托的情况的话,委托人在设定信托后为达成信托的目的,《信托法》上给予了许多其他权利。具体有异议权(第21条第2款)信托管理方法变更请求权(第36条),针对违反信托行为的受托人的责任追究法(第38条、第39条)阅览相关文件请求,说明要求权(第34条),受托人的解任请求权(第15条)。又担保信托时发生委托人成为次顺位受益权人不履行债务等因素之前,实际上继续占有使用信托房地产,并负担所有管理活动所需的费用。若从会计上的观点重新审视,设立信托关系后委托人仍对信托的房地产具有一定程度的控制权,且可以将风险和效益归属于委托人。[④] 在他益信托的情况下至少从会计上的观点应将其视为委托人的财产入账。此外负债也应

---

① 崔冬植:《信托法》,法文社2006年版,第171页。

② 信托公司的财务状况表实际确认的结果是信托公司并不把信托房地产作为资产入账。

③ 与此相关,美国法存在"True Sale"的概念。该概念指资产持有者对于其资产不享有任何权利、产权名义或者利益,根据美国《破产法》第541条,是资产持有者的破产资产导致资产缩水结果(从破产资产中排除该资产)的资产的完全转移。其中,认定为真正意义上买卖的要素有:(1)对资产的亏损风险;(2)产权效益是否转移;(3)交易之后对资产的支配与管理权限的归属;(4)当事人的真实意图;(5)各当事人的会计处理(各自的会计账簿中是以资产买卖处理或以抵押贷款处理与否)。其中,通常认为最为重要的要素是对资产的亏损风险。参见李美贤:《资产流动化与真正的买卖(True Sale)》,载《法曹》第52卷第10期(统卷第565号),法曹协会(2003年10月),第100~103页。此外,韩国关于资产流动化的法律第2条第1项第1目规定了资产流动化的类型,即"流动化专业公司从资产持有者处获得流动化资产,并以此为基础发行流动化证券,以该流动化资产的管理、运用、处分而获得的收益或借款来支付流动化证券的红利款或者本息款的一系列行为"。此种被认定为,在"买卖型资产流动化"中使流动化资产从资产持有者的破产危险中相隔离开的要件,从而要求满足真正转让的要件(《关于资产流动化的法律》第43条),其要件中要求"受让人对受让的资产承担亏损"(同一条款第4项本文)。参见姜律丽:《有关利用信托的资产流动化的法律问题——研究在实际工作上提出的几个问题》,载首尔大学金融法中心编:BFL 2006年第17期,第81~83页。

④ 尤其是作为房地产担保信托的次位受益人,除非出现债务不履行等信托合同中约定的事由出现,否则直接获得房地产租赁收益等收益。

入账为委托人的负债,但在调查报告书记载时为了更好地区别于其他资产,应将信托财产和非信托财产区分开来分别标记负债。

虽然存在一定的区别,但笔者认为将房地产信托入账成委托人的财产的结论本身是很妥当的。

2. 继续企业价值及清算价值的核算问题①

有关核算房地产信托的委托人的债务人的继续企业价值及清算价值,应区分信托的类型为管理信托、处分信托或开发信托,又须区分自益信托或他益信托来进行解释。下面将对这一问题详细进行讨论。

(1)管理信托或者处分信托的情形

首先,从房地产管理信托着手。管理信托,特别是在甲类管理信托的情形下,是作为房地产管理专家的受托人在信托期间终止之前代替委托人实行关于信托房地产的租赁等房地产事项,以交付该收益给受益人为目的形态的信托。存续企业价值的情形下是指与上述的实行租赁等房地产事业所产生的利益总额,②在清算价值的情形下是不实行上述事业而是立即出售信托房地产而获得的金额。③

这时的信托若为自益信托的形态,依上述内容而核定的金额本身可以直接认定为作为委托人的债务人的存续企业价值、清算价值;但是这是的信托若为他

---

① 至今,首尔中央地方法院的破产部接收的案件中主要成为问题焦点的信托形式为担保信托。对于此,检讨了向法院提交的调查报告书。不过单以调查报告书中的内容很难正确理解以何种标准核计信托房地产的继续经营价值与清算价值。而与相关调查委员商讨后发现,调查委员也未能明确提出核计信托房地产的继续经营价值与清算价值的标准。在此种情况下,笔者作为非专业人士而提出的会计专业方面的私见,承认确实无法肯定其是否正确。至今笔者检讨的情况为,只有高日光提出过关于核计信托房地产的继续经营价值与清算价值的标准的意见。对此,可将该意见与笔者的见解作为一种标准,不过笔者认为有必要通过与会计专门认识和调查委员的充分的商讨从而定立明确的标准。

② 只不过,对于管理信托中的重整计划期间,若信托合同已规定的信托期间已到期则信托到期,剩下的信托房地产则根据信托行为中约定的归属人或《信托法》的规定而交付于委托人或其继承人。此时,如果信托房地产交付于委托人,之后剩下的重整计划期间的继续经营价值应怎样核计?考虑到委托人的意思,可以分为以下两种情况分析:对于信托房地产若委托人计划设定与从前的信托形式相同的形式时,其收获可以成为因履行房地产租赁等工作的利益总额;但若并不计划将信托房地产继续作为营业财产时,应将其分类为非营业用资产,把处置收益核计于继续经营价值。不过,笔者认为通常以前者来核定继续经营价值。

③ 当然,为核定上述继续经营价值与清算价值过程中支出的费用、信托报酬等是之前应预先提供的,以下文章的讨论也以此为前提。

益信托的形态,依上述内容而核定的金额中扣除收益中增加的部分即为作为委托人的债务人的存续企业价值、清算价值。在他益信托的情形下,核定存续企业价值和清算价值时,对于是否必须扣除收益中增加的部分会有疑问,但是若考虑重整程序是从集体的债务重组程序到强制重组程序的这一点,应当得出相同的结论。在重整程序中让作为会计专家的调查委员核定债务人的存续企业价值和清算价值,对其结果原则上前者大于后者的情形下才召开第一届关系人大会等重整程序的理由是,像这种存续企业价值更大的债务人的情形,在重整计划期间以存续企业的形态继续营业而获得的营业利益等可以以抵债财源而提供给债权者的金额大于立即进行清算程序而获得的金额,所以进行重整程序会带给债权人更多的利益。像这种债务人的存续企业价值和清算价值是只有给债权人提供抵债财源的金额时才会有意义,但是在他益信托的情形下的受益权是重整程序开始当时不是债务人(委托人)的财产,所以相同受益权的增加额在形式上被纳入债权人的存续企业价值和清算价值的核定金额也是因为不能用于债权人抵债财源,对于债务人的存续企业价值和清算价值是无意义的金额。因此,在他益信托的情形下,受益权增加的金额应当从债权人的存续企业价值和清算价值的核定金额中扣除。

其次,房地产处分信托的情形应当将存续企业价值和清算价值如下进行核定,即存续企业价值是信托期间按信托的目的而处分信托房地产而获得的利益总额,清算价值是立即处分信托房地产而获得的利益总额。这时若像上述所说,此信托为自益信托的形态时是核定的金额本身,此信托为他益信托的形态时在核定金额中扣除受益权增加额才会被认定为债权人(委托人)的存续企业价值,清算价值。

(2)担保信托或者开发信托的情形

在担保信托和开发信托的情形下核定存续企业价值和清算价值时要分情况进行讨论。在一般情况下,利用建筑公司拥有的土地或者买进新土地建筑住宅或者门市房等建筑,在出售这些房地产的过程中从金融机关获得 PF 贷款,利用此种信托的情形会比较多,在这种情形下可以采取担保信托的情形,也可以取开发信托的情形。只是在担保信托的情形也包括可以以已经完成的房地产为对象,所以下面分为几种情形进行讨论:

①已经完成的房地产为目的物的情形

在担保信托的情形下可以预测，[①]这时可以将存续企业价值和清算价值进行如下核定，即在这种情形的担保信托中，不出现债务不履行等信托合同中约定的交换差价时，作为委托人的债务人利用信托房地产而继续进行营业，存续企业价值是债务人在重整计划期间利用信托房地产而获得的利益总额中扣除受益权增加额，清算价值是立即处分信托房地产而获得的利益总额中扣除受益权增加额。只是，担保信托的情形与其他信托的不同点是处分信托房地产时债权人或者破产管理人不能行使相关联的权限。这是因为在担保信托的情形下作为优先受益人的债权人被赋予了处分请求权，债权人申请重整程序或者破产程序时通常债务不履行等在信托合同中约定的交换差价发生时符合的可能性高，依债权人的申请受托人会进行关于信托房地产的官方标卖等处分程序。实际上首尔中央地方法院法人破产部在实务上处理没有作为优先受益人的债权人协助的破产接管人在处分信托房地产时不能进行任何干预而陷入窘境的情形之多。如上，受托人进行信托房地产的处分程序时，依出售程序出售而获得的金额中除了作为优先受益人的债权人的债权以外有剩余的金额才会使债务人作为第二顺位受益人进行清算后收到尾款，这时上述的尾款才可以说具有债务人的清算价值。因此，这时组织委员核定债务人的清算价值时，参酌关于信托房地产的官方标卖程序等的进行与否和相关程序上的折算率等，适用该清算损失率时要更加慎重。

②与事业的实施相关联的房地产为目的物的情形

在以此为形同形态的开发信托或者担保信托中，是否能继续进行该事业实际上掌握在金融集团以债权人为集合体的债权人委员会的意志或者作为受托人的信托公司的意志。在上述事业情形下，追加投入大量金额的情形下才可以完工，但是在作为委托人的债务人的情形下没有资本去投入追加资金。当然，在工程基本上将要完工的状态下，在要投入的金额远比与已经投入的金额少的情形下，完工后而进行售房时产生的利益要更加甚多，所以追加进行投资的可能性会变得更高，但是也会有与此相反的情形，所以不能一概而论。

并且，在进行该事业时产生各种法律问题的情形下，应该加以考虑不解决该问题时不能进行该事业。实务中开始对于作为委托人的债权人的重整程序时，

---

① 债务人是运营水上娱乐设施的公司，其作为主要营业资产的地面设施已设定担保信托。

委托人、受托人以及债权人委员会通过多次协议而讨论该事业的恢复与否,但是在债权人委员会的情形下,与信托房地产相关联的事业中要产生的利益是否能与信托房地产无关联的委托人的其他债权人不分享而独自享有其利益,进而讨论研究是否存在债权人委员会不投入追加资金而重新恢复事业的方法等为主的相关因素。但是债权人委员会决定不投入追加资金就不一定是不能恢复该事业,在开发信托的情形下作为受托人的信托公司自主地投入追加资金而恢复事业,在担保信托的情形下,在对上述事业存在销售保证的情形下,大韩民国住房担保机构作为实行者会一直推进该事业。因此,综合考虑以上因素,衡量是否能继续执行该事业,因此要对存续企业价值和清算价值做不同的核定。只是在核定该事业的实行可能与否的情形下,仅仅用债权人委员会的贷款意向书等没有拘束力的文书是不够的,要提交贷款保证书等具有一定拘束力的履行担保文件来评价事业的履行可能性。[①] 以下要对此进行分类加以讨论。

a. 执行事业可行的情形

债权人委员会等追加投入资金决定恢复事业,对于恢复该事业也没有其他法律问题等情形才可以恢复该事业。即使在像这样事业恢复可行的情况下,作为委托人的债务人是否能继续参与施工等事项应当另当别论。

在债务人的情形下,其在事业中断之前只是担当了事业的实行[②]或者只担当了该事业的施工。[③] 在前者的情形下债务人在重整程序开始申请前后因作为优先受益权人的债权人行使处分请求权而对信托房地产进行出售的情形居多,所以要恢复中断的事业事实上有很大难度。由此执行事业可行的情况是与后者一

---

① 在此过程中,即使债权人委员会要求追加协商的时间,也不能无条件允许,因为可能因此而过分延迟重整程序。因此,若认为有必要确认调查委员、债权人委员会、债务人的管理人、作为受托人的信托公司等利害关系人所有人的意思表示时,应在适当的限度内允许。

② 对于此种情形,在很多情况下设定担保信托的形式。

③ 对此,也可以讨论一并担当试行与施工。一并担当试行与施工在法律上并不是不可能,不过确会存在使建筑公司的负债率过于升高的问题。因此,实际交易中几乎不存在此种事例。而实际上采取的运营方式为:建筑公司另设立子公司让其负责试行,作为母公司的建筑公司则只负责施工。

起债权人只担当施工的情形居多。[①] 这时为了恢复信托房地产关联事业该场所应该被认定为事故现场，由大韩民国住房担保机构作为执行人（担保信托的情形）或者由担当执行业务的信托公司直接投入追加资金（开发信托的情形）。以这样的方法即使恢复了事业，债务人是否能够继续担当施工由执行该业务的大韩民国住房担保机构或者信托公司的意志左右。但是实际上，若选为债务人以外的其他公司进行施工，会产生替换施工公司的其他追加费用[②]通常依完工率而决定是否继续选择债务人为施工公司还是选择债务人以外的其他公司为施工公司。由此得出在完工率比较高的情形下债务人再次成为施工公司的可能性高，[③]在完工率比较低的情形下除了债务人以外的其他公司被选为施工公司的可能性高，若为第二种情形，即使恢复上述事业工程从而继续进行，也难以认为债务人是继续执行与信托房地产相关联的事业。

届时，债务人的存续企业价值和清算价值应当进行如下核定：存续企业价值是指恢复事业，债务人重新选定为施工公司而继续进行施工的产业价值应以该事业结束后债务人可以获得的利益总额；清算价值是指虽然事业重新恢复，但是在债务人未被选定为施工公司而不能继续进行工程情况下，恢复事业以前已完成建筑的部分的利益总额。当然这时也像前述所说，依据是自益信托的形态还是他益信托的形态而决定是否要控制受益权增加额。

只是，若是后者的情形，评价已经完成建筑部分，是否能加算事业完工后的一部分期待利益而进行评价，清算价值是指债务人通过清算在解散、消灭的情形

---

① 在实务中，确实存在子公司负责试行而母公司负责施工时申请重整程序开始的事例。当时已设定楼房建筑及其地皮的担保信托，对于上述事业状已有大韩住宅保证销售的保障。对此，债权人委员会欲通过行使处分请求权的意思表示，反对对试行公司与施工单位的所有重整程序的开始。但是，大韩住宅保证选择履约保证而不是退款保证，同时将负责施工的债务人再选为施工单位时，作为试行公司而从大韩住宅保证中获得的资金支援将会持续，因此上述事业得以重新开工。不过，在此情形之下，负责试行的债务人因大韩住宅保证作为试行公司的地位的出现，不能因此继续作处于试行公司的地位。根据大韩住宅保证的事业型检讨结果来看，选定代替的施工公司是能够带来更多利益的选择，如此一来，很难进行试行公司与施工公司的所有的重整程序，导致以申请人的取消申请予以终结该事件。

② 为了新的施工公司的选定，因分析、报价、招投标等程序，会额外需要为了公司重新开工所需的时间，从而会导致耽误费用等会随之追加的情形。

③ 在实务中，开发信托中有信托公司在完工率76%的情况下再选定申请重整程序的债务人为施工公司进行工程的事例，在担保信托中有大韩住宅保证在完工率62%（转让率93.5%）的情况下再选定申请重整程序的债务人为施工公司予以进行工程的事例。

下分离构成企业一部分财产和将处分时增加额相加的金额,是假定债务人不再执行事业而“立即”将其资产进行出售等方法而进行处分的概念,[①]事业完工后的期待利益是指债务人执行该事业在一定程度上存续为前提才能假定的概念,所以与清算价值的概念不一致。因此在评价已经完成建筑部分时,不能将完工后的期待利益加算进去。

b.执行事业不可行的情形

为了使该信托房地产关联事业的重新恢复,不投入追加资金或者为了重新恢复该事业的法律问题还未解决的情形下,很难重新将该事业恢复。在这样的情形下为了核定作为委托人的债务人的信托房地产关联的存续企业价值和清算价值,只能将信托房地产在现有状态直接进行出售而进行价格核定。如下核定的金额将要反映存续企业价值和清算价值,这时要分清是自益形态的信托还是他益形态的信托,若为后者,那要在该金额上扣除受益权增加额。[②]

另外,在与上述所说相同债务人只担当事业的执行而导致执行事业不可行的情形下,要评价债务人所保有的执行事业权的价值来看是否可以加算在清算价值,但是在这种情形下的执行事业权只具有观念性意义,不能在实际交易中可进行交易性质的权利。[③] 因此在核定清算价值时不能将其加算进行评价。

3.受益权的增加额评价问题

受益权的增加额评价是用自益信托的形态设定信托后作为委托人的债务人将其受益权作为转让担保或者质权的担保目的物提供给债权人的问题,前述的关于房地产信托委托人的权利的承认与否认方法与在承认和否认阶段只能否认后等待提出调查报告书等解释部分相关联。与上述情形相同,债权人在重整程序中被看作重整担保权利人,这时要将作为担保物的其受益权增加额纳入评价中。如前所述,否认了作为受益人的债权人权利,该债权人应申请重整担保权调

---

① 因“即时”性的出售资产从而被称为“Quick Sale”。

② 开发信托可以设定自益信托与他益信托两种形式,而担保信托则只能以他益信托的形式设定其信托。因此,后者在核定继续经营价值与清算价值时须控制受益权的金额扣除。

③ 假设将此视为具有经济价值的财产,不过基于在实际交易中很少存在愿意收买无开工可能性的试行公司的人等的理由,只能视清算调整率为100%。在此情形下,项目试行权在核定清算价值并没有财产价值,可视为并没有对清算价值加价。因此认为通过评价项目试行权从而对清算价值的加价并没有太大的意义。

查确认裁判来阻却其确认,[①]随之在调查委员提出调查报告书之前能确保一定的时间。

在重整程序中重整担保权的评价是"重整程序开始当时"该担保权所掌握的权力价值为基准,但是在受益权的情形下,重整程序开始当时不是绝对不能对其进行价值评价,但是也不是很容易的事情。但是调查委员的调查报告书中作为委托人的债务人在核定存续企业价值和清算价值的过程中也会与前所述一样会纳入评价受益权增加额。[②] 这时调查委员评价的受益权的增加额会成为评价重整担保权的一种基准。只是,关于其中事业执行可行的情形,调查委员评价的受益权增加额会成为债务人继续履行其事业而"将来"可以获得的利益,所以不能直接将其增加额评价为重整担保权,将其利益金额中适用一定比率的现值率作为重整程序开始当时的增加额。重整担保权调查确认裁判中两位当事人接受这种核定方法而算出来的金额作为重整担保权时通过调整或者劝告和解[③]而将通过重整担保权而担保的债权范围进行确定即可。但是,若有一方不接受调查报告书中核定的受益权增加额的基准,那么只能通过鉴定来确定担保权的金额。

(四)重整计划案提出阶段

这时,结束调查报告书提出后,对于拥有信托房地产关联权利的债权人,在重整企划案中如何界定权利变更和偿还方式会成为遗留的问题。如前所述,与其相关联的债权人会被认为是重整程序中重整债权人(他益信托或者自益信托的情形从信托房地产受托人额外接受抵押权的情形)或者重整担保权人(自益信

---

① 当管理人否认作为受益人的债权人债权申报时,债权人通常为了隔绝,从调查期间的末日到一个月以内都会处在申请重整担保权的调查确认裁判的状态。若并非如此,由于债权人担保权被否认的状态已被确定就没有必要对受益权价值进行估价。此种债权人不申请调查确认裁判的事例虽然看似很罕见,但实务中存在过5个债权人委员会(1个第一顺位受益权人以及4个第二顺位受益权人)中只有第二顺位质权人一家并未申请重整担保权的调查确认裁判,从而导致不同于其而申请的其他债权人委员会的平衡性问题。不过在上述事例中,在对受益权估价后,除第一顺位的抵押权人之外,所有的人都以超过担保金额为由否定重整担保权,因此并没有出现特殊问题而予以圆满解决。

② 在他益信托中,为核定继续经营价值与清算价值,为控制受益权的加价,只能评价其价值。

③ 法院在调查确定裁判的程序中可以作出让当事人和解或者调解的决定。若法院作出调解的决定时,之后的程序应适用《民事调解法》与民事调解规则(《关于债务人重整及破产的规则》第66条第2项)。在实务中,在当事人之间达成合意时,也存在管理人撤回对所持异议的全部或一部分、债权人取消对调查确认裁判的申请从而解决纠纷的事例。参见首尔中央地方法院破产部实务研究会:《重整事件事务(上)》(第2版),博英社2008年版,第470页。

托的情形用质权或者转让担保的目的物来提供受益权的情形)。依据此重整计划也会被不同看待,以下具体阐述。

1. 债权人为重整债权人的情况

债权人为重整债权人的情况,首先要区分以他益信托的形态或自益信托的形态受托人是否提供了额外的固定抵押权,从而决定在各种情况下如何制定重整计划的内容。

首先观察前者的情况。比如,在房地产担保信托中的受益人在重整程序中的地位由债务人以外的第三人享有的前提下,[①]区分是否属于债务人身为信托房地产的委托人的营业事务的两种情况。(1)在受益人属于债务人营业事务的情况下,针对未确定重整债权适用权利变更以及变制方法,"依据房地产信托合同,变价信托财产之后,优先变更为可实现的收益金,有余额时,根据相关权利性质以及内容,限对余额适用最类似于重整债权的权利变更以及变制方法。"(2)在受益人不属于债务人营业事务的情况下,有以下针对债务人的制定重整计划书中权利变更以及变制方法的见解,"依据房地产信托合同,变价信托财产之后,有先变更为可实现的收益金。但是,对上述收益金的变制,依据相关权利性质和变制方法,直到最类似的重整债权的最初变制期日无法实现的情况下,适用依据类似于重整债权的权利变更以及变制方法"。[②] 上述见解的根据是委托人申请重整等通常是由于债务不履行等信托合同中的变价事由发生,所以受益人优先受偿于信托财产处分的收益金,以此为前提制定重整计划书。[③]

但是像房地产担保信托这种典型的他益信托的情况,根据第250条第2款第2项的规定受益人在重整程序中的地位由债务人以外的第三人享有的前提下,[④]适用上述方法制定重整计划书有违于现存额主义。具体理由如下:

现存额主义是指在重整程序开始后,除非债权总额变更,即使有变更保证人等债务消灭行为,对债权人对重整债务人实行的债权人没有实质性的影响,因此债权人可以根据重整程序开始时的债权总额在重整程序实行权利的原则,第126

---

① 笔者在前文中已论述受益人的重整程序中的地位与此不同,因此在此部分不再赘述其理由。

② 高日光:《对房产信托重整程序的处理——房产担保信托为重点》,载司法发展财团:《司法》2009年第9期,第107~110页。

③ 同上书,第108页

④ 如前所述,是本文判决①与其他最高法院多数判决所采取的立场。

条第1款、第2款有相关规定。[①] 但是在存在物权保证人的情况下,是否适用现存额主义,《公司法》和《破产法》在规定上有对立面,现存额主义的根本性法条第126条第5款中规定了该规定适用于物权保证人,从而明确了重整程序下的物权保证人也适用现存额主义。[②] 再进一步来说,重整程序开始后物权保证人的部分变更或者担保权的实现,即使回收了债权人的部分被担保债权仍然可以以重整程序开始时的债权总额行使权利,因此不能减少相应的重整担保权或重整债权额。

根据上述观点,受益人在重整程序中的地位被视为由债务人以外的第三人提供的物权担保,也被视为债权人在重整程序开始后实现部分债权的情况下债权人的债权额相应减少从而制定重整计划书的权利变更及变制方法,这也许有违现存额主义的重整计划书。[③]

不过在他益信托的情况下,针对受益人的地位,根据笔者的观点解释"重整程序开始时债务人以外的人的财产所有者"规定重整计划书的内容,笔者并不认为有违现存额主义,理由如下:为了适用现存额主义,应在第126条第5款规定"多人履行连带责任"的情况下适用,这是无论债权人为多少,多人针对同一给付履行义务的情况,债务人之间有无内部关系在所不问,不可分债务、连带债务、保证债务、票据上的共同债务、债务人重叠等情况。[④] 当然,物权保证人[⑤]单纯以自

---

① 第126条(债务人与其他人一同承担全部履行的义务的情形)规定:(1)在多数人各自都需要承担全部履行的义务的情形中,当对于全部或部分义务人开始了重整程序时,对于债权人在重整程序开始时所拥有的债权的全部金额,债权人可在重整程序的各阶段作为重整债权人行使其权利。(2)在第1款的情形中,就算承担全部履行的义务人中的部分义务人向债权人履行了偿还或其他消灭债权的行为(以下简称偿还等),若其债权没有全额消灭,债权人仍可针对重整程序开始时所拥有的债权行使其权利……(5)第2款至第4款的规定是适用于,为债务人的债务提供担保的第三人向债权人偿还等,或具有将来行使可能性的对债务的求偿权等情形。

② 朴在烷:《关于现存额主义》,载《民事裁判议题问题》(第17卷),韩国司法行政协会2008年版,第222~223页。

③ 虽然有意见的对立,但如上述的违反现存额主义内容的重整计划,一旦被确定下来也不能当然地认定为无效。

④ 朴在烷:《关于现存额主义》,载《民事裁判议题问题》(第17卷),韩国司法行政协会2008年版,第218~219页。

⑤ 对债权人提供自己物的担保的形式主要有:(1)以主债务为被担保债权,从而将自己的财产作为实物担保的单纯物上保证;(2)对主债务承担连带保证的人保,同时将主债务为被担保债务,以自己的房地产作限额抵押的连带保证兼物上保证;(3)对主债务作人保,再将该保证债务作为被担保债务,以自己的财产作为物上保证而提供担保的形态。金正万:《在破产程序中有关全部义务人的债权关系——部分担保以及抵押为中心》,韩国破产法学会秋季学术研讨会(2009年9月),第18页。

己的财产提供物权担保可以视为原则上不符合上述规定,参考第126条第5款第2项明确规定了"为了债务人的债务提供担保的第三人"的情况也适用现存额主义,所以物权保证人的情况也可以适用现存额主义。但是,在他益信托的情况下,受益人的地位根据笔者的意思解释的话,债权人享有的受益权仅仅是对受托人享有的比债权更强有力的权利而不是物权担保,所以无法适用现存额主义,从而按照上述方法制定重整计划书的内容也不违反现存额主义。

上述债权人可以从债务人手中获得担保成为受益人,优先受偿哪个债权是债权人可以自由抉择的,而且债权人可以根据有拘束力的重整计划书对债务人优先受偿哪个债权提出异议。但是在信托房地产的情况下,以原来债务人的财产对债务人提供担保为目的设定信托,在法律上不视为债务人所有,依然可视为委托人的财产,在经济以及实质上的观点来看债权人依然可以优先变更视为债务人财产的信托房地产,具有受偿不到的部分的情况,即使从债务人其他财产受偿也不得在重整计划书上严格限制债权人的权利。

考虑后者的情况,这时不是从身为委托人的受托人而是从第三人受托人针对信托房地产设定额外的固定抵押权,债权人的地位是根据第250条第2款第2项规定的"债务人以外的人为重整债权人提供的担保"。因此,在这种情况下不可以以上述方法制定重整计划书,否则有违现存额主义。

那么,如何制定重整计划书?在这种情况下,重整计划书的内容只能同针对一般重整债权人的权利变更和变制方法规定,债权人通常是金融机关贷款债权人,要规定同样的权利变更和变制方法。但是,不能让债权人不正当地获得过多的债权满足。这可以从重整计划执行的问题解决,即重整计划执行之后确认债权人时获得了全额的满足,获得了全额满足之后不再对该债权人变制债权。①

2. 债权人为重整担保债权人的情况

这种情况无异于一般的重整担保权人,即重整程序开始时以债务人的受益权为担保而受偿,开始时明确重整担保权人优先受偿于重整债权人的受益权总额:(1)该债权人的债权总额被认为是在重整担保权的情况下,②制定适用于一般重整担保权人的重整计划书。(2)债权额中部分被认为是重整担保权,剩余部

① 虽然可能并不是件容易的事,既然已把重整计划的内容规定为此,应要事先预想对上述债权人的偿还金额从而需要预先反映在资金收支当中。

② 如前所述,通常是金融机关作为信贷债权人。

分是重整债权时,依照权利变更以及编制方法各自制定适用于重整担保权人和重整债权人的重整计划书。

四、结论

目前为止,本文讨论了房地产信托的委托人开始申请重整程序后依照此重整程序进行时会发生的重整程序上的问题。笔者依次对重整程序中可能发生的法律问题,依照顺序进行讨论,特别是房地产信托的受益人的地位(受益权)的解释和坚持关联的既存最高法院判例及实务上的立场时,指出了制作重整企划案时可能会发生现存额主义违反问题,为了解决此问题提出了不同的解释方法及实务上的处理方案。但是如前所述,本文所讨论的问题在现存研究也不是很完善的情形,所以笔者提示的方案也只是笔者个人的见解。期待在不远的将来能有关于这方面的深度的讨论,除此之外对于房地产信托的受托人的重整程序实务上的法律问题、申请房地产基金重整程序时所发生的实务上的法律问题、房地产以外的与信托财产相关联的重整程序上的法律问题等方面也期待破产企业家的深度研究。

韩国金融机构破产制度研究

[韩]吴世庸*

第一章　金融机构破产程序的概观

一、金融机构破产程序的必要性

(一)金融机构的一般概念和分类

1. 一般概念

(1)关于"金融机构"的界定

为了研究金融机构的破产程序,先要界定金融机构到底是什么。由于各国对金融机构的概念或其范围有所差异,因此很难界定金融机构的一般概念。但是,由于基本概念是相关理论的基础和前提,理论研究的发展是从基本概念的定义开始的,因此有必要先对于金融机构的概念进行研究。

一般来说,金融机构(financial institution)是指"在金融市场中通货的需求者与供给者之间起媒介作用的机构"。[①] 具体来说,金融机构以存款、信托、保险、债券等形式向资金供给者(主要为存款人)筹集资金,利用上述

---

* 韩国大法院研究室法官。

① 《金融机构》,载 NAVER 知识百科:http://terms. naver. com/entry. nhn? docId = 1070315&cid = 40942&categoryId = 31825,最后访问日期:2015 年 2 月 6 日。

的资金，以给资金需求者（主要为企业）提供融资或者购买资金需求者所发行的有价证券的方法，起到供给流动性的作用。上述金融行为，除金融机构以外，一般企业也可以采取。但是，一般企业的金融行为只是伴随生产的附带活动，而金融机构的金融行为本身属于主营业务，并以此获利。所以，金融机构是指“以营利为目的的从事周转或供给资金的金融业的金融中介机构”。① 金融业是经济获得长期发展的基础。一国的经济发展在很大程度上由其金融业发展态势决定。② 因此，金融机构可以说是在从事金融服务业的同时，在整个国家经济中担当十分重要的角色的市场主体。

总而言之，金融机构的核心概念就是以利用、调整资金需求者与资金供给者之间资金流动性喜好度差异的方式，向不特定多数人吸收资金并将吸收的资金发放给个人或企业等需求者的金融中介机构。银行业、保险业、证券投资业等都属于金融业，只是不同金融机构的金融服务在具体内容上还有不少差异。

（2）主要功能

在一个国家的经济中，金融机构具有以下功能：第一，提供资金流动性及支付结算服务；第二，资产替代功能；第三，对借款人的管理监督等。③

首先，提供资金流动性是上述金融机构的最基本功能之一。为需要资金的企业及个人供给资金可以使经济活动顺利进行。因此，金融业可以称为国家经济发展的“造血机”。资金支付结算业务是指不是通过现金，而是通过货币价值的转移来处理在经济活动中所发生的债权债务关系，如支付信用卡对账单的款项、缴纳电费和水费等各种费用、通过 ATM 支取现金的服务等。有效、安全的支付结算制度是维持金融制度发展和健全这一信用秩序的关键。④ 支付结算服务作为银行的主营业务，乃银行的最大特征，但是最近提供资金支付结算服务的证券公司或保险公司也开始逐渐增加。

其次，资产替代功能是指将资金需求者及资金供给者的资产转化为异类资

① 《金融机构》，载百度百科：http://baike. baidu. com/link? url = WnpGDZ_mTE8H5QG1Y1UtKEEJgybxzPNpY94z01WQz3Mn83BMjtlHr3QN1cy5EQre3whiRKmzRXkIbaCUqwwqoa，最后访问日期：2015 年 2 月 6 日。

② 张雪强：《银行业金融机构市场退出法律制度研究》，法律出版社 2014 年版，第 27 页。

③ Matej Marinc，Razvan Vlahu，*The Economics of Bank Bankruptcy Law*，Springer，2012，p. 2.

④ 《支付结算制度》，载 NAVER 知识百科：http://terms. naver. com/entry. nhn? docId = 9843&cid = 43659&categoryId = 43659，最后访问日期：2015 年 2 月 7 日。

产的功能。如果资金需求者在保有不动产或动产的情况下需要现金,可以向金融机构以提供担保的方式申请贷款取得现金。与此相反,金融机构可以将资金供给者保有的现金转换为有利息的存款债权、保险证书、股票等有价证券。通过这些方式,各市场主体都可以顺利地进行经济活动。

最后,对借款人的管理监督功能是因为贷款关系中的信息不对称而必不可少的功能。这是金融机构为减轻风险并增加收益的必要措施。

此外,如果资金供给者可以不通过金融机构直接向资金需要者提供资金,由于不会产生经纪费等交易费用,这是最理想的状态。但是由于作为资金交易市场的金融市场并不是公开所有信息的完全市场,因此资金供给者无法知道资金需求者是谁、他们在哪里、想以什么条件借款,并且资金需求者也不容易找到合适的资金供给者。因此,如果没有专门从事金融服务的金融机构,为了完成资金需求者和资金供给者之间的金融交易,将会产生巨大的交易费用。这比通过金融机构进行交易时所需的中介费用更高。因此,从国家经济的角度来看,金融机构综合资金需求者和资金供给者的信息并提供金融服务肯定会提高国家经济的效率。

2. 分类

按照不同的标准,金融机构可划分为不同的类型。

(1)按照有无货币创造功能进行分类

国际货币基金组织(International Monetary Fund,IMF)依据金融机构有无货币创造功能,将金融机构分为“通货金融机构”及“非通货金融机构”。[①] 通货金融机构包括:负责通过发行货币供给、调整货币的中央银行和通过接受活期存款实行存款通货创造功能的存款类银行业金融机构。没有存款通货创造功能的非通货金融机构,根据不同的业务特点可分为证券金融公司、投资信托公司、保险公司、综合金融公司等。

(2)按照是否属于银行系统进行分类

按照是否属于银行系统,金融机构可划分为银行业金融机构和非银行业金融机构。依据该标准,银行业金融机构包括中央银行、商业银行、政策性银行等,

① 李键浩:《对于金融机构破产的法律处理特征及问题》,载《人权和正义》1998年第257号,韩国律师协会,第49页。

而非银行业金融机构包括互助储蓄银行、信用合作社、投资信托公司、证券公司、保险公司等。①

(3)按照是否能够接受公众存款进行分类

按照是否能够接受公众存款,金融机构可划分为存款性金融机构和非存款性金融机构。存款性金融机构主要通过存款形式向公众举债而获得资金来源,如商业银行、储蓄贷款协会、互助储蓄银行、信用合作社等。非存款性金融机构则不得吸收公众的储蓄存款,如保险公司、信托金融机构、政策性银行、各类证券公司等。②

(4)按照金融服务的性格进行分类

金融机构依据金融服务的类型不同,大体可分为银行业金融机构、证券投资公司、保险公司三种。银行业金融机构作为主要在货币市场提供存款及贷款服务的金融机构,包括商业银行、互助储蓄银行、信用合作社等。证券投资公司作为主要在资本市场提供证券等有价证券买卖、中介、信托业务的金融机构,包括投资买卖业者、投资中介业者、信托业者等。保险公司作为主要在保险市场提供财产保险、人身保险、年金保险服务的金融机构,包括财产保险公司及人身保险公司等。在包括韩国在内的大多数国家,金融机构通常由银行、保险、证券三大部分构成。③ 由于授信、接受存款、结算等传统银行业务也由非银行业金融机构渐进开展,因此,金融机构之间的区分逐渐模糊。尽管如此,银行在一国经济中仍然扮演着重要角色。④

(二)金融机构破产程序的必要性

1. 金融机构的特点

与一般公司相比,金融机构主要有以下特点:

第一,金融机构具有与其他企业不同的资本结构,属于高杠杆高负债企业。

---

① 金度衡:《关于金融机构破产的研究》,国民大学2003年硕士学位论文,第4页。

② 《金融机构》,载百度百科:http://baike.baidu.com/link?url=WnpGDZ_mTE8H5QG1Y1UtKEEJgybxzPNpY94z01WQz3Mn83BMjtlHr3QN1cy5EQre3whiRKmzRXkIbaCUqwwqoa,最后访问日期:2015年2月6日。

③ 《金融机构》,载NAVER知识百科:http://terms.naver.com/entry.nhn?docId=1070315&cid=40942&categoryId=31825,最后访问日期:2015年2月6日。

④ [瑞士]艾娃·胡普凯斯(Eva H. G. Hüpkes):《比较视野中的银行破产法律制度》,季立刚译,法律出版社2006年版,第5页。

金融机构与其他企业相比股本非常少,通常有90%或更多的资金来源于借债,①即用筹集的资金向希望长期贷款的资金需求者发放贷款,实现流动性。这种负债营业方式是金融机构业务的本质特征。② 因此,保有资产的大部分属于长期贷款债权,而债务则主要由依据债权人要求应当及时支付的流动性强的存款债务构成。因此,一旦发生债权人集中要求支付,金融机构只有一定的准备金,因此会暂时发生流动性不足,从而发生难以支付存款等债务困难。但是,从金融机构业务结构上来看,这是必然的现象。平时金融机构可以向其他金融机构拆借来解决偿还问题。但当金融机构丧失社会公众的信心而出现大量挤兑现象或者因财务结构恶化而无法向其他金融机构拆借时,金融机构就陷入不能恢复的状态。

第二,金融机构资产的不透明性。③ 金融机构的资产往往不是不动产、动产这些实物财产,而是由如贷款债权等无形债权构成,很难得知其资产的价值或品质,也可能会被长期隐藏。并且,由于难以回收大量的贷款债权,当发生临时的流动性危机时,还可以通过拆借等方法筹集资金,从而很难把握不良贷款的比例或财务结构的不健全。上述资产的不透明性会使信息不对称的问题更加严重。金融机构的一般股东或存款人等债权人难以准确把握金融机构的财务现状,也不可能对经营层的日常经营活动进行管理和监督。特别是存款人,其分布广、人数众多,并且其知识水平也相异,因此难以形成对金融机构的有效管理监督机制。④ 金融机构的大股东等经营层,未必会谋求长期发展,而他们有可能更侧重于短期利益,以给有问题的贷款人提供高息贷款,提高表面上的实绩,追求高收益、高风险。金融当局应当对金融机构的日常经营活动进行监督,以预防管理风险。

第三,金融机构为经济运行提供基本的金融服务,如授信、接受存款和结算,这些功能更像是一种公众服务。⑤ 金融机构在一个国家经济中起到十分重要的作用,虽然其本身不是行政性公共机关,但其业务具有一种公共物品的性质,与公众的利益密切相关,因此与一般企业不同,有必要受到特别的待遇。某一家金

① 王红一:《银行公司治理研究》,法律出版社2008年版,第23页。

② 张雪强:《银行业金融机构市场退出法律制度研究》,法律出版社2014年版,第176页。

③ 王红一:《银行公司治理研究》,法律出版社2008年版,第23页。

④ 张雪强:《银行业金融机构市场退出法律制度研究》,法律出版社2014年版,第188页。

⑤ [瑞士]艾娃·胡普凯斯(Eva H. G. Hüpkes):《比较视野中的银行破产法律制度》,季立刚译,法律出版社2006年版,第6页。

融机构的破产不仅是一家企业的破产，而且可能使存款人等债权人丧失对全体金融机构及金融市场的信心，导致出现连锁倒闭事件或金融危机，并有可能使整个国家经济受到很大影响，从而使国家的可信度也受到冲击。几乎所有的金融机构都通过支付结算系统相连，相互间也频繁地进行资金交易，甚至因金融市场的国际化及国外资金交易的活跃而导致与外国金融机构也存在密切的联系。当金融机构破产时，除了债权人利益外，公众的利益也应当加以考虑。

第四，金融风险具有很强的传导性，其危害和造成的损失会被不断放大，传播速度也会不断加快。[①] 对于金融机构而言，公众的信心是十分重要的。如果某一家金融机构丧失社会公众的信心，就会引起存款人的恐慌和不安，出现挤兑现象，而且会导致公众对其他金融机构甚至整个金融系统的不信任，使公众不敢到银行等金融机构存款，试图取款，导致其他金融机构也陷入支付困难的状态。因此，风险会扩散到其他健全的金融机构，甚至导致全体金融业陷入系统性危机。上述金融系统性危机所带来的财产损失和对国际经济的冲击是不可计量的。不过，从金融业的特性上来看，虽然金融风险在日常经营中不可避免，但控制风险不是完全不可能的事。在金融机构的日常经营中，可以事前采取风险管理及破产预防措施，如果发生经营不善的忧虑，金融当局可以提前介入防止风险的扩散。但与一般企业不同，金融机构由于平时具有拆借调节短期资金的能力，因财务结构的恶化和信誉的丧失而导致无法借到资金的，就会陷入事实上不能恢复的状态。此时，除破产清算之外任何措施都不能采取，还可以说对存款人等债权人的利益已经造成了损失。所以，为了将因风险传导而发生的损害最小化，需要日常管理监督等事前措施和适时纠正措施等事后措施。

2. 金融机构破产程序的必要性

如上所述，金融机构不仅与债权人的利益有密切关系，而且与公共利益也有密切关联，因此，只依据一般破产程序进行破产处置并不充分，还需要适合金融机构破产处置的特别程序。一般企业的破产程序只重视债权人利益的最大化，而相对忽视金融系统的稳定或社会公众的利益。并且，对于金融机构来说，最重要的是社会公众的信心，如果依据一般破产程序进行金融机构的破产程序，该金融机构因丧失社会公众的信心而不再能发挥流动性供给功能，因此并不能恢复

① 张雪强:《银行业金融机构市场退出法律制度研究》,法律出版社2014年版,第89页。

企业价值。① 一般破产程序因为有上述限制,因此不太适合金融机构破产。

对于一般企业而言,只有在发生资不抵债且处于不能支付到期债务或丧失偿还能力的情形时,才能进入破产程序。但是,金融机构处于上述的情况的,为时已晚。通过早期介入或许还能拯救金融机构,通过资金支持等方法使其恢复正常经营,而对于不能恢复的金融机构,考虑到存款人等债权人的利益及社会公众的利益,有必要采取将损失降至最小化的整理方式。如果错过良机,将会产生更大的损失,之后的金融机构破产处置也会需要更多的时间和费用。因此,关于何时采取何种措施介入,在处于何种财务状况时视为不实金融机构,有必要迅速、正确地判断。② 无论如何,上述判断不是由法院,而是由对金融机构进行日常管理监督的金融当局负责会更有效。金融当局通过对金融机构的监督管理能够把握好实际状况,并会有利于迅速地采取资金支持或存款保护措施等破产处置措施。因此应该建立与一般破产程序不同的,适合金融机构破产的破产处置程序。上述的通过早期介入的破产处置措施很有助于防止风险的扩散,将存款人等债权人的损失最小化。

在市场经济体制下,金融机构也是具有法人资格的市场主体,因此原则上应当保障其自主经营。金融业本身是一个高风险行业,其营业本身主要就是负债经营,因此在一定程度上冒着风险进行经营活动,金融机构的破产是不可避免的。为了防止发生金融机构的破产,对日常经营进行过度干涉反而不恰当,资源分配或经营判断也可能会发生扭曲。防止金融机构的破产并不是目的,更好的办法是在市场经济下一边最大限度地保障金融机构的自主经营,一边降低破产发生可能性,同时,为了金融机构发生破产时能够有效对应,提供有可预见性、合理的市场退出机制。与此同时,对于因经营层的违法违规经营以及高风险经营活动而出现经营不善的金融机构,应当严格追究其责任。但是,金融机构的市场退出与一般企业相比,需要解决的权利义务关系十分复杂,对全体经济和社会的影响很大,因此应当尽可能慎重决定。并且,有必要与存款保险制度等存款人保护制度并行,以便能保护存款人等利害关系人的利益。总而言之,由于金融机构破产适用依据一般破产程序的处置方法有所局限,有必要建立适合金融机构破

---

① Matej Marinc, Razvan Vlahu, *The Economics of Bank Bankruptcy Law*, Springer, 2012, p. 22.

② [瑞士]艾娃·胡普凯斯(Eva H. G. Hüpkes):《比较视野中的银行破产法律制度》,季立刚译,法律出版社2006年版,第14页。

产的特别处置程序。

二、金融机构破产程序的特殊性及与一般破产比较

(一)金融机构破产程序的特殊性

1. 因金融机构的种类繁多而难以制定统一的金融机构破产法

由于金融机构种类繁多,各类金融机构在运营规则上差异比较大,因此难以制定普遍适合于各类金融机构破产的具体规则。而且,由于金融机构产权性质不同,处置金融机构危机的措施也将有所差别。也就是说,金融机构种类繁多,业务类型复杂,运营规则相异,社会影响有别,即使制定统一的金融机构破产法,也必须结合不同金融机构特点,再行制定适合各类金融机构特点的特殊规则。① 所以,如何确定金融机构破产法适用的金融机构的范围是非常重要的。

2. 维持金融安全和社会稳定的必要性

金融机构与一般企业不同,其营业的基础是基于信用能力的存款收入。对于金融机构的基本特性而言,金融机构一旦丧失信用能力,就不再能吸收存款。而且,规模较大的金融机构破产会给国家整体的金融系统带来严重危机,对其享有债权的其他金融机构也将直接会带来财产损失,对该金融机构造成连锁性的经营亏损。鉴于金融机构的特点以及因金融机构破产造成的严重后果,当进行金融机构破产程序时,应当考虑到以下三个特点:第一,预防破产的重要性;第二,早期开始破产处理程序的重要性;第三,迅速开展程序。② 这就是说,金融机构破产涉及的债权人众多,债权债务关系复杂,关系金融安全和社会稳定,这些特殊性决定了金融机构的破产退出不能完全依照一般企业破产程序进行。③

3. 保护存款人等金融消费者利益的必要性

如果一家银行发生支付困难,丧失公众的信赖,就会发生大规模的挤兑现象。这样一来,该金融机构就会陷入不能支付到期债务的境地,有可能会给其他金融机构带来连锁性的破产,企业和个人存款人等金融消费者也会受到很大的损失,甚至有可能导致整体的国家经济处于金融危机。因此,从国家经济的观点

---

① 许胜锋主编:《困境企业的退出与再生之路》,人民法院出版社 2011 年版,第 156~157 页。

② 徐庆桓:《金融机构破产有关的实践问题》,载《裁判资料第 83 集:破产法的诸问题(下)》,法院图书馆 1999 年版,第 23~24 页。

③ 许胜锋主编:《困境企业的退出与再生之路》,人民法院出版社 2011 年版,第 157 页。

来看,除了防止发生上述的挤兑现象以外,对企业和个人存款人等金融消费者的保护也是非常重要的问题。而且,在通常情况下,规模庞大的金融消费者处于劣势地位,因此需要法律给予特别保护,金融机构破产立法应当坚持保护金融消费者利益的原则。①

银行等存款类金融机构的破产与存款人保护制度有密切关系。许多国家为了应对金融机构因破产等原因出现不能支付存款的现象,而采取了存款保险制度,通过这一制度可以保护存款人的利益,维持金融制度的稳定。为了有效实施存款保险制度,设立了存款保险机构,如果发生银行等投保金融机构支付存款被金融当局停止、银行等投保金融机构的营业认可或许可被撤销、解散决议及破产宣告等各种保险事故,存款保险机构就向请求保险金的存款人支付其存款保险金。大多数国家的存款保险制度都采取限额偿付制度,向投保金融机构的存款人提供限额的存款保险赔付。

所以当银行等投保金融机构破产时,存款保险机构在其支付限度范围内向存款人支付存款人的被保险存款后,即在偿付金额范围内取得该存款人对投保金融机构的债权,因此在银行等投保金融机构的破产程序中就会处于相当重要的地位。即银行等金融机构的破产程序与一般破产程序不同,不是由法院主导进行,而是由金融监督机构及存款保险机构主导进行。于是,法院的破产程序和行政处置程序的沟通与衔接问题也很重要。

(二)与一般破产程序比较

1. 在追求的根本目标方面

一般破产程序是以公平的偿债机制和企业价值最大化来实现对债权人的保护,同时也给债务人从头再来的机会。一般破产程序追求的是企业总价值的最大化和通过公平机制实现对债权人的保护。但是,金融机构破产倡导的是破产预防,不是促进其破产。金融机构破产的根本目标是解决金融机构破产的负外部性问题。② 金融机构破产程序总是为了避免破产采取积极的方式,并追求以下目标:第一,保护债权人的利益;第二,防范系统性风险;第三,维持金融秩序的稳定。③ 上述金融机构破产的目的比一般企业破产的目的更加复杂的理由主要有

① 许胜锋主编:《困境企业的退出与再生之路》,人民法院出版社2011年版,第156页。

② Matej Marinc, Razvan Vlahu, *The Economics of Bank Bankruptcy Law*, Springer, 2012, p. 50.

③ 吴敏:《论法律视角下的银行破产》,法律出版社2010年版,第55页。

两点:第一,金融机构的破产所需的社会成本更高;第二,金融机构破产的负外部性会给金融安定与支付结算系统带来很强的负面影响。①

2. 在权力结构方面

在一般破产中,破产的宣告、组织清算组、裁定与权利和义务有关的事项、认定破产中的法律事实与适用等方面,以及破产重整、和解等,都由法院主导。而在金融机构破产中,通常由金融监督管理机构负责审查金融机构健康状态,是否符合破产原因,在破产宣告后,主持清算活动,管理监督破产管理人。② 这是因为在金融机构破产程序中,为了抑制因破产而造成风险传导后果并防止处置费用的扩大,需要迅速的措施。③

3. 在破产原因方面

金融机构破产的原因与一般企业破产的原因不同。一般企业破产大致有三种情形:不能清偿、不能支付和债务超过。一般企业只要符合破产条件,就可以申请破产,法院就宣告企业破产。不过,金融机构破产并不取决于是否符合上述的破产条件,而是取决于金融监管机构权衡利弊后的选择。金融当局先采取行政救助、重组等措施,然后在这些措施无效的情况下考虑破产清算。④ 金融机构如果处于与一般破产相同的条件,就已经晚了。因此,对于通过早期介入能够拯救的金融机构,通过资金支持等方法使其恢复正常经营,而对于不能恢复的金融机构,考虑到存款人等债权人的利益及社会公众的利益,有必要采取将损失降至最小化的整理方式。

4. 在清偿债务的顺序方面

一般破产的债务清偿顺序是通常在担保债权和破产费用优先受偿和拨付之后按照下列顺序清偿:劳动债权、税金、一般债权。部分国家为了保护存款人的利益,规定在破产清算时将存款债权优先于一般债权进行清偿。例如,中国《商业银行法》第71条第2款的规定。⑤

---

① Matej Marinc, Razvan Vlahu, *The Economics of Bank Bankruptcy Law*, Springer, 2012, p. 50.

② 吴敏:《论法律视角下的银行破产》,法律出版社2010年版,第56页。

③ 金度衡:《关于金融机构破产的研究》,国民大学2003年硕士学位论文,第16页。

④ 吴敏:《论法律视角下的银行破产》,法律出版社2010年版,第56页。

⑤ 商业银行破产清算时,在支付清算费用、所欠职工工资和劳动保险费用后,应当优先支付个人储蓄存款的本金和利息。

5. 在前置程序方面

一般破产没有行政审查的前置程序,法院根据破产条件自行宣告企业破产。但是,对于金融机构破产而言,为了避免因金融机构破产造成的金融秩序动荡、社会经济失衡以及社会资源浪费,相关法律必须在金融机构破产前设置一些救助措施。① 例如,停业整顿、接管、托管、重组等。企业重整一般可以推进在破产宣告前或之后,而金融机构破产的重组一般只在破产宣告前,之后不再做挽救的努力。②

三、金融机构破产程序的概观

(一)立法类型

1. 立法体制

金融机构破产程序因金融机构破产的特殊性而与一般破产程序有所不同,金融机构破产程序的法律制度只有公开、透明、一贯,这样才能给利害当事人提供可预见性,金融机构的破产处置才可以有效进行。因此,对于金融机构破产程序的立法类型可以按照在哪个法律中规定金融机构破产程序分为 3 种类型。

第一,一般破产法中有金融机构破产规定。这是英国、德国、法国等主要欧洲国家采取的类型。这不是对金融机构破产进行专门的立法,而是将其内容纳入一般破产法。

第二,关于金融机构或存款保险的法律中有金融机构破产规定。这是美国、意大利等国家采取的类型。在这些国家,不是将金融机构破产规定纳入一般的破产法中或进行专门的立法,而是将金融机构破产规定纳入如银行法或存款保险法等法律中。尤其是美国的《联邦破产法》明确规定不适用于商业银行等金融机构的破产案件。③

第三,对金融机构破产进行专门的立法。这是加拿大、俄罗斯等国家采取的类型。加拿大的《联邦清算与重整法》(The Federal Winding-up and Restructuring Act)以及俄罗斯的《信贷机构破产法》(Insolvency of Credit Institutions)都专门规

---

① 许胜锋主编:《困境企业的退出与再生之路》,人民法院出版社 2011 年版,第 157 页。

② 吴敏:《论法律视角下的银行破产》,法律出版社 2010 年版,第 56 页。

③ 美国《联邦破产法》将商业银行等金融机构排除在关于破产清算程序的第 7 章规定和关于重整程序的第 11 章规定的适用范围之外[参见 11 U. S. C. § 109(b)(2),(d)]。

定了银行的破产程序。

不能说上述立法类型有优劣之分,而应该说按照各国的情况采取最合适的类型才是最重要的。制定特别法的方式由于对金融机构破产的所有规定集中在单一法律体系中,因此具有更明确、更系统的优点。而将金融机构破产规定纳入一般破产法中或与金融机构有关的法律中,由于不用重新制定特别法,因此具有降低立法成本的优点。

2. 一般破产法的适用

由于大部分金融机构都是商事法人,如果没有金融机构破产规定,则会适用一般破产法的规定。相反,如果存在金融机构破产规定,该规定和一般破产法规定有什么关系,即一般破产法是否适用于金融机构破产,这一问题值得研究。

有观点认为,对金融机构破产的法律问题都按照一般破产法的规定处理就足够了,没有必要另外制定特别规定。根据这种观点,对于金融机构破产的特别法或特别规定都没有考虑的余地。而且,由于一般的破产法是对商事法人破产的原则性规定,因此当然会适用于作为商事法人的金融机构。但是由于金融机构的破产程序比一般企业的破产程序更加复杂,特别是当该金融机构有众多的小额存款人时仅一般破产法的规定可能不足以应对金融机构的破产,因此大部分法律对金融机构破产作出了特别规定。特别是一般破产法也承认金融机构破产的特殊性,并作出特别规定。考虑到金融机构破产的特殊性,①保护金融市场稳定的必要性,迅速处理的急迫性等因素,笔者认为有必要另外制定金融机构破产特别规定。但在具体方式上,金融机构破产的规定可以在一般破产法中规定,也可以在特别法或与存款保险制度和金融机构有关的法律中加以规定。

即使有关于金融机构破产的特别规定,一般破产法律制度的基本原则对金融机构破产仍然有重要意义。除了金融机构破产特别措施外,其他内容仍适用一般破产法的原则或程序。

另外,一般破产程序中的破产清算程序最适合金融机构破产,而重整程序或和解程序等不太适合金融机构破产。银行等金融机构的各种业务是以一般公众的信心为基础的商业活动,绝大部分金融机构以向社会公众吸收存款等资金作

① 金融机构的债权人主要为存款人,由于其数量较多,因此难以召开债权人会议。而且金融机构的主要资产为贷款债权或附担保贷款债权,这也不容易及时迅速地收回资金。

为基本经营模式,如果一家金融机构进入破产重整程序的,社会对该金融机构的可信度降低,任何人都不愿意向该金融机构存款。因此,即使提交的重整计划案被通过,其重整计划案的可行性也几乎为零。而且银行等金融机构的债权人主要为存款人,存款人人数众多,很难召开债权人会议进行决议,且不容易获得多数债权人的债务减免。因此,银行等金融机构的破产主要适用破产清算程序。奥地利《银行法》明文规定一般破产法中的重整程序或和解程序不适用于银行。①

一般破产清算程序的申请主体主要是债务人、债权人、股份公司的董事、清算人等,而对于金融机构破产清算程序而言,除了上述的主体以外,金融监督当局也享有申请权。奥地利、德国、卢森堡等国限制个别债权人申请金融机构破产,其原因是由一般债权人任意申请破产会引起社会对该金融机构信誉的不利影响。② 因此,有人建议应该以债权人数或债权额为标准限制债权人申请金融机构破产。③

(二)组织机构

关于由谁主导管理整个金融机构破产过程的问题,从世界各国的立法类型来看,大体上可以分为三类组织机构:金融监督机构、存款保险机构以及法院。它们主管金融机构破产程序。法院作为司法机构,主管一般破产程序,即破产清算程序、重整程序、和解程序等,但在金融机构破产程序中,由于主要使用破产清算程序,因此由法院主要负责金融机构的破产清算程序。另外,由于金融机构破产的特殊性,需要迅速采取处置措施,因此金融监督机构或存款保险机构等行政机构的干预也是必不可少的。以下重点考察主导管理金融机构破产过程的三类机构。

1. 金融监督机构

金融监督机构的主要任务是颁发金融机构执照、通过日常管理监督促进金融机构的健全经营、采取适当措施纠正金融机构的违法行为、撤销金融机构的业务许可、采取保护存款人利益的措施、收集信息用于监管金融机构和作出各种判断等。因此,许多国家赋予了金融监督机构对银行等金融机构破产程序的各种权力。例如,金融监督机构有权决定何时启动金融机构破产程序、决定破产处置

---

① 参照奥地利《银行法》第82条。

② 张继红:《银行破产法律制度研究》,上海大学出版社2009年版,第38页。

③ 王卫国:《破产法精义》,法律出版社2007年版,第393页。

方法、指定管理人等。实际上,在金融机构的破产程序之中,除了法院的破产清算程序外,几乎所有领域都由金融监督机构主导。①

世界各国的金融监督机构的类型很多,下面重点考察美国以及其他一些国家的金融监督机构的现状。②

(1)美国

美国对银行的监管体系大体上有两个特点:一是根据银行是联邦银行还是州立银行,适用不同监管体系;二是由多个监管机构对银行实施监管。这两个特点是由美国监管体系发展的历史原因导致的,但因各监管机构之间的标准不一致、不协调等,监管体系开始出现监管漏洞,增加了监管成本。随着监管机构之间竞争激烈,监管标准也逐渐放宽。金融机构为了谋求最少的监管限制,纷纷改变注册地试图更换其管辖。2008 年因次贷抵押贷款引发的美国金融危机就是上述问题的体现。以此为教训,美国 2010 年制定了《多德—弗兰克华尔街改革和消费者保护法》(*Dodd-Frank Wall Street Reform and Consumer Protection Act of* 2010)③对银行监管机构实行了改革和整顿。

根据现行法律,联邦商业银行由美国货币管理局(Office of the Comptroller of Currency,OCC)、④美国联邦储备局(Federal Reserve)、⑤联邦存款保险公司

---

① 巴塞尔银行监督委员会在 1997 年制定的《有效银行监管的核心原则》第二部分"有效银行监管的先决条件"明确指出,监管机构应负责或协助安排有关问题银行的有序退出,以确保存款人由现在银行股东以及其他利害关系人之前从银行的资产等财源中获得最大限度的偿付。因此,在设计和完善银行破产程序的过程中,法律应当赋予金融监督当局必要的权力,使其能够及时、迅速地对经营失败银行采取必要措施。

② 张继红:《银行破产法律制度研究》,上海大学出版社 2009 年版,第 40 页。

③ 奥巴马政府为了解决 2008 年金融危机时出现的有些问题并预防金融危机再次发生,签署了旨在加强对金融机构的监管的这部法律,该法律从 2010 年 7 月 22 日起生效。该法律一共由 16 章和 541 节组成,主要内容涉及如下几个方面:改革金融监管系统;整顿对金融机构的控制和监督制度;保护投资人以及加强市场规制等。

④ 美国货币管理局是根据《1863 年国家货币法》的规定设立在财政部内的一个相对独立机构。总局设在华盛顿,货币管理局设有 4 个地区分局和 1 个海外分局,海外分局位于英国伦敦。主要业务是监管联邦银行以及联邦储蓄和贷款协会。在制定《多德—弗兰克华尔街改革和消费者保护法》以前,对联邦储蓄和贷款协会的监管由联邦储蓄银行管理局负责,但该法制定后这一业务由美国货币管理局负责。

⑤ 根据《1913 年联邦储备法》的规定设立的,联接和总括美国 12 个联邦储备银行的中央机关。主要负责调整联邦基准利率、调整存款准备金率、调整贴现率、公开市场操作、非常规流动性贷款等中央银行职务。同时,对联邦商业银行、银行控股公司等金融机构的监管业务和对金融系统风险的监管业务也由美国联邦储备局负责。

(Federal Deposit Insurance Corporation,FDIC)共同监管;作为美国联邦储备局成员的州立银行,由美国联邦储备局、联邦存款保险公司、州银行监管机构共同监管;对于非美国联邦储备局成员的州立银行,由联邦存款保险公司、州银行监管机构共同监管;对于联邦储蓄和贷款协会,由美国货币管理局和联邦存款保险公司共同监管;对于州立储蓄和贷款协会,由联邦存款保险公司、州银行监管机构共同监管;对于联邦信用社,由国家信用社管理局监管;对于银行控股公司,由美国联邦储备局监管。《多德—弗兰克华尔街改革和消费者保护法》的主要改革事项是设立以财政部部长为最高负责人的金融稳定监督委员会(FSOC),①由其负责对金融系统风险的识别和监管,而且将具有系统重要性的金融机构②或金融活动纳入美国联邦储备局的监管范围。

另外,美国50个州都分别有各自的金融监管体系,各州的金融监管机构主要负责审批州立银行的设立、解散、合并,规范在州领域内分行的开设,制定和实施各州的监管政策,制定银行存款利率标准,撤销问题银行业务许可并责令停业整顿等。

(2)其他一些国家

在英国,所有的金融机构都由金融服务管理局(Financial Service Authority,FSA)负责监管;而在意大利、爱尔兰、荷兰、俄罗斯等国,则由中央银行对银行进行监管;奥地利由财政部负责监管银行;加拿大、③德国、④法国⑤等国由独立的金融当局负责上述监管职责。

2. 存款保险公司

存款保险公司是整个存款保险制度的主管机构。存款保险制度是指对金融机构吸收的存款,当投保金融机构经营倒闭或不能支付存款时,由存款保险公司代为偿付法定数额保险金的制度。对于受保护的存款人的范围,多数国家规定

① 金融稳定监督委员会是根据2010年《多德—弗兰克华尔街改革和消费者保护法》设立的,其设立目的是预防金融系统风险,减少因几个机构共同监管导致的漏洞,制定各监管机构之间的统一标准。其主要职务是收集和分享各金融监管机构的信息、促进制定统一标准、识别是否具有金融系统重要性的金融机构等。

② 具有金融系统重要性的金融机构是指资产规模达到500亿美元的银行控股公司和金融稳定监管委员会认定为具有金融系统重要性的金融机构的非银行金融机构。

③ 金融机构监管署(The Office of the Superintendent of Financial Institutions,OSFI)。

④ 联邦银行监管署(The Federal Banking Supervisory Office)。

⑤ 银行委员会(The Banking Commission)。

仅限于小额存款人,而非大额存款人以及其他债权人。如此区别对待债权人的目的在于预防金融机构和存款人的道德风险,加强对金融机构的高经营风险的控制。存款保险公司在偿付存款后参与金融机构的破产程序,申报其债权,按照被确定的破产债权金额比例从破产财产受领分配金。从存款保险公司的观点来看,为了避免存款保险基金损失,其不希望金融机构破产,而是通过对投保金融机构日常经营的监督管理事先预防破产。而且存款保险公司在金融机构破产程序的过程中也介入金融机构重组,在破产清算过程中作为破产管理人负责破产处置业务。总而言之,存款保险公司的主要职责有三点:第一,作为存款保险制度的保险人负责、管理整个存款保险制度体系;第二,规范和监督投保金融机构的运营;第三,作为破产清算中的金融机构的破产管理人负责金融机构的破产清算业务。

3. 法院

对于法院在金融机构破产程序中所起的作用,各国法律制度有一定的差异。但一般来说,在适用金融机构破产特别法的国家,法院的作用非常有限,而在适用一般破产法的国家,法院的作用相对较大。

具体来说,在适用金融机构破产特别法的国家,法院主要负责事后的司法审查和执行业务,而在适用一般破产法的国家,法院主导整个破产程序。

以下列举属于前者的美国的例子加以说明。在美国,银行一旦被金融当局宣告破产,联邦存款保险公司往往成为该投保金融机构的破产管理人。这时,在接管该金融机构的过程中,法院或其他联邦或州的金融监督机构都没有权力监督或指令联邦存款保险公司。① 而且除非基于联邦存款保险公司理事会主席的请求,法院不能采取任何限制或影响联邦存款保险公司作为破产管理人的行为。② 这些规定有利于金融机构的管理人执行职务时不受到其他行政机构或司法机构的干预,可以根据自己的判断对该金融机构的资产和负债采取有效处置措施。这与一般破产程序中破产管理人应当受到法院的监督和批准有较大差异。当然,即使金融当局主导进行金融机构破产程序,上述的破产程序还会成为法院的事后司法审查对象。因此,即使保障金融当局在金融机构破产程序中采

① 12 USC § 1821(c)(2)(C)和(c)(3)(C)。

② 12 USC § 1821(j).

取迅速、有效的处置措施,因其措施而遭受损失的利害关系人的合法权益也应当通过事后的司法救济程序获得充分保护。而且如果金融机构不遵守金融当局的临时停止和终止命令,金融当局也可以向法院申请执行。①

另外,在属于后者的国家里,法院在金融机构破产程序中所起的作用更大,法院有权判断该金融机构是否丧失清偿能力、宣告破产、任命破产管理人或清算人、中止对该金融机构的执行诉讼、决定是否认可重整计划或破产财产分配方案以及监督整个破产程序等。这时,金融监管机构的作用相对有限。

(三)破产程序模式

如上所述,主管金融机构破产程序的机关包括金融监督机构、存款保险公司和法院。在不同国家,金融监督机构、存款保险公司和法院在金融机构破产程序中所起的作用或职能也不尽相同。因此,在设计金融机构破产程序模式时,以由哪个机关主导负责管理金融机构破产程序为准,大致可分为3种金融机构破产程序模式:一是由金融监督机构或存款保险公司等金融当局主导的行政破产处置模式;二是由法院主导的司法破产模式;三是二者混用的二元模式。

1.行政破产处置模式

行政破产处置模式是由金融监督机构或存款保险公司等金融监督当局主管整个金融机构破产程序的模式。采取这种模式的国家有美国、意大利等。

行政破产处置模式有几个优点,其中最重要的是该模式能够通过迅速措施维持金融系统的稳定,保护存款人等债权人的权益。法院主导的司法破产模式需要较长时间,金融机构的破产清算本身就是一个复杂的过程,因此不容易快速了结。相反,在行政破产处置模式下的存款保险公司能够通过向许多的存款人迅速支付存款保险金,预防多数存款人的挤兑事件并减少存款人的不满。而且,当银行等金融机构倒闭时,可以及时将存款债权等转移到良好的金融机构,从而维持一般公众对金融系统的信心以及金融制度的稳定。但这些快速措施在司法破产模式中很难实现。金融当局能在金融机构进入法院破产清算程序之前事先采取各种救济措施,通过这些措施能够防止金融机构之间进行风险传递并减少社会成本。此外,与金融当局相比,法院作为司法机关在了解金融机构的业务和获得其经营信息方面相对缺乏专业性。而且,在司法制度不尽完善的国家,较之

① 张继红:《银行破产法律制度研究》,上海大学出版社2009年版,第45页。

法院主导的金融机构破产程序,通常更倾向于政府主导的金融机构破产程序。

2. 司法破产模式

司法破产模式是由法院主管整个金融机构破产程序的模式,代表国家包括英国、德国、奥地利等。大部分的欧洲国家通常认为银行破产在法院的职责范围内。①

虽然行政破产处置模式具有存款保险制度等优点,但也有观点认为应当采取司法破产模式。因为存款保险制度的存在使存款人的提款要求得以满足,从而能够防止发生银行挤兑现象,但由于存款保险公司等金融当局在破产清算程序中负责分配破产财产可能会发生公正性问题,因此采取司法破产模式是更为妥当的办法。而且由于行政破产处置模式极度偏重于迅速处置,因此与司法破产模式相比可能会更频繁发生程序上的问题,却可以规避法院的事前司法审查。所以,金融机构的破产管理人或清算人在作出重要的决定或措施之前,必须事先取得法院的许可,即有必要引入事前司法审查。否则,有可能会因金融当局滥用职权或犯错误给债权人等利害关系人带来不当损失,而且发生不当损失也无法取得迅速适当的赔偿,因此可能导致社会公众对金融机构破产程序丧失信心。无论如何,金融当局都隶属于政府,因此其不仅有可能会受到政治压力或外部机关的影响,而且很可能作出有悖于债权人利益的决定。

3. 二元模式

在行政破产处置模式和司法破产模式之间选择哪个模式侧重点是放在更重视维护整个金融系统的稳定和安全,还是更重视保护债权人等利害关系人的利益?上述两个价值都不应当放弃,故有必要对二者进行衡量从而摸索出最大化利益的解决方案来。从这一角度来看,二元模式是指金融机构的早期重整程序由金融当局主导,而破产清算程序则由法院主导,此谓行政破产处置模式和司法破产模式结合的折中模式,采取这种模式的国家有韩国、加拿大、俄罗斯等。

由于金融机构破产具有特殊性,因此在金融机构的破产程序中,不仅应当考虑债权人的利益,还应考虑金融系统的整体稳定和国家经济等因素。而且判断因某一家金融机构出现经营上的困难是否会对整个金融系统的稳定产生负面影响,这属于金融政策,因此由金融当局主导比法院更合适。故而,在金融机构重

① 张继红:《银行破产法律制度研究》,上海大学出版社2009年版,第47~48页。

整程序上,行政破产处置模式具有先天优势。相反,若对因经营失败而处于破产危机的金融机构没有重整可能性,法院主导对所有债权人进行公平分配显得更加重要。由于金融机构成功重组恢复正常经营对全体债权人也很有利,因此债权人很少对金融当局主导的行政破产处置模式提出异议。但尽管确认了金融机构无法重整,金融当局还是主导破产清算程序,就难以确保财产折价或分配过程的公正性和独立性。尤其是通过给存款人支付存款保险金成为破产债权人的存款保险公司作为破产管理人干预破产程序,就可能影响程序的公正性。而且法院作为独立的司法机关,不受行政权力影响,能够公正、独立履行职责,并具有处理一般企业破产清算程序的实践经验。因此在上述破产清算程序方面,法院主导的司法破产模式更具优势。

如若采取二元模式,金融机构破产程序中就可能会出现行政破产处置模式和司法破产模式的冲突和对立,因此制定协调衔接行政破产处置程序和司法破产程序的方案也非常重要。

4. 探索金融机构行政破产处置程序和司法破产程序的衔接方案

如上所述,如果采取二元模式,对于有问题的金融机构,先使用行政破产处置方式,然后依据司法破产模式进行破产清算程序,这时就会出现对于金融当局在行政破产处置过程中所采取的各种措施的事后司法审查问题。而且针对存款保险公司在偿付存款人的被保险存款后取得的债权等行政破产处置过程中发生的债权在破产清算程序中如何处理也有必要进行研究。

首先,当金融当局主导将问题金融机构的资产和负债转移至其他正常的金融机构时,如果在评估资产或负债的过程中发现不当行为,无论转让人还是受让人,总有一方会遭受损失。具体而言,如果对资产评估过高,受让人就受让了更多的负债,从而受到了相当于评估价值与实际价值的差额的损失。与之相反,如果对资产评估过低,受让人就受让了更多的资产,转让人就受到了损失。特别是在后者,随着整体破产财产价值的减少,破产债权人能受领的分配额也减少。即使有必要尊重金融当局的决定,对其事后司法控制也是必不可少的。但是,在判断金融当局的主观故意或过失时,很难适用比一般民事案件更严格的认定标准。

其次,当金融当局主导对陷入困境的金融机构采取行政破产处置措施时,通常会委托会计师事务所等对该金融机构的财务状态进行审计和评估。之后,在对该金融机构进行破产清算程序时通常还会再次对该金融机构的资产、负债等财务状况进行全面审计和评估,其费用最终由破产财产承担,因此为了降低费用支出,可以在认可行政处置程序所作审计报告的基础上,对处置日至破产受理日的资产和负债情况进行补充审计或重新委托审计,而对于其他事项,除非有重大错误,可以认可之前的报告。由于两个程序的评估目的和任务是不同的,基准时点也存在差异,因此可以考虑当进行行政破产处置程序时以流动性大的资产或易贬损资产为中心进行评估,评估项目的范围也最小的方案。①

在存款保险公司向存款人支付存款保险金之后,存款保险公司就取得破产清算程序中的破产债权人地位,因此应当申报破产债权。这时,存款保险公司与其他债权人位于同一清偿顺序,并按照债权金额比例受领分配额。但对于存款保险公司在行政破产处置程序中所支付的费用,即对该金融机构资产管理所产生的费用、为处理相关案件的律师费、与审计或评估有关的会计师费等,是否承认其优先受偿权就值得研究。上述费用都是为了推进金融机构破产程序而不得不支付的费用,具有较强的公益性,因此可以考虑赋予其优先受偿权或认定为共益债权。但是,考虑到在司法实践中 Workout 程序中发生的债权也被视为一般重整债权或破产债权,而且万一认定优先受偿权,有可能会过度偿付保险金,因此笔者认为很难承认优先受偿权。但也有人主张,如果行政处置程序中产生的债务被认为有利于行政处置工作或该金融机构受益的,管理人和法院可以审查确定优先受偿权。②

(四)基本原则

当进行金融机构破产程序时,应当遵守5项基本原则,其具体内容如下。

1.审慎实施原则

审慎实施原则是指当对发生风险或经营危机的问题金融机构采取市场退出措施时,应当尽可能慎重判断,尽量避免金融机构市场退出现象的发生,并减少金融机构市场退出的数量,即应当采取以救助为主、退出为辅的方法。中央银行实施的最后贷款人制度和金融机构之间的拆借等措施都有为了减少不必要的市场退出的共同目的。③

另外,适用上述原则并不意味着禁止所有金融机构的市场退出,而是指应先

① 许胜锋主编:《困境企业的退出与再生之路》,人民法院出版社2011年版,第178页。

② 同上书,第175页。

③ 张雪强:《银行业金融机构市场退出法律制度研究》,法律出版社2014年版,第240页。

尽可能帮助金融机构恢复正常经营,只有在救助无效的情况下,才对问题金融机构采取市场退出等措施。金融机构破产等市场退出不仅对金融市场造成不利影响,而且对国家整体经济也造成恶劣影响。某一家金融机构的倒闭往往会引起存款人对金融机构,甚至整个金融业市场的质疑,进而引发挤兑事件、连锁倒闭等一系列社会问题,从而给社会带来不安、国际信誉度下降等问题。因此,世界各国在处理金融机构的市场退出问题时,不仅应考虑金融机构的资产负债情况,还应考虑市场退出对整个金融体系造成的影响或系统性危险发生的概率等问题。

2. 及时处置原则

该原则是指在实施金融机构破产等市场退出措施时,应当及时、迅速地处理。由于因金融机构破产而导致的连锁反应极有可能传导至其他金融机构或整体金融体系,如果对无法恢复的金融机构没有及时迅速地采取破产等退出措施,而是让其存续并经营下去,则会引发更大的金融风险,对债权人等利害关系人造成更大的损失。遵守这一原则可以降低金融机构破产所需的必要成本,还可以预防风险或金融危机的发生。有人将对危机金融机构的处置比喻成火灾,认为发现越早,处理越早,损失就越小,这样的观点也是立足于这一原则的。①

对没有重整可能性的问题金融机构的迅速、及时处置,有助于保护该金融机构现有资产的价值,维持、确保金融监督机构的可信度,并降低金融市场中系统性风险发生的可能性。如上所述,行政破产处置模式比司法破产程序更适合发挥这些作用,金融监督机构等金融当局只要及早地发现危机状况并对其风险及时判断、迅速处理,就能避免金融危机渗透其他金融机构或整个金融市场。②

3. 成本最小化原则

经济学判断合理性和正当性的标准是成本和收益的比较。一般来说,将这种成本和收益的关系称为效率。银行等金融业市场是最重视经济效率的领域之一,判断投资决策成功与否,标准就是收益性。从这一角度来看,在设计、实施金融机构破产处置程序时,也不得不考虑效率性问题。成本最小化原则是指在处理金融机构破产时,应当采取最小的成本和最大的收益的方法。

---

① 阎维杰:《金融机构市场退出研究》,中国金融出版社2006年版,第91页。

② 张雪强:《银行业金融机构市场退出法律制度研究》,法律出版社2014年版,第243页。

当对某一家金融机构实施破产等市场退出措施时,因其市场退出造成的经济损失,即对存款人利益、债权人利益、该金融机构股东的利益等产生的负面影响,对金融机构的救助资金规模,金融机构经营许可被关闭或撤销、合并、重组和破产所需的费用,给金融业市场或社会整体带来的风险或影响等,就是市场退出成本的具体内容。[①] 因此,当对问题金融机构实施破产等措施或运用存款保险基金时,为了体现成本最小化原则,应当通过适当评价,判断金融机构是否需要退出市场、采取何种措施等。当然,即使对金融机构破产可能造成的风险难以进行具体的、正确的定量判断,仍有必要引导金融当局在决定政策时考虑这些因素。

美国 1991 年《联邦存款保险公司改善法》规定了成本最小化原则,并体现为以下两点内容:一是美国议会要求联邦存款保险公司采取能实现成本最小化的整理方法;二是作为例外,当一些特大、会带来金融系统性风险的金融机构倒闭时,联邦存款保险公司可以提供帮助以维持金融机构的运作和保护存款人,即使这种帮助有悖于成本最小化原则。[②] 韩国在《政府资金管理特别法》[③]和《存款人保护法》[④]中规定了成本最小化原则。

4. 公开透明原则

公开透明原则可以说是在市场经济体制下,对所有经济行为提出的最基本的要求。市场主体本应从市场机制中取得各种信息,并以此为依据作出理性的判断和预期,并决定是否进行相应的经济活动。但由于金融市场的信息不对称问题比较严重,多数金融消费者很难掌握与金融机构有关的信息,因此有必要将相关信息向社会公开。而且,公开与金融机构破产处置有关的政策决定或执行过程,有助于加强社会监督,同时也有利于提高社会公众对金融市场或金融监督机构的信心。特别是,一旦出现与金融机构破产有关的流言蜚语或虚假信息,包括存款人在内的绝大多数金融消费者都无法进行正常的合理选择或判断,进而会使他们陷入恐慌,非理性地到金融机构要求提取存款。

对金融机构破产处置的相关信息坚持公开透明原则,不仅能使破产处置程序顺利进行,而且能使该金融机构受到适当的牵制和监督。行政破产处置程序,

① 张雪强:《银行业金融机构市场退出法律制度研究》,法律出版社 2014 年版,第 244 页。

② 金容载:《关于金融机构破产法制的研究(1)》,载《情报与法研究》2004 年第 6 号,第 264 页。

③ 参见《政府资金管理特别法》第 13 条。

④ 参见《存款人保护法》第 38 条之 4。

主要由金融当局主导迅速进行。如果太侧重于及时性和迅速性,即使金融当局作出不当处分也很难加以控制。但是公开透明原则,有助于债权人等利害关系人通过分析公开信息,以减轻对自身权益的侵害,也有助于金融当局利用充分的信息作出合理决定。

国家提供政府资金支持或存款保险公司偿付存款人,在金融机构破产程序中所使用的资金来源是普通纳税人的税金或者其他健全的金融机构的存款保险费用。因此,与进行金融机构破产有关的所有信息都有必要向这些利益主体和社会公众进行公示。①

5. 责任追究原则

金融机构处于经营失败或破产状态,除了不可避免的外部原因之外,主要包括有关负责人的违法违规经营行为和金融监督机构的监管不力等。因此,在金融机构破产制度中,需要制定对经营失败负有主要责任的经营层或金融监督机构追究法律责任的制度。金融机构破产,存款人、债权人、股东、存款保险公司等相关利害当事人都会因此而遭受损失。即使存款保险公司向存款人支付存款保险金,而该存款人不遭受任何损失,但最终会给存款保险基金或国家财政带来损失。而且,对造成经营风险或倒闭的经营层和金融监督机构追究法律责任,对从事相同、类似行业的其他人员能够起到警示作用。② 当然,造成金融机构破产的经营层行为中也可能包括不能追究法律责任的经营行为。不过,责任追究原则,通过对负责人进行严格调查和严重处罚,不仅可以对其他金融机构经营层和金融监督机构的监督业务负责人起到警告效果,而且可以帮助金融机构健全经营。

(五)具体处置方法

依据一般破产法,破产程序包括破产清算程序、重整程序、和解程序等。不过,由于重整程序和和解程序不适合金融机构的破产,其中的破产清算程序才适用于金融机构的破产处置,除此之外,还需要有多种处置方法。

1. 在获得救助资金支持后继续经营

在获得救助资金支持后继续经营是指对因流动性危机等原因无法继续正常营业的金融机构,直接提供政府资金支持,帮助该金融机构恢复正常经营。如该

① 张雪强:《银行业金融机构市场退出法律制度研究》,法律出版社2014年版,第247页。

② 同上书,第248~249页。

金融机构具有良好的财务结构或暂时缺乏流动资金等，只要受到资金支持就能够恢复正常经营，则主要采用这种方法。根据审慎实施原则采取上述措施，有助于降低金融机构退出所发生的损失，减少对整个金融系统的负面影响，提高社会公众对金融系统的信心。[①] 这也如同中央银行对因融资或经营不善等导致流动性恶化的金融机构提供紧急救助性贷款并充当最后贷款人的制度。通过金融机构之间的拆借措施、政府或存款保险公司等金融当局的支付保证或直接贷款等方法，金融机构也能够解决流动性问题。资金支持的方法包括直接贷款、收购资产、承担保证责任、债务承担、出资等。当然，在采取这种方法时，通常不更换现有经营层，使其继续经营。

在美国银行历史上最有名的救助资金支持案件是 1984 年的大陆伊利诺伊国民银行和信托公司（Continental Illinois National Bank and Trust Company）案，在该案中联邦存款保险公司向面临崩溃的上述公司提供了约 55 亿美元的巨额资金，从而避免了这家公司的破产。[②]

相反，上述方法有以下几个缺点：引起金融机构经营层的道德风险、增加政府财政的负担、发生金融机构之间的公平性问题等。由于没有迅速实施市场退出措施而持续提供资金支持，因此有可能会耽误最有利于清算的时机。特别是大型金融机构的倒闭，不仅容易引发金融系统的风险，对国家经济的破坏冲击也更为强烈，因此金融当局在采取行政破产处置措施时，可能会持消极态度，采取“大而不倒”政策，对其实施救助而不进行市场退出或破产清算。

2. 临时管理[③]

临时管理是作为准备购并或清算的一种临时性措施，也是金融监督当局在认为依靠现有的经营层无法解决现状时采取的措施之一。临时管理的最大特点是为了最大限度地保存该金融机构的现存价值，金融当局通过选任临时管理人的方法，直接介入该金融机构的经营管理，但是并不进行积极的重组工作。当原有的经营层不履行金融当局指令的改善工作或没有能力开展这样的工作，且因原有经营层的违法违规行为致使该金融机构陷入困境而不适合继续经营时，金

---

① 金度衡：《关于金融机构破产的研究》，国民大学 2003 年硕士学位论文，第 50 页。

② 陈小敏主编：《美国银行法》（第 2 版），法律出版社 2013 年版，第 186 页。

③ 在美国，作为针对问题金融机构的临时解决方法而采取的“conservatorship”制度与此类似的［参见 12 USC § 1821(d)(2)(D)］。

融当局直接参与经营或选任临时管理人负责该金融机构的经营和救助措施。

不过,这种方法的缺点在于:由于负责金融机构监管的金融当局对公司经营缺乏专业性,因此其直接参与经营显有不当。一般来说,金融监督当局并不具备充足的人力资源来负责直接经营。因此在临时管理中,有可能会出现金融当局滥用权力或者犯错误的情形。除此之外,由于大部分国家采取的临时管理措施并不剥夺该金融机构股东的权利,因此,如果股东不同意或不支持临时管理人的措施,则该金融机构很难达到临时管理制度的目标。①

3. 接管(receivership)

接管这一方法也是作为准备合并或清算的临时性措施,金融监督当局排除现有的经营人,选任管理人并干预该金融机构的经营,这点与临时管理非常相似。不过,接管的目的、管理人选任条件以及其权限范围等方面与临时管理存在一定的差异。②

首先,对于目的而言,临时管理的主要目的是保存该金融机构的现存价值,以便日后转让给其他机构或进行清算;而接管的目的在于保护债权人、存款保险公司、政府等所有利害关系人的利益,使该金融机构的资产价值最大化。所以接管程序的管理人可以保存该金融机构的运营价值,以便日后以较高的价格进行合并或出售,还可以使其进入关闭或清算程序。这时,银行营业许可被撤销。接管程序的管理人具有更积极的破产处置权力。

其次,对于管理人的选任条件而言,临时管理中的管理人选任条件较为宽松,而接管程序的管理人选任条件则较为严格。在接管程序中选任管理人,应当通过流动资金现状、根据资产负债表的财务状态等加以判断,认定该金融机构已经处于破产状态。

最后,对于权限范围而言,接管程序中的管理人权限范围远远大于临时管理人的权限范围。在临时管理体系中,金融机构的股东仍然享有对重要事项的表决权,但是在接管程序中,股东的权限被中止,对该金融机构财产的管理处分权及其职务执行权都由管理人行使。③ 管理人在重组和破产处置过程中处分或出售财产时,无须取得股东的同意,但上述行为不得损害债权人整体利益。

① 张继红:《银行破产法律制度研究》,上海大学出版社2009年版,第77页。

② 同上书,第87~88页。

③ 许胜锋主编:《困境企业的退出与再生之路》,人民法院出版社2011年版,第160页。

4. 托管

托管与接管类似，是指金融监督机构不直接参与经营或选任管理人负责该金融机构的经营，而是委托外部专家行使经营管理权。通过托管，更换无能或不道德的经营层，使外部专家代为履行其职务，从而能够恢复社会公众对该金融机构的信心，顺利开展破产处置程序。相反，为了招聘有能力的外部托管专家可能需要较多资金，因此托管有耗费费用太多的缺点。

托管是高风险证券公司处置中使用最多的一种方法。根据这一方法，受托公司所组织的托管经营组行使该证券公司的经营管理权，证券交易等业务正常进行，但除了客户证券交易结算资金等相关资金以外，其他债务都停止支付。虽然2005年修改的中国《证券法》第153条明确规定了托管，①但对于托管的法律性质、受托公司的地位和各方当事人的具体权利义务等还都没有具体规定。②

5. 临时国有化

虽然金融机构的财务状况不善，现有的方案不足以恢复正常经营，该金融机构的存亡对整个金融体系的稳定产生重大影响，但是无法在一定期限内找到合适的收购人的，政府会动用大规模公共资金，受让该金融机构的所有权，这就是临时国有化措施。根据该措施，国家获得问题金融机构的所有权，使其继续维持营业，并使问题金融机构在一定时间内持续正常经营。同时，也可以对该金融机构实施重组。

这一方法有助于消除因金融机构破产导致的金融系统的不安，维持金融市场的稳定。相反，由于政府为了收购问题金融机构的股份、实施金融机构重组，会动用大量资金，因此政府和纳税人的负担必然增加。另外，由于政府直接干预经营，因此有可能会发生金融机构经营效率的低下和组织的官僚化。③ 因此，对金融机构的国有化措施应限于临时措施，应在较早时机进行民营化。民营化的方法可以包括正式拍卖程序、直接与投资者协商、在股票交易所交易等方法。④

6. 转移资产和负债(Purchase & Assumption)

转移资产和负债的方法是指通过公开竞争招标等方式将问题金融机构的资

① 但是，《证券公司风险处置条例》第8条至第11条对托管或接管的情形、托管或接管组的职责、期限等进行了规定。

② 许胜锋主编：《困境企业的退出与再生之路》，人民法院出版社2011年版，第160页。

③ 金度衡：《关于金融机构破产的研究》，国民大学2003年硕士学位论文，第50页。

④ 吴敏：《论法律视角下的银行破产》，法律出版社2010年版，第196页。

产和负债转移到第三方金融机构,而政府(金融监督机构、存款保险公司等)在被转移的负债超过资产时,以发放补贴的方式将差额支付给受让金融机构的措施。以转移的资产和负债的范围为准,可以分为转移全部资产和负债的方法(Whole Bank)和转移健全资产和负债的方法(Clean Bank)。转移健全资产和负债的方法是指仅转让健全资产给受让金融机构,而不健全的资产则由如资产管理公司的 Bad Bank 受让。相反,转移全部资产和负债的方法是指转移问题金融机构的全部资产和负债。此时,存款保险公司为了补偿资产和负债的差额,向受让金融机构提供相当于差额的资金或者其差额减去溢价的余额。①

这个方法与合并不同,它只是转移资产和负债,法人实体本身并不发生变化,因此银行业务等相关营业执照仍由转让方享有,职工也还属于转让方。除了被转移的资产,其余财产都在破产清算程序中进行变价和分配。银行的债务大部分都是存款债务,存款人能与受让金融机构继续进行正常交易,因此这个方法有助于保护存款人的权益和维持金融市场的稳定。

为了实施转移资产和负债的方法,先要寻找合适的受让金融机构。如果能及时找到受让金融机构,并将问题金融机构的资产和负债转移到受让金融机构,就可能没问题,否则,银行等金融机构的停业状态可能会长期化,存款人等金融交易当事人的不便也会增加。因此,为了给倒闭金融机构的客户提供不间断的服务,金融当局常常设立过桥银行等过桥金融机构,并将资产和负债转移到该过桥金融机构,这能够为倒闭金融机构赢得时间寻找买家。而且,金融当局一方面进行问题金融机构的清算程序,另一方面能对该过桥金融机构以较高的价格进行出售或合并。②

7. 通过设立过桥金融机构的破产处置

如上所述,通过设立过桥金融机构的破产处置方法是指当金融机构经营不善的规模宏大,对其资产和负债进行评估需要很多时间,因此很难通过转移资产和负债的方法迅速转移到受让金融机构时,金融当局设立过桥金融机构进行金融机构破产处置的方法。这时,存款保险公司等金融当局全额出资设立过桥金融机构,使其暂时受让问题金融机构的资产和负债,并继续寻找买方。

---

① 赵源东:《关于金融机构破产和适时纠正措施的研究》,国民大学 2002 年硕士学位论文,第 14 页。

② Matej Marinc, Razvan Vlahu, *The Economics of Bank Bankruptcy Law*, Springer, 2012, p. 115.

在美国,联邦存款保险公司设立过桥银行,全面受让和管理问题金融机构,过桥金融机构应当在2年内寻找受让金融机构并结束其职责。① 在韩国,为了保护存款人的利益,维持金融制度的稳定,韩国存款保险公社经金融委员会同意后,以股份有限公司的形式全额出资设立过桥金融机构,韩国法律将过桥金融机构叫作整理金融机构。② 最近,在韩国被停业的多数储蓄银行的破产处置过程中,韩国存款保险公社设立过桥储蓄银行对不实储蓄银行进行破产处置。

8. 合并(Merger)

合并是健全金融机构吸收合并问题金融机构的方法,这一方法由于可以保护存款人和一般债权人的全部债权,因此可以避免对国家经济和整个社会造成恶劣影响。但是基于雇佣继承问题、受让不良资产等原因,即使健全的受让金融机构也有可能遭受财务状况恶化。

合并大体上可以分为具有资金支持的合并和没有资金支持的合并。具有资金支持的合并是指存款保险公司等金融当局通过给问题金融机构或受让金融机构提供资金支持的办法,对于因吸收合并该金融机构或该金融机构成为子公司而造成的损失进行补偿。实施这一方法,可以保护非投保存款人和一般债权人,因此有助于减少金融机构破产所导致的负面影响,但有可能会加重存款保险公司的负担,存款保险公司和受让金融机构对于资金支持条件和规模等进行协商也可能需要较长时间,而且也有可能出现与其他金融机构之间的公平性问题。

相反,没有资金支持的合并是指健全金融机构在没有金融监督当局的财政支持情况下,自愿吸收合并问题金融机构。从存款保险公司等金融监督当局的观点来看,由于不使用存款保险基金,还能保护所有的存款人和债权人,因此这是最受欢迎的方法。③ 从受让金融机构的角度来讲,这个方法也具有能够通过合并方法实现规模经济并扩张业务领域的优点。相反,受让金融机构也有可能会因吸收合并问题金融机构而出现流动性风险问题,而且也不容易筹措巨大资金,因此这种方法是非常罕见或极难实现的。

9. 各种行政措施

此外,在金融机构的破产处置过程中,金融监督机构、存款保险公司等金融

---

① 陈小敏主编:《美国银行法》(第2版),法律出版社2013年版,第186页。

② 参照《存款人保护法》第36条之3的规定。

③ 金度衡:《关于金融机构破产的研究》,国民大学2003年硕士学位论文,第52页。

当局可以采取的相关行政措施包括停业整顿、撤销营业许可、惩戒员工、停止高级管理人员行使职权或选任管理人代为行使其职权、注销股份等。

美国1991年制定的《联邦存款保险公司改善法》(The Federal Deposit Insurance Corporation Improvement Act, FDICIA)引进了适时纠正措施(prompt corrective action),这种适时纠正措施包括上述的各种行政措施。适时纠正措施是指根据预定的程序早期介入问题金融机构的经营或停止经营的制度,从而有助于防止金融监督机构滥用裁量权暂缓实施监管措施。为此,金融当局将金融机构的经营状态和财务健全性按照一定基准分为几个阶段,并明文规定金融监督机构应当对属于各阶段的金融机构采取的措施。因此,如果该金融机构的健全性状态进入其中一个阶段,金融监督机构应当依法自动实施适时纠正措施,这是为了预防道德风险(moral hazard)和代理人问题(agent problem)。这种方法还有助于防止引起与处理和金融机构破产有关的纠纷,由于无论是大型金融机构还是小型金融机构都适用同一措施,因此形成公正竞争环境,并由于措施具有可预见性,因此能够提高社会公众对金融机构破产处置的信心。韩国在1997年1月13日制定《关于金融产业结构改善的法律》时,①也引进了适时纠正措施制度。②

在引进上述适时纠正措施制度的国家,适时纠正措施是一种具体的行政措施,只要满足相关法律规定的条件,金融当局就可以立即采取实施。

10. 清算程序(Liquidation)

清算程序是指当很难采取上述各种破产处置方式时,在金融当局关闭问题金融机构,存款保险公司偿付存款人的被保险存款后,对其他债权人,存款保险公司作为清算人按照债权比例进行分配的方法。清算程序方式显示不实企业退出市场的市场原则也适用于金融业,还具有使其他金融机构经营层更健全、稳定地经营该金融机构的警示效果。然而,该方法也存在因金融机构的市场退出而造成社会公众对整个金融市场或金融系统的信心下降,从而导致发生挤兑现象或严重威胁社会秩序的安定的缺点,而不能依据存款保险制度得到全额保障的债权人也会受到损失。

---

① 原来《关于金融产业结构改善的法律》的前身为《关于金融机构的合并和转换的法律》,但是1997年外汇危机时为了顺利处理问题金融机构的破产问题,韩国于1997年1月13日修改了《关于金融机构的合并和转换的法律》,同时将该法律名称变更为《关于金融产业结构改善的法律》。

② 参见《关于金融产业结构改善的法律》第10条之规定。

如果金融机构解散而进入清算程序，存款保险公司会依据存款保险制度采取两种保护性措施，即受保存款的支付措施(Payoff)和受保存款的转让措施(Insured Deposit Transfers)。受保存款的支付措施是指通过对受保存款偿付保险金并实施清算分配，从而整理问题银行。其余财产由偿付受保存款的存款保险公司、非受保存款人、其他债权人按照各自的债权比例受领分配额。相反，受保存款的转让措施是指在将受保存款人名义的存款账户转移至一家健全银行后，存款保险公司在偿付限额的范围内向受让银行支付该金额，最终使受让银行能对存款人支付存款的方法。这时，受让银行的总存额会增加，随之将相应的溢价应当支付给存款保险公司。因此，在存款保险公司看来，其可以节省破产处理费用。

在韩国，当金融当局对某一家金融机构决定撤销营业许可时，通常情况下会同时决定该金融机构向法院申请破产清算。这时，韩国存款保险公社在向法院申请破产清算之前，将包括临时预支款、概算给付金等在内的存款保险金支付给受保存款人。根据韩国《存款人保护法》规定，当投保金融机构破产，而有必要有效收回相关援助资金时，韩国存款保险公社应被法院选任为破产管理人(参见第35条之8第1款规定)，即使法院主导进行投保金融机构的破产清算程序，韩国存款保险公社也会在破产清算程序中作为破产管理人扮演重要角色。

第二章　韩国的金融机构破产程序

一、政府主导的行政处置程序

(一)立法现状

1. 立法背景

金融机构的破产，与一般企业的破产不同，其波及范围非常大。金融机构向企业和个人发放贷款，因此金融机构陷入经营困境而进入清算程序，给社区和国家经济带来的负面影响也极大。此外，因一家银行的经营不善引发大量挤兑现象，整个金融制度的信心也会受到严重影响，因此很可能造成健全银行陷入经营困境。20世纪80年代后期，随着韩国经济规模的扩大和金融的国际化，韩国的金融环境也开始出现巨大的变化。并且随着乌拉圭回合谈判的推进和资本市场等金融产业的对外开放，市场对金融产业的体制强化要求越来越高。韩国政府为了积极应对这些要求,支持金融机构之间的合并或转换,促进金融机构之间良性竞争,提高金融业务的效率,于1991年制定了《关于金融机构的合并及转换的法律》。该法的适用对象包括银行、短期金融公司、[1]证券公司、综合金融公司、互助信用金库以及保险公司等。此外,自20世纪80年代以来,因为韩国政府对利率进行过度干预引发了行业不满,并出现了全球范围的金融自由化风潮,所以韩国政府于1988年正式推行利率市场化政策。随着利率市场化政策的开展,在市场经济体制下难免出现银行倒闭,因此作为补充措施,韩国政府引进了为保护存款人利益的存款保险制度。在1995年12月27日,韩国制定了《存款人保护法》。之后,于1997年1月13日将《关于金融机构的合并及转换的法律》全面改为《关于金融产业结构改善的法律》,扩大了适用对象的范围,并新设了适时纠正措施及各种行政措施,以便提前预防金融机构的不实化,顺利处置不实金融机构。同时,为了简化不实金融机构的清算及破产程序,该法规定了与破产管理人的选任、破产申请等有关的特别条款,以便使韩国存款保险公社为了存款人参与破产程序。与此同时,随着金融的自由化、开放化及金融机构业务领域的扩大,韩国对跨行业、效率高的综合性金融监督机构的要求越来越高。

1997年韩国因金融机构出现资金运转困难,以借贷为主的荒唐经营造成大企业的连锁倒闭、对外信誉度下降、外汇储备量剧减导致金融危机的爆发等现象,韩国政府于1997年12月向国际货币基金组织(IMF)申请救济贷款。面对1997年的金融危机,韩国政府迫切认识到需要建立统一、系统的金融监督体系和存款保险制度,从而于1997年12月31日制定了《关于金融监督机构的设置等的法律》,并修改了《存款人保护法》,由此统一有效的金融监督机构和存款保险机构正式建立。《关于金融监督机构的设置等的法律》规定,成立金融监督委员会统辖全部金融政策业务,指示监督金融监督院,并将从前分割运作的各行业的监督机构,即银行监督院、证券监督院、保险监督院、信用管理基金等并入金融监督院,使金融监督院负责金融监督执行业务。在改变整个金融监督体制的同时,修改《存款人保护法》[2]以建立统一有效的存款保险制度,以前针对互助信用金库、

---

① 短期金融公司是指从事在6个月以内到期票据的发行或贴现、买卖、收购、保证等业务的金融机构。

② 新修改的《存款人保护法》从1998年4月1日起施行。

综合金融公司、短期金融公司[①]等机构运营的信用管理基金，针对证券公司运营的证券投资者保护基金，针对保险公司运营的保险保证基金，针对信用合作社运营的信用合作社安全基金等，均并入存款保险基金。通过这些举措，韩国存款保险公社能够主管覆盖几乎所有金融机构的存款保险基金，并成为跨行业的综合性存款保险机构。后来，由于在2008年2月29日《关于金融监督机构的设置等的法律》被修改为《关于金融委员会的设置等的法律》，因此金融监督委员会也被改称为金融委员会。

考虑到金融机构破产具有特殊性，金融机构破产区别于一般企业的破产程序，韩国完善了关于金融机构破产的法律体系。在经历了1997年的亚洲金融危机、2008年的国际金融危机、2011年的互助储蓄银行停业事件等之后，韩国通过对许多金融机构破产案件的处置积累了丰富的实践经验。尤其是面对最近发生的互助储蓄银行停业事件，金融当局和韩国存款保险公社对不实储蓄银行采取迅速有效的破产处置措施，以维持整个金融制度的稳定并防止大量挤兑事态。这一处置措施被视为金融机构破产处置的模范事例。[②]

2. 立法现状

在韩国，与政府主导的金融机构破产相关的法律包括《关于金融产业结构改善的法律》《存款人保护法》《关于金融委员会的设置等的法律》《韩国银行法》《韩国产业银行法》等。

当金融机构出现停止支付、不能支付等资金运营困难情况时，所采取的行政性破产处置程序，依据的基本法律是《关于金融产业结构改善的法律》和《存款人保护法》。在金融机构破产处置的目的中，最重要的是保护存款人等债权人的利益并维持金融制度的稳定。《关于金融产业结构改善的法律》规定，为了达到这些目的并防止金融风险的扩散，金融监督当局可以对不实金融机构采取适时纠正措施、出资、合同转移决定、停业、认可许可的撤销、资金支持等各种破产处置措施。在《关于金融产业结构改善的法律》中与金融机构破产有关的内容有四部分：第一，关于为整顿不实金融机构的各种行政措施的规定；第二，简化不实金融机构的合并及减资程序的特别规定；第三，金融稳定基金的设置、运营等资金支

① 随着1998年1月13日《短期金融业法》的废止及《关于综合金融公司的法律》的修改，短期金融公司均转换为综合金融公司，这一转换从1998年4月1日起施行。

② 魏加宁等：《存款保险制度与金融安全网研究》，中国经济出版社2014年版，第218页。

持有关的规定;第四,对金融机构的司法破产程序的特别规定。《存款人保护法》通过存款保险制度保护存款人利益,还规定了韩国存款保险公社为处置不实金融机构可以采取的各种措施。该法也是成立韩国存款保险公社的法律依据。依据《存款人保护法》,存款保险基金是为保护存款人利益而设,而依据《关于金融产业结构改善的法律》设立的金融稳定基金是为保持金融市场稳定的。金融稳定基金设置于政策性银行的韩国产业银行,由韩国产业银行负责金融稳定基金的管理、运营及资金支持职责。在此意义上,《韩国产业银行法》作为韩国产业银行的法律依据,也可视为关于金融机构破产的法律之一。

《关于金融委员会的设置等的法律》作为对大部分金融机构的主要监管机构的金融委员会和金融监督院的法律依据,对其设置、构成、运营、所管事务等作出规定。《韩国银行法》作为韩国的中央银行韩国银行的法律依据,韩国银行依该法对因资金筹集及运营的失败而造成流动性恶化的金融机构提供紧急贷款(《韩国银行法》第65条),即实施所谓最后贷款人救助,因此该法也涉及金融机构破产程序。

3. 金融机构的范围

如上所述,界定金融机构的概念或其范围,按其标准不同,各国的相关法律规定也有差异。在韩国,关于金融机构的范围的规定见于《韩国银行法》《关于金融产业结构改善的法律》《存款人保护法》等。此外,《政府资金管理特别法》和《关于金融公司不实资产的有效处置及韩国资产管理公社的成立的法律》使用的术语都不是"金融机构",而是"金融公司",其范围比《关于金融产业结构改善的法律》或《存款人保护法》规定得更广泛。

《韩国银行法》所规定的金融机构范围,包含银行、银行控股公司以及水产业合作社中央会的信用营业部门,但保险公司、互助储蓄银行及信托公司等被排除在金融机构范围外(《韩国银行法》第11条)。虽然《韩国银行法》规定了金融机构的范围,但是由于其立法目的在于建立并执行货币信用政策以谋求金融稳定(《韩国银行法》第1条),因此该法以货币金融机构为主限制了金融机构的范围。

然而,《关于金融产业结构改善的法律》或《存款人保护法》所规定的金融机构的范围比《韩国银行法》更广泛。由于这些法律的立法目的在于有效应对金融机构的破产,保护存款人等债权人的利益,并谋求金融制度的稳定,因此没有必要将被适用金融机构局限于货币金融机构,而可以包括非银行金融机构、保险公司、证券公司等,扩大适用范围更为理想。①

《关于金融产业结构改善的法律》第2条第1项对于金融机构的范围作出规定,依据《韩国银行法》成立的银行、中小企业银行、投资买卖业者和投资中介业者、集合投资业者、投资咨询业者或投资委托业者、保险公司、互助储蓄银行、信托公司、综合金融公司、金融控股公司、专业贷款金融公司、住房抵押债券流动化公司等,均属于金融机构。其中,银行、中小企业银行、投资买卖业者和投资中介业者、保险公司、互助储蓄银行、综合金融公司,亦属于《存款人保护法》所规定的投保金融机构,而集合投资业者、投资咨询业者或投资委托业者、信托公司、金融控股公司、专业贷款金融公司、住房抵押债券流动化公司等,不属于《存款人保护法》所规定的投保金融机构。但是,金融控股公司涉及《存款人保护法》上的合并,资金支持等措施相关规定(第36条、第37条、第38条)。此外,虽然韩国产业银行、农协银行、水产业合作社中央会,外国银行的韩国内支行都是《存款人保护法》上的投保金融机构,但被排除在《关于金融产业结构改善的法律》第2条第1项所规定的金融机构范围外。这些金融机构都是保护存款人债权的必要性很高的金融机构,因此被包含在投保金融机构范围内,这些金融机构因其特定成立目的,故依据个别法律而成立,因此虽然不属于《关于金融产业结构改善的法律》所规定的金融机构,但依然受到金融监督院的监督(《关于金融委员会的设置等的法律》第38条)。总体来说,《关于金融产业结构改善的法律》所规定的金融机构范围和《存款人保护法》所规定的金融机构范围有所差异,这是因为《关于金融产业结构改善的法律》主要以维持金融市场的稳定为目的,因此追加规定了与之相关的金融机构,而《存款人保护法》主要以保护存款人的利益为目的,因此追加规定了与之相关的金融机构。

另外,关于政府资金的筹集、运营、管理的《政府资金管理特别法》对于金融公司的范围,除了《关于金融产业结构改善的法律》所规定的金融机构和《存款人保护法》所规定的投保金融机构以外,还包含《关于金融公司不实资产的有效处置及韩国资产管理公社的成立的法律》所规定的金融公司(第2条第2项)。《关于金融公司不实资产的有效处置及韩国资产管理公社的成立的法律》所规定的

---

① 李俊燮:《对于在金融机构破产以及重整程序中存款人及股东保护的法律体系考察》,载《商事法研究》2002年第21卷第2号,第525页。

金融公司范围,除了依据《韩国银行法》第8条第1款得到许可的银行、韩国产业银行、中小企业银行、农业合作社中央会、水产业合作社中央会、外国银行的韩国内支行、保险公司、互助储蓄银行、投资买卖业者和投资中介业者、综合金融公司、专业贷款金融公司等以外,还包括韩国进出口银行、信用合作社、信用保证基金、技术信用保证基金、新村信用社、韩国住宅金融公社等,有关金融业的几乎所有的金融机构(《韩国银行法》第2条第1款以及同法施行令第2条)。上述法律,不仅是为了有效处置金融公司的不实资产,并通过政府资金的支持确保资产的健全性和流动性,而且是为了提前防范金融机构的破产,并实现经营正常化的,因此尽可能扩大适用对象金融机构的范围,使更多的金融机构利用该制度。

(二)主要措施

1. 指定不实金融机构

指定不实金融机构是指确认发生经营不善的金融机构处于往后受到根据《关于金融产业结构改善的法律》或《存款人保护法》的各种处分的法律地位的行政处分。① 如果被指定为不实金融机构,其马上就会受到包括适时纠正措施在内的多种金融监督措施。② 尤其对于被指定为不实金融机构,未经在适时纠正措施之中经营改善劝告或经营改善要求,及时可以发布经营改善命令。关于不实金融机构的指定,《关于金融产业结构改善的法律》第2条第2项及《存款人保护法》第2条第5项都有相同规定。根据上述两个法律规定,不实金融机构大致分为以下三种类型:

(1)据对经营状态的实际调查结果,资不抵债的金融机构,或是因发生巨额金融事故或不良贷款债权而造成资不抵债,因此明显无法正常经营,并由金融委员会或存款保险委员会指定的金融机构;

(2)停止偿付存款等债权或向其他金融机构偿付贷款的金融机构;

(3)除非享受外部的资金支持或另外借款(通过正常金融交易产生的借款除外),否则难以偿付存款等债权或偿还贷款,并由金融委员会或存款保险委员会指定的金融机构。

---

① 参见首尔行政法院在1999年9月30日宣告的99GU27596(99구27596)号判决。

② 李俊燮:《对于在金融机构破产以及重整程序中存款人及股东保护的法律体系考察》,载《商事法研究》2002年第21卷第2号,第527页。

不仅如此,《存款人保护法》还规定了“不实忧虑金融机构”,[①]“不实忧虑金融机构”是指存款保险委员会决定因财务结构脆弱而很可能成为不实金融机构的投保金融机构(第2条第5项之2)。

2. 适时纠正措施

(1)引进背景

韩国的适时纠正措施作为在1998年9月14日修改的《关于金融产业结构改善的法律》首次引进直至今日的早期应对方法,是指为了及时解决问题并防止问题金融机构持续恶化,早期发现问题金融机构,对其进行及时纠正以及尽早处置的制度。该制度在1974年于丹麦首次实行。[②] 美国在20世纪80年代爆发储蓄和贷款协会金融危机而造成联邦储蓄和贷款保险公司(Federal Savings and Loan Insurance Corporation,FSLIC)的破产,[③]为了加强对健全经营的法律约束,美国于1991年制定了《联邦存款保险公司改善法》(Federal Deposit Insurance Corporation Improvement Act,FDICIA),并引进了适时纠正措施。[④] 据此,按照自有资本充实度将金融机构分为五个等级,比如对其中最低的第五等级金融机构责令关闭,对因财务结构恶化而可能会造成倒闭的金融机构,通过早期介入的方式采取必要的纠正措施。韩国也参照美国的立法例,为了鼓励金融机构的健全经营并提前防范金融机构的经营恶化,引进了适时纠正措施。

(2)《关于金融产业结构改善的法律》的规定

金融委员会如果判定金融机构的自有资本比率未达到一定标准,其财务状态未达到金融委员会所规定的标准,或者因发生巨额的金融事故或不良债权而其财务状态明显不能达到上述的标准的,为了防止金融机构的经营恶化并引导健全的经营,可以劝告、要求或是责令该金融机构或者其经营层采取各种措施,这些措施被称为“适时纠正措施”(《关于金融产业结构改善的法律》第10条第1

---

① 韩国存款保险公社有权针对不实忧虑金融机构开展对其业务及财产状况的调查,也有权对其不实忧虑有责任的高级管理人员代位行事损害赔偿请求权。

② 赵源东:《关于金融机构破产和适时纠正措施的研究》,国民大学2002年硕士学位论文,第54页。

③ 20世纪80年代,对石油产业及房地产行业进行过多投资的美国南西部一些储蓄和贷款协会,因油价下降以及房地产景气不振而一下子陷入经营困境,1984~1991年,约1400家储蓄和贷款协会面临破产(参见金度衡:《关于金融机构破产的研究》,国民大学2003年硕士学位论文,第29页)。

④ 赵源东:《关于金融机构破产和适时纠正措施的研究》,国民大学2002年硕士学位论文,第21页。

款)。适时纠正措施的具体内容如下:

① 对金融机构及其高级管理人员采取的注意、警告、谴责或减薪;

② 资本增加或资本减少,处置其保有资产或缩小其店铺、组织;

③ 禁止取得债务不履行或价格变动等风险较高的资产,或者限制办理高息存款吸收资金;

④ 停止高级管理人员的职务或者选任可以替代履行其职务的管理人;

⑤ 注销股份或并股;

⑥ 停止全部或部分的营业;

⑦ 合并或由第三人收购该金融机构;

⑧ 转让营业或转移与存款、贷款等金融交易有关的合同;

⑨ 除此之外,还有为提高金融机构财务健全性的必要措施。

此外,当金融委员会认为暂时未达到标准的金融机构能够在短期内达到其标准或者有其正当理由时,可以缓期执行适时纠正措施(《关于金融产业结构改善的法律》第 10 条第 3 款)。

金融委员会为了采取停止或转让全部营业、转移全部合同以及注销全部股份等有可能会给金融机构或其股东带来财产损失的这些措施,必须明确认定该金融机构是不实金融机构,或者其财务状态远远低于所定的标准因此肯定会对健全的信用秩序或存款人的权益造成危害(《关于金融产业结构改善的法律》第 10 条第 4 款)。

金融委员会责令不实金融机构合并、转让营业以及转移合同时,可以指定其他金融机构,劝告被指定机构合并,受让营业以及合同(《关于金融产业结构改善的法律》第 11 条第 1 款)。韩国存款保险公社可以向接受劝告的金融机构,以其履行为前提条件,依据《存款人保护法》第 2 条第 6 项的规定,提前提示资金支持的金额和条件(《关于金融产业结构改善的法律》第 11 条第 2 款)。并且,韩国存款保险公社如果认为使金融机构能够顺利履行适时纠正措施需要,可以实施中介金融机构间的合并,营业的转让、受让以及第三人的收购(《关于金融产业结构改善的法律》第 11 条第 3 款)。

(3)具体内容

适时纠正措施的基准按不同金融机构而不同,根据资本健全性的不实程度予以细化。适时纠正措施大致分为经营改善劝告、经营改善要求、经营改善命令三种。关于适时纠正措施的详细标准及具体内容,在金融委员会制定并公布的各金融行业监督规定中具体作出规定。《银行业监督规定》规定对银行的适时纠正措施,《互助储蓄银行业监督规定》规定对互助储蓄银行的适时纠正措施,《保险业监督规定》规定对保险公司的适时纠正措施,《金融投资业规定》规定对金融投资公司的适时纠正措施。

以银行为例,在2015年1月1日之前,根据《银行业监督规定》的规定,通常当基于风险的自有资本比率低于8%时发布经营改善劝告,当低于6%时发布经营改善要求,当低于2%时发布经营改善命令。然而,该基准被修改,自2015年1月1日起,"总资本比率低于8%,或基本资本比率低于6%,或普通股资本比率低于4.5%时"发布经营改善劝告(第34条第1款),"总资本比率低于6%,或基本资本比率低于4.5%,或普通股资本比率低于3.5%时"发布经营改善要求(第35条第1款),"总资本比率低于2%,或基本资本比率1.5%,或普通股资本比率低于1.2%时"发布经营改善命令(第36条第1款)。

以互助储蓄银行为例,据相关规定,当基于风险的自有资本比率(BIS)低于7%时发布经营改善劝告,当低于5%时发布经营改善要求,当低于2%时发布经营改善命令(《互助储蓄银行业监督规定》第46条、第47条、第48条)。

以保险公司为例,按照支付余力比率,当其比率属于从50% ~100%时发布经营改善劝告,当属于从0~50%时发布经营改善要求,当属于0未满时发布经营改善命令(《保险业监督规定》第7-17条、第7-18条、第7-19条)。

以金融投资公司为例,将金融投资业分为第一种、第二种、第三种等三种,按照其类别适用不同的标准,采取适时纠正措施(《金融投资业规定》第3-26条、第3-27条、第3-28条)。针对第一种金融投资业者,①当净资本比率低于100%时发布经营改善劝告,当低于50%时发布经营改善要求,当低于0时发布经营改善命令。针对第二种金融投资业者,②当自有资本低于最少营业资本额时,发布经营改善劝告,当自有资本超过必要保持自有资本,同时低于必要保持自有资本、顾客资产运营必要资本的50%、固有资产运营必要资本的50%之总和时,发布经营改善要求,当自有资本低于必要保持自有资本时,发布经营改善命

① 意味着投资买卖业者或投资中介业者。例如,证券公司属于这一类。

② 意味着集合投资业者。例如,资产运营公司、信托公司都属于这一类。

令。针对第三种金融投资业者,[①]当营业用净资本比率低于150%时,发布经营改善劝告,当营业用净资本比率低于120%时,发布经营改善要求,当营业用净资本比率低于100%时,发布经营改善命令。

此外,如果受到经营改善劝告的金融机构未诚实履行经营改善计划的,须向该金融机构发布经营改善要求。而且,如果受到经营改善要求的金融机构未履行此要求或者难以履行的,须向该金融机构发布经营改善命令。如果一家金融机构被指定为不实金融机构,须及时发布经营改善命令。

经营改善劝告的具体内容包括:改善运营人力及组织;节省经费;提高营业所管理效率;限制投资固定资产、进入新的业务领域及新出资;处置不实资产;增加或减少资本;限制分红;设定特别坏账准备金等。

经营改善要求的具体内容包括:关闭、合并、限制新设营业所;缩小组织;限制拥有风险资产;处置资产;限制存款利息水平;整理子公司;要求替换经营层;停止一部分营业;合并;并入金融控股公司的子公司;第三人收购;制作转让全部或部分营业的计划等。

经营改善命令的具体内容包括:注销全部或部分股份;停止高级管理人员执行职务;选任管理人;合并;并入金融控股公司的子公司;转让全部或部分营业;第三人收购;停业6个月;转移全部或部分合同等。

(4)评价

如上所述,金融委员会主导采取适时纠正措施的目的,在于"保护金融安全性"以及"破产费用最小化"。[②] 如果金融机构经营恶化,存款人丧失对该金融机构的信心而引起挤兑现象,就会对金融机构造成多米诺骨牌效应,从而导致国家整体的金融危机发生,大多数存款人也会因此受到很大的损失。因此,与一般企业不同,金融当局对不实金融机构采取了适时纠正措施,早期干预该金融机构的破产处置。并且,通过这种措施,韩国存款保险公社也可以节省开支,体现了破产费用最小化原则。

3. 政府和韩国存款保险公社对于不实金融机构的出资

如果金融委员会认为不实金融机构因持续取款而出现财务结构恶化,陷入

---

① 意味着金融投资业者之中不属于第一种和第二种的金融投资业者。

② 李垠宰:《关于金融机构倒产的研究——以银行为中心》,载《韩国倒产法学会2013年春季研讨会资料集》,2013年5月25日,第9页。

经营困难的，可以请求政府或韩国存款保险公社对不实金融机构进行出资或收买有价证券(《关于金融产业结构改善的法律》第 12 条第 1 款)。当依据这样的请求政府等出资时，不依照《商法》的相关规定，问题金融机构的董事会可以决定发行的新股种类、内容、数量、发行金额、分配方法以及其他程序(《关于金融产业结构改善的法律》第 12 条第 2 款)。金融委员会可以责令有偿或者无偿注销不实金融机构的特定股东(金融委员会决定出资时的股东，或者金融委员会认为对银行的亏损负有责任的股东)所持有的一部分或全部股份，或以一定的比例合并，从而减少资本(《关于金融产业结构改善的法律》第 12 条第 3 款)。当受到金融委员会的资本减少命令时，不依照《商法》的相关规定，不实金融机构的董事会也可以决议减少资本，并决定资本减少的方法和程序、并股的程序等(《关于金融产业结构改善的法律》第 12 条第 4 款)。不实金融机构的董事会因上述的事由而做出决议的，应当及时在两种以上的报纸上对决议事项及异议股东的股权收买请求权进行公告(《关于金融产业结构改善的法律》第 12 条第 7 款)。不实金融机构应当自收到股权收买请求之日起 2 个月内收买其股权。这时，股份的收购金额由股东及公司协商决定，未达成协议的，由会计专家考虑到在政府等出资或收买有价证券之前不实金融机构的财产价值及收益价值等因素决定(《关于金融产业结构改善的法律》第 12 条第 8 款)。

《关于金融产业结构改善的法律》规定了当政府等对不实金融机构进行出资时，该金融机构可以突破《商法》和《关于资本市场和金融投资业的法律》的限制，发行没有表决权的股份(第 13 条)，并作出简化并股等资本增加或减少程序的特别规定(第 13 条之 2)。

4. 停业

停业处分是指责令停止问题金融机构的全部或部分营业的临时性行政处分。在停业期间，偿付存款等一切支付都被停止。经过停业期间通过资本扩充或资产出售，履行经营改善计划的，可以恢复正常经营。如果难以恢复正常经营的，通过合同转移决定等方法，尽量减少债权人的损害，然后转入破产清算程序。

如果金融机构的财务状态属于适时纠正措施中的经营改善命令对象，金融委员会可以责令该金融机构停业，其期限不能超过 6 个月。但采取停止全部营业的措施前，必须明确认定该金融机构是不实金融机构，或者其财务状态远远低于所定的标准并会对健全的信用秩序或存款人的权益造成危害(《关于金融产业结构改善的法律》第10条第4款)。

此外,在被指定为不实金融机构后,不实金融机构有下列情形的,金融委员会可以责令该金融机构停业,其期限不能超过6个月:一是该金融机构不履行适时纠正措施;二是该金融机构不履行注销对经营困境有责任的股东的股票的命令;三是不实金融机构的合并失败;四是明显资不抵债;五是因资金情况急剧恶化而难以偿付存款等债权或偿还借款,从而危害存款人的权益或信用秩序的可能性十分明显(《关于金融产业结构改善的法律》第14条第2款)。

实践中,当不实金融机构停业时,往往同时责令该金融机构的高级管理人员停止职务,并选任管理人。金融委员会责令《存款人保护法》上的投保金融机构全部停业的,在选任管理人时,原则上将韩国存款保险公社的职员选任为管理人(《关于金融产业结构改善的法律》第14条之6第1款)。当然,为谋求该金融机构的经营正常或保护一般债权人的利益,必要时也还可以选任其他人为管理人(《关于金融产业结构改善的法律》第14条之6第2款)。管理人的任期为到停业结束之日,如果在停业期间宣告破产的,其任期就为到破产宣告日(《关于金融产业结构改善的法律》第14条之第3款)。在停业期间,通过将不实金融机构的全部或部分资产及负债转移到其他金融机构,或者第三人收购不实金融机构的,可以使存款人等交易当事人的损害最小化。最近,实务处置方式有了变化,即在停业的同时进行合同转移,使业务空白最小化,以免对交易当事人造成不便。

5. 合同转移决定

(1)立法背景

合同转移决定是指作为金融委员会可以对不实金融机构采取的重大行政处分之一,为了使不实金融机构退出市场,将不实金融机构的资产和负债转移至受让金融机构的法律行为。[①] 本来,合同转移制度来源于保险法。保险法上的合同转移制度是指在保险公司面对破产时,以将该保险公司对投保人的权利义务关系转移到其他保险公司,不仅保护投保人,而且有助于保险公司的破产处置程序。[②] 韩国于1997年1月13日修改《关于金融产业结构改善的法律》时引进了

① 赵源东:《关于金融机构破产和适时纠正措施的研究》,国民大学2002年硕士学位论文,第52页。

② 郑胜旭:《作为不实金融机构整理方式的合同转移(P&A)的法律问题》,载《证券法研究》2000年第1卷第1号,韩国证券法学会,第202页。

合同转移制度,直至今日。

(2)条件

金融委员会采取的适时纠正措施之一是合同转移决定(《关于金融产业结构改善的法律》第 10 条第 1 款)。当某一家金融机构属于经营改善命令对象时,金融委员会可以转移该金融机构拥有的全部或部分合同(资产及负债),但条件是该金融机构被指定为不实金融机构,或者认为因财务状态十分恶劣而危害健全的信用秩序或存款人权益的可能性很大,才能决定转移合同的全部(《关于金融产业结构改善的法律》第 10 条第 4 款)。金融委员会对金融机构作出合同转移决定时,可以指定其他金融机构,劝告被指定机构受让不实金融机构的合同(《关于金融产业结构改善的法律》第 11 条第 1 款),而如果合同转移的结果违背相关法律法规,该金融机构应按金融委员会所定的程序,在 3 年之内纠正(《关于金融产业结构改善的法律》第 11 条第 5 款)。

此外,在被指定为不实金融机构后,不实金融机构有下列情形的,金融委员会也可以作出合同转移决定:该金融机构不履行适时纠正措施;不实金融机构的合并失败;明显资不抵债等(《关于金融产业结构改善的法律》第 14 条第 2 款)。金融委员会作出合同转移决定时,应在必要的范围内决定转移的合同范围,合同转移的条件以及受到转移的金融机构,并应当提前得到受让金融机构董事会的同意(《关于金融产业结构改善的法律》第 14 条第 5 款)。不过,不实金融机构不需要董事会和股东大会的决议(《关于金融产业结构改善的法律》第 14 条第 6 款)。当受让金融机构履行与合同转移有关的股东大会决议、股权收买请求、债权人的异议等程序时,适用《关于金融产业结构改善的法律》上的程序简化规定(《关于金融产业结构改善的法律》第 14 条第 9 款)。

此外,韩国存款保险公社如果认为为了保护存款人的利益而需要的,可以请求金融委员会对不实金融机构作出合同转移决定(《存款人保护法》第 36 条之 2 第 1 款)。

(3)效果

合同转移决定作出后,不实金融机构合同转移有关的权利义务,由受让金融机构全部继承(《关于金融产业结构改善的法律》第 14 条之 2 第 1 款)。同时,不实金融机构和受让金融机构共同负责,将合同转移决定的要旨和事实,及时公告在 2 种以上的日刊报纸上(《关于金融产业结构改善的法律》第 14 条之 2 第 2

款)。公告时,与其合同转移有关的债权人、债务人、物上保证人及其他利害关系人和不实金融机构之间的法律关系,由受让金融机构全部继承(《关于金融产业结构改善的法律》第14条之2第3款)。被转移的有抵押的债权,在如上公告时,由受让金融机构取得。受让金融机构可以向受让贷款债权的保证人请求履行保证债务,而利害关系人可以以在公告之前不实金融机构之间发生的事由,对抗受让金融机构。[①] 原则上,债务承担需要得到债权人的同意,而当根据合同转移决定由受让金融机构承担不实金融机构的债务时,未经债权人同意,只通过公告继承债务,因此,这种债务承担的性质应视为并存的债务承担。对于债权转让而言,在指名债权的转让时,原则上应依据《民法》第450条规定,由转让人通知债务人,或者债务人同意,才具备对第三人的对抗条件。但是,通过合同转移决定受让存款等债权时,只要在2种以上日刊报纸上公告其指名债权的转让事实,就视为具备《民法》第450条所规定的指名债权转让的对抗条件(《关于金融产业结构改善的法律》第14条之2第4款)。《关于金融产业结构改善的法律》对于债的转移作出特别规定,为通过合同转移决定集体进行的债权继承程序提供便利。

金融委员会作出合同转移决定时,应当选任不实金融机构的管理人(《关于金融产业结构改善的法律》第14条第7款)。被选任的管理人有权在与合同转移决定相关的业务范围内,管理、处置不实金融机构的资产和负债(《关于金融产业结构改善的法律》第14条之3第1款)。金融委员会对《存款人保护法》上的投保金融机构作出合同转移决定的,在选任管理人时,应当将韩国存款保险公社的职员选任为管理人。但是,如果没有政府或韩国存款保险公社的资金支持的,除韩国存款保险公社的职员外的其他人也可以选任为管理人(《关于金融产业结构改善的法律》第14条之6第1款)。当然,为谋求该金融机构的经营正常或保护一般债权人的利益而必要时,除了韩国存款保险公社的职员以外,还可以将其他人选任为管理人(《关于金融产业结构改善的法律》第14条之6第2款)。这时,管理人的任期为到停业结束之日,而如果在停业期间中宣告破产的,其任期为到破产宣告日(《关于金融产业结构改善的法律》第14条第3款)。

---

① 参照大法院在2002年8月23日宣告的2001DA32410(2001da32410)号判决。

根据《保险业法》规定，[①]保险合同的转移应当得到金融委员会的核准。但是，如果金融委员会对保险公司作出合同转移决定，就视为得到其批准(《关于金融产业结构改善的法律》第14条第8款)。

从实践中来看，在停业期间转移不实金融机构的全部或部分资产及负债的情况很多，此时，主要转移至健全金融机构或由韩国存款保险公社成立的过桥金融机构。近期，实务处置方式有了变化，即在停业的同时进行合同转移，使业务空白最小化，以免产生交易当事人的不便。因此，这时必须提前确定包括过桥金融机构在内的受让金融机构。

(4)问题

合同转移决定的最大优点在于维护与金融机构交易的存款人等债权人的权益，并可以有效整理不实金融机构。然而容易对不实金融机构的股东及利害关系人的利益造成重大的侵害。从法律制度上来看，在合同转移决定的进行过程中或刚作出合同转移决定之后，缺乏对其内容的异议程序。[②] 换言之，事实上没有事前的司法控制方法。而且，从受让金融机构的观点来看，按照资产或负债的价值评估结果，有可能会遭到严重损害。如果资产评估过高，由于多承担相当于其差额的负债，受让金融机构可能遭受相当于其差额的损失。但是，在合同转移决定程序中，没有对其提起异议的手段。原因在于《关于金融产业结构改善的法律》主要目的在于对不实金融机构进行迅速重组。但是，从指定不实金融机构的决定到通过合同转移决定使该金融机构退出市场的过程中，金融委员会等金融当局单独主管决定全过程，因此尽管整个环节上可能存在判断上的错误，对其决定的任何审查或控制都排除，不尽合理。因此，迫切需要保障事前的司法控制手段。就算需要迅速采取措施，司法审查也有必要。同时，包括对金融当局的违法、不当措施的行政诉讼或损害赔偿请求诉讼在内的事后的司法控制手段也应该得到加强。除非像1997年金融危机那样的紧急情况，否则给予金融当局过分的权力既不合理又不妥当。

6. 营业认可、许可的撤销及解散

金融机构的设立由金融委员会审查批准。营业认可、许可的撤销是指吊销

---

① 《保险业法》第139条规定。

② 李俊燮：《对于在金融机构破产以及重整程序中存款人及股东保护的法律体系考察》，载《商事法研究》2002年第21卷第2号，第548页。

问题金融机构的营业认可、许可证,并使其退出市场,从而进入清算程序的措施。

不实金融机构有下列情形的,金融委员会可以撤销该金融机构的营业认可或许可:一是该金融机构不履行适时纠正措施;二是该金融机构不履行注销对经营困境有责任的股东的股票的命令;三是不实金融机构的合并失败;四是明显资不抵债(《关于金融产业结构改善的法律》第14条第2款)。

该金融机构的营业认可、许可被撤销的,就要解散(《关于金融产业结构改善的法律》第14条第4款)。金融机构解散的,法院就选任清算人(《商法》第531条),而金融委员会可以将金融专家或韩国存款保险公社的职员向法院推荐为清算人(《关于金融产业结构改善的法律》第15条第1款)。法院选任清算人的,清算人就对该金融机构进行清算程序。然而,在实践中,向法院提出破产清算申请,通过法院的破产程序进行清算程序更为常见。

7. 金融稳定基金提供的资金支持

(1)金融稳定基金

2008年国际金融危机之后,韩国于2009年5月27日修改《关于金融产业结构改善的法律》,新设与设置金融稳定基金有关的条款,以有效应对市场的急剧变化并谋求金融市场的稳定。韩国在政策金融公社里设置金融稳定基金并使其运营金融稳定基金,给问题金融机构提供为扩充资本的资金支持,以在金融机构陷入经营困境之前可以予以预防性支持。随后于2015年1月1日,韩国政策金融公社重新被并入韩国产业银行。目前,金融稳定基金由韩国产业银行运营、管理。

金融稳定基金的财源包括金融机构和企业等的捐献金、从政府、韩国银行和其他金融机构等借到的借款、以发行金融稳定基金债券而筹集的资金、基金运营收益等。金融稳定基金主要用于给金融机构支持的资金及其相关费用、借款的偿还、金融稳定基金债券本息的偿还、基金运营经费等。金融稳定基金应区分于韩国产业银行的会计处理。如果金融稳定基金发生闲置资金的,可以用于购买国公债、向金融机构存款或放贷等。

(2)资金支持程序

金融机构需要资金支持,应向韩国产业银行申请,经韩国产业银行审查和基金运营审议会决议决定是否给予资金支持。申请资金支持的金融机构应满足下列条件:第一,申请机构未得到政府或韩国存款保险公社的出资或资金支持;第二,因市场状况急剧变化和申请机构的流动性风险突出等事由,造成金融中介功能不全,应被认为需要改善申请机构的财务结构或扩充资本;第三,申请机构提出的金融功能提高计划的内容应当符合提高申请机构的经营健全性和金融中介功能。

此外,申请机构应当向韩国产业银行提交金融功能提高计划,该计划包含下列内容:申请资金支持的金额及其用途、按照申请机构的特性,为国家经济做贡献的方案、为履行金融功能提高计划的期限等。享受资金支持的金融机构,应当每季度向韩国产业银行和金融委员会通知金融功能提高计划的履行状况。韩国产业银行可以请求金融委员会对受到资金支援的金融机构的业务或财产状况进行检查,或采取监督所需的措施。

然而,金融稳定基金的实际利用率非常低。2011 年爆发储蓄银行停业事件时,三四家储蓄银行曾考虑申请金融稳定基金,但最终没有申请。这是因为如果申请金融稳定基金,就有可能会被打上不稳定、经营不善的金融公司之烙印,因此给营业带来不利的后果。① 引进金融稳定基金的宗旨在于使不实忧虑金融机构通过资金支持恢复健全的资本状态,但市场反应不以为然。对此,迫切需要制定补充对策。

8. 最后贷款人制度

银行发生暂时性流动困难时,即通过向其他金融机构拆借,或出售所持有的有价证券等,也无法筹集资金而处于流动性不足状态时,最终给该银行提供资金的中央银行叫作最后贷款人。这是中央银行所具有的重要功能之一,也是防止金融机构破产并保持国家经济的信用秩序的手段。② 在严格意义上,最后贷款人制度并不是银行市场退出机制的组成部分,而是政府考虑到银行的公共性,对经营不善的银行提供救济的一种事前保护措施。③ 上述制度并不适用于所有金融机构,而主要适用于商业银行等货币金融机构。

《韩国银行法》第 65 条规定了最后贷款人制度,其中规定的金融机构范围,

---

① 《储蓄银行的金融稳定基金申请全无》,载《首尔经济》2011 年 11 月 21 日:http://economy.hankooki.com/lpage/finance/201111/e2011112120044717450.htm,最后访问日期:2015 年 2 月 10 日。

② 《最后贷款人》,载 NAVER 知识百科:http://terms.naver.com/entry.nhn?docId=638360&cid=42143&categoryId=42143,最后访问日期:2015 年 2 月 10 日。

③ 张雪强:《银行业金融机构市场退出法律制度研究》,法律出版社 2014 年版,第 201 页。

只包含银行、银行控股公司、水产业合作社中央会的信用营业部门等,不包含保险公司、互助储蓄银行、信托公司等(《韩国银行法》第11条)。上述金融机构因资金来源不足及资金运营失败而造成流动性恶化的,金融通货委员会经7名委员中4名以上同意,可以向该金融机构提供紧急贷款(《韩国银行法》第65条第1款第1项)。此外,当因电算信息处理装置陷入瘫痪、发生其他偶然事故等而造成金融机构暂时难以支付资金,认为可能会给业务执行带来明显障碍时,也可以提供紧急贷款(《韩国银行法》第65条第1款第2项)。

最后贷款人制度如果适用于暂时处于流动性危机而通过紧急资金支持能够恢复正常经营的金融机构的,确实能够有效防止金融机构破产,但如果适用于不实程度严重、难以恢复正常经营的金融机构的,就只可能会对国家财政带来很大的负担,并得不到实质性效果。因此,先应当对金融机构的财务状态、倒闭原因、恢复可能性等因素进行彻底的调查,然后依据调查结果决定实施与否。

9. 关于简化不实金融机构的合并和减资等程序的特别规定

(1)简化不实金融机构合并程序的特别规定

当《关于金融产业结构改善的法律》被适用的金融机构进行合并程序时,即使该金融机构与不是不实金融机构的正常金融机构进行合并程序,但不是就适用《商法》或《关于资本市场和金融投资业的法律》的相关规定,而是就适用《关于金融产业结构改善的法律》的特别规定。《关于金融产业结构改善的法律》虽然没有规定只适用于不实金融机构的合并,但是还有简化规定适用于所有金融机构的合并程序,因此当依据以适时纠正措施之一[①]发布的合并命令进行合并时,也会适用上述规定。[②] 与金融机构合并程序有关的简化规定,以简化债权人保护程序为核心。

原则上,金融机构在股东大会进行合并决议的,根据《商法》第527条之5第1款规定,可以在2种以上日刊报纸上公告债权人有权在1个月以上期间中该公司所定的期限内提出异议,但应当个别通知催告已知的债权人。然而,《关于金融产业结构改善的法律》第5条第3款规定,将原来1个月以上的债权人的异议期间缩短为10日以上,并且使其可以省去对已知的债权人的个别催告程序。此

① 金融委员会可以以适时纠正措施之一,责令属于经营改善命令对象的金融机构合并。

② 李俊燮:《对于在金融机构破产以及重整程序中存款人及股东保护的法律体系考察》,载《商事法研究》2002年第21卷第2号,第534页。

外，关于为合并决议的股东大会召集通知，根据《商法》第363条第1款规定，应当在股东大会召开2周前发出召集通知，但根据《关于金融产业结构改善的法律》第5条第4款规定，金融机构可以在股东大会召开7日前发送通知。而且，根据《商法》第522条之2第1款规定，为了给股东等利害关系人提供并公示对合并案的判断资料，应当自股东大会召开两周前起在总部里放置各家合并金融机构的资产负债表，但根据《关于金融产业结构改善的法律》第5条第5款规定，将该期间也缩短为7日。

不仅如此，《关于金融产业结构改善的法律》还对异议股东的股权收买请求权作出了特别规定。根据《商法》第522条之3规定，异议股东可以在合并决议后20日内行使股权收买请求权，而《关于金融产业结构改善的法律》将其行使期限缩短为10日内(第5条第8款以及第12条第7款)。根据《商法》的相关规定，股份的收购金额由股东及公司协商决定，而未达成协议时，公司或股权收买请求人可以请求法院决定收购价(第374条之2以及第530条)。然而根据《关于金融产业结构改善的法律》的相关规定，只有股权收买请求人的30%以上反对已决定的收购价，才可以请求法院决定收购价，从而对请求权限加以限制(第5条第8款以及第12条第9款)。

《关于金融产业结构改善的法律》所规定的关于金融机构合并程序的这些简化规定，以尽量迅速进行金融机构合并程序为目的。虽然为迅速促进金融产业的重组的目的本身具有道理的，但是在相当程度上疏于保护债权人等利害关系人的权益。金融机构的合并给股东、债权人等的权益带来的影响极大。即便如此，为了在合并程序中缩短2个月左右的时间，排除或限制股东和债权人的权益过度。在金融机构的破产程序中，金融制度的稳定这个目标固然重要，但保护债权人等利害关系人的权益也同样重要。在实践中，因这些条款而对股东和债权人的权益造成重大损失并他们常常对这种处置表示抗议，反而耽误合并程序时间或留下后遗症。[①] 就算缩短债权人的异议期间或股权收买请求期间，修改为与《商法》规定相同的内容，迅速的重组过程也不会发生任何障碍或延误，因此需要采取立法上的改善措施。

---

① 李俊燮:《对于在金融机构破产以及重整程序中存款人及股东保护的法律体系考察》，载《商事法研究》2002年第21卷第2号，第535页。

(2)简化减资程序的特别规定

金融机构的减资程序与合并程序一样,不适用《商法》上的一般性规定,而是适用《关于金融产业结构改善的法律》上的特别规定。该特别规定不仅适用于对正常金融机构进行减资决议,而且适用于依照作为经营改善命令对全部或部分股份的注销命令而进行减资程序。① 根据《关于金融产业结构改善的法律》第5条之2规定,金融机构决议通过注销股份或并股等方法进行减资程序的,关于债权人提出异议的程序和股东大会召集时间及程序,不适用《商法》上的一般性相关规定,而与合并程序一样适用简化程序的特别规定。

此外,如果金融委员会要求问题金融机构采取减少资本金的适时纠正措施的,该金融机构的董事会可以不依照《商法》的规定,对减资进行决议或对减资方法和程序、并股程序等事项作出决定(《关于金融产业结构改善的法律》第13条之2以及第12条第4款)。本来《商法》规定减资决议就是股东大会的特别决议事项,但是上述的特别规定却完全剥夺股东大会的权力,董事会有权决定减资。

原则上,金融机构进行减资的,根据《商法》第232条、第439条规定,可以在2种以上日刊报纸上公告债权人有权在1个月以上期间中该公司所定的期限内提出异议,但应当个别通知催告已知的债权人。然而,《关于金融产业结构改善的法律》第12条第5款规定,将原来1个月以上的债权人的异议期间缩短为10日以上。债权人提出异议的,金融机构应当给该债权人偿还或提供相当的担保,或以此为目的向信托公司委托相当的财产,但如果减资金额少于政府等出资的金额的除外(《关于金融产业结构改善的法律》第12条第5款但书)。

《关于金融产业结构改善的法律》所规定的与金融机构减资程序有关的这些简化规定,以尽量迅速进行金融机构减资程序为目的。实际上,处于紧急状态的金融机构可能会难以召开股东大会来决定减资。虽然为迅速促进金融产业的重组的目的本身具有道理的,但是在相当程度上疏于保护债权人等利害关系人的权益。尤其是董事会可以决定减资所需的任何方法和程序,是完全排除《商法》上的组织机构的权力分配。对不实或不实忧虑有直接责任的董事会却可以剥夺经营失败没有直接责任的股东或债权人的权利而随意进行减资程序,既不合理

① 李俊燮:《对于在金融机构破产以及重整程序中存款人及股东保护的法律体系考察》,载《商事法研究》2002年第21卷第2号,第537页。

又不妥当。①

在金融机构的破产程序中,由于金融制度的稳定这个目标固然重要,但保护债权人等利害关系人的权益也是同样重要的目标,因此对上述的简化条款需要采取立法上的改善措施。

(三)主要争论和相关案例

1.与对于不实金融机构的适时纠正措施等行政处分有关的不服案例

(1)案件概要②

金融监督委员会(被告)在1998年6月29日责令京畿银行停止全部营业,决定将京畿银行的资产、负债及原合同当事人的一切权利义务转移给韩美银行及成业公社,责令京畿银行的所有高级管理人员停止执行其职务,同时选任管理人。而且,金融监督委员会依据当时的《关于金融产业结构改善的法律》③的规定,请求财政经济部长官撤销京畿银行的银行业许可,财政经济部长官于1998年9月30日依该法第14条第3款规定撤销了上述的许可。对此,京畿银行的股东,以上述各处分的法律依据《关于金融产业结构改善的法律》的各个条款违宪为由,向法院起诉,要求撤销以上述法律为依据而实施的各种处分。

(2)关于银行股东是否有原告资格请求撤销对该银行的停业处分的大法院判断[大法院在2005年1月27日宣告的2002DU5313(2002 두5313)号判决]

原则上,法人的股东对法人的行政处分只有间接利害关系,因此没有原告资格请求撤销其处分。但是,在因其行政处分而法人不再能继续营业,在处分当时已经能够预见在撤销营业许可之后会进行解散、清算程序,并即使后面的程序被撤销,因为处分效力持续,法人还不再能继续营业等的例外情况下,股东也对其处分具有直接、具体的法律上利害关系,因此,此时的股东具有原告资格。

该案中的各个处分都是为了保护存款人的利益并维持金融制度的安全,以停止京畿银行的全部营业,决定将京畿银行持有的营业有关的资产、负债及原合同当事人的一切权利义务都转让给韩美银行和成业公社,停止京畿银行的高级

---

① 金度衡:《关于金融机构破产的研究》,国民大学2003年硕士学位论文,第49页;李俊燮:《对于在金融机构破产以及重整程序中存款人及股东保护的法律体系考察》,载《商事法研究》2002年第21卷第2号,第539页。

② 参照大法院在2005年1月27日宣告的2002DU5313(2002du5313)号判决及2002DU5320(2002du5320)号判决等。

③ 这部法律是在1999年5月24日修改前的法律。

管理人员执行职务,并选任管理人为内容,同时进行的一系列处分。对于股东是否具有直接、具体的法律上利害关系,还考虑以下几个因素:(1)各处分以后,有财产价值的资产大部分和负债等已经被转移了;(2)按照被告的撤销请求,实际上京畿银行的银行业许可被撤销了;(3)后来,京畿银行进入了破产清算程序。总体来说,因该案中的各个处分而导致京畿银行的营业资产中大部分有财产价值的资产以及负债都被转移了,因此京畿银行不再能继续营业,而在处分当时已经能够预见在撤销营业许可之后会进行解散、清算程序,并即使后面的程序被撤销,因为处分效力持续,京畿银行还不再能继续营业。因此,基于上述考虑,法院认为京畿银行的股东具有原告资格。

(3)关于《关于金融产业结构改善的法律》上的适时纠正措施是否违宪的大法院判断

关于《关于金融产业结构改善的法律》等对不实金融机构的适时纠正措施有关的各规定①是否违反《宪法》,大法院认为,上述各规定都是为实现国家经济的安全的恰当、必要手段,并即使上述各规定所达成的公益与不实金融机构的股东所遭受的财产权侵害程度相比,也可以认定二者之间具有均衡关系,因此不能说其违背比例原则,也不能说其侵害财产权的本质内容。

换言之,不能说这些规定违反了《宪法》第23条、第37条第1款、第119条以及第126条等规定[大法院在2005年1月27日宣告的2002DU5313(2002 두5313)号判决以及在2005年1月27日宣告的2002DU5320(2002 두5320)号判决等]。同时,大法院裁定了驳回②对于《关于金融产业结构改善的法律》上各条款的违宪法律审判提请申请[大法院在2005年1月27日作出的2002A34(2002 두34)号裁定以及在2005年1月27日作出的2002A35(2002 두35)号裁定等]。大法院对《关于金融产业结构改善的法律》中第10条第1款、第2款、第12条第3款的各规定是否违宪这一问题也作出了同样的判断[大法院在2005年2月18日宣告的2002DU9360(2002 두9360)号判决],其具体内容如下:

---

① 旧《关于金融产业结构改善的法律》(在1998年9月14日改正前的法律)第2条第3款(가)项、第10条第1款、第11条第1款、第14条第2款、第3款,以及《银行法》第46条。

② 《关于金融产业结构改善的法律》第10条第1款、第14条第2款,以及《银行法》第46条,以没有裁判前提性为由裁定了驳回。《关于金融产业结构改善的法律》第2条第3款(가)项、第11条第1款、第14条第2款的规定都并没有违反禁止概括委任立法的原则,也没有违反比例原则,因此并没有侵害私有财产权的本质内容,以合宪为由裁定了驳回。

《关于金融产业结构改善的法律》第10条第1款规定了适时纠正措施的基本要件及内容，第2款规定了委托金融委员会只能制定告示适时纠正措施的具体标准及程序，因此金融委员会的告示所规定的内容大纲可以推测出来，从而上述各规定并没有违反《宪法》第75条中所规定的禁止概括委任立法的原则。而且，《关于金融产业结构改善的法律》第12条第3款是金融委员会可以责令政府等出资的不实金融机构有、无偿注销一部分或全部股份，或通过股份的合并来进行减资程序的规定，这个规定只是赋予金融委员会裁量权，不是委托金融监督委员会的告示制定其标准和内容等的规定，因此不能认为这个规定属于概括委任立法。由于对金融委员会的权限委任内容、目的、范围也加以充分的限制，因此这个规定也并不是不明确的规定。而且，不能说同法第12条第3款是过度侵害股东的财产权的违宪规定。即使当采取这样措施时没有调整股东之外的其他关系人之间利害关系的程序，还不能说这是违反了宪法上的平等原则。而且，即使对事前通知股东或者听取股东的意见等程序没有规定，还不能说这个规定违反了正当程序的原则。

2. 与合同转移决定有关的不服案例

(1)争论事项

当银行等金融机构破产时，金融委员会可以对不实金融机构作出合同转让决定(《关于金融产业结构改善的法律》第14条第2款)。金融委员会作出上述的合同转移决定时，应在必要的范围内决定转移的合同范围，合同转移的条件以及受到转移的金融机构(《关于金融产业结构改善的法律》第14条第5款)。这是金融委员会用一种行政处分责令一家健全金融机构受让私人之间的合同，因此，从合同转移决定的目的和迅速性及安全性的角度来看有不少优点。相反，这不太符合一般法律体系，对合同转移的公平性也存在不少疑问，因此，当合同转移时，对被转移资产的公平价值评价是十分重要的。即如果因合同转移而接受的资产被过多评价的，受让资产的金融机构将会受到很大损失，与此相反，资产比实际价值被过少评价的，不实金融机构将会受到很大损失，从而破产债权人将可受领的分配额会减少。

另外，上述的合同转移决定虽然非常重要，但是对其要件及对象的规定不明确，加之不容易事前控制。因此，如果因金融委员会的合同转移决定有错误而导致债权人等利害关系人遭受巨大损失的，应当积极考虑无效确认诉讼或者损害赔偿诉讼等事后控制手段。这是因为上述的合同转移决定也是行政机关处分之一。

(2)判决内容

大法院认为,当合同转移时资产及负债的转移范围应当根据合同转移决定书所规定的内容判断,万一从决定书中不能确定其范围,应当综合考虑合同转移决定的主旨和情节,与被转移合同相关当事人之间的公平结果等来判断[参照大法院在2006年4月28日宣告的2004DA70260(2004다70260)号判决及在2010年4月29日宣告的2009DA77730(2009다77730)号判决等]。

此外,接受了东亚互助信用金库的合同而成立的京畿互助储蓄银行,以韩国存款保险公社的职员作为东亚互助信用金库的管理人,从事资产及负债的评估业务和纯资产价值评估业务等财产调查业务时,因违反了业务上注意义务,将约82亿韩元的不良债权判定为良好债权,并将其打入东亚互助信用金库的资产,过少评价,导致京畿互助储蓄银行发生损失为由,以韩国存款保险公社为被告向法院提起了损害赔偿请求诉讼。在该案中,大法院认定了韩国存款保险公社的损害赔偿责任[大法院在2005年11月24日宣告的2004DA48508(2004다48508)号判决]。韩国存款保险公社职员被选定为不实金融机构的管理人,从事依据合同转移决定的财产调查业务时,违反其业务上注意义务的,韩国存款保险公社应当作为上述管理人的雇主承担对接受合同的金融机构所遭受的财产损害的赔偿责任。

3.评价

金融委员会依据《关于金融产业结构改善的法律》作出的合同转移决定,用一种行政处分责令不实金融机构转让合同给一家健全金融机构,通过将不实金融机构的资产及负债中的一部分转移到第三人受让金融机构,处置不实金融机构的一种方法[大法院在2003年5月30日宣告的2002DA23826(2002다23826)号判决]。笔者认为,上述合同转移决定所依据的《关于金融产业结构改善的法律》的相关规定并不违宪,但是当具体措施的内容违法或不当时,可以主张撤销上述行政处分,或主张其无效。只有当因适时纠正措施导致金融机构不再能继续经营,在处分当时已经能够预见在撤销营业许可之后会进行解散、清算程序,并即使后面的程序被撤销,因为处分效力持续,法人不再能够继续营业等情况发生时,银行等不实金融机构的股东才具有原告资格请求撤销对该金融机构的行

政处分。并且,如上所述,韩国存款保险公社等金融当局的负责人实行合同转移决定或适时纠正措施时,因违反与成为其前提的财产调查业务有关的注意义务而对受让金融机构或破产财产造成财产损失的,应当承担损害赔偿责任,对此大法院也予以支持。

二、法院主导的司法破产程序

(一)立法现状

1. 立法现状

韩国关于一般企业的破产清算程序,在《关于债务人重整及破产的法律》中作出了规定。金融机构的破产清算程序也与其他企业一样适用《关于债务人重整及破产的法律》。然而,金融机构的破产程序比一般企业的破产程序更为复杂,尤其存在许多小额存款人的,仅靠一般破产法规定难以解决的情况比较多,因此对金融机构的破产,有必要制定反映上述特性的特别规定。考虑到金融机构破产的特殊性、[①]金融市场的稳定等保护公共利益的必要性和要迅速处置的迫切性等几种因素,韩国制定如《关于金融产业结构改善的法律》《存款人保护法》的特别法,对政府主导的金融机构破产程序作出特别规定,政府据此对不实金融机构采取各种破产处置措施。不仅如此,这两部法律还对法院的破产清算程序,在金融机构破产程序的多个方面制定了特例条款,如破产申请权人、破产管理人的选任以及债权申报。因此,金融机构的破产清算程序在法院的司法破产程序中还具有与一般企业的破产清算程序不同的特色。

2. 与一般破产程序相比

(1)破产申请权人

对于一般企业的破产,债务人、债权人、该公司的董事、清算人都可以提出申请(《关于债务人重整及破产的法律》第294~296条)。金融机构也一样,债务人、债权人等可以提出破产申请。而由于金融机构的破产存在特殊性,大部分国家赋予金融监督机构破产申请权,韩国《关于金融产业结构改善的法律》第16条有相关规定。金融委员会如果得知某一家金融机构存在《关于债务人重整及破

---

① 金融机构的债权人主要是存款人,由于其人数众多,因此不同于一般破产程序,可能会难以召开债权人会议,并召集债权人。此外,金融机构的主要资产是贷款债权或有担保的贷款债权,这些债权的特征是不容易迅速回收资金的。

产的法律》第306条[①]所规定的破产原因,可以提出对该金融机构的破产申请。而且金融监督院长或韩国存款保险公社可以建议金融委员会对相关金融机构进行破产申请。在实践中,大部分的金融机构破产案件,在金融委员会、韩国存款保险公社等金融当局的主导下,首先采取行政处置程序,然后对事实上无法恢复而决定退出市场的金融机构,撤销认可、许可的同时进行破产申请。换言之,在韩国,对金融机构的破产申请权人除债务人、债权人以外,还包括金融委员会。

(2)破产管理人的选任

韩国《关于债务人重整及破产的法律》对破产管理人的资格没有特别规定。在司法实践中,一般企业的破产清算程序,主要由律师或会计师等专家来担任破产管理人。这也许是因为破产管理人应当作为破产公司的诉讼当事人直接参与诉讼,并要处理在破产清算过程中出现的各种法律问题和财产问题等。而《关于金融产业结构改善的法律》《存款人保护法》《银行法》等相关法律在金融机构的破产清算程序中对破产管理人的选任作出特别规定,当法院在金融机构的破产案件中选任破产管理人时,金融委员会可以将金融专家或韩国存款保险公社的职员中1人推荐为破产管理人,除非特殊情形,法院应选任被推荐的人员为破产管理人(《关于金融产业结构改善的法律》第15条)。当银行破产时,应当将金融监督院长或其所属职员1名选任为破产管理人(《韩国银行法》第57条)。此外,如果韩国存款保险公社支付保险金或提供资金支持的投保金融机构破产的,为了有效回收提供的资金,将韩国存款保险公社或其职员选任为破产管理人(《存款人保护法》第35条之8)。这样的立法可能会受到美国的影响。换言之,美国在投保联邦银行或联邦储蓄和贷款协会等的破产案件中,将联邦存款保险公司选任为破产管理人。[②] 而在韩国,一些法律专家不断主张《存款人保护法》上的上述规定违背《宪法》,但是2001年宪法裁判所曾对类似的规定作出过合宪决定。

在实践中,绝大多数的金融机构破产案件,韩国存款保险公社或其职员都被选任为破产管理人,而作为一个例外,在没有来自国家的资金支持的部分证券公

---

① 法人存在资不抵债情形的,可以宣告该法人破产。

② 陈小敏主编:《美国银行法》(第2版),法律出版社2013年版,179页。

司破产案件中，律师被选任为破产管理人。破产管理人的选任方面与一般企业的破产程序比较起来，差异非常明显。

(3)债权申报

法院宣告破产时，应当确定债权申报期限。债权人在如此所确定的债权申报期限内进行债权申报，如果债权人在破产管理人实施最后分配之前未申报债权的，就得不到分配。然而《关于金融产业结构改善的法律》第20~23条对此有特殊规定。韩国存款保险公社或金融监督院应当另行制作对于已知的存款债权的存款人表，至法院所定的债权申报期限最后一日，供存款人阅览(第20条)，在债权申报期限届满后及时向法院提交存款人表(第21条第1款)。记载于存款人表上的存款债权，就算债权人未申报，也依然视为在债权申报期限内申报(第21条第2款)。此外，韩国存款保险公社或金融监督院，为了被视为申报的存款人利益，可以作出与破产程序有关的所有行为(第23条)。[①] 当然，存款人如果愿意直接参加破产程序，应向法院申报其意向(第22条)，这时，该存款人可以直接作出与破产程序有关的所有行为(第23条但书)。

(二)主要内容

1.破产申请权人

依据《关于债务人重整及破产的法律》规定，债务人、债权人、股份有限公司的董事以及清算人等可以申请对股份有限公司的破产清算(第294~296条)。对银行、互助储蓄银行等金融机构，金融委员会也可以申请破产，或者金融监督院长也可以建议金融委员会申请破产(《关于金融产业结构改善的法律》第16条)。特别是针对互助储蓄银行，金融监督院长可以代行申请破产(《互助储蓄银行法》第24条之13以及第34条之2第1款)。金融委员会由于主要负责处理决议事项的议决机构，因此很少直接行使破产申请权，从而常常委托金融监督院长行使破产申请权，或者使不实金融机构的清算人或管理人申请破产。

在从前的实践中，当金融委员会对不实金融机构作出合同转移决定时，将破产清算申请权限委托给该金融机构的管理人，因此管理人作为金融委员会的受托人或者该金融机构的代表人申请了破产清算。但是，关于依据《关于金融产业

① 但是，对于与确定存款债权有关的诉讼，即债权调查确定裁判，对此的异议之诉，相关民事诉讼等进行诉讼行为时，应有存款人的授权(《关于金融产业结构改善的法律》第23条但书)。

结构改善的法律》的管理人是否享有解散金融机构的破产申请权,提出疑问。根据《关于金融产业结构改善的法律》,管理人按照其选任目的,享有代行被停止执行的高级管理人员职务的权限或者在与合同转移决定相关业务范围内对不实金融机构的财产和负债等的管理处分权限。在司法实践中,根据相关法律规定,破产申请权并不属于管理人享有的权限,因此首尔中央地方法院从2013年起劝告韩国存款保险公社以债权人资格提出对问题金融机构的破产申请。

2. 破产管理人的选任

如果属于《关于金融产业结构改善的法律》适用范围内的金融机构破产,金融委员会可以不顾《关于债务人重整及破产的法律》第355条①规定,将金融专家或韩国存款保险公社的职员中的1名推荐为破产管理人。法院认为,金融委员会推荐的人员具有丰富的金融知识,并适合有效执行破产管理人职务的,就应当将其选任为破产管理人(《关于金融产业结构改善的法律》第15条第1款)。金融委员会还可以委托金融监督院长实行上述管理人的推荐职务(《关于金融产业结构改善的法律》第15条第2款)。

当银行破产时,应当将金融监督院长或其所属职员1名选任为破产管理人(《韩国银行法》第57条第1款)。被选任为破产管理人的金融监督院长或其所属职员不能对其职务请求报酬,但只可以请求执行相关职务所需的必要经费(《韩国银行法》第57条第2款)。《存款人保护法》第38条之8第1款规定,当韩国存款保险公社支付保险金或支持资金的投保金融机构发生破产,并需要有效回收支持资金等时,应当将韩国存款保险公社或是其职员选任为破产管理人。韩国存款保险公社被选任为破产管理人的,就不适用《关于债务人重整及破产的法律》第364条②及第492条规定(《存款人保护法》第35条之8第2款)。因此,作为破产管理人的韩国存款保险公社可以未经法院许可而进行上述法律第492

① 根据《关于债务人重整及破产的法法律》第355条规定,破产管理人在听取管理委员会的意见之后,由法院选任。

② 该条款是法院可以依据债权人会议的决议、监事委员的申请或行使职权来解任破产管理人的规定。

条所规定的各种行为,[①]也不被法院解任。韩国存款保险公社或其职员不能对其职务请求报酬,但可以请求执行相关职务所需的必要经费(《存款人保护法》第35条之8第5款)。

因此,法院根据其他条款对韩国存款保险公社的破产管理人职务进行监督。换言之,作为破产管理人的韩国存款保险公社,当为了执行其职务而选任代理人时,应当得到法院的许可(《关于债务人重整及破产的法律》第362条第2款),并当要求返还被寄存的货币、有价证券以及其他高价品时,还应得到法院的许可(《关于债务人重整及破产的法律》第500条第1款)。如果破产管理人违反其规定,原则上其偿付无效,只有当其保管人无过失并不知道其事实时才有效(《关于债务人重整及破产的法律》第500条第2款)。法院通过许可破产管理人的资金开支来对破产管理人进行监督。实践中,法院为了保障韩国存款保险公社尽可能迅速地、自律地执行其管理职务,使其可以按季度对于有关日常经营的固定开支事项编制并执行预算(如辅助人工资、事务所的租金、电算维持费用、各种保全处分及支付令相关费用等),并使其每月提出给经费明细单附上证据资料的报告。但是,为了抑制支付不必要的费用并防止管理人发生道德风险,辅助人的福利费或委托律师的费用等,还需要得到法院的个别许可。

在司法实践中,如果投保金融机构破产的,法院将韩国存款保险公社或其职员选任为破产管理人。直到2014年12月31日,进行司法破产清算程序的投保金融机构数为487家。[②] 其中,在485家金融机构的破产案件中,韩国存款保险公社或其职员被选任为破产管理人;[③]另外的2家金融机构(如东西证券和高丽证券),由于没有投入政府资金,将不是韩国存款保险公社而是律师选任为破产

---

① 上述条款所列出的行为如下:(1)对房地产的物权或需要注册的国内船舶及外国船舶的随意出售;(2)矿业权、渔业权、专利权、实用新型专利权、图案权、商标权、服务标权以及著作权的随意出售;(3)营业的转让;(4)商品的"一揽子"出售;(5)资金的借入等借财;(6)放弃继承的承认、放弃"一揽子"遗赠的承认和特定遗赠的放弃;(7)动产的随意出售;(8)债券及有价证券的转让;(9)在双方未履行双务合同中请求履行;(10)提起诉讼(临时查封、扣押、冻结等保全措施申请除外);(11)和解;(12)权利的放弃;(13)共益债权、取回权及别除权的承认;(14)别除权目的物的回收;(15)签订伴随破产财产的负担的合同;(16)其他法院所指定的行为。

② 从具体内容来看,银行5家、金融投资公司4家、保险公司11家、综合金融公司22家、互助储蓄银行120家、信用合作社325家等。

③ 《2014年12月统计资料》,载韩国存款保险公社资料室:http://www.kdic.or.kr/pds/pds_static_list.jsp,最后访问日期:2015年2月4日。

管理人。

3. 破产宣告及其后续措施

当债务人不能清偿到期债务或属于法人的债务人存在资不抵债时,法院可以宣告债务人破产(《关于债务人重整及破产的法律》第305条和第306条)。由于破产在宣告时发生法律效力(《关于债务人重整及破产的法律》第311条),因此破产裁定书应当载明破产宣告的年、月、日、时(《关于债务人重整及破产的法律》第310条)。在宣告破产的同时,法院不仅选任破产管理人,还指定债权申报的期限、第一次债权人会议期日以及债权调查期日等有关事项(《关于债务人重整及破产的法律》第312条第1款)。对于属于《关于金融产业结构改善的法律》的适用范围内的金融机构宣告破产时,法院应当在决定债权申报期限和债权调查期日之前事先听取破产参加机关的意见(《关于金融产业结构改善的法律》第18条)。由于韩国存款保险公社在银行、中小企业银行、互助储蓄银行等投保金融机构的破产程序中属于破产参加机关(《关于金融产业结构改善的法律》第2条第4项),法院应当在决定上述事项之前听取韩国存款保险公社的意见。除此之外,韩国存款保险公社可以在银行等金融机构的破产程序过程中向法院提出或陈述意见(《关于金融产业结构改善的法律》第19条)。

法院对银行等投保金融机构宣告破产的,应当将记载《关于债务人重整及破产的法律》第313条第1款各项内容的书面资料送达韩国存款保险公社(《关于金融产业结构改善的法律》第17条)。这里所说的《关于债务人重整及破产的法律》第313条第1款的各项内容包括:(1)破产裁定的主文;(2)破产管理人的姓名及住址或办公室;(3)《关于债务人重整及破产的法律》第312条所规定的期限及期日(如债权申报期限、第一次债权人会议期日、债权调查期日);(4)以破产被宣告的债务人的债务人以及属于破产财产中的财产的权利人不能进行偿还或者提交其财产为内容的命令;(5)破产被宣告的债务人的债务人以及属于破产财产中的财产的权利人应当在一定期限内向破产管理人申报,如负担其债务、持有其财产、享有别除权等事项。法院应当向已知的债权人、债务人及财产持有人送达记载上述事项的书面材料(《关于债务人重整及破产的法律》第313条第2款),《关于金融产业结构改善的法律》规定还应当向作为破产参加机关的韩国存款保险公社送达。

韩国存款保险公社在收到上述的书面资料之后,应当及时制作对于已知的存款债权的存款人表(《关于金融产业结构改善的法律》第 20 条第 1 款),存款人表应当载明下列事项:(1)债权人的姓名及住所;(2)债权额及原因;(3)优先受偿权利;(4)后顺位破产债权;(5)别除权人申报的债权额等(《关于债务人重整及破产的法律》第 488 条第 1 款)。韩国存款保险公社或金融监督院应当另行制作对于已知的存款债权的存款人表,至法院所定的债权申报期限最后一日,供存款人阅览。这时,阅览开始日和与债权申报期限的最后一日要有两周以上的间隔(《关于金融产业结构改善的法律》第 20 条第 2 款)。破产参加机关在开始阅览以后得知还存在未记载于存款人表的存款债权或者得知存在事实有助于存款人的,应当将其立即补充记载于存款人表(《关于金融产业结构改善的法律》第 20 条第 3 款)。

韩国存款保险公社在债权申报期限届满后,应当及时向法院提交存款人表(《关于金融产业结构改善的法律》第 21 条第 1 款)。记载于存款人表上的存款债权,就算债权人直接未申报,也依然视为在债权申报期限内申报(《关于金融产业结构改善的法律》第 21 条第 2 款)。韩国存款保险公社在向法院提交存款人表以后得知还存在未记载于存款人表的存款债权的,应当立即通知法院。此时的存款债权被视为在债权申报期限过后申报的债权(《关于金融产业结构改善的法律》第 21 条第 3 款)。实际上,在银行等金融机构的破产程序过程中,韩国存款保险公社已经向存款人支付了保险金,或者受让金融机构或过桥金融机构已接受了存款债权,因此在破产清算程序中还有个人存款人的情况很少。但是,当破产宣告时还有许多的小额存款人的,可以适用这些条款,以避免向他们个别发送破产申报通知书①并为了召开债权人会议个别通知他们。②

另外,上述被视为申报的存款人如果愿意直接参加破产程序的,应向法院申报其意向。此时,法院要将其参加事实通知给破产参加机关(《关于金融产业结构改善的法律》第 22 条)。破产参加机关可以为了依法视为被申报的存款债权的存款人采取任何破产程序有关的行为(《关于金融产业结构改善的法律》第 23

---

① 当法院在破产宣告给已知的债权人送达记载破产宣告事项的书面材料时,还给其附上债权申报书的用纸,债权申报有关的注意事项以及债权申报的必要事项一起发送。特别是在最近储蓄银行等的破产案件中,记载各不同情况的债权申报要领的"债权申报指南"也发送了。

② 徐庆桓:《金融机构破产有关的实践问题》,载《裁判资料第 83 集:破产法的诸问题(下)》,法院图书馆 1999 年版,第 50 页。

条正文),但存款人直接参加破产程序的除外,而且破产参加机关确定存款债权有关的诉讼行为需要获得存款人的授权(《关于金融产业结构改善的法律》第23条但书)。

4. 第一次债权人会议及债权调查期日

第一次债权人会议期日与破产宣告同时被指定。原则上,在破产宣告之后,先召开第一次债权人会议,然后另行召开会议在债权调查期日确定债权,然而为了防止因另行再次召开会议而造成费用和时间的浪费,实践中债权调查期日与债权人会议合并召开。[①] 根据《关于债务人重整及破产的法律》第312条第2款规定,第一次债权人会议可以与债权调查期日合并。破产管理人在第一次债权人会议上对于债务人的概要、营业状况、导致破产宣告的原因、破产财产的经过及现状、对员工的措施、有无税款及公共费用及其具体内容、其他共益债权的概要、进行中的诉讼情况、债权申报的概要、存款的保管方法、债权人会议之后的管财方针、分配展望等事项进行报告。当银行等投保金融机构破产时,韩国存款保险公社担任破产管理人,因此韩国存款保险公社会对上述各个事项进行报告。第一次债权人会议中也可以对营业的废止或继续、高价品的保管方法等进行决议(《关于债务人重整及破产的法律》第489条)。由于债权人会议的目的事项应当在召开债权人会议之前公告(《关于债务人重整及破产的法律》第368条),因此在债权人会议上对提前未进行公告的事项作出决议是违法的。

实践中,大部分的存款债权被转移到健全金融机构,并即使还有未包括在合同转让中的存款人(如存款的本金和利息总和为5000万韩元以上的债权人),韩国存款保险公社如果还给这些存款人支付保险金或临时预支款的,在支付范围内,取得该存款人对银行等投保金融机构的权利(《存款人保护法》第35条),因此多数存款人可能对破产清算程序不再感兴趣。参加第一次债权人会议以及债权调查期日的个人债权人大多数是未受到存款保险金的后顺位债权人,他们大体对韩国存款保险公社或不实金融机构存在不信任和不满。

在债权调查期日,破产管理人对于破产债权调查结果表(实践中通常将其称

---

① 首尔中央地方法院破产部实务研究会:《法人破产实务》(第3版),博英社2011年版,第345页。

为“承认/否认表”)进行报告。承认/否认表上载明破产债权人的债权申报金额、承认额、异议额、异议理由等。承认/否认表由记载整体破产债权的调查结果的总括承认/否认表和记载各破产债权的调查结果的个别承认/否认表组成。在债权调查期日,当债权人对调查结果提出疑问或要求破产管理人陈述意见时,破产管理人对此作出答辩。在上述破产债权调查过程中,针对债权人申报的破产债权,破产管理人提出异议的,该破产债权人可以为了确定其债权以异议人为对方当事人,向法院申请债权调查确定裁判(《关于债务人重整及破产的法律》第462条第1款)。其申请期限为到自债权调查期日起1个月内(《关于债务人重整及破产的法律》第462条第5款)。债权调查确定裁判是在提起正式诉讼之前以简单、迅速的方式确定债权的特殊制度,故必须在诉讼提起之前进行。对上述债权调查确定裁判的裁定不服的,可自收到裁定书送达之日起1个月内提起异议之诉(《关于债务人重整及破产的法律》第463条第1款)。异议之诉作为正式裁判程序,应当经过辩论程序,并由法院在终结辩论后宣告判决。

5.破产财产的构成

当银行等金融机构破产时,金融委员会可以对不实金融机构作出合同转移决定(《关于金融产业结构改善的法律》第14条第2款)。当金融委员会作出上述的合同转移决定时,应在必要的范围内决定转移的合同范围,合同转移的条件以及受到转移的金融机构(《关于金融产业结构改善的法律》第14条第5款)。这是金融委员会用一种行政处分责令一家健全金融机构受让私人之间的合同,因此从合同转移决定的目的和迅速性及安全性的角度来看,有不少优点。相反,这不太符合一般法律体系,对于合同转移的公平性也存在不少疑问。因此,当合同转移时,对被转移资产的公平价值评价是十分重要的。即如果因合同转移而接受的资产被过多评价的,受让资产的金融机构将会受到很大损失,与此相反,资产比实际价值被过少评价的,不实金融机构将会受到很大损失,从而破产债权人将可受领的分配额会减少。

实际上,当银行等金融机构破产时,不实金融机构的优良资产及负债和部分的业务用固定资产等都被转移到受让金融机构,而不良债权和被转移的非业务用固定资产等被转移到如韩国资产管理公社的BAD银行。上述的受让金融机构或是韩国资产管理公社等没有接受的财产将会构成不实金融机构的破产财产。破产程序在对所有的破产财产进行变价和分配之后,无财产可供分配的,就可以结束。因此,不良债权的变价等处置被推迟的,破产程序有可能会长期化并分配程序也会被推迟,从而引起债权人的不满。所以,在存在不良债权的情况下,使具有BAD银行功能的机关应当迅速收买这些不良债权,或设立专门承担不良债权的处置职务的金融机构使其处置不良债权。另外,破产管理人可以将不良债权以合理价格出卖给破产债权人。破产债权人有人希望早期分配及早期终结的,他们有可能愿意收买这种债权。尽管进行多种试图仍难以回收的不良债权,可以在债权人会议中决定是否抛弃。

6. 关于存款人的优先偿付权

存款人优先偿付制度作为存款人保护制度之一,是指当金融机构破产时,存款人优先于其他一般债权人从破产财产受偿的制度。在韩国,《互助储蓄银行法》(旧《互助信用金库法》)第37条之2规定了互助储蓄银行存款人的优先偿付权,《保险业法》第32条、第33条也规定投保人和收益人的优先偿付权。不同于外国主要对银行存款予以优先偿付权,韩国的优先偿付权制度只适用于互助储蓄银行和保险公司的存款。

据旧《互助信用金库法》第37条之2[①]规定:"存款人有权在存款金额内,从互助信用金库的总财产中优先于其他债权人受偿。"可见,建立存款人优先偿付制度是为了保护主要负责居民金融业务的互助信用金库的存款人,并提高互助信用金库的公信力。然而,一般债权人因上述规定而在破产清算程序中受到不利待遇,因此一边主张该条款违反《宪法》,一边向法院提出违宪法律审判申请,对此法院就请求宪法裁判所进行违宪法律审判。

宪法裁判所于2006年11月30日在2003宪GA14号、15号(2003 헌가14、15)案件中判决上述条款违反《宪法》。于是,关于存款人优先偿付权的法律规定因宪法裁判所的违宪决定否定而失效,并于2010年3月22日修改《互助储蓄银行法》[②]时被删除。

而《保险业法》还有以为投保人或受益人予以优先偿付权为宗旨的条款。根

① 这是在1975年7月25日修改的《互助信用金库法》所新设的条款,但在1999年2月1日作出法律改正后,其内容变更为"存款人除非其他法律另行规定,否则有权在存款金额限度内从互助信用金库的总财产中优先于其他债权人受偿"。违宪审判对象条款就是1999年2月1日修改前的条款。

② 随着2001年3月28日相关法律的改正,《互助信用金库法》名称改变为《互助储蓄银行法》。

据《保险业法》第32条规定，在其他法律没有特别规定的情况下，投保人或保险受益人可以从保险公司的资产中优先取得为被保险人累积的金额，并根据同法第33条规定，投保人或保险受益人还有权从保险公司按照金融委员会的命令委托的资产中，优先于其他债权人受偿为被保险人累积的金额。但是，在不实保险公司的重组过程中，由于实际上优良保险公司全部接受该不实保险公司的保险合同，因此尚未出现适用依据《保险业法》的优先偿付权的案例。

(三)主要争论和相关案例

1. 关于将韩国存款保险公社选任为破产管理人的特别规定

(1)破产管理人的意义

破产管理人是指在破产宣告时，由法院选任的，为了达成破产财产的管理和财产的变价等破产清算目的，在破产清算程序中可以行使一切权利的机构。关于破产管理人的资格，由于在破产程序进行中常常需要具备丰富的法律知识，必然会发生与破产财产有关的许多法律纷争，并且破产程序不是再建型程序而是清算程序，因此大多认为律师最适合担人破产管理人。① 而且，由于破产管理需要公正、中立的处置，因此破产人、准破产人的人员、破产债权人等其他利害关系人，其亲属以及代理人等都不能被选任为破产管理人。破产管理人应尽善良管理人的注意义务履行职务(《关于债务人重整及破产的法律》第361条第1款)，在职务性质上，破产管理人对所有利害关系人都负有中立义务和忠实义务。

(2)大法院对破产管理人地位的态度

大法院判决[在1990年11月13日宣告的88DAKA26987(88 다카26987)号判决]对于管理人的法律地位做出如下说明："不是破产人或破产债权人等的代理人或是其利害关系人团体的代表人，而是在破产程序中被法院选任的，履行法律上的职务，并负有管理处分破产财产的权能的人员。"并且，"破产管理人在与破产财产有关的诉讼中成为原告或被告意味着破产管理人不仅要保护破产人的利益，还要保护破产债权人的利益。进一步，站在公正的立场上，当利害关系人之间发生矛盾时，要调解相互之间的利益，因此承认破产管理人具有诉讼当事人资格"。

---

① 郑赫镇：《金融机构破产的特性——以存款人保护法为中心》，载BFL第7号，2004年9月，第15页。

(3)关于《存款人保护法》中将韩国存款保险公社选任为破产管理人的特别规定

根据《存款人保护法》的规定，当韩国存款保险公社支付保险金或支持资金的投保金融机构发生破产，并需要有效回收支持资金时，应当将韩国存款保险公社或是其职员选任为破产管理人。韩国存款保险公社被选任为破产管理人的，就不适用《关于债务人重整及破产的法律》第364条及第492条的规定。因此，作为破产管理人的韩国存款保险公社可以未经法院许可而进行上述法律第492条所规定的各种行为，也不被法院解任。在司法实践中，如果投保金融机构破产的，法院将韩国存款保险公社或其职员选任为破产管理人。韩国存款保险公社因投保金融机构破产而向存款人支付保险金或临时预支款的，在其支付范围内，取得存款人对不实金融机构的权利(《存款人保护法》第35条)。韩国存款保险公社在大部分的情况下成为该金融机构的最大债权人。所以，韩国存款保险公社作为最大债权人能否担任需要公正性和中立性的破产管理人的职务，这样的规定是否违反《宪法》，都是问题。

(4)上述特别规定的违宪性争论

关于上述《存款人保护法》的条款，有见解[①]基于以下理由主张上述规定是违宪的：第一，与《关于债务人重整及破产的法律》的原则性规定不同，当有必要有效回收支持资金时，应将韩国存款保险公社选任为破产管理人，不顾破产管理人的选任属于法院的裁判事项，对法院的司法权造成了重大侵害。第二，不将与破产程序无利害关系的，公正、中立的人选任为破产管理人，而将作为破产财产的最大债权人、有直接利害关系的韩国存款保险公社选任为破产管理人，当发生利害冲突时，韩国存款保险公社难以公正、中立地履行其职务，特别是在破产债权的确定程序中，对于能否公正地进行债权调查有可能会引起其他债权人的不信任，即使对其他债权人进行不利的处置，法院也很难要求纠正这些处置。第三，在破产清算程序中，除了依据实体法上的优先顺位有差异，并依据破产债权金额有表决权的多少以外，原则上应当平等对待所有破产债权人，但是只是破产债权人中之一的韩国存款保险公社，被任命为破产管理人来主管破产清算程序，

① 这是关于旧《政府资金管理特别法》(在2005年3月31日改正之前的法律)第20条第1款和第2款的内容，首尔地方法院于2000年12月29日裁定违宪提请时的论据。

并使其没有法院的许可还可以行使管理或处置破产财产的重大权限，在破产债权人之间会引起不平等。虽然韩国存款保险公社是管理、回收政府资金的公共机构，但是使韩国存款保险公社居于司法程序上的特权地位并不妥当。第四，根据《存款人保护法》规定，即使韩国存款保险公社有重大违法违规行为，法院还不能解任，这是不平等对待其他破产管理人，这样的差别也缺乏合理性。

反对见解①基于以下理由主张上述规定是合宪的：第一，韩国为了应对全球经济危机并维护金融体系的稳定，投入了大量的政府资金，这样的政府资金最终是由纳税人负担，因此如果不能有效回收政府资金，将会导致国家财政的损失。而且，与一般破产程序不同，金融机构的破产案件既复杂又多样，因此，破产管理人需要专门的金融知识和丰富的经验，从而使破产管理人由在金融方面上具有专门知识及经验的韩国存款保护公社担任，比法律专家更加合适。第二，韩国存款保险公社是为了保护存款人利益并维护金融制度的安全而设立的无资本特殊法人，也是一种公共机关。为了确保运营的公正性和透明性，在《存款人保护法》等相关规定中设定了很多关于存款保险公社的措施，而其作为公共机关，受到国会的国政监察或国政调查和监查院的监查等。所以，韩国存款保险公社能够公正地担当破产管理职务。如果韩国存款保险公社作为破产管理人违反善良管理义务，对其他破产债权人造成损失的，韩国存款保险公社就会依据《关于债务人重整及破产的法律》第 361 条第 2 款规定承担损害赔偿责任，政府也会保障支付上述的损害赔偿金，所以其比其他破产管理人更有利于受害人。第三，由于破产清算程序由法院来主管是为了确保破产程序的公正性，因此如果存在能确保公正性的其他方法，也可以作出其他的规定。所以，破产管理人的选任置于法院的权限之外不能断定为对司法权的侵害。第四，韩国存款保险公社由于只有发生投保金融机构的破产等保险事故才能支付保险金，并可以取得存款人对该金融机构的债权，因此这债权本质上与一般破产债权不同。第五，在美国，当金融机构破产时，联邦存款保险公司（FDIC）也作为破产管理人，不受法院的监督，独自从事破产管理职务。

① 这是韩国存款保险公社的主张。

(5)宪法裁判所的相关裁定[在2001年3月15日宣告的2001宪GA(헌가)1号、2号、3(合并)号裁定]

该案不是宪法裁判所对《存款人保护法》中相关条款的裁定,而是针对IMF外汇危机当时所制定的《政府资金管理特别法》第20条中破产管理人相关条款的违宪与否而做出的判断。《政府资金管理特别法》第20条中有关破产管理人的规定与《存款人保护法》的相关规定几乎相同,也可以称为一种破产程序的特别规定。上述裁定以下列条款为审理对象:

第20条(破产程序的特例)① 当依据《存款人保护法》规定的投保金融机构(这里包括依照《关于金融产业结构改善的法律》作出合同转让决定的投保金融机构)解散或破产时,有必要有效回收政府资金的,法院应当不依据《商法》第531条、《破产法》第147条或是关于破产管理人选任的相关法律规定,将韩国存款保险公社或其职员选任为破产管理人。

② 依据前款规定韩国存款保险公社被选任为清算人或是破产管理人的,不适用《商法》第539条第2款及《破产法》第157条、第187条、第188条的规定。

附则第3条(关于破产程序等特例的经过规定)法院为了有效回收政府资金,必要时应当将对此法施行当时清算或破产程序进行中的投保金融机构,自此法施行日起3个月内将韩国存款保险公社或其职员追加选任为清算人或破产管理人。

上述裁定的多数意见①以以下几点为由来认为上述条款并没违反《宪法》:第一,由于破产管理人的选任和职务监督事项不属于典型的司法权的本质,并考虑到在目前的经济状况下金融机构的破产所带来的波及效果的严重性以及有效回收政府资金的必要性的,这些条款不能被视为恣意或是不合理;第二,立法者在立法过程中,附加了如“需要有效回收政府资金时”这个条件,并且其有效期限限制为5年之内;第三,虽然该案中条款当韩国存款保险公社成为破产管理人时排除了法院的解任权,但是考虑到《存款人保护法》上的韩国存款保险公社的意思决定过程、破产管理程序的指挥体系、国家或政府对韩国存款保险公社的监督办法等这些条款的立法目的和内容,这些条款不能被视为以不合理的办法限制

① 为了宪法裁判所对相关法律宣告违宪,9名裁判官中6名以上得提出违宪意见,但是在该案中,提出合宪意见的裁判官有6名,占大多数。

了法院的司法权；第四，即使该案中条款使债权人之间或破产管理人之间发生差别对待，但从韩国存款保险公社的法律地位和政府的功能来看，韩国存款保险公社不仅是金融机构的债权人，而且同时是为了维护金融制度的稳定，谋求公共利益的公共机构，并为了保障韩国存款保险公社公正执行其职务，依照旧《破产法》（现行《关于债务人重整及破产的法律》制定之前的法律）和《存款人保护法》等相关法律都具有几个程序性条款，因此，这些条款不能被视为韩国存款保险公社与其他债权人之间引起不合理的差别对待；第五，上述条款，考虑到其立法目的的正当性、实现手段的适当性、韩国存款保险公社的法律地位和专门性等时，由于其具有合理性及正当性，因此并没有违反正当程序的原则。

另外，少数意见（3 人）①以以下几点为由认为上述条款违反《宪法》：第一，选任破产管理人，由于考虑到破产财产的规模、资产状况等，在对于是否具有丰富的相关知识和经验、是否适合处置破产财产等事项进行审查之后，法院就决定选任与否，因此属于法院的裁判事项，但是这些条款在选任破产管理人的方面排除了法院的裁量权，并侵害了司法权，从而违反了《宪法》；第二，韩国存款保险公社被选任为破产管理人，进行各种破产处置时不需要得到法院的许可，这是使其行使如治外法权的特权，也使法院的监督权成为无用之物；第三，原则上法院还享有关于破产管理人的选任等破产程序的一切权限，但只要"有必要有效回收政府资金时"，就可以对法院的司法权造成巨大侵害，可以说这一规定超过了立法权的立法裁量范围；第四，在债权人相互间利益相冲的破产程序中，只不过是利害关系人中之一的韩国存款保险公社担任需要中立公平作用的破产管理人，并未受到法院的监督专断进行破产程序，如上的这些条款不仅在形式上，而且在实质上缺乏合理性和正当性，因此违反了正当程序的原则；第五，该案中审判对象条款是韩国存款保险公社与其他债权人之间引起不合理的差别对待，因此违反了《宪法》上的平等原则；第六，如果法律采取当选任投保金融机构的破产管理人时法院作出裁定的方式，法院应当享有实质性权力选任破产管理人，但是该案中这些条款完全排除了法院的选择权和裁量权，因此违反了《宪法》第 101 条②和第

① 金荣一、金晓钟、权诚 3 名裁判官的意见。

② 《宪法》第 101 条规定：（1）司法权属于由法官构成的法院；（2）法院由最高法院的大法院及各级法院组成；（3）法官的资格由法律确定。

103条[①]的规定。

(6)评价

宪法裁判所对上述《政府资金管理特别法》的规定以6:3作出了合宪裁定。宪法裁判所认为韩国存款保险公社在投保金融机构的破产程序中应被选任为破产管理人是恰当的。这是因为不是考虑到法理方面,而是为了克服当时紧急的金融危机,主要考虑到现实状况。所以,有人认为这些特别规定有助于克服当时的特殊危机状况,并解决各种问题。[②] 但在目前,与宪法裁判所决定的当时不同,韩国并不处于紧急的外汇、经济危机的状况,并且《政府资金管理特别法》和《存款人保护法》并不再是危时法,其成为平时法,前提条件发生了本质变化。实践中,韩国存款保险公社主要采用金融机构的退休人员作为破产管理人的代理人,这些人员虽然可能具有专门金融知识,但是在《关于债务人重整及破产的法律》《民事诉讼法》《民事执行法》等法律方面缺乏专门知识,所以笔者不能同意韩国存款保险公社是在投保金融机构的破产程序中适合破产管理人的唯一人员或机构。实际上,由于对金融业务具有专门知识和相当经验的律师也渐渐增加,因此,笔者认为不能将破产管理人的选任只限制于韩国存款保险公社或是其职员,应当为各种各样的专家提供机会使其成为破产管理人。为了参与与撤销权的行使等有关的各种诉讼,韩国存款保险公社委托律师作为诉讼代理人,因其而产生的诉讼费用也不少。特别是从不是如IMF金融危机或国际金融危机这样的国家性危机情况而是当前的情形来看,在对金融机构进行紧急重组措施之后,韩国存款保险公社在破产清算程序中还有权担任破产管理人或未经法院许可执行破产处置职务,但是其根据或实效正在渐渐消失。

2. 关于在破产清算程序中存款人的优先偿付权的案例

(1)案情

据旧《互助信用金库法》第37条之2[③] 规定:"存款人有权在存款金额内,从

---

① 《宪法》第103条规定:法官根据《宪法》及法律,凭良心独立审判。

② 郑赫镇:《金融机构破产的特性——以存款人保护法为中心》,载BFL第7号,2004年9月,第20页。

③ 这是在1975年7月25日修改的《互助信用金库法》新设的条款,但在1999年2月1日作出的法律改正后,其内容变更为"存款人除非其他法律另行规定,否则有权在存款金额限度内从互助信用金库的总财产中优先于其他债权人受偿"。违宪审判对象条款是在1999年2月1日修改前的条款。

互助信用金库的总财产中优先于其他债权人受偿。”建立存款人优先偿付制度是为了保护主要负责居民金融业务的互助信用金库的存款人,并提高互助信用金库的公信力。然而,一般债权人因上述规定而在破产清算程序中受到不利待遇,因此一边主张该条款违反宪法,一边向法院提出违宪法律审判申请,对此法院就请求宪法裁判所进行违宪法律审判。

(2)判决内容

宪法裁判所于2006年11月30日在2003宪GA14号、15号(2003헌가14、15)案件中判决了上述条款违反《宪法》,其理由如下:第一,该案中的存款人优先偿付制度以其他一般债权人的牺牲为手段。由于互助信用金库作为规模较小的金融机构,不仅资产规模很小,而且主要负债中存款债务所占的比重超过90%,因此如果存款人行使优先偿付权,一般债权人就几乎无法受偿;第二,制定上述条款时,要保护利用互助信用金库的存款人,而随着1997年《存款人保护法》的修订,互助信用金库的存款人也与银行存款人一样依照《存款人保护法》受到保护,因此没有必要以优先偿付权来保护互助信用金库的存款人;第三,即使上述制度能够帮助防止韩国存款保险公社的财务状况恶化,但也不同于银行的情况,互助信用金库的一般债权人被迫牺牲根本不合情理;第四,即使需要保护互助信用金库的存款人,但立法者有义务应当符合立法宗旨限制受保的存款种类和限额,并尽可能多地采取保护其他一般债权人财产权的措施,而不能不管存款种类和限额,提供无限制的优先偿付权。

(3)评价

有意见批评上述违宪决定,其主要内容如下:一是从韩国金融业的实际情况来看,互助储蓄银行和银行之间仍然存在很大差异;二是互助储蓄银行的一般债权人通常是其他金融机构;三是由于韩国存款保险公社为互助储蓄银行的重组而投入的官方资金难以回收,若互助储蓄银行的倒闭反复出现,就会导致韩国存款保险公社财务结构恶化。① 虽然这个见解也很有道理,但是笔者不同意上述见解。因为存款保险制度已经充分体现了存款人权益的保护,许多存款人比一般债权人处于更有利的地位,加之破产清算程序时存款债权还属于优先权,则过于保护存款人,这会给一般债权人带来很大损失。因此,笔者支持宪法裁判所的判决。

---

① 金时穆:《对存款人优先偿付制度的违宪决定》,载《法律新闻》2007年6月28日。

三、主要案例

(一)PRIME互助储蓄银行股份有限公司(주식회사프라임상호저축은행)

1. 案件概要

◎名称:PRIME互助储蓄银行股份有限公司(주식회사프라임상호저축은행)

◎案件编号:首尔中央地方法院2012HAHAP97(2012하합97)

◎审判庭:第12破产合议庭

◎进展情况(截至2014年9月末):破产清算程序进行中

2. 公司/法人简介

◎资产及负债

表1 PRIME互助储蓄银行的资产及负债

单位:百万韩元

区分	2011年9月18日 (停业日为基准)	2012年1月2日 (合同转移为基准)	2012年7月12日基准
资产	1,200,207	1,015,622	790,056
负债	1,338,570	1,339,588	929,921

◎资本:23,223,955,000韩元

◎代表人:管理人林某某(2011年9月18日选任)

◎主要股东:PRIME开发股份有限公司(프라임개발주식회사)(94.22%),尹某某外71名(5.78%)

◎特殊事项

PRIME互助储蓄银行股份公司于1972年10月26日成立,主要依据《互助储蓄银行法》第11条规定,以不特定大多数人为对象有组织地、持续性地从事活期存款及定期存款的收入、资金贷款及票据贴现等各种业务。2011年9月18日金融监督院的检查结果如下:由于不动产有关的贷款债权不善、资产健全性分类不当导致本期纯利被过度计入、对有不实征兆的企业的信贷审查的疏忽、对个别债户的信用供给限度的超过等原因,造成了损失而导致财务状态恶化。因此,对其申请了破产清算。金融委员会决定包括董事长在内的6位被注册的高级管理人员自2011年9月18日起停止职务,并同时选任了代替行使其职务的管理人。

债务人公司相关公司“PRIME 开发股份有限公司”从事事务用及商业用建筑物建设业，持有债务人公司94.22%的股份，自2011年9月2日起进入以债权金融机构为主导的管理程序（Workout）。

3. 进行经过

表2 PRIME互助储蓄银行案件的各主要阶段的时间

破产申请前是否进行重整程序	—	主要债权人会议	2012年12月6日（第一次债权人会议）2013年11月28日（债权调查期日）
破产申请（债权人/债务人）	2012年8月10日（债务人申请）	破产程序废止裁定	—
破产宣告裁定①	2012年9月7日	破产程序终结裁定	—

（1）导致申请破产清算程序的原因

○因不动产有关的贷款债权不善而导致财务结构的恶化

债务人公司为了提高收入，扩大了不动产有关的贷款比重，在2009～2010年，不动产有关的贷款比重超过了总贷款额的50%。不过，随着国内不动产市场的停滞，拖延债务清偿的比率激增，2011年6月末延滞率已经达到35%左右，这加重了坏账准备金的负担，2010年会计年度比上一年度增加了573亿韩元的坏账准备金。因此，导致财务结构发生了严重恶化。

○因资产健全性的不当分类而本期纯利过度入账等

2009年6月末在结算时，将对朴某某等17个交易对方的约7,106,600万韩元贷款债权等资产不当评估分类，却过少地准备了796,000万韩元的坏账准备金，因此在2008年会计年度（2008年7月1日至2009年6月30日）结算时，过多地计入了与上述金额相同的本期纯利，对于“风险加权资金与自有资本比率”（BIS比率）也过多计算了0.58%。

2009年9月末在季度结算时，也是将对朴某某等24个交易对方的约8,322,600万韩元贷款债权等资产不当评估分类，却过少地准备了859,700万韩

① 在韩国法律上的破产宣告意味着受理破产申请的裁定。这里的破产宣告与在中国法律上的破产宣告是不同的。

元的坏账准备金,因此对于风险加权资金与自有资本比率(BIS比率)过多计算了0.63%。

2010年6月末在结算时,将对GojinD & C股份有限公司等14个交易对方的约5,204,700万韩元贷款债权等资产不当评估分类,却过少地准备了344,700万韩元的坏账准备金,因此在2009年会计年度(2009年7月1日至2010年6月30日)结算时,过多地计入了与上述金额相同的本期纯利,对于风险加权资金与自有资本比率(BIS比率)也过多计算了0.28%。

○因对有不实征兆的企业的信贷审查的疏忽而导致坏账

2008年7月2日至8月20日,债务人公司使用14亿韩元贴现安兴开发股份有限公司发行的3张票据。但是,依据2007年7月2日韩国信用评价股份有限公司制作的"信用分析报告",债户公司的综合信用等级只为CCC+,其信用能力属于平均以下。虽然债户公司因为对借款的利息支付能力渐渐低下,有亏损的征兆,受到Watch等级,即"必要注意"的评价,但是对于债户公司的效益性、信用状态、债务偿还能力等并没有做出细致的检讨而对其进行了137,000万韩元的信用贷款,导致了经营不善。

○因超过个别债户信用贷款限度办理信贷业务而导致经营不善①

2006年8月16日至2010年8月13日,对于金某某等3个交易对方,以其本人以及第三人的名义办理了26件普通资金贷款等贷款总额13,483,000万韩元,其中3,359,600万韩元的贷款超过了对个别债户的信用贷款限度,因此导致超过限度的大部分贷款发生亏损。

○作出指定为不实金融机构的决定而发布经营改善命令

依据金融监督院以2011年7月末为基准制作的《为了决定不实金融机构与否的资产及负债的评价及算定》的结果,其负债超出了资产489亿韩元,而经营检查结果显示其BIS比率为4.14%,未达到指导基准5%。

对此,金融委员会在2011年9月18日依照《关于金融产业结构改善的法律》第2条第2项,作出把债务人公司指定为不实金融机构的决定,依照该法第10条第1款和第2款、第14条之3第2款以及《互助储蓄银行业监督规定》第48

① 根据《互助储蓄银行法》第12条及同法施行令第9条的规定,互助储蓄银行不可以向一个债户提供超过其资本的20%的信用贷款。

条第1款和第2款、第52条第1款的规定，对于《互助储蓄银行法》第11条第1款所规定的业务，命令停止6个月的营业时间，命令高级管理人员停止职务，并选任管理人代替执行其职务，下达经营改善命令，促使BIS比率通过增加资本金的办法维持在5%以上。

○财产审计、评估结果

管理人为了正确把握债务人公司的财务状况，委托大洲会计师事务所以营业停止日为基准进行了资产负债的评估。其结果显示资产总额为12,002亿韩元，负债总额为13,386亿韩元，负债超出了资产1384亿韩元。

○不履行经营改善命令

债务人公司并没听从以为了维持5%以上的BIS比率应当增加其资本金为内容的经营改善命令。

(2)进行经过

○2011年9月18日金融委员会作出不实金融机构指定决定、营业停止决定、经营改善命令

负债超出了1384亿韩元，BIS比率为8.81%的状态。

金融委员会把债务人公司指定为不实金融机构，作出了包含停止6个月的营业的命令和停止高级管理人员执行其职务的命令等的经营改善命令。

提供债务人公司在45日之内通过增资等办法运转正常的机会，但在这期间运转正常发生困难，打算及时转卖给第三人或是韩国存款保险公社设立的过桥储蓄银行全面接管该困境银行的经营，在大约3个月内计划重新开始营业。

○2011年9月22日至11月21日韩国存款保险公社支付临时预支款

每人在2000万韩元限度内。

向38,477名存款人支付了46,294,000万韩元(支付率为69.14%)。

○2011年12月28日金融委员会的合同转移(P&A)决定等

大洲会计师事务所的财产审计、评估调查结果显示，其资产为12,002亿韩元，负债为13,386亿韩元，因此通过第三人的受让方式履行经营改善命令的可能性很小。

把债务人的合同转移给"BS储蓄银行股份有限公司"和"KR&C"(케이알앤씨,Korea Resolution & Collection Corporation)的决定：依照金融委员会的合同转移决定，以2012年1月2日为合同转移基准日转移了部分资产及负债，

其主要内容如下:资产项目中的预付金、有价证券转移给BS储蓄银行股份有限公司,贷款债权转移给BS储蓄银行股份有限公司以及KR&C,负债项目中的预收金转移给BS储蓄银行股份有限公司以及KR&C。

具体的合同转移内容:合同转移代价以评价额为基准将50,652,300万韩元的资产及16,855,200万韩元的负债转移给BS储蓄银行股份有限公司,将419,100万韩元的资产及300万韩元的负债转移给KR&C,对每个公司所精算的差额55,784,100万韩元由韩国存款保险公社支付给BS储蓄银行股份有限公司。

对于债务人公司的纯资产评价金额的计算,由大洲会计师事务所以合同转移日(2012年1月2日)为基准,在2012年3月12日到2012年3月23日,依据《互助储蓄银行监督业务施行细则》所规定的方法进行。

根据金融委员会的合同转移决定,韩国存款保险公社给BS储蓄银行股份有限公司支付了合同转移中资产与负债之间的差额,取得了对债务人公司的债权,韩国存款保险公社如果以上述债权全部申报破产债权,则与没有合同转移的情况相比,另外的破产债权人只能领取较少的破产分配额,因此韩国存款保险公社为了避免其他破产债权人发生不利益只对一部分的支付款做出了破产债权申报。

决定撤销互助储蓄银行业的认可(但决议撤销效力发生日为破产宣告日),并委托管理人申请破产清算。

○2012年1月10日至7月12日韩国存款保险公社最终支付了保险金

每人在5000万韩元限度内(参照《存款人保护法》第32条第2款,同法施行令第18条第6款)。

向2025名存款人支付了6,642,000万韩元(支付率97.88%)。

○2012年1月10日至4月9日韩国存款保险公社支付了概算给付金[①]

韩国存款保险公社收购超过《存款人保护法》所规定的存款人保护限度的存款,并支付了概算给付金。

---

① 概算给付金是指为了减少因破产程序的长期进行所带来的存款人不便,考虑到存款人将来能在破产清算程序领取的预期分配率,韩国存款保险公社接到存款人的请求收购超过存款保护限度的存款债权等,作为收购的代价,支付给存款人的金钱。在后来的破产财产终结分配时可能发生事后结算(追加支付或追回)。没有收到概算给付金的存款人可以依据该金融机构的破产清算程序领取分配金。

向1852名存款人支付了255,100万韩元(支付率为94.28%)。

○2012年3月13日金融委员会作出延长营业停止期限等的决定

营业停止期限、高级管理人员的职务执行停止期限、管理人可以代替执行其职务的期限都延长了6个月。

○2012年8月10日债务人向首尔中央地方法院提交破产申请

支付停止要件:在2011年9月18日作出的营业停止决定以及在2011年12月28日作出的营业认可撤销

负债超过要件:以2011年9月18日营业停止日为基准,负债超过了资产。

经营不善的事由:金融监督院的检查结果显示,债务人公司由于不动产有关的贷款债权不善、资产健全性分类不当导致本期纯利过度入账、对有不实征候的企业的信贷审查疏忽、超过个别债户信用贷款限度办理信贷业务等原因,造成了损失,从而导致破产的境地。

○2012年9月7日破产宣告

法院在宣告破产的同时,与普通破产案件不同,依照《存款人保护法》规定,选定了韩国存款保险公社担任破产管理人。

由此,从破产宣告时开始,对该储蓄银行财产的管理处分权限由韩国存款保险公社行使,法院通过对资金支出的许可来监督破产管理人的业务。

韩国存款保险公社制作存款人表,将会代替未领取保险金等的存款人来申报债权,另外存款人想直接参与破产程序的,应该个别地向法院申报债权。

破产管理人将会通过债权调查程序来确定可以参与分配程序的破产债权,以回收贷款、出售不动产等恰当的方法变价出售上述储蓄银行保有的各种财产,然后根据权利优先顺位公平分配给债权人。

法院指定的债权申报期限:2012年11月9日。

法院指定的第一次债权人会议期日:2012年12月6日。

○2012年12月6日第一次债权人会议

债务人公司能够回收的财产主要有对顾客的贷款债权,可能出售的财产主要有业务用或非业务用的不动产、各种会员卡、美术品等。

评价结果显示,可能回收的总金额为27,939,400万韩元,这与资产负债表上的资产额78,572,500万韩元相比,有50,633,100万韩元的评价损失。

资产评价金额为27,939,400万韩元,与至今的破产债权申报金额之中拟确认的2156亿韩元减去破产财产的经费性支付金额的余额相比,这样算出来的预期分配率是相当高的,这是因为韩国存款保险公社对债务人公司保有的总债权金额6460亿韩元中,只对一部分,即2113亿韩元①进行债权申报。之后还会有补充申报破产债权,而且依照附条件的债权及各种诉讼的结果,破产债权额有可能会增加,因此现今计算对债务人的预期分配率存在一定的限制。

但是,当破产管理人所知道的破产债权申报对象金额全部被承认为破产债权时,可以推定预期分配率为41.43%。

○2013年11月28日债权调查期日

为了对补充申报的27件破产债权进行确认或否认的债权调查期日。

其中,就后顺位公司债券的措施而言,以后顺位债权申报的债权要认定为后顺位债权,以损害赔偿债权等申报的债权之中由金融监督院所属的金融纠纷调解委员会所调解的金额范围之内的债权要认定为一般破产债权,要对包括重复申报在内的其他债权提起异议。

4. 主要争论焦点

(1)普通存款债权的处理方法

○在保险金支付限度之内的存款

存款人的债权属于保险金支付限度内的存款的,由受让合同的金融机构(如BS储蓄银行股份有限公司和KR&C)或者是韩国存款保险公社承担其支付。

○超过保险金支付限度的存款

存款人的债权属于超过保险金支付限度的存款的,韩国存款保险公社以概算给付率为基础收购存款债权,对其受让债权进行债权申报,或者依据《关于金

① 2012年11月30日当时对债务人公司的债权申报状况如下:(1)破产债权申报对象金额:6744亿韩元;(2)破产债权申报额:3579亿韩元;(3)破产债权确认预定额:2156亿韩元;(4)变价预定额:2794亿韩元。

融产业结构改善的法律》第21条以下规定,[1]如果韩国存款保险公社提交存款人表,则记载于存款人表的存款债权被视为在申报期限内被申报的债权。

(2)后顺位公司债有关的债权申报、承认或否认、债权调查确定等问题

○后顺位公司债券的发行情节

互助储蓄银行的BIS(Bank for International Settlement)比率未达到8%的,要对同一债户的贷款和后顺位公司债的发行有一定限制。未达到5%的,要接受金融监督院的改善命令。未达到1%的,要被指定为不实金融机构,其营业停止,并且要接受韩国存款保险公社的经营管理。应当通过资本扩充来消除经营亏损,要不然,则要进行破产申请。

包括债务人公司在内的多数储蓄银行都为不动产开发产业进行了相当规模的贷款(P/F贷款),因为最近贷款有关的经营不善,他们为了维持良好的BIS比率,做了假账、发行了后顺位公司债。

后顺位公司债是指具有以"本公司债的偿还期限之前对发行公司宣告破产,破产程序开始的,除本公司债以外的其他债权都获得偿还后才能获得偿还"为内容的后顺位特别约定的公司债,通常到期日为5年以上,年利率为8%至9%。

后顺位公司债虽然本来是负债,但其偿还期限较长并且包含后顺位约定,因此在算定BIS比率时被视为自有资本。

包括债务人公司在内的多数储蓄银行都向定期存款人等客户以后顺位公司债是具有高利率的优良商品为内容宣传鼓动,然后大量出售,然而终究导致破产。

○后顺位公司债的申报问题

储蓄银行的破产案件与其他破产案件相比,因其债权人数过多导致了债权申报接受处理的困难,债权申报期限中有必要指定特定期间导引债权人那时申

---

① 《关于金融产业结构改善的法律》第21条(存款人表的提交)规定:(1)破产参加机关在债权申报期间过后应立即向法院提交存款人表。(2)记载于依照第1款规定向法院提交的存款人表的存款债权视为在债权申报期限内被申报的债权。(3)破产参加机关在向法院提交存款人表以后得知还存在未记载于存款人表的存款债权的,应当立即通知法院。此时的存款债权视为是在债权申报期限过后被申报的债权。第22条(存款人的参加)规定:依照第21条第2款及第3款而视为被申报的存款债权的存款人如果想直接参与破产程序,要向法院告知其意向。此时,法院要将其参加事实通知给破产参加机关。第23条(破产参加机关的权限)规定:破产参加机关可以为了依照第21条第2款及第3款视为被申报的存款债权的存款人采取任何破产程序有关的行为。但是,依据第22条存款人直接参与破产程序的除外,关于确定存款债权的诉讼行为时需要存款人的授权。

报债权。[1]

后顺位公司债债权人虽然想与普通破产债权一样受领分配,但是往往以后顺位债权申报自己的债权。此时,破产管理人(韩国存款保险公社)承认其申报债权的,其债权就被确认为后顺位债权。所以其债权人实际上在分配程序中几乎没有可能受分配。

因此,后顺位公司债债权人如果希望与普通破产债权一样受领分配,则有必要导引其债权人将债权原因记载为损害赔偿或是不当得利,从而以一般债权申报债权。

○债权申报方法的改善

导引债权人在大约两周至三周的集中申报期限内申报债权,从而有效运用债权申报的接收业务。

以违反说明义务为理由而希望以普通破产债权来受领分配的后顺位公司债债权人应当以损害赔偿债权或者是不当得利债权来申报债权,这样才能以与普通破产债权人同等的顺位受分配。因此,要对后顺位公司债的申报方法积极进行宣传。

但是,在破产宣告之前,金融监督院所属的金融纠纷调解委员会的调解成立的,只有以得到认定的损害赔偿金债权申报债权,才能与一般破产债权一样受领分配。

○后顺位公司债的确定问题

后顺位公司债权人对于因虚假公示、不完全销售等原因的损害赔偿债权和破产宣告之前到期的利息债权主张不是后顺位债权,而是一般破产债权而申报债权的,有必要考虑如何承认或否认其债权。[2]

破产宣告前,金融监督院所属的金融纠纷调解委员会对后顺位公司债有关的纠纷申请案件以后顺位公司债不完全被销售为由,作出了认定相当于其面值

---

① 作为参考事项,在第一储蓄银行股份有限公司的破产案件中,有1000名以上的后顺位公司债债权人。

② 对破产管理人所否认的部分提起了债权调查确定裁判申请。

的20%至40%[①]的损害赔偿债权的纠纷调解决定的,[②]因此对其处理方法有必要考虑。

对于后顺位公司债的处理而言,破产管理人应当对于在金融监督院所属的金融纠纷调解委员会的调解金额范围内以损害赔偿债权或是不当得利债权申报的债权确定为一般破产债权,对于以后顺位债权申报的债权确定为后顺位债权,对于之外的债权提起异议。破产管理人把上述内容作为承认或否认基准来处理。

5. 评价

(1)多数储蓄银行的营业停止事件以及对不实金融机构的处理方法

○这个案件是从2011年起,由于许多互助储蓄银行纷纷导致了营业停止以及破产,所谓“储蓄银行的营业停止事件”而退出的PRIME互助储蓄银行股份有限公司案件。

○2000年以来,多数的储蓄银行缩小了大众贷款的比重,开始积极地推进从前商业银行垄断了的对建设行业的贷款,即不动产项目资金筹措(P/F)贷款。不过,随着因2008年年末发生的国际金融危机的不动产不景气的到来,上述贷款中不良贷款比率急剧增加,从而造成了储蓄银行的财务损失。

○因此,金融委员会从2011年2月17日起,以国际清算银行(BIS)比率为基准,对于自有资本比率未达到一定基准的储蓄银行开始采取营业停止措施。此后,政府在2011年7月4日,为了准备互助储蓄银行的健全基础,发表了《下半年储蓄银行健全经营方案》,根据其方案在2011年9月18日将BIS比率低于1%的PRIME互助储蓄银行、第一储蓄银行等7家储蓄银行指定为不实金融机构,并采取6个月的营业停止措施。

○2011年被停业的主要储蓄银行的名单如表3所示。

---

① 另外,依据买方的年龄、买入价、是否使用解除定期存款的钱来购买等事项,其过失比率可以有5%至10%的调整。

② 所有的当事人对上述决定不提起异议的,则产生法律效力。实际上,在大部分情况下当事人都没提起异议。

表3 2011年被停业的主要储蓄银行的名单

停业日	被停业的银行
2011年1月4日	三和互助储蓄银行
2011年2月17日	釜山储蓄银行、大田互助储蓄银行
2011年2月19日	釜山2储蓄银行、全州储蓄银行、中央釜山储蓄银行、BOHAE互助储蓄银行
2011年2月22日	道民储蓄银行
2011年8月5日	KYONG欧盟N(경은)储蓄银行
2011年9月18日	第一储蓄银行、第二储蓄银行、PRIME互助储蓄银行、DAEYEONG(대영)互助储蓄银行、ACE储蓄银行、PARANGSAE(파랑새)储蓄银行、TOMATO储蓄银行

○在这个案件中,被指定为不实金融机构的PRIME互助储蓄银行的破产处置方法,采用了转卖及承接(purchase & assumption)的方法,通过金融委员会的合同转移决定把部分资产及负债转移给第三人BS金融集团所属的BS储蓄银行。另外,目前对其剩余部分按照法院破产清算程序进行处理。

(2)其他事项

由于该案中存在多数后顺位公司债债权人,而其中大多数人因虚假公示、欺诈等原因而遭受损失,因此对后顺位公司债债权人的处理及保护方法也是一个争论焦点。原则上后顺位公司债只是一种后顺位债权,但在此案中,因为其销售过程存在虚假公示、欺诈等不完全销售或侵权行为,所以可以说其债权属于损害赔偿债权或不当得利返还债权。如果后顺位公司债能够被认定为损害赔偿债权或不当得利返还债权的,破产管理人需要不但把其债权承认为一般破产债权而且使其债权人能受领与一般破产债权人同等的分配。

(二)三和互助储蓄银行股份有限公司(주식회사삼화상호저축은행)

1.案件概要

◎名称:三和互助储蓄银行股份有限公司(주식회사삼화상호저축은행)

◎案件编号:首尔中央地方法院2011HAHAP72(2011 하합72)

◎审判庭:第12破产合议庭

◎进展情况(截至2014年9月末):破产清算程序进行中

2. 公司/法人简介

◎资产:60,097,100 万韩元(以 2011 年 6 月 23 日为基准的资产负债表)/17,580,500 万韩元(资产审计结果)

◎负债:61,824,700 万韩元(以 2011 年 6 月 23 日为基准的资产负债表)

◎资本:160 亿韩元

◎代表人:共同管理人全某某(韩国存款保险公社所属)和李某某(金融监督院所属)(2011 年 1 月 14 日选任)

◎主要股东:IBC&Partners 股份有限公司(아이비씨앤파트너스주식회사)(100%)

◎特殊事项

债务人公司于 1972 年 8 月 21 日以 DAEWANG 互惠信贷公司(대왕무진주식회사)的商号成立,其设立目的是金融业。后来,其商号在 1972 年变更为 DAEWANG 互助信用金库(대왕상호신용금고),在 1975 年变更为 CHEONBO 互助信用金库(천보상호신용금고),在 1976 年变更为三和互助信用金库(삼화상호신용금고),最终在 2002 年变更为三和互助储蓄银行股份有限公司。债务人公司主要根据《互助储蓄银行法》第 11 条规定,以不特定大多数人为对象有组织地、持续性地从事活期存款及定期存款的收入、资金贷款及票据贴现等各种业务。债务人公司由超过对个别债户及同一债户的信用贷款限度办理业务、不当办理信贷业务、为大股东的利益以违法或不当方法提供信用贷款、为了隐瞒经营亏损事实购买不动产等原因,从而导致财务结构的恶化。因此,对其申请了破产清算。三和互助储蓄银行的管理人全某某于 2011 年 5 月 19 日作为金融委员会的受托人向首尔中央地方法院以 2011HAHAP61 号案件申请了对债务人公司的破产清算,但是由于对申请人资格与否提出异议,[1]因此于 2011 年 5 月 26 日撤回了破产申请。后来,其管理人作为债务人的代表人再次申请了对债务人公司的破产清算。

---

① 根据《关于金融产业结构改善的法律》第 16 条第 1 款规定,金融委员会可以申请对金融机构的破产清算,根据同法第 25 条规定,金融委员会可以将依照此法的部分权限委托给金融监督院长或者韩国存款保险公社社长。金融委员会将对三和互助储蓄银行的破产申请程序有关的一切履行权限委托给管理人是否属于没有法律根据的违法委托是主要争论焦点。

3. 进行经过

表4 三和互助储蓄银行案件的各主要阶段的时间

破产申请前是否进行重整程序	—	主要债权人会议	2011年9月8日(第一次债权人会议) 2012年3月22日(债权调查期日) 2013年11月7日(债权调查期日)
破产申请(债权人/债务人)	2011年5月26日(债务人申请)	破产程序废止裁定	—
破产宣告裁定	2011年6月24日	破产程序终结裁定	—

(1)导致申请破产清算程序的原因

○超过对个别债户及同一债户的信用贷款限度办理信贷业务

债务人公司对于大树股份有限公司(주식회사큰나무)等13个个别债户,以其本人及第三人的名义办理了1662亿韩元的信贷业务,其中640亿韩元的贷款超过了信用贷款限度,①因此造成了969亿韩元的损失。

并且,对于SEASON(시즌)建设股份有限公司等12个债户,办理了604亿韩元的信贷业务,其中179亿韩元的贷款超过了对同一债户的信用贷款限度,②因此导致了430亿韩元的经营亏损。

○违规或不当办理信贷业务

对于前任的高级管理人员(前任副会长成某某及前任董事金某某)直接介绍或推荐了的Frost Consulting股份有限公司(주식회사프러스트컨설팅)等16家交易对方,没有适当的债权保全措施违反规定办理了298亿韩元的信贷业务,因此导致了221亿韩元的贷款余额中210亿韩元的贷款债权发生亏损。

并且,对于信用不良的BMS21股份有限公司(주식회사비엠에스이십일)等91家交易对方不当办理了2852亿韩元的信贷业务,因此导致了1915亿韩元的

---

① 根据《互助储蓄银行法》第12条及同法施行令第9条规定,互助储蓄银行不能向个别债户提供超过其自有资本的20%的信用贷款。

② 根据《互助储蓄银行法》第12条及同法施行令第9条规定,互助储蓄银行不能向个别债户及与其债户共有信用风险的人(同一债户)提供超过其自有资本的25%的信用贷款。

贷款余额中1563亿韩元的贷款债权产生亏损。

○为大股东[1]的利益以违法或不当方法提供信用贷款

以SUNAM(선암)产业开发股份有限公司等25家信贷交易对方的名义,为大股东申某某提供了414亿韩元的贷款(余额241亿韩元),为董事李某某提供了2亿韩元的贷款,即违法、不当办理了总416亿韩元(余额243亿韩元)的信贷业务。

为大股东申某某无偿提供个人用办公室以及法人信用卡,即直接、间接地提供了相当于27亿韩元的财产利益。

○为了隐瞒经营亏损事实而购买不动产

对于CDM建设股份有限公司办理了344亿韩元的信贷业务,其中293亿韩元的贷款超过了对个别债户的信用贷款限度。为了隐瞒上述贷款发生亏损的事实,没有进行客观性的外部鉴定评价,以比合适价格更贵211亿韩元的价格购买了与上述贷款有关的未出售的建筑物,用贷款债权抵销了上述的价款支付债务。

对与大股东申某某关系密切的ZIBBARAKI(집바라기)等3家公司的100亿韩元的贷款债权也发生了亏损,为了回收这些贷款,对这些债户正在出售的位于光州广域市西区的写字楼没有进行适当的价值评价,把其设定为私募基金的基础财产,以115亿韩元的价格购买了上述基金的收益权。因此,导致了不当免除相关债户的债务。

○作出指定为不实金融机构的决定而发布经营改善命令

依据金融监督院以2010年7月末为基准制作的《为了决定不实金融机构与否的资产及负债的评价和算定》的结果,其负债超出了资产540亿韩元,而经营检查结果显示其BIS比率为1.42%,未达到指导基准5%。

金融委员会在2011年1月14日依照《关于金融产业结构改善的法律》第2条第2项规定,作出把债务人公司指定为不实金融机构的决定,依照同法第10条第1款和第2款、第14条之3第2款以及《互助储蓄银行业监督规定》第48条第1款和第2款、第52条第1款的规定,对于《互助储蓄银行法》第11条第1款所规定的业务,命令停止6个月的营业,命令高级管理人员停止职务,并选任管理

---

① 实际控制人申某某作为持有三和互助储蓄银行100%股份的IBC&Partners(아이비씨앤파트너스)股份有限公司的大股东(46%),通过IBC&Partners(아이비씨앤파트너스)股份有限公司间接支配着三和互助储蓄银行,实际上行使了与三和互助储蓄银行有关的全权。

人代替执行其职务,并下达以通过增加资本金的办法BIS比率应当维持5%以上为内容的经营改善命令。

○财产审计、评估结果

管理人为了正确把握债务人公司的财务状况,委托ANJIN(안진)会计师事务所以停止营业日前一天(2011年1月13日)为基准进行了资产负债的评估。其结果显示资产总额为10,549亿韩元,负债总额为14,410亿韩元,负债超出了资产3861亿韩元。

○不履行经营改善命令

在发布经营改善命令之后,金融委员会责令债务人公司以到2011年2月15日为期限提交包括增资、合并或第三人收购等在内的具体经营改善计划,但是大股东及董事长并没有提交经营正常化方案,因此经营正常化失败了。

(2)进行经过

○2011年1月14日金融委员会的不实金融机构指定决定、营业停止决定、经营改善命令

负债超出了3861亿韩元,BIS比率为1.42%的状态。

金融委员会把债务人公司指定为不实金融机构,作出了包括停止6个月营业的命令和停止高级管理人员执行其职务的命令等在内的经营改善命令。

提供债务人公司以到2011年2月15日为期限通过增资等办法运转正常的机会,但在这期限内运转正常发生困难的,打算及时转卖给第三人或者韩国存款保险公社设立的过桥储蓄银行全面接管该困境银行的经营,在大约3个月内计划重新开始营业。

○2011年1月26日至2月25日韩国存款保险公社支付临时预支款

每人在1500万韩元限度内。

向21,453名存款人支付了2836亿韩元(支付率为58.03%)。

○2012年3月16日金融委员会的合同转移(P&A)决定等

ANJIN(안진)会计师事务所的财产审计、评估调查结果显示,其资产为10,549亿韩元,其负债为14,410亿韩元。债务人公司没有提供包括第三人收购等的经营正常化方案。

把债务人的合同转移给友利金融储蓄银行(우리금융저축은행)的决定:依照金融委员会的合同转移决定,转移了一部资产及负债。其资产中大部分为贷

款债权，其负债中大部分为存款债务。

从前，主要采用了先将资产及负债转移给过桥储蓄银行，然后将其过桥储蓄银行售卖给第三人的方法。不过，本案中采用了买方(友利金融控股公司)先设立了新的储蓄银行(友利金融储蓄银行①)，然后其新的银行直接受让过桥银行的资产及负债的这种方法。

以停业日为基准，本金和利息加起来在5000万韩元以下的存款债权，依据合同转移决定，转移给买方友利金融储蓄银行，对于超过5000万韩元的存款债权，韩国存款保险公社偿付5000万韩元的保险金，超出5000万韩元的部分按照34%的概算给付率收购其债权。

决定撤销互助储蓄银行业的认可，并委托管理人申请破产清算。

○自2011年3月25日韩国存款保险公社最终支付了保险金

每人在5000万韩元限度内(参照《存款人保护法》第32条第2款，同法施行令第18条第6款)。

向本金和利息加起来超过5000万韩元的4870名存款人支付了1837亿韩元(截至2011年6月24日)。

○2011年3月25日至6月24日韩国存款保险公社支付了概算给付金

韩国存款保险公社收购了超过《存款人保护法》所规定的存款人保护限度的存款，并支付了概算给付金。

向5934名存款人支付了120亿韩元(支付率为34%)。

○2011年5月19日债务人公司管理人全某某向首尔中央地方法院提交破产申请

债务人公司的管理人作为金融委员会的受托人向首尔中央地方法院以2011HAHAP61号案件申请了对债务人公司的破产清算。

○2011年5月26日撤回以前的破产申请，然后债务人公司再次提交破产申请

由于对金融委员会能否委托管理人申请破产清算程序的问题有异议，因此

---

① 友利金融储蓄银行是友利金融控股公司为了购买被停止营业的三和互助储蓄银行，于2011年3月成立的储蓄银行。但由于当时与友利金融控股公司无关的一家银行已经使用“友利储蓄银行”的商号正在营业，因此，友利金融控股公司设立的储蓄银行不得已被命名为“友利金融储蓄银行”。

2011年5月26日管理人撤回了以前的破产申请,作为债务人的代表人再次申请了对债务人公司的破产清算。

支付停止要件:在2011年1月14日作出的营业停止决定以及在2011年3月16日作出的营业认可撤销。

负债超过要件:以2011年1月14日停业日为基准,负债超过了资产。

经营不善的事由:债务人公司由超过对个别债户的信用贷款限度办理信贷业务、不当办理信贷业务、为大股东的利益以违法或不当方法提供信用贷款、为了隐瞒经营亏损事实而购买不动产等原因,造成了损失,从而导致破产的境地。

○2011年6月24日破产宣告

法院在宣告破产的同时,与普通破产案件不同,依照《存款人保护法》规定,选定了韩国存款保险公社担任破产管理人。

从破产宣告开始,对该储蓄银行财产的管理处分权限由韩国存款保险公社行使,法院通过对资金支付的许可来监督破产管理人的业务。

韩国存款保险公社制作存款人表,其将会代替未领取保险金等的存款人来申报债权,另外存款人之中想直接参与破产程序的人应该个别向法院申报债权。

破产管理人将会通过债权调查程序来确定可以参与分配程序的破产债权,以回收贷款、出售不动产等恰当的方法变价出售上述储蓄银行保有的各种财产,然后根据权利优先顺位公平分配给债权人。

法院指定的债权申报期限:2011年8月12日。

法院指定的第一次债权人会议期日:2011年9月8日。

○2011年9月8日第一次债权人会议及债权调查期日

债务人公司能够回收的财产主要有对顾客的贷款债权,可能出售的财产主要有业务用或非业务用的不动产、各种会员卡、美术品等。

评价结果显示,可能回收的总金额为1758亿韩元,这与资产负债表上的资产额6009亿韩元相比,有4251亿韩元的评价损失。

以上述的资产评价金额1758亿韩元以及破产债权申报对象金额6182亿韩元(相当于总负债额)为基准,算出来的预期分配率为28.4%左右。

但是,以韩国存款保险公社的追偿权总金额2469亿韩元(申报债权时其中只申报了902亿韩元的债权)以及被确定的破产债权金额978亿韩元,即总计3447亿韩元为基准,算出来的预期分配率为51.0%左右。

因此,按照将来韩国存款保险公社补充申报的债权额的规模以及破产财产之中占最大比重的贷款债权的回收规模程度,其预期分配率可能会相应变动。

○2012年3月22日第二次债权调查期日

○2012年6月11日第一次分配

分配额为649亿韩元,分配率为33.9%。

○2013年11月7日第三次债权调查期日

○2013年12月30日第二次分配

分配额为621亿韩元,分配率为32.42%。

4.主要争论焦点

(1)对于金融委员会能否委托管理人申请破产清算的问题

○问题的提出

在以往的实践中,当金融委员会对储蓄银行作出合同转移决定时,将破产清算申请权限委托给该储蓄银行的管理人,因此管理人作为金融委员会的受托人或者该储蓄银行的代表人申请了破产清算。

不过,本案中,债务人公司的管理人作为金融委员会的受托人申请了破产清算,但是由于对申请人资格与否提出异议,因此撤回了其破产申请。然后管理人作为债务人公司的代表人再次申请了破产清算。

所以,对于金融委员会能否委托管理人申请破产清算、从管理人权限有关的《关于金融产业结构改善的法律》第14条之3第1款规定的解释来看可以说管理人享有可解散储蓄银行的破产申请权限与否等几个问题,有必要考虑。

○相关法规

根据《关于债务人重整及破产的法律》规定,债务人本身、债权人、董事、清算人等可以对股份有限公司提出破产申请(第294条至第296条)。

金融委员会可以对金融机构提出破产申请(《关于金融产业结构改善的法律》第16条第1款),金融监督院院长或者破产参加机关只能建议金融委员会申请破产(同法第16条第2款)。但是,金融委员会可以将依照此法的部分权限委托给金融监督院长或者韩国存款保险公社社长(《关于金融产业结构改善的法律》第25条),破产申请权限不属于上述委托范围内(同法施行令第6条之2)。

另外,对于互助储蓄银行,金融委员会可以对其申请破产,也可以让金融监督院院长代行其破产申请权。此时,金融监督院院长代行的行为被视为金融委员会的行为(《互助储蓄银行法》第24条之13、第34条之2第1款)。

○依据《关于金融产业结构改善的法法律》的管理人权限

与依据《关于债务人重整及破产的法律》规定的重整程序的管理人及破产清算程序的破产管理人不同,依据《关于金融产业结构改善的法律》规定的管理人,按照其选任目的,享有代行被停止执行的高级管理人员职务的权限或者在与合同转移决定相关业务范围内对不实金融机构的财产和负债等的管理处分权限。但是,当执行其业务时,管理人应当遵循金融委员会的命令,金融委员会在必要时可以解任管理人(《关于金融产业结构改善的法律》第14条之3)。

由于实践中金融监督院或是韩国存款保险公社的职员被选任为上述的管理人,因此实际上这样的管理人也接受上述机关的管理及监督。

鉴于以上特征,依据《关于金融产业结构改善的法律》的管理人,不是与依据《关于债务人重整及破产的法律》的管理人和破产管理人相同的,而只不过是金融当局为了整理不实金融机构而派遣的一种命令执行者。

○本案情况

本案中,债务人公司的管理人依据金融委员会的委托向法院申请了破产清算,由于本来对于金融机构的破产申请权限属于金融委员会,其权限虽然可以让金融监督院院长代行行使,可是关于可以委托给管理人并没有什么法律根据,因此对于申请人资格与否问题被提出了异议。所以,管理人撤回了以前的破产申请,作为债务人的代表人再次申请了对债务人公司的破产清算。这是因为根据《关于债务人重整及破产的法律》债务人本身或债权人可以申请对债务人公司的破产清算。

○近期实务趋势

本案后,对于关于依据《关于金融产业结构改善的法律》的管理人是否享有解散储蓄银行的破产申请权,提出疑问。根据《关于金融产业结构改善的法律》的规定,管理人按照其选任目的,享有代行被停止执行的高级管理人员职务的权限或者在与合同转移决定相关业务范围内对不实金融机构的财产和负债等的管理处分权限。当然,因为管理人应当遵循金融委员会的命令,依据金融委员会的决议来申请了破产,所以即使管理人这样申请破产,实际上不会产生什么问题。

但是,根据相关法律规定,破产申请权并不属于管理人享有的权限,因此首尔中央地方法院从2013年起劝告韩国存款保险公社以债权人资格提出对问题储蓄银行的破产申请。

(2)确保合同转移决定的正当性问题——事后控制方法

○合同转移的范围及破产财产的构成问题

当银行等金融机构破产时,金融委员会可以决定其不实金融机构转移其合同(《关于金融产业结构改善的法律》第14条第2款),当金融委员会决定转移合同时,应当在必要的范围内确定转移的合同范围、合同转移的条件以及受让合同的金融机构(同法第14条第5款)。

这是金融委员会用一种行政处分责令一家健全金融机构受让私人之间的合同,因此从合同转移决定的目的和迅速性及安全性的角度来看,有不少优点。

相反,这不太符合一般法律体系,对合同转移的公平性也存在不少疑问。

因此,当合同转移时,对被转移资产的公平价值评价是十分重要的。如果因合同转移而接受的资产被过多评价,受让资产的金融机构将会受到很大损失,与此相反,资产比实际价值被过少评价,不实金融机构将会受到很大损失,从而破产债权人将可受领的分配额会减少。

上述的合同转移决定虽然非常重要,但是对其要件及对象的规定不明确,加之不容易事前控制。因此,如果因金融委员会的合同转移决定有错误而导致债权人等利害关系人遭受巨大损失的,应当积极考虑无效确认诉讼或者损害赔偿诉讼等事后控制手段。这是因为上述的合同转移决定也是行政机关处分之一。

○韩国存款保险公社的主张

依据金融委员会的合同转移决定,韩国存款保险公社先给合同受让人提供被转移的资产与负债的差额,即纯资产不足金额,然后得到对债务人公司的债权。由于如果韩国存款保险公社以上述债权全部申报破产债权,另外的破产债权人却比在没有转移合同的情况下有可能会得到过少的破产分配金额,因此韩国存款保险公社为了防止发生这样的后果,往往只以支持的部分资金有关的债权申报破产债权。

如此,韩国存款保险公社在偿付保险金之后,往往以部分债权申报债权,以便维持与未偿付保险金的破产情况同样的分配率,由此保持债权人之间的平衡性。而且,韩国存款保险公社实行概算给付金制度,把对于存款人将来能从破产程序领取的预期分配适用贴现率的现值提前提供给存款人等一般债权人。

○事后控制方法的必要性

从法律地位或其担当的公益功能来看,我们可以发现韩国存款保险公社、金融委员会等金融当局都为了保障客观性及公正性而努力工作着,但不能对其免除事前及事后的控制,从而上述的处分也应当成为司法审查对象。特别是对银行等金融机构的合同转移决定,因需要具有紧急性、迅速性,事前控制并不容易,所以颇有必要通过事后控制方法来检讨其公正性及正当性。

对于事后控制方法,大法院认为,当合同转移时资产及负债的转移范围应当根据合同转移决定书所规定的内容判断,万一从决定书中不能确定其范围的,应当综合考虑合同转移决定的主旨和情节,与被转移合同相关当事人之间的公平结果等来判断[参照大法院在2006年4月28日宣告的2004DA70260(2004다70260)号判决及在2010年4月29日宣告的2009DA77730(2009다77730)号判决等]。

○具体事例

接受东亚互助信用金库的合同而成立的京畿互助储蓄银行,以韩国存款保险公社的职员作为东亚互助信用金库的管理人,当从事资产及负债的评估业务和纯资产价值评估业务等财产调查业务时,因违反了业务上注意义务,将约82亿韩元的不良债权判定为良好债权,并将其打入东亚互助信用金库的资产,过少评价,导致京畿互助储蓄银行发生损失为由,以韩国存款保险公社为被告向法院提起了损害赔偿请求诉讼。本案中,大法院认定了韩国存款保险公社的损害赔偿责任[大法院在2005年11月24日宣告的2004DA48508(2004다48508)号判决]。

韩国存款保险公社职员被选定为不实金融机构的管理人,从事依据合同转移决定的财产调查业务时,违反其业务上的注意义务的,韩国存款保险公社应当作为上述管理人的雇主,承担对接受合同的金融机构所遭受的财产损害的赔偿责任。

5. 评价

(1)2011年发生的一系列储蓄银行停业事件的始发点

○本案是因自2011年起许多互助储蓄银行纷纷导致停业及破产的,所谓"储蓄银行停业事件态"而被退出的三和互助储蓄银行有关的案件。从三和互助储蓄银行起,仅在2011年就有16家互助储蓄银行停止营业。

○自2000年以来,多数储蓄银行缩小了大众贷款的比重,才开始积极地推进从来商业银行主要办理了的对建设开发业的贷款,即不动产项目资金筹措(P/F)贷款。不过,随着2008年年末发生的国际金融危机造成的不动产不景气的到来,积压了大量逾期贷款,从而造成了资不抵债。

○就首尔中央地方法院而言,自2011年至2013年5月,包括三和互助储蓄银行在内的总共10家互助储蓄银行被该法院宣告破产。

○ 本案中,为了解决不实金融机构三和互助储蓄银行的财务危机,采取转卖及承接(purchase & assumption)的方式进行了破产处理,依据金融委员会的合同转移决定,第三人即友利金融控股公司所属的友利金融储蓄银行接管了三和互助储蓄银行的部分资产及负债。后来,友利金融储蓄银行在2014年被农协金融控股公司收购,其社名变更为NH储蓄银行。另外,其余部分由法院进行破产清算程序。

(2)对金融机构的破产申请实务变更的契机

○ 在从前的实践中,金融委员会对储蓄银行作出合同转移决定时,将破产清算申请权限委托给该储蓄银行的管理人,因此管理人作为金融委员会的受托人或者该储蓄银行的代表人申请了破产清算。不过,本案中,债务人公司的管理人作为金融委员会的受托人申请了破产清算,但是由于对申请人资格与否提出异议,因此撤回了其破产申请。然后管理人作为债务人公司的代表人再次申请了破产清算。

○ 本案后,对于关于依据《关于金融产业结构改善的法律》的管理人是否享有解散储蓄银行的破产申请权,提出疑问。根据相关法律规定,破产申请权并不属于管理人享有的权限范围内,因此首尔中央地方法院从2013年起劝告韩国存款保险公社以债权人资格提出对问题储蓄银行提的破产申请。

○如前所述,本案是关于当对储蓄银行等金融机构申请破产时谁享有破产申请权的问题引起巨大的争议的很重要的案件。需要关注的是,最终完善了实践处理办法,以便符合法律规定。

(3)其他事项

此外,后顺位公司债债权人的问题也是本案的主要争论焦点,但其详细内容请参见上述的PRIME互助储蓄银行案件中的内容。

(三)所罗门储蓄银行股份有限公司(주식회사솔로몬저축은행)

1. 案件概要

◎名称:所罗门储蓄银行股份有限公司(Solomon Savings Bank)

◎案件编号:首尔中央地方法院2013HAHAP46(2013 하합46)

◎审判庭:第12破产合议庭

◎进展情况(截至2014年9月末):破产清算程序进行中

2. 公司/法人简介

◎资产:约41,210亿韩元(截至2013年4月29日)

◎负债:约42,354亿韩元(截至2013年4月29日)

◎资本(是否上市):1140亿韩元,有价证券市场上市公司①

◎代表人:管理人郭某某(2012年5月6日选任)

◎主要股东:所罗门信用信息股份有限公司(솔로몬신용정보주식회사)(26.02%),董事长林某(2.19%),其他股东(70.5%)

◎ 特殊事项

○名称的变迁过程

债务人公司于1972年4月6日以东洋信用互惠信贷公司(동양신용무진)的商号成立后,其商号在1982年1月21日变更为东洋互助信用金库(동양상호신용금고),在1999年8月16日变更为GOLD互助信用金库(골드상호신용금고),在2002年3月1日变更为GOLD互助储蓄银行(골드상호저축은행),在2002年11月11日变更为所罗门互助储蓄银行(솔로몬상호저축은행),最终在2010年9月23日变更为所罗门储蓄银行。

○相关公司现状

债务人公司的子公司主要有HAESOL(해솔)储蓄银行(原"釜山所罗门储蓄银行"),HANUL(한울)储蓄银行(原"湖南所罗门储蓄银行"),所罗门私募投资专门公司(所罗门PEF),SM&PARTNERS第一次(에스엠앤파트너스제일차),IM投资证券(아이엠투자증권)等。债务人公司保有HAESOL储蓄银行和HANUL储蓄银行的100%股份。如前所述,因为所罗门信用信息股份有限公司

① 债务人公司本来是上市于韩国有价证券市场的上市公司,但在停止营业后于2012年7月25日退市。

是债务人公司的大股东，控股股东兼董事长林某作为所罗门信用信息股份有限公司的大股东(43.7%)，通过所罗门信用信息股份有限公司向债务人公司具有一定的影响力。后来，HANUL 储蓄银行于 2013 年 12 月 27 日以停止营业和第三人转卖及承接方式被出售给了第三人 PEPPER(페퍼)储蓄银行，[①]HAESOL 储蓄银行于 2014 年 5 月 2 日以停止营业和第三人转卖及承接方式被出售给了第三人 YESIN(예신)储蓄银行。[②]

其中，YESIN 储蓄银行被 WELCOME－LOAN(웰컴크레디라인대부)收购，于 2014 年 5 月 8 日将其社名变更为 WELCOME 储蓄银行。

○债务人公司因不动产有关的 P/F 贷款债权不善、经营层的道德风险蔓延、对于作为相关公司的釜山所罗门储蓄银行、湖南所罗门储蓄银行的投资损失激增等原因而导致财务结构上发生严重的恶化，从而对所罗门储蓄银行申请破产清算。

3. 进行经过

表 5　所罗门储蓄银行案件的各主要阶段的时间

破产申请前是否进行重整程序	—	主要债权人会议	2013 年 7 月 25 日(第一次债权人会议) 2014 年 2 月 6 日(债权调查期日)
破产申请(债权人/债务人)	2013 年 3 月 21 日(债权人申请)	破产程序废止裁定	—
破产宣告裁定	2013 年 4 月 30 日	破产程序终结裁定	—

(1)导致申请破产清算程序的原因

○不动产有关的贷款债权发生亏损以及财务结构的恶化

① HANUL 储蓄银行是采用并没有中断营业并把其储蓄银行的合同转移给不是过桥储蓄银行而是第三人健全储蓄银行的结构调整方式的第二例。作为参考事项，采用与上述内容同样的方式的最初事例是 2013 年 11 月 1 日没有中断营业而把其合同转移给第三人(ORIX 储蓄银行)的 SMILE(스마일)储蓄银行的案例。

② YESIN 储蓄银行于 2013 年 4 月 15 日作为新罗储蓄银行的过桥储蓄银行成立开始营业，2014 年 4 月 30 日被国内第三位贷款企业 WELCOME－LOAN(웰컴크레디라인대부)收购。

债务人公司为了提高收益性而没有进行充分的风险分析,扩大了不动产有关的贷款业务,因此不动产有关贷款在总贷款额中占了50%以上。但是,随着世界金融危机的到来以及国内不动产市场的停滞,债务人公司的逾期贷款激增,2012年6月末的逾期贷款比率已达到50.5%,这加重了计入坏账准备金的负担,导致财务结构恶化。

因为在金融危机之前与不动产有关的P/F贷款比重过高,所以在金融危机之后不良资产增加,造成资不抵债。

○违法、不当办理信贷业务以及因经营层的道德风险而导致经营亏损

即使因与P/F贷款有关逾期贷款比率的增加、不动产景气停滞的持续等因素而储蓄银行外部的经营环境渐渐恶化,但是却扩大不合理的贷款,实施以外形扩张为主的经营政策,超过信用贷款限度办理信贷业务,违法、不当办理信贷业务,发生经营层的道德风险。因此,出现了资金运作困难的局面。

○因对相关公司投资而损失激增

以2011年6月末和2012年6月末为基准,釜山所罗门储蓄银行(现在的HAESOL储蓄银行)的营业损失分别为4,520,900万韩元和5,313,600万韩元,湖南所罗门储蓄银行(现在的HANUL储蓄银行)的营业损失分别为908,800万韩元和1,408,200万韩元。相关公司的营业状况也与债务人公司一样日益恶化。

因此,债务人公司依照合并财务报表的评价损失,以2011年和2012年6月末为基准,分别为4,568,600万韩元和8,117,600万韩元,相关公司的经营亏损也是使得债务人公司陷入经营困境的原因之一。

○作出指定为不实金融机构的决定而发布经营改善命令

依据金融监督院以2012年2月末为基准制作的《为了决定不实金融机构与否的资产及负债的评价及算定》的结果,其负债超出了资产3623亿韩元。

经营检查结果显示其BIS比率为4.35%,虽然比起其他不实储蓄银行相对良好,但尚未达到指导基准5%。

对此,金融委员会在2012年5月6日依照《关于金融产业结构改善的法律》第2条第2款规定,作出把债务人公司指定为不实金融机构的决定,依照同法第10条第1款和第2款、第14条之3第2款以及《互助储蓄银行业监督规定》第48条第1款和第2款、第52条第1款的规定,对于《互助储蓄银行法》第11条第1款所规定的业务,命令停止6个月的营业,命令高级管理人员停止职务,选任管

理人代替执行其职务，下达以通过增加资本金的办法 BIS 比率应当维持 5% 以上为内容的经营改善命令。

○财产审计、评估结果

管理人为了正确把握债务人公司的财务状况，委托三逸会计师事务所以停业日前一天(2012 年 5 月 5 日)为基准进行了资产负债的评估。其结果显示资产总额为 41,697 亿韩元，负债总额为 49,280 亿韩元，负债超出了资产 7583 亿韩元。

○不履行经营改善命令

债务人公司应该依照经营改善命令从停业日起 45 日之内(至 2012 年 6 月 19 日)消除上述的资不抵债状态，并且完成增加资本(9783 亿韩元)，以便 BIS 比率达到 5% 以上，但并没听从其经营改善命令。

(2)进行经过

○2012 年 5 月 6 日金融委员会的不实金融机构指定决定、营业停止决定、经营改善命令

负债超出了 3623 亿韩元，BIS 比率为 4.35% 的状态。

金融委员会把债务人公司指定为不实金融机构，作出了包含停止 6 个月的营业的命令和停止高级管理人员执行其职务的命令等的经营改善命令。

提供债务人公司以到 2012 年 6 月 19 日为期限通过增资等办法运转正常的机会，但在这期限内恢复正常经营发生困难的，打算及时转卖给第三人或者韩国存款保险公社设立的过桥储蓄银行全面接管该困境银行的经营，在大约 3 个月内计划重新开始营业。

○2012 年 5 月 10 日至 7 月 9 日韩国存款保险公司支付临时预支款

每人在 2000 万韩元限度内。

向 80,328 名存款人支付了 11,772 亿韩元(支付率为 51.60%)。

○2012 年 9 月 5 日金融委员会的合同转移(P&A)决定等

三逸会计师事务所的财产审计、评估调查结果显示，其资产为 41,697 亿韩元，负债为 49,280 亿韩元。债务人公司没有提供包括增资、第三人收购等的经营正常化方案。

把债务人公司的合同转移给友利金融储蓄银行的决定：依照金融委员会的合同转移决定，转移了部分资产及负债。其资产中大部分为贷款债权，其负债中

大部分为存款债务。

决定撤销互助储蓄银行业的认可,并委托管理人申请破产清算。

○2012年9月10日至2013年4月29日韩国存款保险公社最终支付了保险金

每人在5000万韩元限度内(参照《存款人保护法》第32条第2款,同法施行令第18条第6款)。

向3406名存款人支付了1680亿韩元(支付率为99.85%)。

○2012年9月10日至12月10日韩国存款保险公社支付了概算给付金

韩国存款保险公社收购了超过《存款人保护法》所规定的存款人保护限度的存款,并支付了概算给付金。

向3332名存款人支付了19亿韩元(支付率为97.34%)。

○2012年11月1日金融委员会决定延长营业停止期限等

营业停止期限、高级管理人员的职务执行停止期限、管理人可以代替执行其职务的期限都延长了6个月,期限至2013年5月5日。

○2013年3月21日韩国存款保险公社作为债权人向首尔中央地方法院申请破产

支付停止要件:在2012年5月6日作出的营业停止决定以及在2012年9月5日作出的营业认可撤销。

负债超过要件:以2012年5月6日营业停止日为基准,负债超过了资产。

经营不善的事由:金融监督院的检查结果显示,债务人公司由对不动产有关的P/F贷款债权不善、经营层的道德风险、对相关公司釜山所罗门储蓄银行和湖南所罗门储蓄银行的投资损失激增等原因,造成了损失,从而导致破产的境地。

债务人公司的管理人先依照在2013年2月22日作出的合同转移决定完成了精算工作,然后韩国存款保险公社作为债权人资格向法院申请了对债务人公司的破产清算。

○2013年4月30日破产宣告

法院在宣告破产的同时,与普通破产案件不同,依照《存款人保护法》规定,选定了韩国存款保险公社担任破产管理人。

由此,从破产宣告时开始,对该储蓄银行财产的管理处分权限由韩国存款保险公社行使,法院通过对资金支付的许可来监督破产管理人的业务。

韩国存款保险公社制作存款人表，将会代替未领取保险金等的存款人来申报债权，另外存款人想直接参与破产程序的，应该个别向法院申报债权。

破产管理人将会通过债权调查程序来确定可以参与分配程序的破产债权，以回收贷款、出售不动产等恰当的方法变价出售上述储蓄银行保有的各种财产，然后根据权利优先顺位公平分配给债权人。

法院指定的债权申报期限：2013 年 6 月 28 日。

法院指定的第一次债权人会议期日：2013 年 7 月 25 日。

○2013 年 7 月 25 日第一次债权人会议及债权调查期日

债务人公司能够回收的财产主要有对顾客的贷款债权，可能出售的财产主要有有价证券类、业务用或非业务用的不动产、各种会员卡等。

评价结果显示，可能回收的总金额为 24,501 亿韩元，这与资产负债表上的资产额 41,210 亿万韩元相比，有 16,709 亿韩元的评价损失。

考虑上述的资产评价额 24,501 亿韩元、一般破产债权确定额 30,254 亿韩元、破产清算费用、将来拟承认的破产债权、韩国存款保险公社补充申报的债权等，计算的预期分配率为 51% 左右。

对于申报的债权之中后顺位公司债而言，以后顺位债权申报的债权要认定为后顺位债权，以损害赔偿债权等申报的债权之中由金融监督院所属的金融纠纷调解委员会所调解金额范围之内的债权要认定为一般破产债权，要对包括重复申报在内的其他债权提出异议。

○2014 年 2 月 6 日第二次债权调查期日

○2014 年 4 月 29 日第一次分配

分配额为 174,724,100 万韩元，分配率为 42.8%。

4. 主要争论焦点

(1) 被指定为不实金融机构之前签订的“Sale & Lease Back”合同的法律效力

○案情介绍

债务人公司保有位于首尔特别市江南区大峙洞的总部社屋①以及位于首尔

① 这是位于首尔特别市江南区大峙洞的一栋地下 4 层、地上 21 层的建筑物，其地基面积为 881.5m^2，其总楼面面积为 12,159.31m^2。

特别市江南区驿三洞的驿三社屋。①

随着债务人公司财务状况的恶化,以一个自救方法,如表6所示,将总部社屋以990亿韩元出售,把驿三社屋以594亿韩元出售之后,重新承租该两栋建筑物继续使用。将这种合同通常称为"Sale & Lease Back"合同。

表6 "Sale & Lease Back"合同的具体内容

	出售时期	出售金额	买方	鉴定金额	租赁押金	年租金
总部社屋	2012年3月9日	990亿韩元	NaraAce控股公司(나라에이스홀딩스)	729亿韩元	247.5亿韩元	54.45亿韩元(月4.53亿韩元)
驿三社屋	2011年12月29日	594亿韩元	YSD KOREA,Inc.	423亿韩元	203.5亿韩元	34.15亿韩元(月2.84亿韩元)

依照上述的买卖合同及租赁合同,其租赁期限定为20年,而租赁合同期限未满,其合同被解除,承租人(债务人公司)不能请求返还其租赁押金。

后来,债务人公司于2012年5月6日被金融委员会,指定为不实金融机构、停止营业、宣布经营改善命令,而且于2013年4月30日被法院宣告破产。

○主要争论焦点

由于上述租赁合同期限过长,如果当处理破产业务时不是使用那两栋社屋而是只用位于首尔特别市中区奖忠洞的破产财产办公室,则能够节减每月租金费用,因此债务人公司的破产管理人决定在破产宣告之后解除租赁合同,返还租赁物于出租人。

但是,由于依照上述的"Sale & Lease Back"合同规定,租赁合同期限未满其合同被解除的,承租人不能请求返还其租赁押金,因此破产管理人开始谋求为解除租赁合同并回收租赁押金的解决方案。

对此,可以考虑到这两种方法:依据《关于债务人重整及破产的法律》行使否认权;依据《民法》解除租赁合同。

① 这是位于首尔特别市江南区驿三洞的一栋地下4层、地上10层的建筑物,其地基面积为629.8m²,其总楼面面积为5466.74m²。

○否认权[①]的行使

对于破产程序上的否认权,《关于债务人重整及破产的法律》第 391 条作出了规定,将否认权的类型主要分为故意否认(第 391 条第 1 项)、[②]危机否认(第 391 条第 2 项和第 3 项)、无偿否认(第 391 条第 4 项)[③]等。

危机否认分为对于属于义务的行为的否认(第 2 项)[④]以及对于不属于义务的行为的否认(第 3 项),[⑤]由于该案中的"Sale & Lease Back"合同是停止支付或破产申请前的行为,因此不属于第 2 项所规定的危机否认,而且由于这一合同是与提供担保、消灭债务等无关的行为,合同对方即买方也其行为当时不知可损害破产债权人,因此也不属于第 3 项所规定的危机否认。

并且,由于上述的"Sale & Lease Back"合同之中并不包含债务人所实施的无偿行为或者可视为无偿行为的有偿行为,因此也不属于第 4 项所规定的无偿否认。

最后,对于是否属于故意否认而言,上述的"Sale & Lease Back"合同是为了筹措营业资金而实施的一种自救方法,鉴于当时个别、具体的情况,可以认为其是恰当的行为,很不容易认定其是债务人明知有害于破产债权人而实施的行为,因此也不属于第 1 项所规定的故意否认。

总而言之,通过破产管理人行使否认权的方法来终止租赁合同的方案不太适当。从上述的案件情节来看,法院可能不会准许其否认权请求。

○根据《民法》规定解除租赁合同

根据《民法》第 637 条规定,承租人被宣告破产的,即使租赁合同订有期限,出租人或破产管理人也可以以通知方式解除其合同。承租人对建筑物通知解除

---

① 韩国破产相关法律把破产程序中的撤销权称为否认权。

② 破产管理人可以撤销债务人明知有害于债权人而实施的行为。但是,因此而受到利益的人于其行为当时不知可损害破产债权人的利益者,不在此限。

③ 破产管理人可以撤销债务人于停止支付、破产申请前 6 个月内或者之后所实施的无偿行为及可视为无偿行为的有偿行为。

④ 破产管理人可以撤销债务人于停止支付或申请破产后所实施的有害于破产债权人的行为和提供担保、消灭债务的行为。但是,以因此而受到利益者于其行为当时明知有停止支付或破产申请者为限。

⑤ 破产管理人可以撤销债务人于停止支付或破产申请后,或者其前 60 日内所实施的提供担保、消灭债务的行为,且其行为不属于债务人义务,或其方式与时间不属于债务人义务者。但是,债权人于行为时,不知有支付停止或破产申请或不知有害破产债权人的事实时,不在此限。

合同的,自对方收到其通知之日起满1个月才产生解除效力。此时,双方当事人不能请求因解除合同而产生的损害赔偿。

另外,依照该案中"Sale & Lease Back"合同的规定,因债务人(承租人)的故意或过失而导致不能履行的,与《民法》等相关法律规定无关,全部租赁押金都最终归于买方(出租人)所有。因此,本案中破产管理人依据《民法》第637条的规定通知解除租赁合同的,应当如何处理租赁押金,有必要考虑。

本案中,债务人公司的破产管理人,先依据《民法》第637条规定通知解除,然后向首尔中央地方法院以两栋建筑物的买方则为被告提起了请求返还租赁押金的诉讼。破产管理人的主张如下:由于债务人公司的破产宣告并不是承租人的故意、过失或是违反合同,破产管理人所行使的解除权是依法被认定的权利,因此,与上述的"Sale & Lease Back"合同的约定内容相反,应该适用《民法》第637条规定。并且,《民法》第637条是否强制性条款不太明确,①如果属于强制性条款,则违反其规定的上述合同内容可视为无效。

但是,首尔中央地方法院[案件编号:2013GAHAP525699(2013 가합 525699)]于2014年8月14日在以驿三社屋的买方为被告的租赁押金返还请求诉讼中,判决驳回原告(债务人公司的破产管理人)的请求。原告对上述判决提起了上诉。② 与总部社屋有关的租赁押金返还请求诉讼[2013GAHAP526661(2013 가합 526661)],仍由首尔中央地方法院在进行第一审审判程序。

在上述判决[首尔中央地方法院的2013GAHAP525699号案件]中,未支持原告主张的主要原因如下:鉴于本案中的租赁合同内容及其进行经过等,其租赁合同所定的租赁押金并不是与一般租赁合同相同出租人应当在租赁合同的终止之后返还承租人的金钱,而是只有债务人公司(所罗门储蓄银行)没有违反义务而本案中的租赁合同届满时,才能够受领的一种经济补偿,即具有"奖励"

---

① 认定强制性规定的判决之一是首尔西部地方法院在2002年10月2日宣告的2002GAHAP724(2002 가합 724)号判决,而认定非强制性规定的判决之一是首尔高等法院在2014年3月20日宣告的2013NA31306(2013 나 31306)号判决。

② 现在,第二审程序在首尔高等法院[案件编号:2014NA2035523(2014 나 2035523)]进行中。

(incentive)性质的金钱。[①] 总而言之,由于本案中的租赁合同,在租赁期限届满之前,因债务人公司(所罗门储蓄银行)的破产而导致被解除,因此被告(买方)并没有义务向原告(所罗门储蓄银行)返还租赁押金。[②] 将来法院如何作出最终判断引人注目。

(2)2011 年以来不实储蓄银行的重组现状及分析

○意义

因从 2011 年起一系列储蓄银行纷纷陷入经营困境,而导致对 30 家储蓄银行进行停业整顿、合同移转、破产等重组程序,所有的重组程序到 2014 年 7 月才实际上结束。

在上述的 30 家储蓄银行之中,对 29 家储蓄银行、金融委员会、韩国存款保险公社等金融当局采用合同移转等行政性为主的救助措施进行了重组程序,而只有 1 家储蓄银行(如 DAEYEONG 储蓄银行)自愿进行了重组程序。

其具体内容及现状如表 7 所示。

表 7　不实储蓄银行的合同转移和收购现状

银行名称	停业日	合同转移日 (合同受让人)	最终收购日 (最终收购人)	备注
三和储蓄银行	2011 年 1 月 14 日	2011 年 3 月 16 日 (友利金融储蓄银行[③])		合同转移给第三人的方式

① 对于上述问题,法院考虑了以下几个因素:(1)实际上并没有支付租赁押金,而是以一部分的购买价金债权抵销了其支付债务;(2)本案中的租赁押金,不仅是来自如果所罗门储蓄银行在 20 年的租赁期间中未违反依照租赁合同的义务,被告才应在租赁合同终止后向所罗门储蓄银行支付的"实现成果金(Completion Bonus)"规定,而且其内容也相似;(3)依照本案合同书的规定,依据不动产买卖价金计算的租赁押金和先付租赁金并不能视为,鉴于本规定的目的,实际租赁押金和先付租赁金;(4)根据本案合同书的规定,被告以所罗门储蓄银行的破产为由而解除合同的,原告的租赁押金返还请求权就会消灭,但是与之相反,根据《民法》第 637 条第 1 款的规定,解除上述租赁合同的,被告应该返还原告的租赁押金,即使上述租赁合同中第 17 条第 2 款与《民法》第 637 条第 1 款的内容一致,但随着解除所依据的规定的不同,对返还租赁押金返还的结论也有所不同是不合理的;(5)本合同中,买卖价金较高,而租赁期限相对较长(定为 20 年),只有所罗门储蓄银行没有违反义务上述租赁合同期限届满,才能受领租赁押金,它们之所以这样约定是需要对相互间的利益及损失风险等进行调整。

② 上述判决,以本案中合同不属于《关于债务人重整及破产的法律》所规定的否认对象为由,还没支持原告补充请求的否认权主张。

③ 后来,友利金融储蓄银行在 2014 年被农协金融控股公司收购,其社名变更为 NH 储蓄银行。

续表

银行名称	停业日	合同转移日 (合同受让人)	最终收购日 (最终收购人)	备注
釜山储蓄银行	2011年2月17日	2011年11月23日 (YESOL储蓄银行)	2013年7月15日 (IBK储蓄银行)	通过过桥储蓄银行之后第三人收购的方式
釜山2储蓄银行	2011年2月19日	2011年8月26日 (大信储蓄银行)		合同转移给第三人的方式
中央釜山储蓄银行	2011年2月19日	2011年8月26日 (大信储蓄银行)		合同转移给第三人的方式
道民储蓄银行	2011年2月23日	2011年8月26日 (大信储蓄银行)		合同转移给第三人的方式
大田储蓄银行	2011年2月17日	2011年9月5日 (YENARAE储蓄银行)	2014年7月3日 (OK储蓄银行①)	通过过桥储蓄银行之后第三人收购的方式
全州储蓄银行	2011年2月19日	2011年9月5日 (YES储蓄银行)	2013年3月7日 (SAMHO产业)	通过过桥储蓄银行之后第三人收购的方式
BOHAE储蓄银行	2011年2月19日	2011年9月5日 (YES储蓄银行)	2013年3月7日 (SAMHO产业)	通过过桥储蓄银行之后第三人收购的方式

① OK储蓄银行是于2014年7月RUSH&CASH(러시앤캐시)收购两家过桥储蓄银行[YEJU(예주)储蓄银行和YENARAE(예나래)储蓄银行]后成立的储蓄银行。

续表

银行名称	停业日	合同转移日 （合同受让人）	最终收购日 （最终收购人）	备注
KYONG 欧盟 N 储蓄银行	2011 年 8 月 5 日	2011 年 10 月 19 日 （YESOL 储蓄银行）	2013 年 7 月 15 日 （IBK 储蓄银行）	通过过桥储蓄银行之后第三人收购的方式
DAEYEONG 储蓄银行	2011 年 9 月 18 日		2011 年 11 月 16 日 （现代储蓄银行①）	自愿性重组方式
TOMATO 储蓄银行	2011 年 9 月 18 日	2012 年 1 月 2 日 （新韩储蓄银行）		合同转移给第三人的方式
PRIME 储蓄银行	2011 年 9 月 18 日	2012 年 1 月 2 日 （BS 储蓄银行）		合同转移给第三人的方式
PARANGSAE 储蓄银行	2011 年 9 月 18 日	2012 年 1 月 2 日 （BS 储蓄银行）		合同转移给第三人的方式
第一储蓄银行	2011 年 9 月 18 日	2012 年 1 月 13 日 （KB 储蓄银行）		合同转移给第三人的方式
第一 2 储蓄银行	2011 年 9 月 18 日	2012 年 2 月 8 日 （韩亚储蓄银行）		合同转移给第三人的方式
ACE 储蓄银行	2011 年 9 月 18 日	2012 年 2 月 8 日 （韩亚储蓄银行）		合同转移给第三人的方式

① DAEYEONG 储蓄银行被停止营业之后，其自愿推进重组，于是被现代证券股份有限公司收购，其商号变更为现代储蓄银行。

续表

银行名称	停业日	合同转移日 (合同受让人)	最终收购日 (最终收购人)	备注
所罗门储蓄银行	2012年5月6日	2012年9月5日 (友利金融储蓄银行)		合同转移给第三人的方式
韩国储蓄银行	2012年5月6日	2012年9月5日 (韩亚储蓄银行)		合同转移给第三人的方式
未来储蓄银行	2012年5月6日	2012年10月5日 (CHINAE储蓄银行①)		合同转移给第三人的方式
HANJU储蓄银行	2012年5月6日	2012年9月5日 (YENARAE储蓄银行)	2014年7月3日 (OK储蓄银行)	通过过桥储蓄银行之后第三人收购的方式
TOMATO2储蓄银行②	2012年10月19日	2012年10月19日 (YESOL储蓄银行)	2013年7月15日 (IBK储蓄银行)	通过过桥储蓄银行之后第三人收购的方式
JINH欧盟NG(진흥)储蓄银行	2012年11月16日	2012年11月16日 [YEHANBYEOL(예한별)储蓄银行]	2013年1月31日 (新韩储蓄银行)	通过过桥储蓄银行之后第三人收购的方式
京畿储蓄银行	2012年12月28日	2012年12月28日 [YEHANSOUL(예한솔)储蓄银行]	2013年9月2日 (KB储蓄银行)	通过过桥储蓄银行之后第三人收购的方式

① CHINAE(친애)储蓄银行是于2012年10月,日本综合金融集团,J-TRUST(제이트러스트)通过子公司KC-Card收购被停业的未来储蓄银行而成立的。

② TOMATO2储蓄银行等7家储蓄银行并没有中断其营业,其以把资产和负债转移给过桥银行的方式完成了重组。

续表

银行名称	停业日	合同转移日（合同受让人）	最终收购日（最终收购人）	备注
W(더블유)储蓄银行	2012 年 12 月 28 日	2012 年 12 月 28 日（YESUNG 储蓄银行）	2014 年 4 月 21 日（韩国投资储蓄银行）	通过过桥储蓄银行之后第三人收购的方式
首尔储蓄银行	2013 年 2 月 15 日	2013 年 2 月 15 日（YEJU 储蓄银行）	2014 年 7 月 3 日（OK 储蓄银行）	通过过桥储蓄银行之后第三人收购的方式
岭南储蓄银行	2013 年 2 月 15 日	2013 年 2 月 15 日（YESOL 储蓄银行）	2013 年 7 月 15 日（IBK 储蓄银行）	通过过桥储蓄银行之后第三人收购的方式
新罗储蓄银行	2013 年 4 月 12 日	2013 年 4 月 12 日（YESIN 储蓄银行）	2014 年 4 月 30 日（WELCOME 储蓄银行）	通过过桥储蓄银行之后第三人收购的方式
SMILE(스마일)储蓄银行	2013 年 11 月 1 日	2013 年 11 月 1 日［ORIX(오릭스)储蓄银行］		合同转移给第三人的方式
HANUL 储蓄银行	2013 年 12 月 27 日	2013 年 12 月 27 日［PEPPER 储蓄银行］		合同转移给第三人的方式
HAESOL(해솔)储蓄银行	2014 年 5 月 2 日	2014 年 5 月 2 日（WELCOME 储蓄银行）		合同转移给第三人的方式

○分析及检讨

2011 年以来，对风险大、资不抵债、危机严重的不实储蓄银行采取的重组方式主要可以分为 3 种：①不依靠金融委员会或韩国存款保险公社等而进行的自愿性第三人收购方式；②通过过桥储蓄银行之后第三人收购的方式；③与合同转移决定同时,第三人直接受让的方式。

第一种方式是,在上述的 30 家不实储蓄银行之中,只有 1 家储蓄银行采取,即 DAEYEONG 储蓄银行被现代储蓄银行收购。

第二种方式是,先把资产和负债转移到韩国存款保险公社为了转移资产和负债等合同新成立的过桥储蓄银行或者已经成立的过桥储蓄银行,然后使第三人收购其银行的方式。在上述的 30 家不实储蓄银行案件中有 13 家采取了第二种方式。

第三种方式是,决定合同转移时,第三人直接受让其资产和负债的方式。在上述 30 家不实储蓄银行中剩下的 16 家采用了第三种方式。其中,在 HAESOL 储蓄银行的案件中,当 HAESOL 储蓄银行停止营业时,把其资产和负债一转移到过桥储蓄银行 YESIN 储蓄银行,WELCOME 储蓄银行就收购了 YESIN 储蓄银行。在此案中,实际上没有通过过桥储蓄银行的处理办法,因此可归为第三种。

从不实储蓄银行的处理方法的变动趋势来看,2012 年 10 月以前,先决定停止营业,经过一定时间后,采用成立过桥储蓄银行使其受让合同或者使第三人直接受让合同的方法进行处理,但是,2012 年 10 月之后,实践中大多数案件采取与停止营业同时决定转移合同的方法。这是由以消除因停止营业导致的营业空白,使利用储蓄银行的顾客的损失和不便最小化的政策性考虑造成的。

与停止营业同时决定转移合同的方式主要被适用于 2012 年 10 月之后的 10 件案件,10 家银行采取先成立过桥储蓄银行然后转移合同的方式。但是,在 2013 年 11 月的 SMILE 储蓄银行案件之后的 3 件案件,采用的不是过桥储蓄银行而是第三人直接受让其资产和负债的方式。

5. 评价

(1)2011 年以来,因一系列储蓄银行的营业停止事件而重组实务处理方式的变化

○ 因从 2011 年起一系列储蓄银行纷纷陷入经营困境,而导致对 30 家储蓄银行进行停业整顿、合同移转、破产等重组程序,所有的重组程序到 2014 年 7 月才实际上结束。本案也属于其中之一。

○2011 年以来,对风险大、资不抵债、危机严重的不实储蓄银行采取的重组方式主要可以分为 3 种:①不依靠金融委员会或韩国存款保险公社等而进行的自愿性第三人收购方式;②通过过桥储蓄银行之后第三人收购的方式;③与合同

转移决定同时,第三人直接受让的方式。

○本案采取了第三种方式,不是通过过桥储蓄银行而是由第三人友利金融储蓄银行直接受让其资产和负债,对债务人公司进行破产清算程序。

○另外,在本案之后,自 TOMATO2 储蓄银行案件起,实践中变更了其处理方式,开始采取与停止营业同时决定转移合同的方式。这是由以消除因停止营业导致的营业空白,使利用储蓄银行的顾客的损失和不便最小化的政策性考虑造成的。

○进一步来讲,与停止营业同时决定转移合同时,2013 年以前主要采用先成立过桥储蓄银行然后转移合同的方式,但是,在 2013 年 11 月的 SMILE 储蓄银行案件之后,开始采取的不是过桥储蓄银行而是第三人直接受让其资产和负债的方式。

(2)与破产申请之前签订的"Sale & Lease Back"合同有关的后续处理方法

○本案中,债务人公司在停止营业或申请破产之前,出现流动性危机,其财务状况日益恶化,为了克服财务危机,以一个自救方法签订了"Sale & Lease Back"合同。本案中有与"Sale & Lease Back"合同相关的有些争论焦点。

○当一家保有业务用不动产的公司出现资金运用困难局面时,先出售上述的不动产,然后再次承租其不动产来筹措营业资金的情况很多。这样的合同通常称为"Sale & Lease Back"合同。

○在大部分的情况下,由于签订合同的必要性或其内容具有充分的根据,因此不会产生特别的问题。但是,本案中破产管理人,以租赁合同期限因被定为 20 年而过长。随着破产程序的开始,不需要继续承租、根据合同书的内容,租赁合同期限未满,其合同被解除的,承租人(债务人公司)不能请求返还其租赁押金等情况为由,认为解除租赁合同并返还租赁押金有利于破产财产,因此推进了行使否认权、依据《民法》规定解除租赁合同的方案。第一审判决,虽然认定了依据《民法》规定该租赁合同被解除,但是考虑到其合同的具体内容、情节、签订的经过等情况没支持否认权有关的主张和返还押金的主张。本案中的租赁押金是只有债务人公司(所罗门储蓄银行)没有违反义务而本案中的租赁合同届满时,才能够受领的一种经济补偿,即具有"奖励"(incentive)性质的金钱。

○依照具体的合同内容的解释,虽然可以得出不同的结论,但是这是关于破产法上的效力可以到任何程度给予影响在破产程序之前签订的合同的,即上述的问题可以说发生于当事人之间签订的合同在实体法上保有的一般效力与依据破产宣告的破产法上的特别效力互相冲突的领域里。对本案中的返还押金的请求,法院最终如何判决引起广泛的关注。

(3)其他事项

此外,后顺位公司债债权人的问题也是本案的主要争论焦点,但其详细内容请参见上述的PRIME互助储蓄银行案件中的相关内容。

第三章　韩国金融机构破产中对存款人的保护

一、一般概述

(一)宗旨和必要性

1.意义

存款保险制度,是指由符合条件的各类存款性金融机构集中起来建立一个存款保险机构,各存款机构作为投保人按一定存款比例向其缴纳保险费,建立存款保险基金,当成员机构发生经营危机或面临破产倒闭时,存款保险机构向其提供财务救助或直接向存款人支付部分或全部存款的一种制度。[①] 此外,关于存款保险制度还有以下几种定义:

"存款保险是指存款机构将吸收的存款按一定费率向存款保险机构投保,在其不能兑付存款时,由存款保险机构代为支付法定数额保险金的制度。"[②]

"存款保险制度是保障金融稳健运行的最后一道安全网。"[③]

"存款保险是由专门的存款保险机构向投保银行提供援救和对倒闭银行存款人提供存款保险支付的制度。"[④]

"存款保险制度是指当吸收存款的金融机构无力偿还债务时,为保护债权人的合法利益、维持金融系统的稳定而借用保险组织形式制定的保护性制度

---

① 《存款保险条例》,载百度百科:http://baike. baidu. com/link? url = CwJjd42awCC_TKoY8vAl vNw3D - Z0UuZVf7ToIcRGy9syWKZYGLvNYts_byC4ZojVvM3Y5XNUF6fKZKxGjAb6Yq,最后访问日期:2015年1月2日。

② 杨帆:《金融危机处置与退市法律保障》,中国社会科学出版社2003年版,第110页。

③ 阎维杰:《金融机构市场退出研究》,中国金融出版社2006年版,第177页。

④ 王红一:《银行公司治理研究》,法律出版社2008年版,第160页。

安排。”①

“存款保险,是指随着市场经济的发展,国家为保护存款的安全和监督商业银行经营管理而建立起来的一种保险制度。”②

“存款保险制度通过对参保银行业金融机构的存款人利益进行保护,建立起银行业金融机构和存款人之间的稳定关系,构建起以吸收存款为主要经营业务的银行业金融机构的安全防线。”③

如上所述,关于存款保险制度现有很多不同的定义,而这些定义中有如下共同点:“吸收储蓄性存款的金融机构发生经营不善或无法支付等危机状况时,为了保护存款人的利益并维持金融市场的稳定,由存款保险机构向存款人支付存款保险金的制度。”由于存款保险制度是借鉴以避免风险为目的的保险制度而建立的,因此一般要有吸收储蓄性存款的金融机构(投保人)、存款保险机构(保险人)、存款债权人(保险受益人)。

2. 目的和必要性

(1)存款保险制度的目的

存款保险制度的目的在于保护小额存款人,从而维持对金融系统的信心,并有效地对因破产等事由无法支付存款的问题金融机构进行破产清算和市场退出,分担因破产而造成的损失,最终维持金融系统的稳定。

首先,存款保险制度旨在保护小额存款人,而非巨额存款人。一般来说,小额存款人的人数比巨额存款人的人数更多,如果拒绝向小额存款人支付存款,就会降低存款人对包括金融机构在内的整个金融系统的信心,从而导致发生大量的挤兑事件和社会动荡。因此,有必要建立公共的金融安全网并保护存款人的利益,以免发生上述事件。从经济学的观点来看,由于小额存款人在获得对金融机构的信息时所需的边际成本比边际收益更高,因此,跟随其他存款人的选择坐轿子的倾向明显,且当受到出乎预料的冲击时因信息缺少很有可能引起挤兑事件。相反,巨额存款人由于在取得信息时所需的边际收益比边际成本更高,因此

① 张继红:《银行破产法律制度研究》,上海大学出版社2009年版,第25页。

② 吴敏:《论法律视角下的银行破产》,法律出版社2010年版,第245页。

③ 张雪强:《银行业金融机构市场退出法律制度研究》,法律出版社2014年版,第208~209页。

选择交易银行更为慎重,且对其选择结果自负责任。[①] 因此,存款保险制度对于巨额存款人适用市场经济基本原则之一的自己责任原则,而给小额存款人通过公共的金融安全网提供保护。这使小额存款人,特别是个人存款人的利益不因银行等金融机构退出市场而遭受任何影响。为保障金融系统稳定的金融安全网包括最后贷款人制度、金融监督机构的管理监督、资金援助以及存款保险制度等,其中最有代表性的是存款保险制度。[②]

其次,存款保险制度的核心是由政府、其他金融机构、存款人、问题金融机构及其股东等合理地分担问题金融机构破产所致的财产损失,从而维持金融系统的稳定。[③] 其关键是,将相关当事人的损失最小化,使其公平地承担损失,从而使问题金融机构有效地退出市场。与一般企业不同,金融机构具有信息不对称[④]以及债权人主要由多数小额存款人组成等特点。因此,存款保险机构主导问题金融机构的破产处置过程,甚至在法院的破产清算程序中也起到不少作用。存款保险机构依据最小成本原则支付存款保险金或提供资金援助。而且,在之后的破产清算程序中,存款保险机构为了最大限度地回收投入的资金而有效开展事后处置,对问题金融机构采取各种处置措施。

(2)存款保险制度的必要性

关于存款保险制度的必要性,通常有以下几种理论依据:

第一,存款本身的重要性。存款对于存款人、银行、金融市场,甚至整个国家都有非常重要的意义。存款人,特别是个人存款人的存款是长期收入的积累,为了准备未来生活,将来使用而存入银行的。因此,通过存款保险制度保障偿付存款具有一种社会保障的性质。而且,银行是向社会公众吸收存款而从事其经营

---

① 金东逸:《按照存款保险公社的破产财团运营结果的回收成果决定因素分析》,成均馆大学2009年博士学位论文,第6页。

② 魏加宁等:《存款保险制度与金融安全网研究》,中国经济出版社2014年版,第18页;吴敏:《论法律视角下的银行破产》,法律出版社2010年版,第257页。

③ 张雪强著:《银行业金融机构市场退出法律制度研究》,法律出版社2014年版,第210~211页。

④ 存款人在没有获得关于金融机构的财务状况或具体信息的情况下进行存款,这时金融机构和存款人之间就会发生信息不对称的情况。对金融机构的正确信息具有高度的专业性且并内部信息不透明,为了获得这种信息需要支付相应的成本,而且银行等金融机构的债权人主要由多数存款人分散组成,因此也难以形成统一意见。所以,为了解决这一问题,有必要由有关金融机构对银行等金融机构进行专门的监督管理。

活动,因此可以说存款是银行最重要的资金来源。对金融市场或整个国家来讲,以顺利筹集资金划拨给需要资金的企业等经济主体,可以促进经济发展、增强经济活力,所以存款作为融资的主要来源,也被称为国家经济的血脉。

第二,银行业营业结构的脆弱性。银行业通过向存款人吸收资金并将其贷款给企业等经济主体,赚取息差收入。银行的主要资产是贷款债权,而主要债务是存款债务。因此,银行为了应对突然提款的存款人,必须保留一定资金,但是一旦发生存款挤兑,银行就会面临流动性困难。同时,由于银行业是一个高风险行业,银行几乎都以负债形式进行经营,因此一旦丧失信用则无法恢复正常经营。

第三,挤兑现象的传染性。一旦某一家银行发生挤兑事件,经营状况仍然良好的其他银行也很有可能出现挤兑现象。因此,很有必要事前采取措施,以免发生挤兑事件。

第四,保护存款人的必要性。如上所述,对于小额存款人有必要通过存款保险制度等金融安全网保障偿付存款。当问题金融机构退出市场时,如果不对存款人提供保障,多数存款人就会丧失对银行和金融系统的信心,也会导致其他银行发生挤兑事件。由于绝大多数小额存款人都是个人,因此也会影响其基本生活保障,从而会造成社会秩序的动荡。同时,也会导致银行存款流失,从而可能造成金融市场大幅萎缩。

第五,可以促进中小型金融机构的发展。存款保险制度的引进可以成为中小型银行与大型银行公平竞争的基础。由于存款保险制度保障向存款人偿付存款,因此金融消费者没有必要一味地选择大型银行,从而可以促进各种中小型金融机构的出现和发展。由此,可以给个人和中小型企业发放更充分的贷款,进而可以促进国家经济的发展。

3. 与其他类似制度相比——投保人保护制度、证券投资者保护制度

存款保险制度是指吸收储蓄性存款的金融机构因破产等原因而发生无法支付等经营危机的,由存款保险机构使用存款保险基金偿付储蓄性存款等的制度。如互助信用金库、新村信用社、信用合作社等非银行金融机构也从事储蓄性存款有关的业务,因此对上述金融机构的存款保险制度也可以称为广义的存款保险制度。与此类似,对于保险公司或证券公司等金融公司也有为保护金融消费者的制度。对于保险公司而言,设置保险保证基金,当保险公司因破产等原因而不能偿付时,在一定范围内保障为投保人支付保险金等。对于证券公司而言,由于

证券金融投资商品具有高风险、高收益的特性,因此投资失败时当然由投资者承担风险,但如果证券公司破产的,投资者就无法受偿投资金,从而会遭受重大损失。为了防止发生这种现象,有必要设置证券投资者保护基金,保护投资者的利益。确切地说,由于上述的投保人保护制度和证券投资者保护制度①与储蓄性存款没有任何关系,因此不属于狭义的存款保险制度。但从上述制度的宗旨和效果来看,可以说其属于广义的存款人保护制度。纵观各国的立法现状,有的国家采取将上述各制度整合为一个存款保险制度的方式,②而有的国家则各金融业行业都分别设立和运营各自的管理机构和保险基金。③

4. 存款保险制度的局限性

如上所述,虽然存款保险制度有诸多优点,但这并不意味着存款保险制度就是完美无缺的保障制度。④ 存款保险制度有以下缺点和局限性。

第一,存款保险制度本身不能避免风险和损失的发生。虽然存款保险制度可以为了避免发生风险事先做出努力,但存款保险制度本身是将已经发生的风险和损失分散到尚未发生风险和危机的投保金融机构,从而将金融市场遭受的打击最小化的机制。因此,一旦因出现大规模的存款偿付的压力或发生金融危机而给整个银行业带来风险的,存款保险的支付能力会下降,甚至不能有效对存款人进行保护。而且,由于存款保险制度一般不提供全额保障,因此存款人对金融机构的可信度也是有限的,从而即使存在存款保险制度,实际上还是可能发生大量的挤兑事件。大部分国家都采取最高偿付限额方式,因此还是由存款人最终承担超过最高偿付限额的部分有关的损失。

第二,存款保险制度会加重投保金融机构的成本负担。存款保险基金主要由投保金融机构交纳的保费构成。尽管将来是否发生风险很不明确,但是投保机构应当事先交纳保费,因此会增加投保机构的经营成本。尤其是因经营状况比较良好、经营规模较大而发生风险的可能性很小的金融机构可能会认为实际

---

① 如上所述,通过投资者保护基金保护证券投资者属于事后的保护措施,而单独开立投资者的资金账户的制度以及客户证券的集中托管制度是将投资人的资金账户和证券账户事先从证券公司分开,保护证券投资者的事前的保护措施(裴承旭:《关于资本市场法上投资者保护的研究:以投资者保护基金为中心》,韩国外国语大学2009年硕士学位论文,第86页)。

② 韩国《存款人保护法》规定的存款保险制度属于这种情形。

③ 中国属于这种情形。

④ 阎维杰:《金融机构市场退出研究》,中国金融出版社2006年版,第195页。

上为了风险高的金融机构承担损失或成本。由于大部分国家都采取强制性要求参加存款保险的方式,因此所交纳的保费也可能会造成经营利润的减少。为了解决上述问题,有的国家实行了按照风险概率采用差别费率制度。

第三,存款保险机构的干预可能会限制自主经营。存款保险机构既是承担银行等金融机构的将来风险并支付存款保险金的主体,又是一种行政机构,因此对投保金融机构的日常经营活动,即接收存款及其运用状况等进行一定的监管。虽然存款保险机构监管投保金融机构是不可避免的,但这也会在一定程度上限制金融机构的各种投资活动、新的金融产品的开发等自主经营。

第四,存款保险制度可能会引发各相关主体的道德风险。存款保险制度的建立所引发的道德风险会发生在存款人、该金融机构、金融监督当局等几个方面。首先,存款人当选择存放资金的银行时没有必要详细分析该银行的各种状况,并在将存款存入银行之后也没有必要彻底监管该银行。即使该银行冒着高风险追求高收益的经营活动,存款人仍不关心银行是否冒险。[①] 甚至当高风险金融机构提供高额的存款利息时,存款人恶意地进行存款行为。这种现象在存款保险制度实行全额偿付时更加显著。其次,存款保险制度会缓解该金融机构对存款人的偿付压力,淡化金融机构经营层的风险意识,从而可能会助长经营层的高风经营活动。最后,金融监督当局会因存款保险制度的建立而发生与存款保险机构之间职务的冲突或重复,从而可能会削弱监管意识。所以,应当明确规定存款保险机构和金融监督当局之间如何分担职务,并构建相互之间职务合作体系。

虽然存款保险制度还存在上述问题,但存款保险制度的优点远多于其缺点,因此,大部分国家都建立了存款保险制度。[②] 总体而言,当建立存款保险制度时,最重要的是弥补其缺点,努力防止在存款保险制度实行中发生道德风险。[③]

(二)沿革和发展过程

1.沿革

关于存款保险制度的起源,大体上有两种观点:第一观点认为,1829 年美国

---

① 王红一:《银行公司治理研究》,法律出版社 2008 年版,第 25 页。

② 据统计资料,截至 2014 年 11 月,世界上已有 110 多个国家和地区建立了存款保险制度。

③ 张雪强:《银行业金融机构市场退出法律制度研究》,法律出版社 2014 年版,第 231 页。

纽约州对银行强制实施的安全基金制度是存款保险制度的起源;①第二观点认为,1858年卢森堡建立的当国内存款机构吸收存款时向存款人提供保护的制度是存款保险制度的雏形。②

世界上,最先建立存款保险制度的国家是1924年的捷克斯洛伐克。③ 但该国的存款保险制度存续时间太短,到1938年该存款保险制度实际上已废止。因此,世界历史上最古老的存款保险制度是美国在1933年根据《格拉斯—斯蒂格尔法》(Glass-Steagall Act)建立的联邦存款保险制度。该法又被称为《1933年银行法》,根据这部法律建立了世界上首家的独立存款保险机构——联邦存款保险公司(FDIC),从1934年开始实施存款保险制度。当时,美国建立的存款保险制度和联邦存款保险公司对于克服因大萧条而导致的金融危机并保护金融秩序的稳定起到了非常重要的作用。④ 美国的存款保险制度是世界上历史最长,对其他国家的存款保险制度产生最大影响的存款保险制度,从现代意义的金融市场的角度来看,其被视为最初的存款保险制度。⑤

2. 发展过程

1934年美国实施存款保险制度以来,在相当长一段时期中只有美国设有存款保险制度。⑥ 第二次世界大战以后几乎所有国家对银行准入市场和决定利率加以了严格的限制,而政府的这种过度的干预虽然对防止发生银行破产起到了较大的作用,但显著地降低了银行的经营效率。而且政府对建立存款保险制度也持消极态度。其原因是如果银行发生经营危机或支付不能等情形的,国家就会为该银行提供资金援助,因此银行并不会破产倒闭。

直到20世纪60年代,金融自由化浪潮席卷全球,许多国家的政府对金融机构逐步放松管制,并开始推进利率市场化或银行民营化政策。因此,开始出现银

---

① 魏加宁等:《存款保险制度与金融安全网研究》,中国经济出版社2014年版,第4页;Noh Intaek:《储蓄银行存款人保护法制改善研究》,西江大学2011年硕士学位论文,第28页;王红一:《银行公司治理研究》,法律出版社2008年版,第161页。

② 张雪强:《银行业金融机构市场退出法律制度研究》,法律出版社2014年版,第209页。

③ 同上书,第209页。

④ 张继红:《银行破产法律制度研究》,上海大学出版社2009年版,第25~26页。

⑤ 王红一:《银行公司治理研究》,法律出版社2008年版,第161页;张雪强:《银行业金融机构市场退出法律制度研究》,法律出版社2014年版,第209页;魏加宁等:《存款保险制度与金融安全网研究》,中国经济出版社2014年版,第3页。

⑥ 魏加宁等:《存款保险制度与金融安全网研究》,中国经济出版社2014年版,第53页。

行破产案件。以此为契机，挪威、[1]印度、[2]德国、[3]加拿大、[4]芬兰[5]等国先后开始建立存款保险制度。20 世纪 70 年代至 80 年代，存款保险制度快速发展；日本、[6]比利时、[7]西班牙、[8]荷兰、[9]阿根廷、[10]澳大利亚、[11]法国、[12]英国、[13]瑞士、[14]墨西哥、[15]智利、[16]丹麦、[17]意大利、[18]等国家和中国台湾地区[19]也纷纷建立了存款保险制度。特别是由于 20 世纪 80 年代爆发的中南美外债危机造成了大量的银行破产，促使许多国家尽快建立存款保险制度。在 20 世纪 90 年代之后建立存款保险制度的趋势日益加速。此时，包括韩国[20]在内的约 30 多个国家和地区建立了存款保险制度，特别是随着苏联的解体而独立的多数东欧国家都纷纷开始建立存款保险制度。1994 年墨西哥金融危机和 1997 年亚洲金融危机进一步加快了各国和各地区建立存款保险制度的步伐。截至 2012 年，全球至少有 111 个国家和地区建立了存款保险制度。[21]

（三）主要内容

1. 法律性质

（1）公立保险和私立保险

按照保险基金的资金来源和保险机构的属性，保险制度可以分为公立保险

---

① 1961 年。
② 1961 年。
③ 1966 年。
④ 1967 年。
⑤ 1969 年。
⑥ 1971 年。
⑦ 1974 年。
⑧ 1977 年。
⑨ 1978 年。
⑩ 1979 年。
⑪ 1979 年。
⑫ 1980 年。
⑬ 1982 年。
⑭ 1984 年。
⑮ 1986 年。
⑯ 1986 年。
⑰ 1987 年。
⑱ 1987 年。
⑲ 1985 年。
⑳ 于 1995 年 12 月 29 日制定《存款人保护法》，该法自 1996 年 6 月 1 日起施行。
㉑ 魏加宁等：《存款保险制度与金融安全网研究》，中国经济出版社 2014 年版，第 54 页。

和私立保险。存款保险制度也可以分为公立保险类型和私立保险类型。公立存款保险是由国家全额出资设立的行政机构对存款保险进行管理。由于公立存款通过国家的财政支援支付所有的保险金,由国家最终承担该金融机构的所有存款债务,因此其优点在于可以提供充分的保障,但其也有增加国家财政负担的缺点。保险机构实施对投保金融机构日常经营的监管,如果问题金融机构发生经营危机的,也负责对其实行破产处置措施。相反,私立存款保险与保险业市场上的一般商业保险一样,投保金融机构向不属于国家行政机构的保险机构交纳保费。这种类型的优点是许多投保金融机构可以分担风险或损失,而其缺点是如果金融系统发生系统性金融危机,其功能和作用就会大大下降。建立纯粹的公立存款保险或私立存款保险的国家很少,如在1986年以前智利曾实施过完全的公立存款保险,而现在瑞士实施完全的私立存款保险。① 目前,大部分国家建立的存款保险制度都属于公立保险和私立保险结合的类型。世界上最普遍的做法是使吸收储蓄性存款的金融机构参加存款保险并交纳保费,存款保险基金由具备行政机构性质的存款保险机构负责管理、运营,国家通过资金援助等方式加强保障能力。

(2)自愿方式和强制方式

存款保险制度按照投保方式大致分为三种:第一是自愿型投保方式;第二是强制型投保方式;第三是两者结合的方式。采取自愿方式的国家有瑞士。而采取强制方式的国家包括英国、日本、加拿大、韩国等大部分国家。采取两者结合方式的国家有德国。② 在美国,联邦银行和美国联邦储备局的成员银行都必须向联邦存款保险公司投保,其他银行可以自愿决定是否投保。③ 但多数州法律要求州银行必须参加联邦保险制度,④因此,可以说形式上采取两者结合的方式,而实际上更接近于强制方式。⑤ 按照保险的一般原则,是否参加保险应当由当事人自愿决定;但还有如社会保险或汽车责任保险等强制性要求参加保险的保险类型。存款保险根据是否要求强制参保,可以得出不同的结论。

① 张雪强:《银行业金融机构市场退出法律制度研究》,法律出版社2014年版,第214~215页。
② 魏加宁等:《存款保险制度与金融安全网研究》,中国经济出版社2014年版,第34页。
③ 陈小敏主编:《美国银行法》(第2版),法律出版社2013年版,第25页。
④ 张雪强:《银行业金融机构市场退出法律制度研究》,法律出版社2014年版,第218页。
⑤ 吴敏:《论法律视角下的银行破产》,法律出版社2010年版,第259~260页。

大多数国家采取强制方式的理由如下：

第一，若采取自愿方式的，有可能会发生逆向选择的问题。① 采取自愿方式时，经营能力不足、存在高风险的银行愿意参与存款保险，而经营能力良好、经营状况健全的银行则不愿意参加存款保险。那么，存款保险不能发挥正常的保障作用。

第二，若采取强制方式的，随着投保金融机构数量和交纳保费的增加，保险基金的规模渐渐变大，受保的存款人的范围也不断扩大。即可以加强存款保险的保障能力，而且，国家最终要承担的财政负担也可以减轻。②

第三，由于银行业具有高风险性和风险传导性等特征，因此，为了维持社会秩序的稳定并谋求公共利益而有必要强制要求参加存款保险。特别是，银行业是风险发生率较高的行业，以承担负债的方式从事经营活动，风险传导性非常高；存款人等利害关系人的人数也非常多。所以，如果银行陷入经营困境，就可能导致多数存款人的不安，发生挤兑事件，从而造成整个金融系统性危机。因此，仅凭个别银行自身的努力是远远不够的。

（3）显性存款保险和隐性存款保险

按照实施保险制度有无法律依据或明文规定，存款保险可以分为显性存款保险和隐性存款保险。隐性存款保险，是指虽然国家法律规定并没有建立存款保险制度或设立存款保险机构，但如果银行破产或退出市场的，由政府向存款人提供保护的制度。相反，显性存款保险，是指根据法律法规建立存款保险制度并设立存款保险机构，如果金融机构因退出市场或发生经营危机而无法偿付存款的，由存款保险机构代为偿付存款的制度。③ 即使尚未正式实施显性存款保险制度，大部分国家都还实施隐性存款保险制度。

但实施隐性存款保险可能会发生以下几个问题：④

第一，政府在承担金融机构所有风险的同时，也会对银行贷款投向等方面进行政策性干预。因此，这有可能导致银行不得已承担政策性贷款，无法回收没有

---

① 魏加宁等：《存款保险制度与金融安全网研究》，中国经济出版社2014年版，第34页。

② 张雪强：《银行业金融机构市场退出法律制度研究》，法律出版社2014年版，第218页。

③ 魏加宁等：《存款保险制度与金融安全网研究》，中国经济出版社2014年版，第119页；张雪强：《银行业金融机构市场退出法律制度研究》，法律出版社2014年版，第220页。

④ 王红一：《银行公司治理研究》，法律出版社2008年版，第176～178页。

经过经营判断的贷款,从而导致收益结构的恶化。换言之,这可能会阻碍银行的自主经营,出现所谓“官治金融”的问题。

第二,实施隐性存款保险可能不利于形成各银行之间公平的竞争环境。由于隐性存款保险并没有关于保险金何时向何人支付的明确依据,因此难以确保可预见性。而且国家的资金援助也很有可能倾向于国有银行或大型银行,因此可能导致中小型银行或民营银行无法在公平的竞争环境下参与竞争。

第三,很有可能导致滥用如中央银行的最后贷款人制度的资金支持手段或造成银行退出市场机制的混乱局面。即隐性存款保险会使人们认为问题银行的债务问题由政府负责解决而可能会发生道德风险,而且由于没有关于是否退出市场或是否提供资金援助的明确规定,因此可能导致基于最后贷款人制度的资金援助发生滥用或者造成银行退出市场机制的混乱局面。

众所周知,不是总是存在潜在的挤兑风险并引起道德风险的隐性存款保险制度,而是具有对是否支付保险金的确定性和可预见性的显性存款保险就是应当追究的发展方向。[①]

2. 保护范围

如何确定存款保险制度的承保范围,可以说是在建立存款保险制度的过程中最核心的内容。按照参加存款保险的主体、受保存款的种类、有无存款保险金的偿付限额等,可以建立各种类型的存款保险制度。

(1)参加存款保险的主体

参加存款保险的主体,即投保金融机构的范围原则上包括吸收储蓄性存款的存款类金融机构。在自愿方式的存款保险制度体系下,银行等金融机构可以自由地决定是否参加存款保险。但依据大多数国家采取强制方式的存款保险制度,依法要求银行等金融机构参加存款保险。

随着金融环境的全球化趋势和金融市场的开放等,关于投保金融机构范围的确定,特别是按照是否包括在国外设立的外资银行的国内支行或在国内设立的国内银行的外国支行,主要包括属地主义原则、属人主义原则、两者结合的原则。

首先,属地主义原则是将在一国境内吸收存款的所有金融机构都列入承保

① 魏加宁等:《存款保险制度与金融安全网研究》,中国经济出版社2014年版,第120页。

范围的原则,从而包括外国银行的国内支行,而排除国内银行的外国支行。例如,英国采用属地主义原则。

其次,属人主义原则是以设立银行的注册地为标准,包括在本国境内注册的银行及其银行的外国支行,而排除国外注册的银行的国内支行。例如,日本采用属人主义原则。

最后,两者结合的原则不仅包括在一国境内吸收存款的所有金融机构,还包括国内银行的国外支行。采用这一原则的国家是德国。与其相反,还有只包括在一国境内设立的银行,将国内银行的外国支行和外国银行的国内支行都排除在承保范围外的做法。最近出台的中国《存款保险条例》就属于这一类型。

目前,实施存款保险制度的大部分国家都采用属地主义原则,而极少数国家采用属人主义原则。①

(2)受保存款的种类

按照存款债权的主体、受保存款的种类,有几种存款保险制度:

第一,存款债权的主体,一般有个人存款、企业存款、金融机构存款等。在美国的存款保险制度下,个人存款、企业存款、金融机构存款都可以受到保护。在日本的存款保险制度下,虽然个人和企业的存款债权可以受到保护,但原则上金融机构的存款债权不能受保。② 在英国的存款保险制度下,原则上企业③和金融机构的存款债权不能受保。④ 可以说,在任何制度下,都存在对个人存款人的保护。

第二,受保存款的种类,一般有支付和结算存款、定期存款、外汇存款等。在美国和英国的存款保险制度下,用于支付和结算的存款、定期存款、外汇存款都可以受保,但在日本的存款保险制度下,用于支付和结算的存款⑤和定期存款可以受保,而外汇存款不能受保。

(3)有无存款保险金的偿付限额

存款保险制度的重要内容之一是当投保金融机构破产而退出市场时如何确

---

① 张雪强:《银行业金融机构市场退出法律制度研究》,法律出版社 2014 年版,第 225 页。

② 但是,与投资固定收益养老金有关的存款可以参保。

③ 但是,小规模公司存款可以参保。

④ 魏加宁等:《存款保险制度与金融安全网研究》,中国经济出版社 2014 年版,第 87 ~ 88 页。

⑤ 但是,用于支付和结算的存款只要满足无息、见票即付、提供结算服务 3 个条件,就可以受到全额保护。

定存款保险机构偿付的保险金的最高限额的问题。对此,实践中有两种方式:应保障存款人的全部存款的全额保障方式;规定最高限额在该范围内支付存款保险金的限额保障方式。

全额保障方式的优点在于由于保障偿付存款人的所有存款,因此可以最大化地保护存款人的利益。同时,银行等金融机构也可以减轻偿还存款的压力。如果存款保险机构在偿付全额存款之后,并没有在破产清算程序中行使权利,对问题金融机构的其他债权人在破产清算程序中受偿额就会增加。相反,全额保障方式也会加重存款保险基金的负担,最终可能增加国家财政承担存款保险的负担,并造成存款人的道德风险。

鉴于以上理由,多数国家都在建立存款保险制度时采取最高偿付限额方式,只对该范围内的存款提供保障。采取全额保障方式的国家只有多米尼加、泰国、土耳其、土库曼斯坦等,而美国、英国、日本、韩国等大多数国家都实施最高限额保障方式。[①] 另外,德国并没有将具体数额规定为最高限额,而规定为银行资本金的30%。[②] 在美国,最高偿付限额本来为10万美元,但在2008年金融危机时提高至25万美元。[③] 在英国的存款保险制度下,最高限额为50,000英镑,在发生金融危机之后提高至85,000英镑。在日本,最高偿付限额为1000万日元;而在韩国,最高偿付限额为5000万韩元。纵观各国立法现状,最高限额一般是人均国内生产总值的2~5倍,如美国为5.3倍、英国为3倍、韩国为2倍。[④]

存款保险制度采用限额保障方式时,对于存款保险偿付金额标准的计算基数大体有以下三种观点:第一,以每个账户存款金额为准计算的方式;第二,以存款人持有的在所有银行中的所有存款金额为准计算的方式;第三,以存款人对该金融机构持有的所有存款金额为准计算的方式。依照第一种方式,如果存款人开设多数账户的,实际上就可以获得无限保障,从而这种方式不合适。依照第二种方式,应当对于还没有破产或退出市场的银行的存款也进行计算,而且如果存款保险基金对其也支付保险金的,这一部分则会成为不必要的支付,从而这种方

---

① 张雪强:《银行业金融机构市场退出法律制度研究》,法律出版社2014年版,第226页。

② 周仲飞:《银行法研究》,上海财经大学出版社2010年版,第316页。

③ 陈小敏主编:《美国银行法》(第2版),法律出版社2013年版,第187页。

④ 《存款保险条例》,载百度百科:http://baike. baidu. com/link? url = CwJjd42awCC_TKoY8vA1vNw3D-Z0UuZVf7ToIcRGy9syWKZYGLvNYts_byC4ZojVvM3Y5XNUF6fKZKxGjAb6Yq,最后访问日期:2015年1月2日。

式也不当。因此,多数国家采用的是第三种方式。即以存款人对发生破产等经营危机的特定银行持有的全部存款金额为准计算对存款人进行偿付的数额。①

3. 存款保险基金的构成

(1)存款保险的融资模式

存款保险基金的融资方式可以分为事前融资模式和事后融资模式。当然,也存在两者结合的模式。

事前融资模式,是指在银行等金融机构破产之前,存款保险机构定期按照一定的费率从投保金融机构收取保费的模式。依据这种模式,可以在发生破产之前确保充分的资金,并在发生破产时通过存款保险基金迅速采取保护措施,从而提高存款人对银行系统的信心。相反,由于不管有无可能发生破产等金融危机,投保机构应当事先定期交纳保费,因此有可能导致资源浪费。② 由于事前融资模式当银行经济状况较好、风险较低时事先收取保费,并以累积存款保险基金能够应对将来发生的经济危机,因此世界上有70% ~80%的国家采用这种模式。③

事后融资模式,是指在银行因经营危机而发生破产之后,存款保险机构向其他金融机构收取保险费的模式。这种模式的优点在于,由于经营状况良好的金融机构应当代替因经营不善而退出市场的问题金融机构支付资金,因此可以通过各金融机构之间的事前监督促进健全经营。相反,其缺点在于退出市场的金融机构不交纳任何保险费,并由于在破产后才应收取保险费,因此难以迅速采取保护措施。④ 特别是依据事后融资模式,一旦整个金融业发生金融危机,其他金融机构也很难以交纳保险费。目前,英国采用这种模式。⑤

混合融资模式是将事前融资模式和事后融资模式相结合的模式。这种模式基本上采取事前融资模式,但如果发生大规模银行破产或金融系统性危机,损失超过存款保险基金的累积水平的,例外地追加收取保险费。这时,中央银行可以发放贷款,政府也可以实施财政支援。笔者认为,将两个模式的优点相结合的混合融资模式是最有效的模式。⑥

---

① 张雪强:《银行业金融机构市场退出法律制度研究》,法律出版社2014年版,第227页。
② 同上书,第220~221页。
③ 魏加宁等:《存款保险制度与金融安全网研究》,中国经济出版社2014年版,第37页。
④ 张雪强:《银行业金融机构市场退出法律制度研究》,法律出版社2014年版,第221页。
⑤ 魏加宁等:《存款保险制度与金融安全网研究》,中国经济出版社2014年版,第89页。
⑥ 同上书,第38页。

(2)存款保险费率

存款保险费率是在存款保险制度之中最敏感的部分。如果存款保险费率太低,存款保险基金资金不足,处置问题金融机构所需资金可能不足。相反,如果存款保险费率太高,会增加投保金融机构的日常经营中财务负担,特别是会给中小型金融机构带来重大打击。所以,当确定保险费率时,应当考虑投保金融机构的经营和财务状况、资产规模、①存款保险基金的积累金额、风险状况等因素。②

另外,是否以投保金融机构或各行业为标准适用不同的保险费率也是一个重要问题。这一问题即对各行业和投保金融机构适用相同的保险费率,还是按照发生风险的可能性适用不同的保险费率的问题。对此,有固定费率方式和风险差别费率方式。

固定费率方式是对所有投保金融机构适用统一的保险费率。由于对所有投保金融机构适用相同的保险费率,因此固定费率方式便于收取保险费,并且不用花时间和费用调查风险程度。但是,因经营状况比较良好、经营规模较大而发生风险的可能性很小的金融机构可能认为实际上为了风险高的金融机构承担损失或成本。③ 也可以指责这一方式表面上平等的措施,但实质上并不平等。

风险差别费率方式是以投保金融机构的风险概率为基础,对各金融机构适用不同的保险费率的方式。风险差别费率方式的优点在于可以体现实质上平等,而且由于发生风险的可能性越高,交纳的保费也越多,因此会促进投保金融机构在日常经营中更加谨慎。然而,正确判断风险发生可能性并不容易,而且按照风险费率方式征收差别保费,会将其风险程度和状况通过市场传导给存款人,引发存款人向该金融机构进行挤兑,④各投保金融机构之间也会出现两极分化的现象。

历史上,多数国家首先采取固定费率方式,然后逐渐转换为风险差别费率方式。截至2010年年末,共有73个国家采取固定费率方式,只有23个国家采取风险差别费率方式。⑤ 与固定费率方式相比,风险差别费率方式不仅更加合理、公

---

① 吴敏:《论法律视角下的银行破产》,法律出版社2010年版,第261页。

② 魏加宁等:《存款保险制度与金融安全网研究》,中国经济出版社2014年版,第38页。

③ 张雪强:《银行业金融机构市场退出法律制度研究》,法律出版社2014年版,第222页。

④ 同上书,第222页。

⑤ 魏加宁等:《存款保险制度与金融安全网研究》,中国经济出版社2014年版,第39页。

正而且可以最大限度地减少逆向选择或道德风险，因此有必要考虑转换为风险差别费率方式。[1] 但是，为了弥补风险差别费率方式的缺点，应更加客观、合理地计算风险程度，并应采取保密责任和刑事责任等相应的措施，以免各投保金融机构的差别保险费率公开、泄露。

二、外国的立法现状

（一）美国

1. 引进过程

1918 年第一次世界大战结束之后，美国迎来了持续繁荣的时期。这是因为在战时供给大规模战争物资的过程中，美国国内产业快速发展，而且在战争后英国、法国、德国等多数的参战国家都为了进行战后再建及恢复建设向美国借了大量资金。

第一次世界大战后，美国成为当时最大的债权国家，良好的经济环境催生了 20 世纪 20 年代的美国股票市场过热和价格泡沫。因股票市场的繁荣而股票价格一路上涨，众多的美国人涌入股票市场。但到 1929 年年底，因上述的炒股热潮及政府的宏观控制导致华尔街股票市场的崩溃。美国银行业的不良状况自 20 世纪 20 年代中期开始，股票市场的崩溃加重了银行的连锁倒闭。据统计资料显示，到 1932 年年底，美国境内每 4 家银行之中就有一家银行因股票市场崩溃而遭受财产损失，从而导致倒闭。因此，社会公众对银行体系的信心急剧下降，存款人纷纷开始提取存款，最终发生了所谓的挤兑现象。但多数银行事实上没有足够的现金支付给存款人，其原因在于银行以存款人的存款给其他个人或者企业发放贷款，抑或是炒股票。1933 年年初，由于许多州允许银行放假或关门，因此这些银行可以暂时躲避返还存款的责任。鉴于金融系统全面瘫痪，时任美国总统罗斯福依据战时《对敌贸易法》的授权，在 1933 年 3 月 6 日命令关闭美国的所有银行，停止一切支付业务，不允许提取资金。同年 3 月 9 日，美国议会通过《紧急银行法案》，这项法案赋予总统更大的权力以解决货币及银行的存款、贷款等信贷有关的各种问题。同时，财政部部长开始颁发银行业许可证，使银行重新开业。在金融系统的重建过程中，美国全国有 2000 多家银行没有得到重新开业的

---

[1] 王红一：《银行公司治理研究》，法律出版社 2008 年版，第 167 页。

许可。不过,新开业的银行在此后很长的一段时间里能够保持稳定、健康的发展,在这段时间,破产银行的数量降到了历史上的最低点。

另外,罗斯福为了应对上述前所未有的经济危机,试图进行大规模的改革。当时许多人认为由于银行间的竞争过于激烈,商业银行从事证券投资经纪业务等过多的高风险业务,因此导致了银行破产事件和经济危机。1932年年初,当时的民主党参议员格拉斯(Glass)与众议员斯蒂格尔(Steagall)推进了《格拉斯—斯蒂格尔法》(Glass-Steagall Act),并使其立法化。《格拉斯—斯蒂格尔法》强制实施了商业银行与投资银行的分离原则。这个原则是为了防止银行将存款人的资金使用于高风险的投资活动。这项法律不仅禁止商业银行从事承销业务,而且对金融业实施严格的分业管理监督以及分业经营。因此,当时银行必须在商业银行或投资银行中选择其一。当时最有名的JP摩根(J. P. Morgan & Co.)也依据此法律规定分为两种业务:商业银行业务和投资银行业务。因此,JP摩根继续从事商业银行业务,而设立摩根士丹利从事投资银行业务。此法使美国的金融业采取银行、证券分业经营的模式。

《格拉斯—斯蒂格尔法》还设立了联邦存款保险制度。美国的存款保险制度是至今依然存在的、世界上历史最长的存款保险制度,此制度的法律依据就是《格拉斯—斯蒂格尔法》。同时,依据该法设立的联邦存款保险公司(Federal Deposit Insurance Corporation,FDIC),作为美国政府设立的一个独立的金融监督机构,主管存款保险制度。联邦银行和美国联邦储备局的成员银行都必须向联邦存款保险公司投保。其余银行可以自愿决定是否投保。如此,由于联邦存款保险公司主管、运营存款保险制度,因此即使银行倒闭,存款人还能够得到对存款金的保障,从而存款保险制度可以保护存款人的利益并维护金融体系的稳定。《格拉斯—斯蒂格尔法》建立的金融管理监督体制以及存款保险制度,到20世纪80年代前未发生根本性变化,保障了美国银行等金融业稳定发展。

2. 发展过程

联邦银行或投保金融机构不得已倒闭的,联邦存款保险公司通过存款保险基金向存款人支付保险金。不受保的存款人或一般债权人不能收到对因破产造成的损失的补偿。在1991年之前,联邦存款保险公司采取依据较少成本原则处置银行破产的方式来节省存款保险基金的支出或损失。但是,1991年颁布的《联邦存款保险公司改善法》(Federal Deposit Insurance Corporation Improvement Act of 1991,FDICIA)要求联邦存款保险公司采取最少成本原则(Least-Cost)来对银行进行重组等破产处置措施,即联邦存款保险公司对陷入困境的银行进行破产处置时,要选择对存款保险基金花费最小的方式。但该法律规定有一个例外,就是当特别大或会带来金融系统性风险的金融机构倒闭时,联邦存款保险公司应当提供帮助或资金支持,以保障该金融机构继续运营并保护存款人。即使这些措施有悖于最少成本原则,但是为了防止系统性风险的发生,联邦存款保险公司无论费用的多少,还须采取为减少或避免系统性风险的不同措施。但判定其破产是否可能给整个金融体系的稳定性造成威胁应当经过非常严格的意见收集程序。首先,联邦储备局理事会及联邦存款保险公司理事会都必须获得 2/3 以上的同意才能够确认其风险可能性。其次,财政部部长在经与参议院和众议院内的银行委员会及总统商议后可以作出最终决定。[①] 首个例外案件是 2008 年金融危机时的瓦乔维亚银行(Wachovia Bank)案件。[②]

21 世纪初,美国因 IT 泡沫的崩溃、"9·11"恐怖事件、阿富汗战争、伊拉克战争等导致其经济状况恶化,为刺激经济增长,美国长期实施过低的利率政策。住房担保贷款的利率不断下降,房地产价格大幅上升。由于住房价格的上升比率比住房担保贷款的贷款利率更高,其交易量也持续增加。并且,众所周知,次级抵押贷款是一种住房担保贷款,其为了增强流动性而被评定为高信用等级的证券产品,因此,很多投资者购买了与美国房贷有关的这种金融衍生产品。但是,2004 年随着美国的低利率政策的结束,房地产泡沫开始破灭,因利率增加而贫困的民众无法偿付贷款本金及利息。次级抵押贷款相关的金融衍生产品价格大幅下降,购买了该类产品的金融机构陷入支付困难,开始发生大规模计提损失,在此过程中,许多金融机构的财务状态恶化,导致美国的大型金融公司、证券公司纷纷倒闭。2008 年 3 月贝尔斯登(Bear Stearns)倒闭,同年 9 月房利美和房地美(Fannie Mae、Freddie Mac)倒闭。此后,美林(Merrill Lynch)、雷曼兄弟(Lehman Brothers)、美国国际集团(AIG)等著名金融公司相继倒闭。在一直持续到 2009

---

① 赵源东:《关于金融机构破产和适时纠正措施的研究》,国民大学 2002 年硕士学位论文,第 19 页。

② 2008 年金融危机时,瓦乔维亚银行的财务状况急剧恶化,联邦存款保险公司等金融当局认为因此美国金融系统安全会受到重大威胁,所以决定对其银行进行例外的资金支持,后来将其资产顺利出售给花旗集团(Citi Group),最终国富银行(Wells Fargo)合并了瓦乔维亚银行。

年的金融危机状况中,美国政府通过资金支持、提供担保等各种经济政策,救济处于崩溃危机的华尔街,维护金融市场的稳定。美国政府提高了最高受保限度金额并扩大了其承保范围,这些措施有助于有效防止大规模挤兑的发生。2008年之前,每一存款人每一存款账户的受保最高限额原来是10万美元,但是在2008年金融危机中,这个限额在2008年10月3日至2013年12月31日暂时提高到25万美元,原本设定的有效期是到2009年12月31日,但后来其期限被延长到2013年年末。正是由于存款保险制度特别是提高受保最高限额,银行等存款类金融机构才能稳定地吸收存款。该场金融危机使人们认识到政府的金融监管制度中的缺陷,因此美国对于金融监督体系进行了自大萧条以来最大的改革,并在2010年7月21日正式签署了《多德—弗兰克法》。该法第335条规定将这个临时最高受保限度金额变为永久性受保限度。[①] 投保金融机构的存款保险限度额从原来的10万美元上调到25万美元,其有效性向前追溯到2008年1月1日,适用于当日之后,联邦存款保险公司被选任为破产管理人或保护人(conservator)的投保金融机构。除此之外,该法第343条规定对不计息的活期存款账户也提供存款保险,其有效期为从2010年12月31日起2年之内。相反,依据该法第603条规定,如果《银行控制公司法》下豁免于银行定义的存款类金融机构的直接或间接控制人是一般商业企业,联邦存款保险公司不得批准它们在2009年11月23日之后提交的存款保险申请。[②]

另外,联邦存款保险公司在2008年金融危机之后,通过"临时性流动性担保计划"(Temporary Liquidity Guarantee Program)对部分金融机构在2009年7月30日之前发行的高级无担保债务进行担保,此举是为了对2009年到期的银行无担保债务的再融资提供便利。并且,美国财政部决定对货币市场基金(Money Market Fund)[③]也提供临时性存款保险。2008年9月雷曼兄弟破产时,由于持有雷曼兄弟发行的CP等短期债券的货币市场基金——储备基金(Reserve Primary Fund)发生本金的损失,因此导致面临大规模挤兑事件而倒闭,另一个货币市场基金——百能高级货币市场基金(Putnam Prime Money Market Fund)也关闭了相

---

① 陈小敏主编:《美国银行法》(第2版),法律出版社2013年版,第187页。

② 魏加宁等:《存款保险制度与金融安全网研究》,中国经济出版社2014年版,第78页。

③ 这是指主要筹措投资者短期闲置资金来投资于短期债券、CP(Commercial Paper)、CD(Certificate of Deposit)、短期贷款等短期金融产品的基金。

关基金。因此，导致投资人对货币市场基金的不信任，从而发生大规模挤兑现象的可能性越来越高。对此，美国财政部认为因挤兑现象的扩散而导致货币市场基金业界崩溃，并给整个经济秩序带来冲击，因此采取了上述措施。①

在这次国际金融危机爆发之前，联邦存款保险公司的职能主要有3个方面，即提供存款保险、监督管理投保金融机构和处置问题金融机构。但是在2008年国际金融危机之后，《多德—弗兰克法》为了确保存款保险基金的安全，加强了联邦存款保险公司的权力。特别是加强了对投保金融机构的监管权。

《多德—弗兰克法》第172条修改了《联邦存款保险法》第10(b)(3)条，授予美国联邦保险公司对系统重要性金融机构的备份检查权。美国联邦保险公司有权根据存款保险的需要决定对存款类金融机构进行特别检查，或为了法案第二章规定的有序清盘的需要对重要性系统金融机构进行特别检查。行使以上备份检查权的总前提条件是被检查机构处于不稳健状态。该条同时修改了《联邦存款保险法》第8(t)条，授予美国联邦保险公司对任何存款机构控股公司的备份执行权。行使该备份执行权的前提条件是被执行对象的行为或威胁的行为对存款保险基金构成了风险。②

并且《多德—弗兰克法》为了对具有金融系统重要性的非银行金融机构进行有序破产清算，在第二章中作出了特别规定。因此，使人们认识到"大而能倒"，并防范了道德风险。该制度，不仅赋予联邦存款保险公司有序清算职权，而且同时在优先权、欺诈性转让、抵销权等方面作出了与一般破产法类似的规定，以减少一般破产程序与上述清算程序之间在债权人权利保护上的差异。为了进行有序清算，作为管理人的联邦存款保险公司有权与相关公司或相关子公司的金融监督机构进行协商，并招聘外部专家处理业务。例如，如果问题金融公司是在美国证券交易委员会(Securities and Exchange Commission, SEC)注册的证券交易经纪企业，联邦存款保险公司则应当与美国证券交易委员会进行协商，并决定将该金融公司的客户账户是否转移给联邦存款保险公司设立的过桥金融公司。根据上述法律规定，联邦存款保险公司在被任命为管理人之后，依照财政部部长认可的计划，可以使用有序清算基金或向财政部借到的资金，这些资金在破产清算

---

① 美国财政部采取了本金偿还保障措施(MMF guarantee)，美国联邦储备局也采取了流动性供给措施(Money Market Investor Funding)。

② 魏加宁等:《存款保险制度与金融安全网研究》，中国经济出版社2014年版，第80页。

程序中享有优先受偿权。[1] 在2008年金融危机的影响下,美国通过适时提高存款保险最高限额、扩大承保范围的措施有效防止了大量挤兑现象的发生以及银行等金融机构的连锁倒闭。这些结果显示存款保险制度有助于防止大规模挤兑现象的发生、金融风险的传播以及金融危机的扩散。不过,由于金融机构之间存在大规模资金交易,也有密切的关联,提高存款保险最高限度或扩大承保范围不足以完全保障金融市场的稳定。因此,金融市场的稳定和恢复还需要相关金融业的当事人互相紧密合作并构建金融安全网。[2] 从这个观点来看,美国通过制定《多德—弗兰克法》来积极应对金融系统危机是很有意义并十分恰当的。

3. 现状

联邦存款保险公司于1934年成立,作为独立的法人机构,具有相对较强的独立性和广泛的职权。职工人数也与其他国家相比更多。[3] 联邦存款保险公司没有资本金,并用1933年以来积累的保费收入保持了一定规模的存款保险基金,还有权必要时能够向财政部借入资金。联邦存款保险公司的最高权力机构是理事会,理事会负责制定存款保险制度相关政策。为了确保存款保险制度相关政策的连续性,理事会成员的任期为6年,总统不能对任期内的成员随意进行撤换。联邦存款保险公司由5个事务局组成,其中调查、监管银行等金融机构的部门是最核心的部门,全体职工的70%左右属于这个部门。

由于联邦存款保险公司的职能比较广泛,需要十分广泛的信息,如投保金融机构的财务状况以及其他有关报告等。并且,联邦存款保险公司具有非常大的监管权。尽管作为最后贷款人的资金支持由联邦储备局担当,但对于问题金融机构实施救济措施则由联邦存款保险公司担当。

联邦存款保险公司的存款保险对象包括国内银行以及其国内各分支机构、外国银行的国内分支机构等,但不包括国内银行的国外分支机构。存款保险最高偿付限额为25万美元,在最高偿付限额内的存款能够受到全额保护。并且,美国存款保险制度中受保的存款种类包括用于支付和结算的普通存款、定期存款、外汇存款、个人存款、企业存款以及金融机构存款等。

美国存款保险制度对于交纳保费的方式采取事前融资模式。就存款保险费

① 魏加宁等:《存款保险制度与金融安全网研究》,中国经济出版社2014年版,第81页。
② 同上书,第83页。
③ 以2010年为基准,美国联邦存款保险公司的职工人数为8150人。

率而言，在 1991 年之前，按照统一的费率收取保费；但在 1991 年之后，按照风险差别费率收取保费。即金融机构的风险越高，应交纳的保费就越多。保险费率，以 2009 年为基准，由联邦存款保险公司在 0.12% ~0.50% 的范围内确定。

联邦存款保险公司的资金来源包括投保金融机构所交纳的保险费、投资收入和存款利息收益、因发行债券而得到的收益以及向财政部或联邦储备局借到的资金等。其中，投保金融机构交纳的保费最为重要，其比重也最大。向财政部或联邦储备局能够借到的最高限额为 3000 亿美元。

在美国，当投保金融机构陷入财务困境、无法通过救济维系经营时，联邦存款保险公司具有要求该金融机构申请破产清算，并处理破产有关的一切事项的责任。联邦存款保险公司是有权处置银行破产的唯一联邦机构。联邦存款保险公司原则上应当选择需要最少费用的方法，主要采用的是 P&A 方式；但如果无法找到受让金融机构的，设立过桥金融机构进行破产处置。

（二）英国

英国在 1973 ~1974 年发生了大规模银行危机，这次事件成为英国建立存款保险制度的重要契机。当时，由英格兰银行出面组织，由各大清算银行出资设立了救生基金，该基金给 26 家银行发放了 1.2 亿英镑的短期贷款，以帮助这些银行摆脱财务困境。英国议会为了防止再次发生银行危机，通过了《1979 年银行法》，并决定建立存款保险制度。由此，在 1982 年设立了金融服务补偿计划有限公司（FSCS）。英国的金融服务补偿计划有限公司虽然是一个独立的法人机构，但属于金融服务管理局（FSA）下辖的一家政府公营机构，其职工隶属于金融服务管理局。金融服务补偿计划有限公司无权对投保金融机构进行监督管理，只有在银行倒闭时才有权介入其破产处置，并且只负责金融服务管理局委托的存款赔偿业务。金融服务补偿计划有限公司与美国的情况相同，也无资本金。作为英国中央银行的英格兰银行保有向金融服务补偿计划有限公司提供资金的职能。金融服务补偿计划有限公司的理事会由 10 名董事组成，其中，2 名为全职董事，8 名为兼职董事。董事的提名必须由金融服务管理局批准，董事长的提名则必须由财政部批准。

存款保险机构的有效运作需要银行监督当局和中央银行之间的相互制衡及密切合作关系，并且，需要各机关之间的信息充分共享和有效沟通。英国的金融服务补偿计划有限公司需要的信息只限于保险费用的计算、投资政策决定以及当投保机构破产时对存款人的偿付等有关信息。因此,其能够共享的信息量相对较少。对于银行的监管由金融服务管理局负责,最终贷款人的作用和对问题银行的资金支持由作为中央银行的英格兰银行负责,而金融服务补偿计划有限公司只负责存款保险业务。

英国存款保险制度属于强制性存款保险制度。任何一家在英国国内运营的银行,如果都得到金融服务管理局认可,就自动成为金融服务补偿计划有限公司的会员。但是,对于来自欧元区的银行的资格条件与此相异,欧元区的银行由其本国政府授权的,则英国不要求参加存款保险制度。英国存款保险制度中受保的最高限额在国际金融危机爆发之前为50,000英镑,但是在国际金融危机之后提高到85,000英镑。英国存款保险制度中受保的存款种类包括普通存款、定期存款、外汇存款及个人存款,但是企业存款①和金融机构存款除外。

英国存款保险制度对交纳保费的方式采取事后融资模式。金融服务补偿计划有限公司的资金来源包括成员银行交纳的保费、从问题银行回收的资产、存款保险基金的投资收益以及为了履行职务借到的资金②等。对于保险费率而言,按照单一的费率收取保费,适用费率不能超过0.3%。

英国存款保险制度的特征在于金融服务补偿计划有限公司的作用仅限于对破产银行的事后处置。对破产银行的主要处置方法包括临时性国有化方法、将问题银行的业务中一部或全部转移给健全金融机构的方法,以及将问题银行的业务中一部或全部转移给过桥金融机构的方法等,这些措施由财政部或英格兰银行负责执行。

(三)日本

日本在1926年和1955年两度提出建立存款保险制度的议案,但一直未能受到社会各界的关注。日本直至1971年3月才制定《存款保险法》,成立了日本存款保险机构(Deposit Insurance Corporation of Japan, DICJ)。其设立目的是保护存款人利益并维护金融体系的稳定。日本存款保险机构是由中央政府、中央银行和银行业协会3个机关共同出资设立的独立机构。日本存款保险机构接受金

---

① 但是,小规模公司存款可以受到存款保险的保护。

② 主要向其他金融机构或作为中央银行的英格兰银行借到资金。

融厅[①]的监管。日本存款保险机构的资本金为4.55亿日元,由政府、日本银行及银行业协会分别出资。[②] 日本存款保险机构由13名人员组成,其中,1名为董事长、4名为副董事长、8名为银行业代表和金融专家。董事长和副董事长由日本首相提名,还必须得到议会的批准,而银行业代表和金融专家由董事长提名,还必须得到首相和财政部的批准。[③]

在日本对银行的监管由金融厅负责,最后贷款人由中央银行即日本银行担任。存款保险业务和对问题银行的资金支持等救济措施由日本存款保险机构负责。

日本的存款保险对象包括在日本境内注册的所有银行和其银行的国内外分支机构等,但是外国银行的在日本境内的分支机构除外。日本存款保险制度中受保的最高限额为1000万日元,而当存款人的本金之和超过法定最高保险额时,存款保险的支付数额为最高限额加上其利息。[④] 但是,用于支付和结算的存款只要满足无利息、见票即付、提供结算服务3种条件,就可以受到对存款全额的保护。日本存款保险制度中受保的存款种类包括普通存款、定期存款、个人存款及企业存款等,但是外汇存款和金融机构存款除外。

日本存款保险制度对交纳保费的方式采取事前融资模式。保险费率并不按照风险程度有差别。以2014年4月1日为基准,将存款种类分为一般存款以及用于支付和结算的存款,一般存款适用0.081%的费率,用于支付和结算的存款适用0.108%的费率。[⑤] 日本存款保险机构的资金来源主要包括资本金、投保金融机构交纳的保费、投资收益及借到的资金等。

日本存款保险机构对破产金融机构进行处置的方法系统比较丰富。在正常情况下,收购与承接方式(P&A方式)比偿付保险金方式更受欢迎,因为其成本通常更低。反之,在发生重大的金融系统性风险时,首相召开金融危机应对会议来决定是否启动金融系统性风险特别处置程序。上述会议由首相担任委员长,由

---

① 在日本,原来行使预算、税制、金融等经济政策权力的行政机关是大藏省,但是依据2001年的改组,大藏省被缩小为财务省,只负责预算和税制业务,而金融政策和金融监督业务由新设的金融厅负责。

② 政府和日本银行分别出资1.50亿日元,银行业协会出资1.55亿日元。

③ 魏加宁等:《存款保险制度与金融安全网研究》,中国经济出版社2014年版,第86页。

④ 日本存款保险制度课题组编著:《日本存款保险制度》,中国金融出版社2007年版,第74页。

⑤ 《存款保险费率的推移》,载日本存款保险机构官网:http://www.dic.go.jp/shikumi/hoken/suii.html,最后访问日期:2015年1月2日。

内阁的官房长官、财政大臣、金融大臣、金融厅长官及中央银行长等参加。应对金融系统危机的措施包括P&A方式、国有化方式以及资本注入方式等。①

三、韩国的存款人保护制度

(一)一般概述

1. 发展历程

(1)1995年《存款人保护法》制定之前

韩国为保护存款人推出的最早存款保护制度,始于1972年制定《互助信用金库法》。② 该法规定,以针对向互助信用金库储蓄契钱和相互赋金的存款人保障其偿付,为保护存款人利益建立互助信用保障基金(第29条)。20世纪60年代,由于韩国金融市场的资金中介功能尚不发达,通过银行的资金供应也不足,因此资金总是供不应求。许多需要资金的企业只好依靠私人放债市场,造成了各种负面影响。政府为了培养能够代替私人放债市场的金融机构而制定了《互助信用金库法》《短期金融业法》《信用合作社法》,即将私人放债合法化的三部法律。根据这些法律规定,互助信用金库、短期金融公司、③信用合作社④等金融机构正式挂牌。后来,于1982年12月31日制定了《信用管理基金法》⑤,根据该法设置了信用管理基金,以保障短期金融公司、综合金融公司⑥以及互助信用金

① 魏加宁等:《存款保险制度与金融安全网研究》,中国经济出版社2014年版,第90页。

② 制定于1972年8月2日的《互助信用金库法》,直到2001年3月28日才被修改。通过这次修改,该法律名称被变更为《相互储蓄银行法》,由此,互助信用金库也改称为相互储蓄银行。

③ 短期金融公司是指,从事在6个月以内到期票据的发行或贴现、买卖、收购、保证等业务的金融机构。

④ 这是指作为通过会员互相纽带而谋求金融便利的非营利金融机构,由某些具有团体或地区等一定的共同利益的人组织起来的具有互助性质的会员组织。其资金来源主要是会员的存款,必要时对会员提供信贷。在韩国最早的信用合作社就是在1960年釜山Maryknoll医院组织的圣家信用合作社。后来,随着1972年《信用合作社法》的制定,其组织转换为法人。(参见《信用合作社》,载NAVER知识百科:http://terms.naver.com/entry.nhn?docId=6792&cid=43659&categoryId=43659,最后访问日期:2015年2月2日)。

⑤ 从1983年4月1日起施行。

⑥ 综合金融公司是根据在1975年12月31日制定并从1976年1月31日起施行的《关于综合金融公司的法律》而成立的企业,并主要从事短期金融业务、国际金融业务、设备或运转资金的投资融资业务、证券的收购·出售·募集或出售中介等业务。而随着2007年8月3日《关于资本市场和金融投资业的法律》的制定,废止了之前的《关于综合金融公司的法律》,因此综合金融公司成了依据《关于资本市场和金融投资业的法律》的企业。

库等金融机构,偿付存款并保护这些金融机构存款人的利益。由此,信用管理基金全面继承了以往的互助信用保障基金。另外,针对新村信用社,韩国在1983年制定《新村信用社法》,同时还设置了新村信用社安全基金,开始保护存款人,而对信用合作社从1984年起已设置安全基金①开始保护存款人,但该基金在1988年12月31日修改《信用合作社法》后才具有法律依据。此外,针对保险公司,为了保障投保人或保险受益人受领保险金,韩国在1988年12月31日修改《保险业法》而设置了保险保证基金。

如上所述,尽管针对第二金融圈和保险公司等机构,根据相关法律出台存款人保护制度,但韩国政府对银行实行存款人保护制度却持消极态度。② 20世纪80年代以来,因为政府对利率进行过度干预引发了相关行业的不满,并出现了全球范围的金融自由化风潮,所以韩国政府也于1988年正式推行利率市场化政策。③ 由于随着利率市场化政策的开展,银行的自律经营得到保障,在市场经济体制下难免出现银行倒闭,因此作为补充措施,针对为了保护存款人引进存款保险制度开始进行研究。由此可见,韩国存款保险制度的历史与利率市场化政策密切相关。④ 1991年8月4日,韩国政府发布了共4个阶段的利率市场化促进计划,并逐渐地推行利率市场化政策。根据该政策,韩国在1995年12月29日制定了《存款人保护法》。⑤《存款人保护法》的主要内容是作为存款保险机构成立韩国存款保险公社,并为了保护银行存款人而建立存款保险制度。此外,根据在1997年1月13日修改的《证券交易法》规定,设置证券投资者保护基金,以此对证券公司也建立了存款人保护制度。由此,可以说韩国对大部分金融机构建立了显性存款保险制度,但在制定《存款人保护法》当时,韩国存款保险公社只对银行业的存款保险基金予以管理,而按不同金融行业设置了不同的存款保险机构和存款保险基金。

---

① 《信用合作社安全基金制度从明年起实施》,载《每日经济新闻》1983年12月7日。

② 主要原因如下:银行倒闭的可能性不高;因金融监督机构的重复而容易导致效率低;银行有可能把支付保费的负担转嫁给消费者并提高利息等。

③ 《利率自由化》,载NAVER知识百科:http://terms.naver.com/entry.nhn?docId=572462&cid=46630&categoryId=46630,最后访问日期:2015年2月1日。

④ 魏加宁等:《存款保险制度与金融安全网研究》,中国经济出版社2014年版,第215页。

⑤ 《存款人保护法》自1996年6月1日起施行,但关于存款保险和资金支持的规定自1997年1月1日起施行。

(2)1997年亚洲金融危机的克服过程

1997年7月在泰国开始爆发的亚洲金融危机,给韩国也带来了极大冲击。1997年,韩国因金融机构出现资金运用困难,由以借贷为主的荒唐经营造成大企业的连锁倒闭、对外信誉度下降、外汇储备量剧减等原因,而导致爆发金融危机,从而在1997年12月向国际货币基金组织申请救济贷款。按照国际货币基金组织的要求,韩国政府要迅速、有效地实行不实金融机构的市场退出以及金融机构的重组等处置措施。然而,韩国的存款保险制度,由于各金融行业的存款保险机构和存款保险基金分割运作,因此难以有效应对风险局面。不仅如此,仅靠事后的风险处置措施无法确保存款保险基金的安全和金融市场的稳定。韩国政府认识到这些状况,在1997年12月31日修改了《存款人保护法》,①建立了统一有效的存款保险制度。即以前针对互助信用金库、综合金融公司、短期金融公司②等机构运营的信用管理基金,针对证券公司运营的证券投资者保护基金,针对保险公司运营的保险保证基金,针对信用合作社运营的信用合作社安全基金等,均并入存款保险基金。通过这些措施,韩国存款保险公社能够主管覆盖几乎所有金融机构的存款保险基金,并成为跨行业的综合性存款保险机构。

当制定《存款人保护法》时,存款保险的最高偿付限额为2000万韩元(参见在1995年的《存款人保护法》第32条第2款以及同法施行令第16条)。然而,在金融危机状况下,为了维护存款人对金融体系的信心,韩国在1998年7月25日修改了《存款人保护法施行令》,主要内容如下:与其他投保金融机构不同对保险公司的存款保险最高限额上调为5000万韩元,并在从此时到2000年12月31日的这段时间里,投保金融机构发生破产等保险事故时不适用最高限额规定。即1998年7月25日至2000年12月31日保障存款全额的偿付。随后在2000年10月31日又修改了《存款人保护法施行令》,③据此最高限额上调为5000万韩元,直到今天这一施行令规定的限额仍然有效。但是,作为一个例外,虽然从2001年1月1日到2003年12月31日,投保金融机构发生破产等保险事故,但是对无利息的存款(活期存款)不适用上述的最高限额规定,保障存款全额的偿付。

① 该修改法律自1998年4月1日起施行。

② 随着1998年1月13日《短期金融业法》的废止及《关于综合金融公司的法律》的修改,短期金融公司均转换为综合金融公司,这从1998年4月1日起施行。

③ 上述的修改施行令从2001年1月1日起施行。

这是为了防范一些缺乏流动性的金融机构以超出自身能力的高利息来吸引存款,并防止一些存款人利用存款保险制度冒着风险而追求风险高的金融机构推出的高利息存款产品。

在金融危机的克服过程中,韩国政府扩大了韩国存款保险公社对不实金融机构的整理职能。根据在1997年12月31日修改的《存款人保护法》规定,韩国存款保险公社可以请求金融监督院对不实金融机构进行检查或共同检查(第21条第3款),并可以请求金融委员会对相关不实金融机构采取合同转移命令或破产申请等措施(第36条之2第1款),并可以成立整理金融机构,即所谓的过桥金融机构,使其实行偿付存款、回收贷款等整理业务(第36条之3至8)。此外,也采用了概算给付金制度,从而当发生金融机构破产等保险事故时,韩国存款保险公社通过从存款人收购对该金融机构的存款债权的方式,使存款人即使在破产清算程序结束前也能够迅速受到存款债权的偿还(第35条之2至5)。

(3)亚洲金融危机以后

在克服金融危机的过程中,韩国存款保险公社在政府的巨额资金支持下,参与投保金融机构的重组工作。为了偿还韩国存款保险公社在帮助投保金融机构重组的过程中产生的存款保险基金债务,在韩国存款保险公社里设置存款保险基金债券偿还基金(在2002年12月26日修改的《存款人保护法》第26条之3),为了筹集政府资金偿还所需的财源,向投保金融机构征收存款保险基金债券偿还特别捐献金(《存款人保护法》第30条之3)。存款保险基金债券偿还基金的对象仅限于截至2002年12月31日发生的债务。此外,存款保险基金和偿还基金应当区分管理,偿还基金应在2027年12月31日前进行清算。

在克服金融危机的过程中,包括韩国存款保险公社在内的其他金融监督当局一直认为,事后破产处置固然重要,但事前预防措施也迫切需要。基本前提无疑是构建金融安全网成员之间对投保金融机构的信息的共享与协调机制,从而可以采取有效的预防措施。因此,2003年9月韩国存款保险公社先与金融监督院签署了《有关金融机构监管的谅解备忘录》;随后,韩国存款保险公社为了与金融监督院、韩国银行建立信息共享与协调机制,于2004年1月签订了《有关金融信息共享的备忘录》。在2008年国际金融危机爆发后,早期确定金融市场风险因素、强化金融安全网成员之间协调的必要性逐渐显现,于是,2009年9月韩国扩大了包括韩国存款保险公社、财政企划部、金融监督院、韩国银行等部门有效履行所需信息的共享范围,重新签署了信息共享程度更为广泛的合作备忘录。①

而部分舆论批评称,以会员之间相互扶助为目的的信用合作社也进入存款保险基金的范畴来保障存款的偿付,与新村信用社等其他类似机构相比,是违反公平原则的。于是2002年12月26日修改的《存款人保护法》将信用合作社排除在投保金融机构外。因此,存款保险基金中信用合作社的账户转移至信用合作社中央会的存款人保护基金。②

在2007年12月21日修改的《存款人保护法》建立了存款保险基金的目标基金制度(第30条之4)。为了使存款保险基金累积额保持适当水平,设定累积额目标规模,达到其目标的,投保金融机构就可以免交保费。其宗旨在于减轻投保金融机构交纳长期保费的负担。

本来,《存款人保护法》制定以来一直规定,考虑不同投保金融机构的经营管理及财务状况,可以确定不同的保险费率(第30条第1款)。然而实际上同一行业的投保金融机构之间一直适用同一保险费率。2009年2月3日修改的《存款人保护法》和2009年6月9日修改的同法施行令都规定,从2014年起正式实行按照风险概率采用差别费率的风险差别费率制度。为了实行风险差别费率制度,新设了费率差别的幅度、异议申请程序以及保密义务等几个相关规定。据此,韩国存款保险公社在2014年对投保金融机构进行风险度评估,评估结果属于第一等级的机构享受保费折扣5%的优惠,属于第二等级的机构交纳标准保费,属于第三等级的机构得多付1%的保费。首次风险差别费率制度的实行结果显示,与未实施差别费率制度时相比,应交纳的保费总额反而减少了约89亿韩元,这就是说,风险差别费率制度绝非不利于投保金融机构。③

(4)2011年互助储蓄银行挤兑事件以后

2011年1月14日,自金融委员会对三和互助储蓄银行作出指定为不实金融机构并停业的决定以来,截至2014年,约有30家互助储蓄银行先后被指定为不实金融机构,被停业并对其实施了各种重组措施。这是所谓的"互助储蓄银行停

---

① 魏加宁等:《存款保险制度与金融安全网研究》,中国经济出版社2014年版,第222页。

② 但是,存款保险基金中的信用合作社账户于2010年1月1日才被封锁,并于当天进行转移工作。

③ 《韩国存款保险公社依据差别费率制度完成首次风险度评估》,载moneytoday news:http://www.mt.co.kr/view/mtview.php?type=1&no=2014112709113056349&outlink=1,最后访问日期:2015年2月2日。

业事件”。这些互助储蓄银行的经营不善问题是因房地产项目融资所致的。自从2000年以来,与其老本行居民贷款业务相比,这些互助储蓄银行都更致力于房地产项目融资贷款业务,这本来是过去商业银行一直垄断的业务范围。然而随着2008年国际金融危机的爆发,由于房地产市场低迷和景气不振,因此不良的PF贷款比例偏高,最终导致互助储蓄银行的经营危机。为了向不实互助储蓄银行的存款人偿付保险金并提供各种资金援助,截至2011年3月底,韩国存款保险公司所投入的资金一共达到83,202亿韩元。[①] 于是,2011年3月29日修改的《存款人保护法》规定,为了帮助不实储蓄银行的健全化,在韩国存款保险基金里临时地设置互助储蓄银行结构调整特别账户,将自2011年1月1日起发生的破产等保险事故有关的资产及负债,从相互储蓄银行账户转移至特别账户(第24条之4)。上述特别账户的有效期至2026年12月31日。

此外,根据2011年5月19日修改的《存款人保护法》规定,当请求对导致不实金融机构经营困难应承担责任的前现任高级管理人员、实际控制人赔偿损失或者为了请求赔偿损失进行调查时,若不凭相关金融交易内容的信息或资料,就无法确认不实金融机构相关人员的赔偿责任或隐匿财产与否,这时韩国存款保险公社有权请求相关金融公司提供金融交易信息(第21条之4)。但上述的提供请求应当局限于最少需要,被请求的金融公司也应按照请求内容提供相关资料。对导致一连串的储蓄银行停业事件有责任的相关人员必须承担损失赔偿等相应的法律责任,因此作为确保其实效性的手段,韩国政府赋予韩国存款保险公社可以请求提供金融交易信息的权力。但是,该规定的有效期只到2019年3月23日。这是由于上述的立法目的和对金融交易信息的保密之间产生矛盾,因此只赋予限时性效力。

此外,加强了韩国存款保险公社对互助储蓄银行的独立调查权。根据以前规定,韩国存款保险公社若对投保金融机构和其控股公司独立开展调查的,应符合由金融委员会所定的适时纠正措施标准,但根据在2012年3月26日修改的《存款人保护法施行令》第12条之2规定,除上述标准外,有下列情形,即该金融机构的自有资本比率不足于上述标准加2%的标准、最近连续3个会计年度发生

① 《2011年3月统计资料》,载韩国存款保险公社资料室:http://www.kdic.or.kr/pds/pds_static_list.jsp?1=1&pageNo=4,最后访问日期:2015年2月3日。

本期净亏、韩国存款保险公社考虑自有资本比率的下降趋势及下降幅度来与金融监督院协商后认为存在调查必要性等情形的,韩国存款保险公社有权独立开展调查。

根据2014年5月28日修改的《存款人保护法》规定,为了保障韩国存款保险公社的单独调查及与金融监督院共同检查的实效性,韩国存款保险公社可以请求金融监督院院长依据对有可能倒闭的投保金融机构的业务和财产状况的单独调查及共同检查结果采取纠正措施,并被请求的金融监督院长应当将其措施结果及措施对象机构的履行内容通知韩国存款保险公社(第21条第6款以及第8款)。

总体来说,在储蓄银行事件以后,韩国的存款保险制度逐渐由采取成分最少化的事后性措施的倾向,转变为采取风险最小化的事前预防措施的方向。之所以韩国的存款保险制度发生如此的变化,是因为通过此类措施能够尽早发现并化解潜在风险,防止金融体系的风险和倒闭,并减轻存款保险机构的财政负担。

2. 立法现状

(1)各种存款保险制度

当从事存款业务的金融机构,因经营不善或破产等事由而无法偿付存款时,最重要的存款人保护制度就是存款保险制度。韩国的存款保险制度大致分为基于《存款人保护法》的存款保险制度和根据个别相关法律的存款保险制度。根据个别相关法律的存款保险制度包括基于《新村信用社法》的新村信用社安全基金和基于《信用合作社法》的信用合作社存款人保护基金等。依据现行《存款人保护法》的投保金融机构,除银行以外,还包括如证券公司、保险公司、综合金融公司和互助储蓄银行等在内的非银行金融机构。换言之,证券公司因证券买卖等其他交易而接受的金钱,以及保险公司根据保险合同收取的保费等也进入存款保险的承保范围。因此,韩国的存款保险制度,从其重要性或比重来看,事实上基于《存款人保护法》的存款保险制度的说法一点也不过分。同时,依据《存款人保护法》成立的韩国存款保险公社,是主管对几乎大部分金融机构的存款保险基金的一种统一的、综合性的存款保险机构。

(2)存款人的优先偿付权

存款人优先偿付制度作为存款人保护制度之一,是指当金融机构破产时,使存款人优先于其他一般债权人从破产财产中受偿的制度。在韩国,《互助储蓄银行法》(旧《互助信用金库法》)第37条之2规定了互助储蓄银行存款人的优先偿付权,《保险业法》第32条及第33条也规定投保人和收益人的优先偿付权。不同于其他国家主要对银行存款予以优先偿付权,韩国的优先偿付权制度只对互助储蓄银行存款和保险公司存款特别予以优先偿付权。

据旧《互助信用金库法》第37条之2①规定:"存款人有权在存款金额内,从互助信用金库的总财产中优先于其他债权人受偿。"建立存款人优先偿付制度是为了保护主要负责居民金融业务的互助信用金库的存款人,并提高互助信用金库的公信力。然而,一般债权人因上述规定而在破产清算程序中受到不利待遇,因此一边主张该条款违反《宪法》,一边向法院提出违宪法律审判申请,对此,法院请求宪法裁判所进行违宪法律审判。

宪法裁判所于2006年11月30日在2003宪GA14号、15号(2003 헌가 14,15)案件中判决了上述条款违反《宪法》,其理由如下:第一,该案中的存款人优先偿付制度以其他一般债权人的牺牲为手段。由于互助信用金库作为规模较小的金融机构,不仅资产规模很小,而且主要负债中存款债务所占的比重超过90%,因此如果存款人行使优先偿付权的,一般债权人就几乎无法受偿;第二,制定上述条款时,要保护利用互助信用金库的存款人,而随着1997年《存款人保护法》的修订,互助信用金库的存款人也与银行存款人一样依照《存款人保护法》受到保护,因此没有必要以优先偿付权来保护互助信用金库的存款人;第三,即使上述制度能够帮助防止韩国存款保险公社的财务状况恶化,但也不同于银行的情况,互助信用金库的一般债权人被迫牺牲根本不合情理;第四,即使需要保护互助信用金库的存款人,但立法者的立法有义务符合立法宗旨限制受保的存款种类和限额,并尽可能多采取保护其他一般债权人财产权的措施,而不能不管存款种类和限额,提供无限制的优先偿付权。

于是,关于存款人优先偿付权的法律规定因被宪法裁判所的违宪决定否定而失效,并于2010年3月22日修改《互助储蓄银行法》②时被删除。然而,有意见批评上述违宪决定,其主要内容如下:一是从韩国金融业的实际情况来看,互

① 这是1975年7月25日修改的《互助信用金库法》新设的条款,但在1999年2月1日作出法律改正后,其内容变更为"存款人除非其他法律另行规定,否则有权在存款金额限度内从互助信用金库的总财产中优先于其他债权人受偿"。违宪审判对象条款就是1999年2月1日修改前的条款。

② 随着2001年3月28日相关法律的修正,《互助信用金库法》名称改变为《互助储蓄银行法》。

助储蓄银行和银行之间仍然存在很大差异;二是互助储蓄银行的一般债权人通常是其他金融机构;三是由于韩国存款保险公社为互助储蓄银行的重组而投入的官方资金难以回收,若互助储蓄银行的倒闭反复出现,会导致韩国存款保险公社财务结构恶化。①

而《保险业法》还有以为投保人或受益人予以优先偿付权为宗旨的条款。根据同法第32条规定,在其他法律没有特别规定的情况下,投保人或保险受益人可以从保险公司的资产中优先取得为被保险人累积的金额,并根据同法第33条规定,投保人或保险受益人还有权从保险公司按照金融委员会的命令委托的资产中,优先于其他债权人受偿为被保险人累积的金额。但是,在不实保险公司的重组过程中,由于实际上优良保险公司全部接受该不实保险公司的保险合同,因此尚未出现适用依据《保险业法》的优先偿付权的案例。

3. 依据《存款人保护法》的存款保险制度

如上所述,韩国存款人保护制度最核心部分是依据《存款人保护法》设立的存款保险制度。依据《存款人保护法》成立的韩国存款保险公社,以大部分金融机构为投保金融机构管理存款保险基金,运营存款保险制度。依据《存款人保护法》的存款保险制度大分为如下三个部分:第一,与作为统一、综合性存款保险机构的韩国存款保险公社有关的内容;第二,存款保险制度的法律性质、承保范围,以及存款保险基金的构成等存款保险制度的主要内容;第三,如支付保险金、概算给付金制度、管理人等的职务、过桥金融机构的成立等,在不实金融机构的处置程序中采取的与各种措施有关的内容。因此,下面主要对韩国存款保险公社、韩国存款保险制度的主要内容、为处置不实金融机构采取的各种措施3个方面进行具体研究和讨论。

(二)韩国存款保险公社

1. 设置和组织

(1)设置

韩国存款保险公社是为了有效运营存款保险制度,依据《存款人保护法》成立的存款保险机构。韩国存款保险公社,以征收投保金融机构的保费来筹集存款保险基金,当投保金融机构因经营不善或破产而无法偿付储户存款时,替投保

---

① 金时穆:《对存款人优先偿付制度的违宪决定》,载《法律新闻》2007年6月28日。

金融机构偿付存款的这样方式来运作存款保险制度。

韩国存款保险公社是无资本特殊法人(《存款人保护法》第4条第1款),即在国家政策上为公共利益根据特别法成立的法人,在特殊法人之中,它属于没有资本出资的法人。在韩国履行中央银行职能的韩国银行也无资本特殊法人之一(《韩国银行法》第2条)。韩国存款保险公社从没有资本金的角度来看,类似于英国的存款保险机构和美国的联邦存款保险公司。

韩国存款保险公社的总部位于首尔特别市(《存款人保护法》第5条之2),除韩国存款保险公社外,任何法人或机构都不得使用存款保险公社或与之类似的名称(《存款人保护法》第7条)。

(2)高级管理人员和职员的构成

韩国存款保险公社的高级管理人员包括社长、副社长、董事,以及监事等。社长代表韩国存款保险公社,统辖全盘业务,经金融委员会委员长提名由总统任免。副社长辅佐社长,董事辅佐社长和副社长,这些人员经社长提名,由金融委员会任免。监事负责对韩国存款保险公社的业务活动和会计进行监督,由金融委员会任免。社长、副社长、董事及监事的任期均为3年,可以连任。此外,韩国存款保险公社设置理事会,理事会负责对韩国存款保险公社业务的主要事项进行决议。理事会由社长、副社长、董事组成,其决议由成员过半数的出席和出席人员过半数的同意通过。监事可以出席理事会来陈述意见。目前,韩国存款保险公社的组织,由社长1名、副社长1名、董事1名、监事1名、理事会、10部、5室、1本部等组成。韩国存款保险公社的职员由社长任免。以2013年年底为准,高级管理人员和职员人数为649名,其中,高级管理人员为14名、①职员为635名。②

社长可以在副社长、董事或职员中选任代理人,并且代理人有权代表公社在诉讼上或诉讼外实施所有行为(《存款人保护法》第15条之2)。选任代理人时,应当将代理人的姓名、注册号码、住址等个人信息事项及代理权限制有关事项等记载于管辖选任代理人的办公室所在地的韩国存款保险公社分支机构的法人登记簿上。能被选任为社长的诉讼上代理人的职员,应该具有2年以上从事诉讼

① 这是包含7名非常任董事的人数。

② 《存款保险公社2013年度国文年报》,载韩国存款保险公社资料室:http://www.kdic.or.kr/pds/annual_report.jsp,最后访问日期:2015年2月3日。

相关业务的经历(《存款人保护法施行令》第7条第2款)。在实践方面,韩国存款保险公社作为诉讼当事人应当参与各种诉讼,因此,经社长授权,代理人通常直接参与诉讼。

(3)存款保险委员会

根据《存款人保护法》规定,在韩国存款保险公社设置存款保险委员会,制定关于公社业务运营的基本方针,并审议基金运营计划等(第8条)。存款保险委员会由韩国存款保险公社社长、金融委员会副委员长、企划财政部次官、韩国银行副总裁、金融委员会委任的委员1名及经企划财政部长官和韩国银行总裁分别提名,由金融委员会委任的委员2名等,共7名委员组成。委员会的委员长由韩国存款保险公社的社长担任,其不仅代表委员会,而且统辖委员会的所有业务。委员会的决议原则上由委员过半数的出席和出席委员过半数的同意通过,但当认为因不实金融机构的破产等会给金融体系的稳定带来严重危害时须实行资金支持,例外地需要2/3以上总委员的同意(《存款人保护法》第10条)。

存款保险委员会的主要决议事项包括变更章程、预算和结算、发行存款保险基金债券及偿还基金债券、减额或延付保费、决定支付保险金、核准支付概算给付金、决定对投保金融机构及整理金融机构的资金支持等。

2. 主要职责

韩国存款保险公社为了保护存款人利益并维持金融制度的稳定,有效运营存款保险制度,履行下列职责(《存款人保护法》第18条)。

(1)存款保险基金和存款保险基金债券偿还基金的管理及运营;

(2)从投保金融机构征收保费及存款保险基金债券偿还特别捐献金;

(3)当投保金融机构发生债权的支付停止、营业认可或许可的撤销、破产等保险事故时,支付保险金;

(4)概算给付金的支付、管理人或破产管理人的业务、整理金融机构的成立、并购等的中介、合同转移的请求、对投保金融机构的资金支持等,为处置不实金融机构的各种措施;

(5)请求对导致不实金融机构经营困难有责任的相关人员赔偿损失的代位行使;

(6)与上述5种职务有关的附带业务;

(7)政府为了保护存款人利益而委托或指定的业务;

(8)其他法律法规规定的业务。

韩国存款保险公社在必要时可以委托韩国资产管理公社、投保金融机构、互助储蓄银行中央会以及信用合作社中央会等机构代行其部分职务(《存款人保护法》第20条以及同法施行令第12条)。

3.财务和会计

(1)存款保险基金的设置、财源以及用途

为了征收保费、支付存款保险金、购买存款债权、实行出资或资金支持,在韩国存款保险公社里设置存款保险基金(《存款人保护法》第24条第1款)。

存款保险基金的财源包括投保金融机构交纳的保费、投保金融机构和政府的捐献金、以发行存款保险基金债券而筹集的资金、政府给韩国存款保险公社出让的国有财产、借款、在支付保险金或概算给付金之后在破产清算程序中受领的分配金、将为了处置不实金融机构提供的资金支持受偿的资金、存款保险基金的运营收益以及其他收入金等(《存款人保护法》第24条第2款)。

存款保险基金主要用于保险金的支付、存款保险基金债券本息款的偿还、概算给付金的支付、为处置不实金融机构使用的出资金及支持资金、借款和其利息的偿还、转入管理需要运营公社的资金的会计等(《存款人保护法》第24条第3款)。

(2)存款保险基金债券偿还基金的设置、财源以及用途

为了清偿在1997年金融危机时帮助投保金融机构重组的过程中到2002年12月31日发生的存款保险基金债务,区别于以往的存款保险基金,另行设置了存款保险基金债券偿还基金(《存款人保护法》第26条之3第1款)。上述的偿还基金截至2027年12月31日进行清算。

上述偿还基金的最重要财源是投保金融机构交纳的存款保险基金债券偿还特别捐献金。此外的财源包括政府资金偿还基金的捐献金、发行存款保险基金债券偿还基金债券而筹集的资金、借款、在支付保险金或概算给付金之后在破产清算程序中受领的分配金、将为了处置不实金融机构提供的资金支持受偿的资金、偿还基金的运营收益以及其他收入金等(《存款人保护法》第26条之3第2款)。上述的特别捐献金,是为了使该偿还基金有效执行,如清偿在1997年金融危机时发生的债务的这种特别任务,而向投保金融机构征收的。由于上述特别捐献金的用途有限,并以与公益目的的关联性为媒介,只针对投保金融机构这些

特定范围征收其捐献金,其理念和功能实际上区别于租税,因此其属于一种分摊金,尤其相当于以补充国家财政为目的分摊金。①

在关于向信用合作社征收此种特别捐献金的《存款人保护法》条款的违宪确认请求案件中,宪法裁判所作出了如下合选决定[宪法裁判所在2009年4月30日宣告的2006宪MA603(2006 헌마 603)及2007宪BA44(2007 헌바 44)号决定]:"本案中的审判对象法律条款规定,为了回收将归结为纳税人负担的巨大政府资金,并使不仅引起投入政府资金而且因其而受益的投保金融机构偿还其中一部分,向投保金融机构征收特别捐献金,因此可以承认其立法目的具有正当性。由于特别捐献金的宗旨在于有效回收为了解决金融危机而投入的政府资金,还有公共性目的,因此不能视为滥用分摊金形式的办法。而且,由于特别捐献金的交纳义务人都是韩国存款保险公社的投保金融机构,并且这些机构都在金融危机时直接、间接地得到如由政府资金的投入而恢复金融体系的稳定等的实惠,因此特别捐献金的交纳义务人和通过该项分摊金达成的公共利益之间存在特别密切的关联性。征收特别捐献金的妥当性或适当性,每年由立法者能够对其持续进行审查,从而不能认为存在滥用的危险性。因此,特别捐献金可被视为为达成本案中法律条款的立法目的而实施的适当手段。考虑到使金融机构只偿还金融危机时投入的巨额政府资金中一部分、长期分期征收,尤其是信用合作社的特别捐献金比率比其他投保金融机构更低、为信用合作社推迟征收期限并信用合作社的特别捐献金具有临时性等情况,本案中的法律条款不能认为违背损失最小化原则。此外,与要迅速有效回收政府资金的立法目的具有的重要性比起来,请求人遭遇的财产上不利益不太大,因此,本案中法律条款也不能认为违背法益均衡性原则。总而言之,本案中的法律条款不能认为违背比例原则而侵害请求人的财产权。"因此,向投保金融机构征收特别捐献金,由于其立法目的正当,手段也适当,且不违反比例原则,故认为符合《宪法》。

上述的偿还基金主要用于保险金的支付、存款保险基金债券(仅限于2002年12月31日以前发行的)及偿还基金债券本息款的偿还、概算给付金的支付、为处置不实金融机构使用的支持资金、借款和其利息的偿还、转入管理需要运营

---

① 宪法裁判所在2009年4月30日宣告的2006宪MA603(2006 헌마 603)及2007宪BA44(2007 헌바 44)号决定。

公社的资金的会计等(《存款人保护法》第26条之3第3款)。

(3)互助储蓄银行结构调整特别账户的设置及财源

随着2011年互助储蓄银行的停业事件的爆发,2011年3月29日修改的《存款人保护法》规定,为了帮助不实储蓄银行的健全化,区别于存款保险基金中的各账户,在存款保险基金里临时地另行设置互助储蓄银行结构调整特别账户,将自2011年1月1日起发生的破产等保险事故有关的资产及负债,从互助储蓄银行账户转移至特别账户(《存款人保护法》第24条之4第3款)。上述特别账户的有效期到2026年12月31日。

上述特别账户的财源包括投保金融机构每年交纳的保费之中的45%、政府的捐献金、发行存款保险基金债券而筹集的资金、来自存款保险基金各账户借款、一般借款、在支付保险金或概算给付金之后在破产清算程序中受领的分配金、将为了处置不实金融机构提供的资金支持受偿的资金、存款保险基金的运营收益以及其他收入金等(《存款人保护法》第24条之4第2款)。

韩国存款保险公社若将资产和负债转移至特别账户,其特别账户在储蓄银行重组过程中用于支付存款保险金等与互助储蓄银行有关的用处(《存款人保护法》第24条之4第4款)。

(4)基金的运营原则

韩国存款保险公社的会计年度应当遵循政府的会计年度(《存款人保护法》第22条),公社的预算和结算应当经存款保险委员会的议决,并得到金融委员会的批准(《存款人保护法》第23条)。

存款保险基金、偿还基金、管理需要运营公社的资金的会计应互相区分理算(《存款人保护法》第24条之3)。存款保险基金和偿还基金对银行、证券公司、人身保险公司、财产保险公司、综合金融公司、互助储蓄银行及信用合作社①等几种金融行业分别设置了账户,对每个账户都进行区分理算。同时,追加设置了互助储蓄银行结构调整特别账户。

韩国存款保险公社在存款保险基金及偿还基金有闲置资金时,可以通过购买国债、公债等其他存款保险委员会所指定的有价证券,存放存款保险委员会所

① 2002年12月26日修改的《存款人保护法》将信用合作社排除在投保金融机构外。因此,存款保险基金中信用合作社的账户于2010年1月1日封锁并转移至信用合作社中央会的存款人保护基金。

指定的投保金融机构以及金融委员会所指定的其他方法来运营该资金(《存款人保护法》第25条)。

4. 监督

韩国存款保险公社的监管机构是金融委员会(《存款人保护法》第27条)。金融委员会有权对公社的业务进行监督和管理,必要时可以责令公社整改。此外,若韩国存款保险公社所采取的处分措施违法,或为了保护存款人利益而有必要撤销其措施的,金融委员会有权撤销公社的处分措施或停止其执行。金融委员会在必要时可以使公社对其业务、会计及资产等有关事项进行报告,指定公务员检查公社的业务状况等(《存款人保护法》第28条)。

(三)韩国存款保险制度的主要内容

1. 法律性质

(1)公立保险和私立保险的结合类型

按照保险基金的资金来源及保险机构的属性,保险制度可分为公立保险和私立保险。韩国的存款保险制度属于公立保险和私立保险结合的类型。这是因为在韩国的存款保险制度下,银行、互助储蓄银行、保险公司、证券公司等金融机构参与存款保险交纳保费,而且国家根据相关法律成立的存款保险机构,即韩国存款保险公社管理、运营存款保险基金,并且国家也通过资金支持等措施来加强其保障能力。

(2)强制型投保方式

存款保险制度按照投保方式分为3种:第一种是自愿型投保方式;第二种是强制型投保方式;第三种是二者结合的方式。韩国的存款保险制度采用强制型投保方式,即依据《存款人保护法》规定的投保金融机构成为存款保险适用对象(第2条第1项)。因此,投保金融机构应当在每个营业年度结束后3个月内向韩国存款保险公社交纳保费。但是,银行在每季度结束后1个月内交纳保费(《存款人保护法施行令》第16条第1款)。若投保金融机构在交纳期限内未足额交纳保费的,韩国存款保险公社可以按日加收未交纳的保费部分乘以存款保险委员会以投保金融机构的一般贷款逾期利息为基准而确定的利率计算的滞纳金(《存款人保护法施行令》第16条第2款)。

(3)显性存款保险

按照施行存款保险制度有无法律依据,存款保险制度可分为显性存款保险和隐性存款保险，韩国的存款保险制度是根据《存款人保护法》等相关法律规定成立的显性存款保险。

2. 法律关系

(1)保险关系的成立

存款保险关系是由3名当事人形成的法律关系，即法律关系是由作为保险人的韩国存款保险公社、作为被保险人的投保金融机构、作为保险受益人的存款人组成的。如上所述，韩国存款保险公社和投保金融机构之间的存款保险关系，是依据《存款人保护法》规定成立的一种法定法律关系。只要存款人向投保金融机构存款而拥有存款债权，就产生法律规定的存款保险关系(《存款人保护法》第29条)。存款人向投保金融机构存款的，存款保险的效力就涉及存款人。存款保险合同有与为第三人利益的保险合同类似的情形。这不是按当事人的意思表示而成立的，而是为了达成存款人的保护、金融制度的稳定等公益性目的而由法律规定的保险关系之一。[①] 因此，投保金融机构应当表示将上述保险关系的成立与否和其内容，并使存款人得知详情(《存款人保护法》第29条第2款)。

(2)存款人的存款返还请求权

当银行等投保金融机构正常营业时，存款人可以行使存款返还请求权。对于存款返还时期没有限制的活期存款，任何时候都可以行使存款返还请求权。而对于存款返还时期有约定的定期存款，原则上期满才可行使存款返还请求权。然而，即使还未到期，存款人仍可以放弃期待利益，在期满之前解除合同，行使存款返还请求权，因此事实上行使时间没有限制。[②] 不过，若银行等金融机构因经营不善等财务状态恶化而被金融当局停业的，向存款人偿付存款可能会有一定的限制。金融当局通常在金融机构停业后，通过合同转移决定使优良金融机构正常偿付存款，或对在存款保险最高限额内的存款债权使韩国存款保险公社能够及时、迅速地支付临时预支款和存款保险金，尽量减少存款人的不便。被排除在合同转移对象之外，超出存款保险最高偿付限额的存款部分，由存款债权人从投保机构的破产清算财产中受偿。

---

① 金星泰:《保险法讲论》，法文社2002年版，第39页。

② Noh In-taek:《储蓄银行存款人保护法制改善研究》，西江大学2011年硕士学位论文，第52页。

(3)存款人的存款保险请求权

若投保金融机构发生保险事故的,该投保金融机构的存款人有权请求韩国存款保险公社支付保险金(《存款人保护法》第31条第1款)。当存款人对投保金融机构拥有存款债权时,其只有抽象的存款保险请求权,而发生上述的保险事故时,存款人就取得具体的存款保险请求权。保险事故大致分为两种:"停止投保金融机构偿付存款等债权"为第一种保险事故;"投保金融机构的营业认可或许可被撤销、解散决议或破产宣告"为第二种保险事故(《存款人保护法》第2条第7项)。

当发生第一种保险事故时,不是经存款人的请求而及时支付保险金,而是韩国存款保险公社应当在自收到保险事故的通知之日起2个月内,经存款保险委员会的议决而作出保险金支付决定(《存款人保护法》第34条)。此外,当发生第一种保险事故时,韩国存款保险公社可以在最高偿付限额内,将存款保险委员会所确定的金额以临时预支款提前支付给存款人(《存款人保护法》第31条第2款以及同法施行令第17条)。其目的在于尽量减少因停业而给存款人带来的不便,并维持对金融体系的信心。韩国存款保险公社支付保险金和临时预支款的,在其支付范围内取得该存款人对不实金融机构的相应权利(《存款人保护法》第35条)。

存款人的存款保险请求权如果自保险金支付开始日起5年内未行使的,因诉讼时效完成而消灭(《存款人保护法》第31条第7项)。韩国存款保险公社为了鼓励行使存款保险请求权而对存款人进行的指南、通知等,不被认为是如债务人承认等的时效中断事由,并没有时效中断的效力(《存款人保护法》第31条第8款)。并且,当韩国存款保险公社给存款人支付存款保险金时,投保金融机构对存款人的抗辩,可以向保险金请求权人主张(《存款人保护法》第31条第9款)。

3.保护范围

(1)投保金融机构的范围

在依据《存款人保护法》的存款保险制度下,投保金融机构大致分为5种:银行、投资买卖业者和投资中介业者、保险公司、综合金融公司、互助储蓄银行。以

2014 年 12 月 31 日为准,受保金融公司的现状如表 8 所示。①

表 8 保险对象金融公司的现状

单位:家

区分		国内	国外	合计
银行		17	39	56
投资买卖业者 · 投资中介业者	证券	48	11	59
	资产运营	50	0	50
	期货	2	0	2
	其他	5	0	5
	合计	105	11	116
保险公司	人身保险	24	1	25
	财产保险	17	6	23
综合金融公司		1	0	1
互助储蓄银行及互助储蓄银行中央会		81	0	81
合计		245	57	302

首先,必须参加存款保险的银行包括依据《银行法》获得许可的银行、韩国产业银行、中小企业银行、农协银行、水产业合作社中央会,②以及外国银行在韩国的支行等。外国银行在韩国的支行和韩国国内银行的外国支行也包括在内。这种立法类似于属地原则和属人原则结合的德国的立法模式。投保金融机构的国外支行吸收的金钱,被认为依据该国外支行所在地国家的存款保险制度等能够得到保护,这就将其排除在韩国存款保险的适用对象外(《存款人保护法施行令》第 3 条第 5 款)。

其次,投资买卖业者和投资中介业者是指按照《关于资本市场和金融投资业的法律》规定,以证券为对象,获得投资买卖业和投资中介业许可的公司。随着 2009 年 2 月 4 日《关于资本市场和金融投资业的法律》的施行,投资买卖业者和投资中介业者,除证券公司以外,还包含依据上述法律获得投资买卖业和投资中介业许可的资产运营公司等。

① 《保护对象金融公司》,载韩国存款保险公社的存款保护制度概要:http://www.kdic.or.kr/protect/protect_org_list.jsp,最后访问日期:2015 年 2 月 4 日。

② 但是,农协和水协的地方合作社不属于其范围。

必须参加存款保险的保险公司包括依据《保险业法》获得许可的保险公司,即财产保险公司和人身保险公司。但是,主要经营再保险业的保险公司除外(《存款人保护法施行令》第2条第2款)。

除此之外,属于非银行金融机构的综合金融公司、互助储蓄银行以及互助储蓄银行中央会等也必须参加存款保险。

(2)受保存款的范围

首先,按照受保的存款债权主体,存款人可分为个人、企业、金融机构及国家等。在韩国的存款保险制度下,从中央政府和地方政府、韩国银行、金融监督院、韩国存款保险公社以及其他投保金融机构吸收的金钱①排除在保护对象外(《存款人保护法施行令》第3条)。换言之,其他金融机构或国家的存款债权不被包含在保护范围。个人和企业②持有的存款债权被包含在保护范围内,但若该存款人是对不实金融机构的经营不善负有责任的相关人员或者与其有特殊关系的,可以保留保险金的支付(《存款人保护法》第31条第6款)。

下面探讨按不同投保金融机构受保的存款种类。

对于银行的被保险存款而言,存款、分期存款、相互赋金等从社会公众吸收的存款类金钱以及通过保障本金的金钱信托③方式等吸收的金钱属于受保的存款。然而,通过可转让存单、开发信托、债券发行、可回购债券的出售等方式来吸收的金钱,被排除在受保存款外(《存款人保护法施行令》第3条第2款)。

其次,对于投资买卖业者和投资中介业者而言,以证券的买卖、其他交易为目的从顾客吸收的金钱以及通过保障本金的金钱信托方式等吸收的金钱属于受保的存款。例如,顾客存款、综合金融公司型CMA(Cash Management Account)④

---

① 但是,如果其他投保金融机构以在缴费确定制退休年金或个人退休账户的形式将累积金存入问题金融机构的,这就属于存款保险的适用对象(《存款人保护法施行令》第3条第1款第3项但书)。

② 但是,法人作为投保人或保费缴付人签订的保险合同有关的保险费除外(《存款人保护法施行令》第3条第4款第1项)。

③ 例如,MMDA(Money Market Deposit Account)、ELD(Equity Linked Deposit)都属于这种金钱信托。MMDA主要是对只过一天就期满的金融公司间短期拆借(Call Loan)进行投资而获利的金融产品,其只可以在银行购买,并保障确定利息。ELD是将顾客投资的资金存为定期存款,只用其利息投资衍生产品得到追加利益的金融产品。

④ CMA按运营对象分为RP(可回购债券)型、MMF(Money Market Fund)型、MMW(Money Market Wrap)型、综金型,其中只有综金型CMA属于受保存款。综金型CMA是主要投资贴现票据、国公债等,按其实绩支付利息的金融产品,只可以在综合金融公司和部分证券公司购买。

等。可是,出售可回购债券的金钱、为了缴纳与投资者存款相关税金而寄存的金钱、为了取得或认购证券而寄存的金钱等被排除在受保存款外(《存款人保护法施行令》第3条第3款)。此外,考虑到最近与不公平、欺诈性的金融投资商品销售相关的不满和纠纷日益增加,并且英国和美国出现保护金融消费者的趋势,有人主张扩大存款保险的受保范围。他们主张,为了加强对证券投资者的保护,因金融投资公司的不健全营业行为造成的损失,以及因不诚实的咨询和销售造成的损失也应属于存款保险的保护对象。①

对于保险公司的被保险存款而言,根据保险合同收取的保险费和通过保障本金的金钱信托方式等来吸收的金钱属于受保的存款。但是,根据法人是投保人及保险费缴付人的保险合同而收取的保险费、②根据保证保险合同及再保险合同而收取的保险费被排除在保护对象外(《存款人保护法施行令》第3条第4款)。此外,所谓的变额保险商品③也不属于保护对象。

对于综合金融公司而言,通过发行票据收取的金钱,以及通过向不特定多数人筹集资金,并将其投资于有价证券而支付其收益金的金融商品来吸收的金钱属于受保的存款。例如,发行票据、④标识票据⑤以及综合金融公司型CMA等。

最后,对于互助储蓄银行的被保险存款而言,契钱、相互赋金、活期存款以及分期存款等从社会公众吸收的存款类金钱属于受保的存款。但是,互助储蓄银行中央会仅限于通过发行银行支票来筹集的金钱。

---

① 《金融研Song Min-gyu:金融投资商品损害也应以存款保险基金赔偿》,载*Edaily*2013年6月2日:http://www.edaily.co.kr/news/NewsRead.edy?SCD=JA21&newsid=01630166602837784&DCD=A00102&OutLnkChk=Y,最后访问日期:2015年2月4日。

② 但是,根据缴费确定制退休年金、个人退休账户、退休保险合同等收取的保险费除外(《存款人保护法施行令》第3条第4款第1项但书)。

③ 使用在投保人缴付的保险费中扣除事业费和当年保障风险所需的风险保险费后的其余保险费来投资于股份、债券、公债等收益性高的有价证券,然后按运营实绩给投保人分配投资成果的业绩分红型保险商品。

④ 发行票据是指综合金融公司为了筹集资金而自己发行的票据,适用固定利率的未满1年短期金融商品。

⑤ 标识票据是指对企业发行的票据进行贴现,以该票据为依据自己发行票据,将其销售给一般投资者的金融商品。

以2014年9月底为准,被韩国存款保险公社受保的存款现状[①]如表9所示,[②]其单位为10亿韩元。

表9 受保的存款现状

单位:10亿韩元

区分	2009年年底	2010年年底	2011年年底	2012年年底	2013年年底	2014年9月底
银行	632,776	738,224	850,117	891,814	939,768	956,870
金融投资公司	18,786	22,207	20,476	20,102	16,156	18,381
保险公司	293,571	322,521	357,921	449,877	507,739	549,557
人身保险	248,105	268,954	289,364	364,836	406,315	435,101
财产保险	45,466	53,567	68,557	85,041	101,424	114,456
综合金融公司	2057	1225	1046	883	681	685
互助储蓄银行	72,929	76,602	51,499	42,487	32,671	30,792
合计	1,020,119	1,160,779	1,281,059	1,405,163	1,497,015	1,556,284

(3)最高偿付限额

韩国的《存款人保护法》采取限额保障方式,设定了最高偿付限额,只在其范围内支付存款保险金。根据《存款人保护法》第32条第2款规定,保险金的最高偿付限额应当考虑人均国内生产总值(GDP)、被保险存款的规模等因素,目前的最高偿付限额设为5000万韩元(《存款人保护法施行令》第18条第6款)。从各国的立法现状来看,最高偿付限额通常是人均国内生产总值的2~5倍,而韩国为2倍左右,与其他国家相比不高。尤其是韩国2001年的人均国内生产总值为1453万韩元,到2013年人均国内生产总值为2844万韩元,增加了约2倍,[③]物价水平也上涨了,因此有必要考虑最高偿付限额的增加。此外,对于存款保险偿付金额标准的计算基数,采取以存款人对单一金融机构的所有存款金额为准的方

① 中央政府、地方政府以及其他投保金融机构的存款除外。但是,这里的互助储蓄银行包含互助储蓄银行中央会。

② 《2014年12月统计资料》,载韩国存款保险公社资料室:http://www.kdic.or.kr/pds/pds_static_list.jsp,最后访问日期:2015年2月4日。

③ 《人均国内生产总值》,载统计厅各部门指标:http://www.index.go.kr/potal/main/EachDtlPageDetail.do?idx_cd=2871,最后访问日期:于2015年2月4日。

式(《存款人保护法》第32条第1款)。

当初,制定《存款人保护法》时受保的最高偿付限额为2000万韩元(1995年的《存款人保护法》第32条第2款以及同法施行令第16条)。然而在亚洲金融危机的情况下,为了维持存款人对金融体系的信心,韩国政府在1998年7月25日修改了《存款人保护法施行令》,其主要内容如下:与其他投保金融机构不同,对保险公司的存款保险最高限额上调为5000万韩元,并当从此时到2000年12月31日,投保金融机构发生破产等保险事故时不适用最高限额规定,即从1998年7月25日到2000年12月31日保障存款全额偿付。随后在2000年10月31日又修改了《存款人保护法施行令》,据此最高限额上调为5000万韩元,直到今天该施行令规定的限额仍然有效。作为一个例外,从2001年1月1日到2003年12月31日,虽然投保金融机构发生破产等保险事故,但是对无利息的存款(活期存款)不适用上述的最高限额规定,保障存款全额偿付。这是为了防范一些缺乏流动性的金融机构以超出自身能力的高利息来吸引存款,并防止一些存款人利用存款保险制度冒着风险追求风险高的金融机构推出的高利息存款产品。

4. 存款保险的融资模式

(1)保险费的交纳

投保金融机构交纳的保费是存款保险基金中最重要的一部分。韩国的存款保险制度原则上采取事前融资方式,在银行等投保金融机构发生破产之前,韩国存款保险公社按一定比率从投保金融机构定期收取保费。但是,在1997年克服金融危机的过程中,由于巨额政府资金用于不实金融机构的重组和破产处置,因此另行设置了偿还基金,除保费外还征收特别捐献金来用于清偿债务。这就是说,为了应对具体情况有时例外地采取事后融资方式。

各投保金融机构应当向韩国存款保险公社以保费交纳每年存款等余额的一定比率(《存款人保护法》第30条第1款)。上述保险费率在不超过5/1000的范围下,由总统令规定,以2014年12月31日为准《存款人保护法施行令》所规定的基准保险费率如表10所示(第16条第1项)。①

① 《各金融行业的存款保险费率》,载韩国存款保险公社的存款保护制度概要:http://www.kdic.or.kr/protect/protect_org_list.jsp,最后访问日期:2015年2月4日。

表10 基准保险费率

区分	银行	证券公司	保险公司	综合金融公司	互助储蓄银行
保险费率	8/10,000	15/10,000	15/10,000	15/10,000	40/10,000
法定限度	50/10,000	50/10,000	50/10,000	50/10,000	50/10,000

此外,对于保费的交纳时间而言,除银行外,其他投保金融机构都应当在每营业年度结束后3个月内交纳。银行应当在每季度结束后1个月内交纳(《存款人保护法施行令》第16条第1款)。如果投保金融机构在交纳期限内未交纳保费,还得追加交纳滞纳金(《存款人保护法施行令》第16条第2款)。

最近6年间韩国存款保险公社所征收的存款保险基金的保费收入现状如表11所示,①其单位为亿韩元。

表11 存款保险基金的保费收入现状

单位:亿韩元

区分	到2009年	2010年	2011年	2012年	2013年	2014年12月底	合计
银行	34,717	5451	4795	3748	3948	4197	56,855
金融投资公司②	2088	284	283	2	—	—	2658
人身保险	23,568	2609	2362	-14③	221	811	29,557
财产保险	5166	698	700	100	488	445	7596
综合金融公司	199	34	18	8	8	6	272
互助储蓄银行	8075	2524	2332	1345	253	256	14,785
特别账户	—	—	1742	5816	6672	6158	20,389
合计	73,814	11,600	12,231	11,004	11,590	11,872	132,112

随着2011年互助储蓄银行的停业事件的爆发,为了帮助不实储蓄银行健全

① 《2014年12月统计资料》,载韩国存款保险公社资料室:http://www.kdic.or.kr/pds/pds_static_list.jsp,最后访问日期:2015年2月4日。

② 由于金融投资公司的存款保险基金已经达到目标规模,因此暂停收取金融投资公司的存款保费。

③ 发生了保险费的部分返还。

化,区别于存款保险基金中的各账户,在存款保险基金里临时设置了互助储蓄银行结构调整特别账户,上述特别账户以投保金融机构每年交纳的保险费中45%为财源(《存款人保护法》第24条之4第2款第5项)。上述特别账户的有效期至2026年12月31日。

(2)风险差别费率制

考虑不同投保金融机构的经营管理及财务状况,《存款人保护法》制定以来一直规定可以确定不同的保险费率(第30条第1款),然而实际上同一行业的投保金融机构之间一直适用同一保险费率。2009年2月3日修改的《存款人保护法》和2009年6月9日修改的同法施行令都规定,从2014年起正式实行按照风险概率采用差别费率的风险差别费率制度。根据《存款人保护法》第30条第1款但书规定:"当交纳保费时,应当考虑到不同投保金融机构的经营及财务状况、各账户的累积水平等,依据总统令规定适用不同费率。"根据同法施行令第16条之2第1款规定:"在各行业基准保险费率的10%范围内,可以对各家投保金融机构适用存款保险委员会所定的保险费率。"上述的风险差别费率制度,适用于在2014年之后首次发生交纳义务的保费,而针对银行从2014年第一季度的保费起适用。

投保金融机构如果对风险差别费率有异议的,可以向韩国存款保险公社提出异议申请(《存款人保护法》第30条之5第1款)。异议申请应当自投保金融机构收到风险差别费率通知之日起30日内,以书面形式提出(《存款人保护法》第30条之5第2款)。韩国存款保险公社在收到异议申请之后,经存款保险委员会的议决,应当自收到异议申请之日起90日内通知处理结果(同法施行令第16条之2第4款)。

风险差别费率制度,不仅可以保障投保金融机构之间的实质性平等,而且可以使投保金融机构在日常经营中更加谨慎。这些是风险差别费率制度的优点。然而,正确判断风险发生可能性并不容易,而且按照风险费率方式征收差别保费,会将其风险程度和状况通过市场传导给存款人,引发存款人向该金融机构进行挤兑。因此,投保金融机构和其职员有保密义务,以免将与风险差别保险费率有关内容用于广告上或向公众公开、泄露(《存款人保护法》第30条之2)。违反该义务的人会被处以2年以下有期徒刑或是2000万韩元以下罚金(《存款人保护法》第40条第2项)。但是,作为一个例外,韩国存款保险公社,经投保金融机构申请,认为为了保护存款人利益而需要公开的,可以公开风险差别保险费率(同法施行令第16条之3)。

韩国存款保险公社,考虑到存款保险费交纳周期、业务负担等,原则上在投保金融机构营业年度结束后每年一次实施为确定差别保险费率的评估程序。韩国存款保险公社按照成立的法律依据以及营业情形等,将投保金融机构分为10种类型来依据不同类型的各评估模型实施绝对评估。各家投保金融机构按照评估结果被区分为第一等级、第二等级、第三等级。属于第一等级的投保金融机构享受保费折扣5%的优惠。相反,属于第三等级的投保金融机构得多付1%的保费。

韩国存款保险公社所确定的各等级的适用费率如表12所示。①

表12 各等级的适用费率

等级	软着陆期间		正式启动期间		
	2014~2015年	2016年	2017~2018年	2019~2020年	2021年以后
第一等级	△5%	△5%	△5%	△7%	△10%
第二等级	0%	0%	0%	0%	0%
第三等级	+1%	+2.5%	+5%	+7%	+10%

韩国存款保险公社在2014年实施风险评估之后,向属于第一等级的金融机构收取折扣5%的保费,向属于第二等级的金融机构收取标准保险费,向属于第三等级的金融机构加收1%的保费。今后将如表12的内容扩大实施风险差别保险费率制度。

(3)存款保险基金的目标规模制度

2007年12月21日修改的《存款人保护法》采取了存款保险基金的目标规模制度(第30条之4)。这是为了使存款保险基金的累积水平保持适度规模,设定目标规模,当达到目标时,可以降低保险费率或暂停交纳保费的制度。其宗旨在于减轻投保金融机构长期交纳保费的负担。目标规模制度从2009年1月起施行,实际上,存款保险基金之中金融投资公司账户、人身保险公司账户、财产保险公司账户都以2013年年底为准达到目标规模,因此金融投资公司暂停交纳保费,人身保险公司交纳减少38%的保费,财产保险公司交纳减少1%的保费。以

① 《各等级的差别保险费率》,载韩国存款保险公社的存款保险费指南:http://www.kdic.or.kr/insurance/grade_calculation.jsp,最后访问日期:2015年2月4日。

2013 年年底为准,各账户的目标规模[①]以及累积率如表 13 所示。[②]

表 13 各账户的目标规模以及累积率

单位:%

区分	银行	金融投资公司	人身保险	财产保险	储蓄银行	综合金融公司[③]
目标下限	0.825	0.825	0.660	0.825	1.650	—
目标上限	1.100	1.100	0.935	1.100	1.925	—
2013 年年底	0.655	1.940	0.860	0.829	△5.389	3.803
措施	交纳	免除	38% 减额	1% 减额	交纳	交纳

(四)为处置不实金融机构的各种措施

1. 保险金及临时预付款的支付

为了处置不实金融机构,存款保险制度实施最核心、最重要的措施就是支付保险金。在存款保险制度下,以向存款人支付存款保险金,可以保护存款人的利益,并以防止丧失存款人对金融制度的信心,还可以维持金融制度的稳定。

为了韩国存款保险公社支付保险金,必须具有两个条件:一是投保金融机构发生保险事故;二是存款人的请求。保险事故大分为两种:"停止投保金融机构偿付存款等债权"为第一种保险事故;"投保金融机构的营业认可或许可被撤销、解散决议或破产宣告"为第二种保险事故(《存款人保护法》第 2 条第 7 项)。但是,当发生第一种保险事故时,韩国存款保险公社不是经存款人的请求而及时支付保险金,而是自收到保险事故的通知之日起 2 个月内,经存款保险委员会的决议而作出保险金的支付决定(《存款人保护法》第 34 条)。

韩国存款保险公社支付的保险金是从存款人对该投保金融机构拥有的所有存款债权额中扣除对该投保金融机构的债务额之后的金额(《存款人保护法》第 32 条第 1 款),最高偿付限额为 5000 万韩元。

此外,当发生第一种保险事故时,韩国存款保险公社可以在保险金的支付限

① 目标规模是韩国存款保险公社以前一会计年度末日为准,被保险存款的一定比率。

② 《目标规模制度指南》,载韩国存款保险公社的存款保险费指南:http://www.kdic.or.kr/insurance/insurance_purpose.jsp,最后访问日期:2015 年 2 月 4 日。

③ 对于综合金融公司而言,目前投保对象的综合金融公司只有 1 家,因此不适用目标规模制度。

额内,向存款人提前支付存款保险委员会所确定的临时预支款(《存款人保护法》第31条第2款以及同法施行令第17条)。其目的在于尽量减少因停业而给存款人带来的不便,并维持对金融体系的信心。如果在支付保险金以前已支付了临时预支款的,就应当以保险金支付扣除如上已支付的临时预支款后的金额(《存款人保护法》第32条第3款)。

而且,韩国存款保险公社在支付保险金和临时预支款之后,在其支付范围内取得存款人对不实金融机构的权利(《存款人保护法》第35条)。

韩国存款保险公社在对不实金融机构的破产清算程序中申报上述债权,从破产财产与其他破产债权人一样得到分配金。

直到2014年12月31日,韩国存款保险公社支付的保险金现状如表14所示。①

表14 韩国存款保险公社支付的保险金现状

单位:家,名,亿韩元

分类		金融公司数量	对象存款人数	公社支持额
存款保险基金	互助储蓄银行	43	110,613	50,659
偿还基金	互助储蓄银行	70	748,103	72,892
	信用合作社	327	1,466,215	47,402
	金融投资公司	4	101,010	113
	综合金融公司	19	—	182,718
合计		463	2,425,941	353,784

2. 概算给付金的支付

原则上,对于超过存款保险最高偿付限额的部分,不支付存款保险金。因此,存款人对其超过部分,只能从该投保金融机构的破产清算程序中得到分配。为了消除因长期进行破产程序给存款人带来的不便,韩国存款保险公社根据《存款人保护法》第32条之2规定实行概算给付金支付制度。概算给付金,是指考虑到存款人将来能在破产清算程序中领取的预期分配率,韩国存款保险公社经存款人请求收购超过最高偿付限额的存款等债权,作为其代价支付给存款人的金钱。②

① 《2014年12月统计资料》,载韩国存款保险公社资料室:http://www.kdic.or.kr/pds/pds_static_list.jsp,最后访问日期:2015年2月4日。

② 《存款保险金指南》,载韩国存款保险公社的存款人保护制度:http://www.kdic.or.kr/protect/dormancy.jsp,最后访问日期:2015年2月5日。

当韩国存款保险公社支付概算给付金时，应当决定概算给付率、存款等债权人的收购期间、收购方法等，经存款保险委员会的决议，得到金融委员会的批准（《存款人保护法》第35条之4）。当韩国存款保险公社通过概算给付金的支付受让存款债权时，在2种以上的日刊报纸上公告其受让事实，就被视为具备《民法》第450条所规定的指名债权转让的对抗条件（《存款人保护法》第38条之3）。原来，在转让指名债权时，只有依据《民法》第450条规定转让人通知债务人或债务人同意，才能具备对第三人的对抗条件。然而，《存款人保护法》制定特别条款，为集体进行的概算给付金的支付程序提供了方便。

此外，在破产清算后，如果破产清算分配金少于概算给付金的，存款人应当返还其差额，相反，破产清算分配金多于概算给付金的，韩国存款保险公社应当向存款人追加支付其差额。

3. 管理人、破产接管人等的职责

（1）在行政破产程序中管理人的职责

当金融委员会责令不实金融机构全面停业、停止其高级管理人员执行职务或决定合同转移时，还应选任不实金融机构的管理人（《关于金融产业结构改善的法律》第10条第1款、第14条第1款及第7款）。如果上述不实金融机构是依据《存款人保护法》规定的投保金融机构，应当将韩国存款保险公社的职员选任为管理人（《关于金融产业结构改善的法律》第14条之6第1款正文）。《存款人保护法》关于投保金融机构的破产处置程序，与存款保险金的支付等存款保险制度的实施息息相关，因此韩国存款保险公社的职员被选任为管理人，有利于更有效、迅速地回收政府资金，从而赋予韩国存款保险公社主导性地位。相反，政府支持的资金或韩国存款保险公社支付的存款债权不存在或被认为不存在的，可以将不是存款保险公社职员的人选任为管理人（《关于金融产业结构改善的法律》第14条之6第1款但书）。以2014年12月31日为准，接管中的投保金融公司共2家、金融投资公司共1家、相互储蓄银行共1家，韩国存款保险公社的职员被选任为这些公司的管理人。①

① 《2014年12月统计资料》，载韩国存款保险公社资料室：http://www.kdic.or.kr/pds/pds_static_list.jsp，最后访问日期：2015年2月4日。

(2)在法院的司法破产清算程序中破产管理人的职责

根据《关于债务人重整及破产的法律》规定,法院要在宣告破产的同时选任破产管理人(第312条第1款),在选任破产管理人之前还要听取管理委员会的意见(第355条第1款)。对于破产管理人的资格,上述法律虽然没有特别规定,但通常选任法律专家的律师或财务专家的会计师。然而,对于当宣告不实金融机构破产时选任管理人,《关于金融产业结构改善的法律》有相关特别规定。根据上述法律第15条第1款规定,金融委员会可以将金融专家或韩国存款保险公社的职员推荐为破产管理人,当法院认为被推荐的人员对金融相关业务具有丰富知识,并适合有效履行破产管理人的职务时,应当将其选任为破产管理人。进而,如果不实金融机构是《存款人保护法》上的投保金融机构,韩国存款保险公社因支付保险金等原因而属于该金融机构的最大债权人的,金融委员会应当将韩国存款保险公社的职员推荐为破产管理人。

《存款人保护法》第38条之8第1款也规定,当韩国存款保险公社支付保险金或支持资金的投保金融机构发生破产,并需要有效回收支持资金等时,法院应当将韩国存款保险公社或是其职员选任为破产管理人。因此,在司法实践中,如果投保金融机构破产的,法院应将韩国存款保险公社或其职员选任为破产管理人。

直到2014年12月31日,进行司法破产清算程序的投保金融机构数为487家,①在其中的485家金融机构的破产案件中,韩国存款保险公社或其职员被选任为破产管理人。② 另外2家金融机构(如东西证券和高丽证券),由于没有投入政府资金,不是将韩国存款保险公社而是将律师选任为破产管理人。以2014年年底为准,法院对金融机构进行破产清算程序的案件共有49件。③

韩国存款保险公社被选任为破产管理人的,就不适用《关于债务人重整及破产的法律》第364条④及第492条规定(《存款人保护法》第35条之8第2款)。因此,作为破产管理人的韩国存款保险公社可以未经法院许可而进行上述法律

① 从具体内容看,银行有5家,金融投资公司有4家,保险公司有11家,综合金融公司有22家,互助储蓄银行有120家,信用合作社有325家。

② 《2014年12月统计资料》,载韩国存款保险公社资料室:http://www.kdic.or.kr/pds/pds_static_list.jsp,最后访问日期:2015年2月4日。

③ 具体明细为保险公司案件1件,综合金融公司案件5件,互助储蓄银行案件43件。

④ 该条款是法院可以依据债权人会议的决议、监事委员的申请或行使职权来解任破产管理人的规定。

第492条所规定的各种行为,[1]而不被法院解任。韩国存款保险公社或其职员不能对其职务请求报酬,但是,其可以请求执行相关职务所需的必要经费(《存款人保护法》第35条之8第5款)。

因此,法院根据其他条款对韩国存款保险公社的破产管理人职务进行监督。作为破产管理人的韩国存款保险公社,为了执行其职务而选任代理人时,应当得到法院的许可(《关于债务人重整及破产的法律》第362条第2款),并且当要求返还被寄存的货币、有价证券以及其他高价品时,还应得到法院的许可(《关于债务人重整及破产的法律》第500条第1款)。如果破产管理人违反其规定,原则上其偿付无效,只有当其保管人无过失,不知道其事实时才有效(《关于债务人重整及破产的法律》第500条第2款)。

4. 整理金融机构的成立等

(1)整理金融机构的成立

韩国存款保险公社如果认为为了保护存款人利益并维持金融机构的稳定而需要过桥金融机构的,经金融委员会批准,可以成立一家金融机构,以受让不实金融机构的营业或合同,或执行破产处置职责(《存款人保护法》第36条之3第1款),这种机构称为"整理金融机构"或"过桥金融机构"。成立整理金融机构的目的主要有三:一是尽量减少因金融机构破产给社会带来的打击;二是持续维持正常经营;三是直到被其他金融机构收购时保存企业价值。另外,其他效果还包括尽量减少存款人的不便,通过雇佣关系的断绝减轻收购金融机构负担。

整理金融机构具有股份有限公司的形式,其资本金都以存款保险基金负担,由韩国存款保险公社全额出资(《存款人保护法》第36条之3第2款和第4款)。整理金融机构可以使用银行、金融投资公司、保险公司、综合金融公司或互助储蓄银行的名称(《存款人保护法》第36条之3第5款)。整理金融机构里有1名社长、2名之内的董事以及1名监事,上述人员由韩国存款保险公社负责选任

---

① 上述条款所列出的行为如下:(1)对房地产的物权或需要注册的国内船舶及外国船舶的随意出售;(2)矿业权、渔业权、专利权、实用新型专利权、图案权、商标权、服务标权以及著作权的随意出售;(3)营业的转让;(4)商品的一揽子出售;(5)资金的借入等借财;(6)放弃继承的承认、放弃"一揽子"遗赠的承认和特定遗赠的放弃;(7)动产的随意出售;(8)债券及有价证券的转让;(9)在双方未履行双务合同中请求履行;(10)提起诉讼(临时查封、扣押、冻结等保全措施申请除外);(11)和解;(12)权利的放弃;(13)共益债权、取回权及别除权的承认;(14)别除权目的物的回收;(15)签订伴随破产财产的负担的合同;(16)其他法院所指定的行为。

(《存款人保护法》第36条之4)。但选任社长必须经过金融委员会的批准。与该不实金融机构存在利害关系的人,不能被选任为社长、董事以及监事。当韩国存款保险公社成立整理金融机构时,应当向管辖主事务所所在地的法院办理登记,并予以公告(《存款人保护法》第36条之6)。

实践中,在自2011年以来停业的30家互助储蓄银行的破产处置过程中,对其中13家互助储蓄银行采用了通过整理金融机构的破产处置方式。韩国存款保险公社自2005年起到2014年为止一共成立了11家过桥储蓄银行,而目前这些过桥储蓄银行都已经被出售完毕。其具体现状如表15所示。①

表15 过桥储蓄银行的具体现状

编号	过桥储蓄银行名称	转移对象不实储蓄银行	过桥储蓄银行成立日	出售进展状况		
				出售进展阶段	出售结束日	收购人
1	Yegaram	亚林、韩中	2005年5月4日	完毕	2006年5月29日	高丽consortium
2	Year	Jo Daewoon,弘益	2006年12月28日	完毕	2008年2月25日	SC NEA Ltd.
3	Yehanul	庆北、盆唐、现代	2007年11月8日	完毕	2009年9月25日	现代瑞士consortium
4	Yes	全北,全州,Bohae	2009年3月19日	完毕	2014年3月7日	Samho产业有限公司
5	Yenarae	Jeonil、大田、Hanju	2010年3月19日	完毕	2014年7月3日	A&P financial贷款等
6	Yesol	Kyeong,釜山,Tomato 2,岭南	2011年10月11日	完毕	2013年7月15日	IBK

① 《过桥储蓄银行的出售现状》,载韩国存款保险公社的官方资金管理:http://www.kdic.or.kr/fund/trouble_resolution_2.jsp,最后访问日期:2015年2月5日。

续表

编号	过桥储蓄银行名称	转移对象不实储蓄银行	过桥储蓄银行成立日	出售进展状况		
				出售进展阶段	出售结束日	收购人
7	Yehansoul	京畿	2012年12月4日	完毕	2013年9月2日	KB金融控股
8	Yesung	W	2012年12月21日	完毕	2014年4月21日	韩国投资金融控股
9	Yehanbyeol	Jinh	2012年11月6日	完毕	2013年1月31日	新韩金融控股
10	Yeju	首尔	2013年2月6日	完毕	2014年7月3日	A&P financial贷款等
11	Yesin	新罗	2013年2月6日	完毕	2014年4月30日	Welcome crediline贷款

(2)整理金融机构的职责范围

成立整理金融机构来处置不实金融机构的破产,是因为不实金融机构的规模宏大,而且资产评估需要较长时间,因此不容易采取资产负债转移方式,或者找到受让不实金融机构资产及负债的第三人金融机构需要很长时间。因此,直到发现受让不实金融机构资产负债的第三人时,整理金融机构负责承管存款、提款、汇款等业务。整理金融机构在受让不实金融机构的资产及负债全部或部分之后,一边寻找收购人,一边进行偿付存款、受偿贷款债权等业务。整理金融机构,以保险金及概算给付金为限,给存款人偿付存款,并整理金融机构偿付的金额由以后偿付的存款保险金扣除(《存款人保护法》第36条之5第2款)。韩国存款保险公社可以在整理金融机构的运营所需范围内提供资金支持(《存款人保护法》第36条之5第3款)。

关于2011年不实互助储蓄银行的破产处置业务,以前的处理方式是对不实相互储蓄银行作出停业决定,发布经营改善命令,先确认其是否履行命令,然后作出转移到过桥金融机构或第三人金融机构的决定。在此期间,韩国存款保险公社向存款人支付临时预支款。然而,最近改变了处置方式,当对不实互助储蓄银行作出停业决定时,同时及时作出合同转移决定,以防止发生因停业的业务空白并尽量减少存款人的损失和不便。

(3)整理金融机构的营业期限

整理金融机构的营业期限原则上最长为5年。但是,必要时经金融委员会批准可以延长营业期限(《存款人保护法》第36条之7第1款)。如果整理金融机构有整理金融机构的营业期限届满,整理金融机构和投保金融机构之间合并,营业的转让、受让或第三人收购整理金融机构等情形的,韩国存款保险公社应当经金融委员会批准解散整理金融机构(第2款)。此外,当韩国存款保险公社认为继续经营整理金融机构有可能侵害存款人的利益时,也可以经金融委员会批准解散整理金融机构(第3款)。实际上,成立为整理金融机构的11家过桥储蓄银行,大部分在成立后1~2年以内被出售完毕,从而还没发生过延长5年的营业期限或其期满的情况。

5.其他措施

(1)合同转移等的请求

韩国存款保险公社如果认为有必要保护存款人的利益,可以请求金融委员会对资不抵债的不实金融机构采取合同转移决定、破产申请等措施(《存款人保护法》第36条之2)。公社可以提出上述请求的情形如下:第一,投保金融机构和不实金融机构之间的合并、营业的转让受让或第三人收购不实金融机构等被延误,因此有可能会侵害存款人的利益或加重存款保险基金的负担;第二,完成不实金融机构的合并等严重困难,因此有可能会侵害存款人利益或加重存款保险基金的负担(《存款人保护法施行令》第20条1款)。当整理金融机构已经被成立时,韩国存款保险公社可以请求金融委员会责令将不实金融机构的合同转移至整理金融机构(《存款人保护法施行令》第20条第2款)。

(2)合并等的中介

韩国存款保险公社如果认为为了保护存款人利益并维持金融制度的稳定而有必要的,可以中介以不实金融机构或不实金融机构的金融控股公司为当事人进行合并、营业的转让受让或第三人收购等(《存款人保护法》第36条)。

(3)资金支持

韩国存款保险公社如果有下列三种情形之一,经存款保险委员会决议,可以对投保金融机构或以其为子公司的金融控股公司提供资金支持(《存款人保护法》第38条):第一,有意收购、合并不实金融公司等或受让其营业的人,或是有意受让合同的人提出资金支持申请,[①]或为了顺利推行不实金融机构等的合并而被认为需要;第二,为了保护存款人并维护信用秩序的稳定,认为需要改善不实金融机构等的财务结构;第三,根据《关于金融产业结构改善的法律》规定,金融委员会要求资金支持时。

为投保金融机构提供资金支持时,韩国存款保险公社应当与投保金融机构签订为履行经营正常化计划的书面约定(《存款人保护法》第38条之5第2款)。但有下列情形的除外:一是给整理金融公司提供资金支持;二是给有意收购、合并不实金融机构或收购其营业的人等(不实金融机构除外)提供资金支持;三是通过购买该金融机构资产的方式提供资金支持;四是通过适时纠正措施或注销对发生破产负有责任的人员股份的方法等进行资本减少后,为了防止资本金减少到《商法》上的最低资本金未满而提供资金支持(《存款人保护法施行令》第24条之4)。

6. 基本原则

(1)成本最小化原则

韩国存款保险公社给投保金融机构支付保险金或提供资金支持时,应当采用使存款保险基金的损失最小化的方式(《存款人保护法》第38条之4)。为此,应当提前对该投保金融机构的资产及负债进行实际调查,以客观掌握其经营及财务状态(《存款人保护法施行令》第24条之3)。

上述的成本最小化原则是,在美国20世纪80年代末处置储贷机构的不实问题后,于1991年制定《联邦存款保险公社改善法》(FDICIA)时引进的原则,后来成为金融机构破产处置时的基本原则。[②] 在韩国,经过1997年金融危机之后,于2000年12月20日施行的《政府资金管理特别法》第13条首次规定了该原则。根据该规定,政府及韩国存款保险公社等应当采用尽量降低与政府资金救助投入有关的成本,并以提高破产处置行为效率的方式支持政府资金。成本最小化原则在2002年12月26日修改的《存款人保护法》中新设,至今仍然有效。

---

① 根据《存款人保护法》第37条规定,对不实金融公司或以投保金融机构为子公司的金融控股公司等,有意收购、合并,或受让其营业的人,或有意受让合同的人,可以向韩国存款保险公社提出资金支持申请。那时,韩国存款保险公社对资金支持决定享有广泛的裁量权[参见大法院在2007年11月29日宣告的2006DA(da)76583号、76590号判决]。

② 赵源东:《关于金融机构破产和适时纠正措施的研究》,国民大学2002年硕士学位论文,第18页。

成本最小化原则也有例外,比如,当存款保险委员会认为不实金融机构的清算或破产有可能严重破坏金融制度的稳定时,可以不采用该原则而支付保险金或提供资金支持(《存款人保护法》第38条之4第3款)。因此,有可能会对整个金融体系发生金融危机的,不受成本最小化原则的限制,可以采取积极措施。

(2)损失负担公平的原则

损失负担公平的原则,是指当韩国存款保险公社提供资金支持时,对支持对象投保金融机构的不实负有责任的人员也应当公平分担其损失的原则(《存款人保护法》第38条之5第1款)。该原则是当政府(包含韩国存款保险公社)支持政府资金时也被适用的(《政府资金管理特别法》第14条)。政府或韩国存款保险公社的资金支持在本质上是以国家的财政负担为基础的。如果不要求享受资金支持的不实金融机构在重组时自行进行改善努力,就有可能引发其经营层的道德风险。因此,享受资金支持的金融机构,应当制作经营正常化计划,与韩国存款保险公社签订为履行该计划的书面约定,并为改善自有资本率、资产收益率以及不良债权比率等采取相应的措施。

第四章　与中国法的比较

一、中国金融机构破产制度立法的现状

(一)行政处置程序

1.立法现状

中国1986年颁布的《企业破产法(试行)》中没有金融机构破产的相关规定。但是,2007年施行的《企业破产法》第134条对金融机构破产作了原则性的规定:“商业银行、证券公司、保险公司等金融机构有本法第二条规定情形的,国务院金融监督管理机构可以向人民法院提出对该金融机构进行重整或者破产清算的申请。国务院金融监督管理机构依法对出现重大经营风险的金融机构采取接管、托管等措施的,可以向人民法院申请中止以该金融机构为被告或者被执行人的民事诉讼程序或者执行程序。”该规定不仅明确了金融机构的破产可以适用《企业破产法》,还赋予了国务院针对金融机构特殊性制定实施办法的职权。《企业破产法》虽然将金融机构的破产也纳入法律调整的范围,但是并没有对此作出详

细规定,而是授权国务院另行制定实施办法。① 目前,中国还没有完整统一的金融机构破产法律制度体系,关于金融机构破产的法律规定分散于法律、行政法规、部门规章以及司法解释之中。所以,中国政府为了制定关于银行等金融机构破产的统一性专门法律法规,一直进行研究与准备。2009 年 6 月 20 日,中国银监会副主席蔡鄂生在北京举行的"第二届中国破产法论坛"上表示,银监会已经制定出金融机构破产条例的草稿,该草稿将以行政主导的接管为主,倾向于引导银行重整,尽力避免商业银行进入破产程序。② 2014 年 6 月 24 日,当中国人民银行副行长刘士余受国务院委托向全国人大常委会作《国务院关于加强金融监管防范金融风险工作情况的报告》时,在深化金融改革开放、增强金融体系抗风险能力方面,提出将加快建立存款保险制度,研究制定金融机构破产条例,对严重违法违规、经营不善导致资不抵债的金融机构依法实施市场退出。③ 但是,至今中国还没有公布有关金融机构破产的条例。

(1)法律

有关金融机构破产的法律主要包括《中国人民银行法》(1995 年)、《商业银行法》(1995 年)、《保险法》(1995 年)、《证券法》(1998 年)、《银行业监督管理法》(2003 年)、《公司法》(2005 年)、《企业破产法》(2006 年)。

(2)行政法规

中国有关金融机构破产的行政法规主要包括《金融违法行为处罚办法》(1999 年)、《金融机构撤销条例》(2001 年)、《外资金融机构管理条例》(2001 年)、《外资银行管理条例》(2006 年)、《证券公司风险处置条例》(2008 年)。在这些行政法规中,最重要的是《金融机构撤销条例》。

(3)地方性法规

有关金融机构破产的地方性法规,如深圳《深圳经济特区企业破产条例》(1993 年)、《外商投资企业破产条例》(1994 年)、《企业清算和解散条例》(1995 年)。④

---

① 许胜锋主编:《困境企业的退出与再生之路》,人民法院出版社 2011 年版,第 155 页。

② 《银行业金融机构破产条例草案初定》,载和讯股票:http://stock.hexun.com/2009-06-23/118882122.html,最后访问日期:2015 年 1 月 26 日。

③ 刘士余:《加快制定金融机构破产条例》,载中国经济网:http://finance.ce.cn/rolling/201407/01/t20140701_3074841.shtml,最后访问日期:2015 年 1 月 26 日。

④ 张继红:《银行破产法律制度研究》,上海大学出版社 2009 年版,第 176 页。

(4)部门规章

涉及金融机构破产的部门规章主要是由中国银行业金融监管机构等有关行政监管部门制定的规范金融业市场行为的各项制度，涉及的部门规章类文件主要包括《城市合作银行管理规定》(1997年)、《防范和处置金融机构支付风险暂行办法》(1998年)、《外资金融机构管理条例实施细则》(2002年)、《农村商业银行管理暂行规定》(2003年)、《农村合作银行管理暂行规定》(2003年)、《商业银行次级债券发行管理办法》(2004年)、《证券投资者保护基金管理办法》(2005年)、《外资银行管理条例实施细则》(2006年)、《保险保障基金管理办法》(2008年)、《保险公司管理规定》(2009年)。

(5)司法解释

中国的司法解释主要是最高人民法院作出的关于司法审判活动中各类事项的具体实施意见和相关的权威解释。① 有关金融机构破产的司法解释主要包括2002年最高人民法院《关于审理企业破产案件若干问题的规定》、2007年最高人民法院《关于审理企业破产案件指定管理人的规定》、2007年最高人民法院《关于审理企业破产案件确定管理人报酬的规定》、2011年最高人民法院《关于适用〈中华人民共和国企业破产法〉若干问题的规定(一)》、2013年最高人民法院《关于适用〈中华人民共和国企业破产法〉若干问题的规定(二)》等。

2. 具体的行政处置措施

(1)停业整顿

停业整顿是由银监会、证监会等金融监督管理部门责令金融机构停止营业并按监管要求进行整改的行政处罚措施。②《银行业监督管理法》第44条、第45条,《商业银行法》第74条、第75条、第76条、第77条,《证券法》第153条,《证券公司风险处置条例》第7条,《保险法》第141条、第142条、第143条、第144条,《金融违法行为处罚办法》第8条、第9条、第11条、第12条、第15条、第16条、第19条分别规定了金融监督管理机构适用停业整顿的情形。具体而言，根据《证券法》第153条规定，证券公司违法经营或者出现重大风险，严重危害证券市场秩序、损害投资者利益的，证监会可以对该证券公司采取责令"停业整顿"、

① 张雪强:《银行业金融机构市场退出法律制度研究》,法律出版社2014年版,第300页。

② 张继红:《银行破产法律制度研究》,上海大学出版社2009年版,第178页。

指定其他机构托管、接管或者撤销等监管措施,根据《银行业监督管理法》第44条、第45条的规定,银行业金融机构有本法第44条、第45条所规定的情形之一,并情节特别严重或者逾期不改正的,银行业监督管理机构可以责令停业整顿或者吊销其经营许可证,而且根据《商业银行法》第74条、第75条、第76条、第77条的规定,商业银行有本法第74条、第75条所规定的情形之一,并且情节特别严重或者逾期不改正的,银行业监督管理机构可以责令停业整顿或者吊销其经营许可证,商业银行有本法第76条、第77条所规定的情形之一,并情节特别严重或者逾期不改正的,中国人民银行可以建议银行业监督管理机构责令停业整顿或者吊销其经营许可证。这些都是停业整顿的明确依据。

对于银行的停业整顿而言,在停业整顿期间,其直接的法律后果是银行债权债务的暂时冻结,必须造成存款债权的暂时中止支付,①给予银行暂时的喘息时间。不过,该法人资格并不受影响。因此,停业整顿既是一种对银行的行政处罚措施,又是一种银行救助措施。而且对于证券公司的停业整顿而言,根据《证券公司风险处置条例》规定,证券公司风险控制指标不符合有关规定,在规定期限内未能完成整改的,证券监督管理机构可以责令证券公司停止部分或者全部业务进行整顿。停业整顿的期限不超过3个月。证券经纪业务被责令停业整顿的,证券公司在规定的期限内可以将其证券经纪业务委托给证券监督管理机构认可的证券公司管理,或者将客户转移到其他证券公司。如果证券公司逾期未按照要求委托证券经纪业务或者未转移客户的,证券监督管理机构应当将客户转移到其他证券公司。

停业整顿的可能结果有三种:②第一,经过整顿期间金融机构经营状态好转、矫正问题、消除风险的,则金融机构恢复正常经营;第二,在整顿期间发现有严重违规行为的,责令关闭并进行清算;第三,在整顿期间发现金融机构资不抵债,从而转入破产清算程序。实践中,大连证券案③就属于第二种情况。

---

① 但是,停业整顿并不能阻止债权人向法院申请强制执行。

② 许胜锋主编:《困境企业的退出与再生之路》,人民法院出版社2011年版,第160页。

③ 2002年9月7日证监会要求大连证券停业整顿,并会同辽宁省及大连市政府成立停业整顿工作组。停业整顿期间,大连证券下属的营业部由大通证券托管,继续经营。2003年4月大连证券被撤销证券业务许可并责令关闭。

(2)接管和托管

接管和托管是指在中国当金融机构发生财务危机时对该金融机构采取一系列行政措施的方法。《企业破产法》第132条也涉及作为金融机构破产处置措施的接管和托管的有关内容。

接管的目的在于债权人、存款保险公司、政府等所有利害关系人的利益,而使该金融机构的财产价值达到最大。因此,接管程序的管理人好好保存该金融机构的企业价值的,就可以高价进行合并或出售,否则可能导致该金融机构关闭或进入清算程序,此时银行等金融机构的执照也会被撤销。在中国,对于银行的接管,《商业银行法》第64条、第67条、第68条和《银行业监督管理法》第38条、第40条等做了规定;对于证券公司的接管,《证券法》第153条、第154条和《证券公司风险处置条例》第8条、第11条等做了规定;对于保险公司的接管,《保险法》第145条、第146条、第147条、第148条等做了规定。

根据《商业银行法》第64条规定,商业银行已经或可能发生信用危机,严重影响存款人的利益时,国务院银行业监督管理机构可以对该银行实行接管。根据《银行业监督管理法》第38条规定,银行业金融机构已经或可能发生信用危机,严重影响存款人和其他客户合法权益的,国务院银行业监督管理机构可以依法对该银行业金融机构实行接管,接管依照有关法律和国务院的规定执行。而且根据《证券法》第153条规定,证券公司违法经营或者出现重大风险,严重危害证券市场秩序、损害投资者利益的,国务院证券监督管理机构可以对该证券公司采取责令停业整顿、指定其他机构托管、"接管"或者撤销等监管措施。根据《证券公司风险处置条例》第8条规定,证券公司有本条所规定的情形之一的,国务院证券监督管理机构可以对其证券经纪等涉及客户的业务进行托管,而情节严重的,可以对该证券公司进行接管。根据上述证券公司破产的相关规定,接管与托管相似,但接管更为严厉,因此,当有违法经营或出现重大风险等情节更严重时采取接管。

金融监督管理机构决定对金融机构进行接管的,应当依据相关规定组织由专家组成接管组,行使该金融机构的经营管理权。接管组的负责人作为该金融机构的法定代表人行使职权,而该金融机构的股东大会、董事会、监事会及经理、副经理停止履行职责(《证券公司风险处置条例》第11条)。

在接管期间,经金融监督管理机构批准,可以申请法院禁止该公司的董事、监事、高级管理人员及其他直接责任人员等处置公司财产或者对其财产设定其他权利(《证券法》第154条、《银行业监督管理法》第40条和《保险法》第154条)。被接管的金融机构的债权债务关系不因接管而变化(《商业银行法》第64条、《证券公司风险处置条例》第15条和《保险法》第145条)。对于接管期限而言,接管期限一般不能超过12个月,其期限届满的,有关金融监督管理机构可以延长期限,但接管期限最长不能超过2年(《商业银行法》第67条、《证券公司风险处置条例》第11条和《保险法》第147条)。

根据相关法律规定,[①]有下列情形之一的,接管终止:第一,接管决定规定的期限届满或者有关金融监督管理机构决定的接管延期届满;第二,接管期限届满前,该金融机构已经恢复正常经营能力;第三,接管期限届满前,该金融机构被合并或者被依法宣告破产。

例如,实践中,对南方证券公司[②]和中银信托投资公司[③]实施了行政接管。

与有些国家的接管制度相比,中国的接管与美国《存款保险法》、加拿大《存款保险法》中所规定的接管制度(receivership)尽管名称一样,但是内容完全不同。这就是说,中国的接管实质上属于临时管理的范畴。[④]

相反,托管方式与接管方式类似,但是意味着不是金融监督机构直接参与经营,或是选任管理人来经营管理金融机构,而是委托外部专家行使经营管理权。在中国,对于金融机构的托管,《证券法》第153条、第154条和《证券公司风险处置条例》第8条、第9条、第10条等作出规定。

但是,对于托管关系的法律性质、受托公司的地位以及各方当事人的具体权利义务等,《证券法》并没作出明晰的界定。《证券公司风险处置条例》对托管的情形、托管组的职责、期限等进行了规定。如上所述,基本上对证券公司的托管的适用条件与接管的适用条件类似,但是当有违法经营或出现重大风险等情节更严重时接管主要被采取。

根据《证券法》第153条规定,证券公司违法经营或者出现重大风险,严重危

---

① 参见《商业银行法》第68条,《证券公司风险处置条例》第16条、第17条、第20条等。

② 2004年1月2日证监会和深圳市政府联合宣布对该公司实施接管。

③ 1995年10月5日中国人民银行宣布对该公司实施接管,但是在1年接管期限内无法使其恢复正常经营。

④ 张继红:《银行破产法律制度研究》,上海大学出版社2009年版,第178页。

害证券市场秩序、损害投资者利益的,国务院证券监督管理机构可以对该证券公司采取责令停业整顿、指定其他机构托管、接管或者撤销等监管措施。根据《证券公司风险处置条例》第8条规定,证券公司有本条所规定的情形之一的,国务院证券监督管理机构可以对其证券经纪等涉及客户的业务进行托管。

另外,依照《金融机构撤销条例》第12条规定,决定撤销金融机构之后,在清算期间,清算组可以将清算事务委托给中国人民银行指定的金融机构办理,这也可以视为托管的一种,但在托管对象业务内容上存在差异。

国务院证券监督管理机构决定对证券公司经纪等涉及客户的业务进行托管的,应当按照规定程序选择证券公司等专业机构成立托管组,行使被托管证券公司的证券经纪等涉及客户的业务的经营管理权。托管组自托管之日起主要履行四种职责:第一,保障证券公司证券经纪业务正常合规运行,必要时依照规定垫付营运资金和客户的交易结算资金;第二,采取有效措施维护托管期间客户资金的安全;第三,核查证券公司存在的风险,及时向国务院证券监督管理机构报告业务运行中出现的紧急情况,并提出解决方案;第四,国务院证券监督管理机构要求履行的其他职责。托管期限也一般不超过12个月。满12个月,确需继续托管的,国务院证券监督管理机构可以决定延长托管期限,但是延长托管期限最长不得超过12个月。[①] 被托管证券公司应当承担托管费用和托管期间的营运费用。国务院证券监督管理机构应当对托管费用和托管期间的营运费用进行审核。托管组不承担被托管证券公司的亏损。[②]

例如,实践中,2004年9月3日证监会宣布由华融资产管理公司对德恒证券、恒信证券和中富证券托管经营,由中国信达资产管理公司对汉唐证券托管经营,而且证监会于2004年10月16日,决定委托中国东方资产管理公司成立闽发证券托管经营工作组,对闽发证券实施托管经营。[③]

(3)机构重组(行政重组)

机构重组是指对出现信用危机的金融机构采取注资、股权重组、债务重组、资产重组、合并或者其他方式,化解风险的行政处置方法。在中国,对于银行的

① 参见《证券公司风险处置条例》第9条规定。

② 参见《证券公司风险处置条例》第10条规定。

③ 许胜锋主编:《困境企业的退出与再生之路》,人民法院出版社2011年版,第154页、第160页。

机构重组,《银行业监督管理法》第 38 条、第 40 条等作出规定,对于证券公司的机构重组,《证券公司风险处置条例》第 12 条、第 13 条作出规定。

根据《银行业监督管理法》第 38 条规定,银行业金融机构已经或可能发生信用危机,严重影响存款人和其他客户合法权益的,国务院银行业监督管理机构可以依法对该银行业金融机构促成机构重组,机构重组依照有关法律和国务院的规定执行。

在对银行进行机构重组的期间,经银行业监督管理机构批准,可以申请法院禁止该银行的董事、监事、高级管理人员及其他直接责任人员等处置银行财产或者对其财产设定其他权利(《银行业监督管理法》第 40 条)。由此可见,对银行进行机构重组的条件与接管银行完全相同。但是,该法并没有进一步规定银行重组的形式、程序及其他细节。① 与此相反,对于证券公司的机构重组则有相对详细的规定。根据《证券公司风险处置条例》第 12 条规定,证券公司出现重大风险,但同时具备财务信息真实、完整,省级人民政府或者有关方面予以支持,整改措施具体,有可行的重组计划等条件的,可以直接向国务院证券监督管理机构申请进行行政重组。被停业整顿、托管、接管的证券公司,具备前述条件的,也可以向国务院证券监督管理机构申请进行行政重组。国务院证券监督管理机构应当自受理行政重组申请之日起 30 个工作日内作出批准或者不予批准的决定,不予批准的,应当说明理由。而且《证券公司风险处置条例》第 13 条规定,证券公司进行行政重组,可以采取注资、股权重组、债务重组、资产重组、合并或者其他方式。行政重组期限一般不超过 12 个月。满 12 个月,行政重组未完成的,证券公司可以向国务院证券监督管理机构申请延长行政重组期限,但延长行政重组期限最长不得超过 6 个月。上述的接管和托管的最长期限为 2 年,与此相反,行政重组的最长期限为 1 年 6 个月。行政重组也与停业整顿、接管、托管一样,即使作出行政重组决定,该金融机构的债权债务仍不会发生任何变化(《证券公司风险处置条例》第 15 条)。

(4)关闭和撤销

中国《商业银行法》《银行业监督管理法》《证券法》《保险法》《金融机构撤销条例》《证券公司风险处置条例》《保险公司管理规定》使用的是“撤销”一词,而

---

① 张继红:《银行破产法律制度研究》,上海大学出版社 2009 年版,第 178 页。

《公司法》《防范和处置金融机构支付风险暂行办法》使用的是“关闭”。关闭和撤销虽然名称不同,但其实质内容是一致的,[①]撤销是可以视为责令关闭的另外的一种说法。[②] 关闭和撤销都是指金融监督管理机构(中国人民银行或金融监督管理机构)吊销金融机构经营许可证并引起其法人资格消灭的过程,其还是由金融监督管理机构行使的一种行政强制措施。其目的是惩戒金融机构严重违法违规行为。[③]《金融机构撤销条例》第2条也规定,本条例所称撤销是指中国人民银行对经其批准设立的具有法人资格的金融机构依法采取行政强制措施,终止其经营活动,并予以解散。

在中国,对于金融机构的关闭和撤销,《商业银行法》第70条,《银行业监督管理法》第39条、第40条、《证券法》第153条,《保险法》第150条,《金融机构撤销条例》第5条,《证券公司风险处置条例》第19~36条,《防范和处置金融机构支付风险暂行办法》第27条,《保险公司管理规定》第31条、第32条、第33条等做了规定。

《商业银行法》第70条规定,商业银行因吊销经营许可证被撤销的,国务院银行业监督管理机构应当依法及时组织成立清算组,进行清算,按照清偿计划及时偿还存款本金和利息等债务。《银行业监督管理法》第39条规定,银行业金融机构有违法经营、经营管理不善等情形,不予撤销将严重危害金融秩序、损害公众利益的,国务院银行业监督管理机构有权予以撤销。《证券法》第153条规定,证券公司违法经营或者出现重大风险,严重危害证券市场秩序、损害投资者利益的,国务院证券监督管理机构可以对该证券公司采取责令停业整顿、指定其他机构托管、接管或者撤销等监管措施。《金融机构撤销条例》第5条规定,金融机构有违法违规经营、经营管理不善等情形,不予撤销将严重危害金融秩序、损害社会公众利益的,应当依法撤销。根据《证券公司风险处置条例》第19条规定,证券公司同时有违法经营情节特别严重、存在巨大经营风险,不能清偿到期债务,并且资产不足以清偿全部债务或者明显缺乏清偿能力,需要动用证券投资者保护基金等情形的,国务院证券监督管理机构可以直接撤销该证券公司,而且根据同条例第20条规定,证券公司经停业整顿、托管、接管或者行政重组在规定期限

---

① 张继红:《银行破产法律制度研究》,上海大学出版社2009年版,第179页。

② 许胜锋主编:《困境企业的退出与再生之路》,人民法院出版社2011年版,第161页。

③ 张继红:《银行破产法律制度研究》,上海大学出版社2009年版,第179页。

内仍达不到正常经营条件,并且有不能清偿到期债务,资产不足以清偿全部债务或者明显缺乏清偿能力,需要动用证券投资者保护基金等情形的,国务院证券监督管理机构应当撤销该证券公司。

从不同法律、法规的条款上理解,金融机构被撤销的条件主要包括金融机构有违法违规经营、经营管理不善,不予撤销将严重危害金融秩序、损害社会公众利益等情形。另外,还有吊销经营许可证、出现重大风险、不能清偿到期债务,并且资产不足以清偿全部债务或者明显缺乏清偿能力,需要动用证券投资者保护基金等情形。从上述规定可以看出,撤销金融机构的条件比较宽泛,其本身包含金融机构破产的原因。因此,撤销可以被用来解决金融机构破产问题。①

自撤销决定生效之日起,被撤销的金融机构必须立即停止经营活动,交回金融机构法人许可证及其分支机构营业许可证,其高级管理人员、董事会和股东大会必须立即停止行使职权(《金融机构撤销条例》第 7 条)。商业银行依法被撤销的,由中国人民银行组织成立清算组。非银行金融机构依法被撤销的,由中国人民银行或者中国人民银行委托的有关地方人民政府组织成立清算组。清算自撤销决定生效之日起开始(《金融机构撤销条例》第 8 条)。特别是,国务院证券监督管理机构撤销证券公司,应当作出撤销决定,并按照规定程序选择律师事务所、会计师事务所等专业机构成立行政清理组,对该证券公司进行行政清理(《证券公司风险条例》第 21 条)。因此,对于被撤销的金融机构,是及时进行行政清算程序。

例如,实践中,1998 年 6 月 21 日中国人民银行决定关闭海南发展银行,收缴其金融机构法人许可证、金融机构营业许可证等,停止其一切业务活动,由中国人民银行依法组成清算组,对其进行清算。同时,指定工商银行托管海南发展银行的债权债务。② 2002 年 8 月 9 日中国证监会发布关于撤销鞍山证券公司的公告,并以鞍山市人民银行为主导成立了清算组,鞍山证券公司在全国的营业部由民族证券托管。2003 年 12 月 5 日证监会决定撤销存在严重违规经营问题的新华证券公司,新华证券的证券业务及所属证券营业部由东北证券托管。③

① 张继红:《银行破产法律制度研究》,上海大学出版社 2009 年版,第 180 页。
② 张雪强:《银行业金融机构市场退出法律制度研究》,法律出版社 2014 年版,第 293 页。
③ 许胜锋主编:《困境企业的退出与再生之路》,人民法院出版社 2011 年版,第 162 页。

(5)行政清算

如上所述,金融机构被撤销的,组织清算组来对该金融机构进行行政清算程序。直到现在,中国的金融监督管理机构主要通过上述撤销及行政清算程序一直解决金融机构破产问题。对于金融机构行政清算最重要的法律依据是2001年国务院颁布的《金融机构撤销条例》。此外,《商业银行法》第69条、第70条,《证券公司风险处置条例》第21~36条,《保险公司管理规定》第29条、第30条等也规定行政清算。

银行等金融机构被撤销的,中国人民银行①或有关金融监督管理机构组织成立清算组。这是因为清算程序自金融机构撤销决定生效之日起开始。清算组由中国人民银行、财政、审计等有关部门、地方人民政府代表、该金融机构的股东代表、有关专家等构成,清算组组长及成员由中国人民银行指定或经中国人民银行同意。

在清算期间,清算组行使被撤销的金融机构的管理职权,清算组组长行使该金融机构的法定代表人的职权(《金融机构撤销条例》第8条)。与此相反,该金融机构现有的法定代表人、董事会和监事会的成员、高级管理人员、财务人员及其他有关人员应当依照清算组的要求进行工作,不能擅离职守或者自行出境(《金融机构撤销条例》第10条)。在清算期间清算组要履行下列职责(《金融机构撤销条例》第11条):保管、清理被撤销的金融机构财产,编制资产负债表和财产清单;通知、公告存款人及其他债权人,确认债权;处理与清算被撤销的金融机构有关的未了结业务;清理债权、债务,催收债权,处置资产;制作清算方案,按照经批准的清算方案清偿债务;清缴所欠税款;处理被撤销的金融机构清偿债务后的剩余财产;代表被撤销的金融机构参加诉讼、仲裁活动;提请有关部门追究对金融机构被撤销负有直接责任的高级管理人员和其他有关人员的法律责任;办理其他清算事务。

在清算期间,清算组可以将清算事务委托中国人民银行指定的金融机构办理(《金融机构撤销条例》第12条)。受托金融机构不承担该金融机构的债务,不

① 在2003年12月27日《商业银行法》修正之前,银行业监督管理机构属于中国人民银行。《商业银行法》第70条规定,商业银行被撤销的,国务院银行业监督管理机构组织成立清算组。与此相反,于2001年11月14日公布的《金融机构撤销条例》第8条规定,商业银行被撤销的,中国人民银行组织成立清算组。这两条规定存在差异是基于上述的原因。

垫付资金，不负责该金融机构人员安排。并且，托管费用列入该金融机构的清算费用。

清算组应当自成立之日起10日之内，书面通知债权人申报债权。并且，应当在60日内在报纸上至少公告3次。债权人应当在接到通知书之日起30日内，未接到通知书的债权人应当从第一次公告之日起90日内，向清算组进行债权申报。清算组可以决定小额存款人可以不申报债权，此时，清算组根据该金融机构会计账册和有关凭证对其予以确认并登记(《金融机构撤销条例》第15条)。如果债权人在指定期限内并未申报，已知其债权人的债权应当列入清算范围，而未知债权人的债权，在该金融机构的清算财产分配结束之前，可以请求清偿(《金融机构撤销条例》第16条)。该金融机构的财产经清理、核实后，清算组应当制作清算方案。清算方案应当包括债权人现状、债权数额、清算财产数额、支付的个人储蓄存款的本金及合法利息的数额、清偿的其他债务数额等。并且，应当附财产负债表、财产清单、资产评估报告等资料。清算方案由清算组与债权人协商之后，向中国人民银行报告后得到确认(《金融机构撤销条例》第22条)。

该金融机构的清算财产应当先支付个人储蓄存款的本金及合法利息(《金融机构撤销条例》第23条)，其剩余财产应当清偿法人和其他组织的债务(《金融机构撤销条例》第24条)，清偿全部债务后的剩余财产应当按照股东的出资比例或持有的股份比例进行分配(《金融机构撤销条例》第25条)。

(二)司法破产程序

1. 立法现状

依照《企业破产法》第134条规定，商业银行、证券公司、保险公司等金融机构存在《企业破产法》第2条规定的情形，即存在破产原因事实的，国务院金融监督管理机构可以向法院提出对该金融机构进行重整或者破产清算的申请。国务院金融监督管理机构对于出现重大经营风险的金融机构采取接管、托管等措施的，可以向法院申请中止以该金融机构为对方(被告或被执行人)的民事诉讼或者民事执行程序。

《企业破产法》中关于金融机构破产的条款只有第134条这一条款。根据《企业破产法》的相关规定，金融机构是企业法人的，则可以依据《企业破产法》进行破产清算程序，在破产清算程序中可能会适用《企业破产法》的有关规定。并且，除债权人、债务人之外，金融监督管理机构也可以提出破产申请。加之，金融监督管理机构当采取行政性破产处置措施时,可以向法院申请中止有关民事诉讼或民事执行程序,因此这被称为"三中止"司法保护政策。① 但是,《企业破产法》除此之外并未对金融机构的破产作出其他详细规定,只是授权国务院依法制定具体规定。

对于法院的金融机构破产清算程序,除《企业破产法》的一般规定之外,也散见于个别法律法规中。《商业银行法》第71条,《保险法》第90条、第149条,《证券公司风险处置条例》第四章(第37~47条),《保险公司管理规定》第34条等作了有关规定。

《商业银行法》第71条规定,商业银行不能支付到期债务,经国务院银行业监督管理机构同意,由人民法院依法宣告其破产。商业银行被宣告破产的,由人民法院组织国务院银行业监督管理机构等有关部门和有关人员成立清算组,进行清算。商业银行破产清算时,在支付清算费用、所欠职工工资和劳动保险费用后,应当优先支付个人储蓄存款的本金和利息。

《保险法》第90条规定,保险公司有《企业破产法》第2条规定情形的,经国务院保险监督管理机构同意,保险公司或者债权人可以依法向人民法院申请重整、和解或者破产清算;国务院保险监督管理机构也可以依法向人民法院申请对该保险公司进行重整或者破产清算。而且《保险法》第149条规定,被整顿、被接管的保险公司有《企业破产法》第2条规定情形的,国务院保险监督管理机构可以依法向人民法院申请对该保险公司进行重整或者破产清算。

《证券公司风险处置条例》第37条规定,证券公司被依法撤销、关闭时,有《企业破产法》第2条规定情形的,行政清理工作完成后,国务院证券监督管理机构或者其委托的行政清理组依照《企业破产法》的有关规定,可以向人民法院申请对被撤销、关闭证券公司进行破产清算。而且,《证券公司风险处置条例》第38条规定,证券公司有《企业破产法》第2条规定情形的,国务院证券监督管理机构可以直接向人民法院申请对该证券公司进行重整。证券公司或者其债权人依照《企业破产法》的有关规定,可以向人民法院提出对证券公司进行破产清算或者重整的申请,但应当依照《证券法》第129条的规定报经国务院证券监督管理机构批准。

① 许胜锋主编:《困境企业的退出与再生之路》,人民法院出版社2011年版,第169页。

从上述规定中可以得知，中国的金融机构破产清算制度采取了一般法与特别法相结合的立法模式。也就是说，像《商业银行法》等个别法律中的破产有关规定作为特别法优先适用，而特别法没有规定的内容，适用《企业破产法》或《民事诉讼法》等一般法的有关规定。①

2. 司法破产程序

(1)申请和受理

债权人或债务人可以在普通企业的破产程序中向法院提出破产申请。但在金融机构破产程序中，根据《企业破产法》第 134 条规定，国务院金融监督管理机构也可以向法院提出对该金融机构进行破产的申请。此规定并不排除金融机构自身或债权人依法向法院提出破产申请。在金融机构的破产程序中，有权提出破产申请的主体，除债权人、债务人外，还包括金融监督管理机构。② 这里的金融监督管理机构，除银行业监督管理机构、证券监督管理机构、保险监督管理机构外，还包括中国人民银行、国家外汇管理局、财政部、农业部等有关部门。③

根据《企业破产法》第 2 条规定："企业法人不能清偿到期债务，并且资产不足以清偿全部债务或者明显缺乏清偿能力的，依照本法规定清理债务。"因此，申请法院宣告金融机构破产的法定一般条件是金融机构不能清偿到期债务，并且资产不足以清偿全部债务或者明显缺乏清偿能力。

此外，金融机构自身或债权人向法院提出破产申请时，有个别法律附加一定条件。债务人本人或债权人对证券公司或保险公司申请破产的，必须经有关监督管理机构同意或批准(《保险法》第 90 条、《证券法》第 129 条、《证券公司风险条例》第 38 条)。但是，与此不同，《商业银行法》第 71 条只规定了商业银行自身申请破产时必须经银行业监督管理机构同意，而关于债权人申请时也是否需要经银行业监督管理机构同意，并没有任何规定，笔者认为，此部分是立法缺失。《商业银行法》对于银行业监督管理机构的破产申请权也未作出相关规定。金融监督管理机构可以提出对商业银行的破产申请，这无可争辩，但是与证券公司或保险公司等不同金融机构的破产有关的立法相比，《商业银行法》的系统性不太

---

① 张继红:《银行破产法律制度研究》，上海大学出版社 2009 年版，第 182 页。

② 许胜锋主编:《困境企业的退出与再生之路》，人民法院出版社 2011 年版，第 162 页；王卫国:《破产法精义》，法律出版社 2007 年版，第 392 ~ 393 页。

③ 王卫国:《破产法精义》，法律出版社 2007 年版，第 391 ~ 392 页。

强,因此有必要明确规定金融当局、接管人、债权人等都享有破产申请权。[①] 对此,有学者认为《商业银行法》第71条的规定并不是关于银行破产申请人的规定,而是银行破产的界限与破产原因的规定。[②]

另外,特别是对于法院受理证券公司破产案件的条件,最高人民法院对此确定了一个基本政策,基本上是"两个同意""五个完成"和"一个没有"。"两个同意"即破产申请经证券监督管理机构同意、破产受理经最高人民法院同意;"五个完成"即证券类资产处置完毕、纳入《个人债权及客户证券交易结算资金收购意见》[③]应当收购的债权收购完毕、资产和账簿已移交完毕、员工安置完毕以及维稳方案制作完毕;"一个没有"即行政处置期间没有对债权人进行个别清偿。[④]

如上,法院决定是否受理破产申请时,需要经有关金融监督管理机构的批准或同意,并要求对证券类的合同转移完毕、个人等证券投资人的保护、职工安置完毕、禁止在行政处置期间中对债权人进行个别清偿等特别条件是为了保护大多数证券投资人的利益,寻求证券市场的稳定。由于包括证券市场在内的金融市场有风险传导性,并且金融机构的破产处置是在一定程度上需要具备专业性的领域,因此与一般破产程序不同,在进入法院的破产清算程序之前,应当通过迅速的行政措施防避或化解风险。鉴于金融机构破产的特殊性,在金融机构破产过程中,应坚持以行政权为主、司法权为辅的原则和以破产预防为主、破产清算为辅的原则。[⑤] 并且,行政处置程序是为证券公司进入司法破产程序的前置程

---

① 《商业银行破产》,载百度百科:http://baike. baidu. com/link? url = Zd183SJP9wYirO0fUWMuywK0yEkDRN3_qABT - N2LI9NQdZFwOb32s6fJJbHTIJMtfa042VN6LFJD hKJr9bySaa#1,最后访问日期:2015年1月28日。

② 吴敏:《论法律视角下的银行破产》,法律出版社2010年版,第203页。

③ 参见最高人民法院《关于依法审理和执行被风险处置证券公司相关案件的通知》(2009年5月26日):为统一、规范证券公司风险处置中个人债权的处理,保持证券市场运行的连续性和稳定性,中国人民银行、财政部、中国银行业监督管理委员会、中国证券监督管理委员会联合制定发布了《个人债权及客户证券交易结算资金收购意见》。国家对个人债权和客户交易结算资金的收购,是国家有关行政部门和金融监管机构采取的特殊行政手段。相关债权是否属于应当收购的个人债权或者客户交易结算资金范畴,系由中国人民银行、金融监管机构以及依据《个人债权及客户证券交易结算资金收购意见》成立的甄别确认小组予以确认的,不属于人民法院审理的范畴。因此,有关当事人因上述执行机关在风险处置过程中甄别确认其债权不属于国家收购范围的个人债权或者客户证券交易结算资金,向人民法院提起诉讼,请求确认其债权应纳入国家收购范围的,人民法院不予受理。国家收购范围之外的债权,有关权利人可以在相关证券公司进入破产程序后向人民法院申报。

④ 许胜锋主编:《困境企业的退出与再生之路》,人民法院出版社2011年版,第163页。

⑤ 吴敏:《论法律视角下的银行破产》,法律出版社2010年版,第228页。

序,行政处置程序的完成也被视为法院受理破产清算案件的前提条件。[①]

除此之外,地方各级人民法院决定受理对证券公司的破产申请,需要逐级上报最高人民法院批准。根据最高人民法院的相关要求,地方各级人民法院在决定受理证券公司破产申请前,须逐级上报最高人民法院批准。因此,法院在接收申请证券公司破产的材料后,须进行审核。经审核,破产申请人提交的材料需要更正、补充的,法院可以责令申请人限期更正、补充,申请人应按期更正、补充材料,否则视为撤回申请;法院同意受理的,还须逐级上报至最高人民法院,待最高人民法院批准后才能正式受理。[②]

(2)金融机构破产程序中的破产管理人问题

在中国《企业破产法》中并没有对于在金融机构破产时选任破产管理人的特别规定,对于破产管理人的选任该法只有一般性的规定。根据《企业破产法》第22条第1款和第24条第1款的规定,管理人由人民法院指定,并且管理人可以由有关部门、机构的人员所组成的清算组或者依法设立的律师事务所、会计师事务所、破产清算事务所等社会中介机构担任。对于商业银行、证券公司、保险公司等金融机构的破产案件,在2007年4月12日最高人民法院制定的《关于审理企业破产案件指定管理人的规定》作出了规定。

根据《关于审理企业破产案件指定管理人的规定》第15条规定,受理企业破产案件的人民法院指定管理人时,一般应当从本地管理人名册中指定,特别是对于商业银行、证券公司、保险公司等金融机构的破产案件,也可以从所在地高级人民法院编制的管理人名册中列明的其他地区的管理人或者其他地域人民法院编制的管理人名册中指定管理人。并且,人民法院一般应当按照管理人名册所列名单以抽签等随机方式公开指定管理人(第20条),而对于商业银行、证券公司、保险公司等金融机构的破产案件,人民法院可以选择公告的方式,邀请编入各地人民法院管理人名册中3家以上的社会中介机构参与竞争,从中指定管理人(第21条)。对于经过行政清算的商业银行、证券公司、保险公司等金融机构的破产案件,如果在破产清算的受理之前已经成立了清算组的,人民法院可以指定清算组为管理人,也可以在金融监督管理机构推荐的已编入管理人名册中的

---

① 许胜锋主编:《困境企业的退出与再生之路》,人民法院出版社2011年版,第168页。

② 同上书,第168页。

社会中介机构中指定管理人(第22条)。

鉴于上述的司法解释规定,金融机构的破产案件与在全国范围内有重大影响、法律关系复杂的企业破产案件一样,扩大了将能被指定为管理人的管理人候选人的范围,并尽可能地通过公开竞争方式来寻求适合管理人的人员。并且,对于经过行政清算程序的金融机构破产案件,在尊重现有清算组的同时,赋予金融监督管理机构推荐权,使其可以干预管理人的指定程序。

此外,《商业银行法》第71条和《证券公司风险处置条例》第40条也作出与金融机构破产案件中的破产管理人有关的规定。根据《商业银行法》第71条的规定,商业银行被宣告破产的,由人民法院组织国务院银行业监督管理机构等有关部门和有关人员成立清算组,进行清算。从《商业银行法》第71条规定可以看出3项内容:第一,中国现行的法律规定银行破产的管理人就是破产中组成的清算组;第二,清算组由法院来主导;第三,除有银行监管部门要求参加外,与一般破产中的清算组组成无异,权利义务相当。[①] 而且《证券公司风险处置条例》第40条规定,人民法院裁定受理证券公司重整或者破产清算申请的,国务院证券监督管理机构可以向人民法院推荐管理人人选。上述条例也规定在证券公司破产案件中,中国务院证券监督管理机构可以向法院推荐管理人,这是与上述司法解释第22条规定重复的。所以,笔者认为这是一种具有强调意味的规定。

(3)司法保护措施

"三中止"司法保护措施是指当金融监督管理机构对于发生重大经营风险的金融机构进行接管、托管、撤销、整顿等行政破产处置时,暂时中止以该金融机构及其实际控制的附属机构为被告、第三人、协助执行人的民商事案件诉讼程序及执行程序的措施。[②] 上述的措施可以在《企业破产法》第134条规定中发现其法律依据。根据《企业破产法》第134条规定,国务院金融监督管理机构依法对出现重大经营风险的金融机构采取接管、托管等措施的,可以向法院申请中止以该金融机构为被告或者被执行人的民事诉讼程序或者执行程序。上述措施的目的在于保证该金融机构的资产不被个别债权人哄抢和瓜分并通过破产清算程序为整体的债权人实施公平清偿。这是因为即使在破产清算申请被受理之前,依据

---

① 吴敏:《论法律视角下的银行破产》,法律出版社2010年版,第234页。

② 许胜锋主编:《困境企业的退出与再生之路》,人民法院出版社2011年版,第169页。

金融当局的破产处置程序还在进行中。并且,这有利于有效解决金融机构的破产问题,维持社会秩序的安定。特别是在金融机构的破产处置过程中,主要先进行依据金融当局的行政性破产处置措施,然后及时进入破产清算程序,因此,事实上,可以说破产清算程序在金融当局采取行政处置措施时已经开始了。所以,为了通过破产清算程序保护债权人的公平受偿权,不顾在破产清算申请之前,提前给予如中止诉讼或中止执行一样的破产受理的法律效力。

除了上述的《企业破产法》第134条之外,关于"三中止"司法保护措施的具体程序或内容的任何法律规定都难以发现。但在2004年1月5日召开的全国法院审理金融机构等主体破产案件座谈会上,从最高人民法院的相关负责人所指出的内容中可以猜想到最高人民法院的立场:"今后一段时间内,在相应的法律法规出台前,最高人民法院将继续对部分撤销、关闭、整顿的金融机构涉诉案件采取三暂缓的司法措施。"①由于"三中止"司法保护措施限制债权人行使权利,因此,有必要采取更为具体的立法措施来确保明确的根据规定。

实践中,中国司法机关主要对高风险证券公司实行上述的司法保护措施。"三中止"措施是在国务院批准证监会对证券公司提出的处置方案后,由最高人民法院根据证监会申请,下达"三中止"明传电报。具体而言,对以被处置证券公司及其实际控制的附属机构为被告、第三人、协助执行人的民商事案件,尚未受理的,暂缓受理;已经受理的,暂缓审理;已经进入执行程序的,暂缓执行(包含暂缓查封、冻结、扣押等财产保全措施),期限通常为1年。例如,大鹏证券、汉唐证券、闽发证券等证券公司被处置后,对以被处置证券公司为被告的民事案件实行了"三中止"措施。②

(三)存款保险制度

1. 立法现状

(1)为了保护金融消费者的金融安全网之一

当商业银行、证券公司、保险公司等金融机构破产或市场退出时,虽然解决该金融机构的经营困难和债务问题很重要,但保护与其进行交易的金融消费者也是十分重要的。对金融消费者的保护,是指对于因金融机构的破产或市场退

① 许胜锋主编:《困境企业的退出与再生之路》,人民法院出版社2011年版,第169页。

② 同上。

出等而对金融消费者造成的损失进行有效的保障,并保护金融消费者的利益。2010年在美国通过的《多德—弗兰克法》也特别强调了对金融消费者的保护。上述的金融消费者包括向商业银行等存款的存款人、通过证券公司进行投资活动的投资人、与保险公司订立保险合同的投保人等。其中,从在金融市场所占比重或功能上的作用来看,由于银行存款既是最重要又是最基本的,因此上述的金融消费者中银行存款人是最重要的金融消费者。特别是由于中国居民的储蓄倾向在世界上最高,存款比重也最大,因此在中国,存款人还是最重要的金融消费者。如上所述,金融业是一个高风险行业,金融机构在日常经营中采取吸收他人的资金并进行经营的负债经营方式,因此其经营的基础是基于信用的资金筹集。并且,由于金融机构之间交易关系密切相关,如果某一家金融机构发生信用危机,可能导致经营状态良好的其他金融机构连带发生经营危机,从而将会形成整个金融市场的系统性风险。由于金融行业有上述特征,因此为了防止发生金融系统性危机,有必要建设金融安全网,在这样的金融安全网之中存款保险制度对金融消费者的补偿体制最有代表性。此外,除了为保护存款人的存款保险制度之外,还有证券投资者保护制度、投保人保护制度等。在中国,通过证券投资者保护基金的证券投资者保护制度和通过保险保障基金的投保人保护制度等已依法建立,并收到了一定程度的成效。① 为保护存款人利益,中央银行和国务院法制办于2014年11月30日就《存款保险条例(草案)》公开向社会征求意见,该条例最终于2015年2月17日正式公布,并于2015年5月1日起正式实施。另外,个人存款人在破产清算程序中有权比一般债权人优先受偿,这也是一种存款人保护制度。②

证券投资者保护基金制度以自2005年起施行的《证券投资者保护基金管理办法》的规定为根据而运营,国家成立中国证券投资者保护基金有限责任公司来使其筹集、管理、使用证券投资者保护基金(第2条第2款)。根据上述规定,证券投资者保护基金是指按照《证券投资者保护基金管理办法》筹集形成的、在防范和处置证券公司风险中用于保护证券投资者利益的资金(第2条第1款)。其基金的用途主要有两种:第一,证券公司被撤销、关闭和破产或证监会实施行政

① 张雪强:《银行业金融机构市场退出法律制度研究》,法律出版社2014年版,第308页。

② 参见《商业银行法》第71条第2款。

接管、托管经营等强制性监管措施时，按照国家有关政策规定对债权人予以偿付；第二，国务院批准的其他用途（第16条）。当然，投资者在证券投资活动中因证券市场波动或投资产品价值本身发生变化所导致的损失，由投资者自行负担（第4条第2款）。

保险保障基金制度以自2008年起施行的《保险保障基金管理办法》规定为根据而运营。国家成立中国保险保障基金有限责任公司来筹集、管理、使用保险保障基金（第6条）。根据上述规定，保险保障基金是指按照《保险法》和《保险保障基金管理办法》规定缴纳形成，在《保险保障基金管理办法》第16条规定的情形下，用于救助保单持有人、保单受让公司或者处置保险业风险的非政府性行业风险救助基金，保单持有人是指在保险公司被依法撤销或者依法实施破产的情形下，对保单利益依法享有请求权的保险合同当事人，包括投保人、被保险人或者受益人（第3条）。保险保障基金可以用于两种情形：第一，保险公司被依法撤销或者依法实施破产，其清算财产不足以偿付保单利益的；中国保监会经商有关部门认定，保险公司存在重大风险，可能严重危及社会公共利益和金融稳定的（第16条）。

（2）存款保险制度的发展过程

在中国，关于建立存款保险制度的讨论早在1993年就已经开始了。1993年12月国务院《关于金融体制改革的决定》①首次正式提出要建立存款保险制度。当时，中国虽然还没有显性存款保险制度，但已经存在隐性存款保险制度。隐性存款保险制度是指在国家法律规定中，并没有存款保险制度或存款保险机构，但当银行的破产或市场退出时，政府仍然提供对存款人的保护。1979年之后，随着中国向市场经济体制的转变以及金融改革的进行，银行成为自主经营的法人主体，经过银行业的市场化改革，几大国有银行纷纷完成了股份制改造，甚至其中有些银行成功上市。但是，国有银行仍然占据银行业市场的主要份额。在这样的历史背景下，所有人都不相信银行会倒闭或者是发生退出市场，一般观念也认为不会发生存款无法获得金融机构偿付的情况。一直以来，国家成了往往被视为一种国家信用的银行信用的后盾，银行发生问题，政府就用尽一切手段和方法解决其问题。在计划经济体制下，如果银行业是以国有银行为中心的，上述的隐

① 国发〔1993〕91号。

性存款保险制度可能就不会发生什么问题。

1993年之后,虽然中国有很多专家提出建立显性存款保险制度的建议,但这一制度到目前为止尚未建立。其主要原因大体上可分为两个方面:第一是大型国有银行的反对;第二是金融监督管理机构的担忧。大型国有银行是由国家提供信用担保,因此交纳保险费来参加存款保险的实际利益不多。同时,金融监督管理机构担心因新设存款保险机构而导致其权力被弱化。

但1998年"海南发展银行"的破产案件是标志银行也可以倒闭的代表性案例。随着主要国有银行股份制改造的完成,甚至成功上市,国家不应再对这些国有银行承担无限责任。而且,从外国案例来看,存款保险机构的成立不是给金融监督当局的权力带来威胁或打击,而是对其起到相互补充的作用。在这种情况下,仍然维持现行的隐性存款保险制度,由于对于当银行破产时还能否保护存款,存款人难以维持信心,并很难确保可预见性,因此总是存在潜在的挤兑风险。

2007年召开的第三次全国金融工作会议提出,要加快建立存款保险制度,并明确了总体思路:"设立功能完善、权债统一、运作有效的存款保险机构,增强金融企业、存款人的风险意识,防范道德风险,保护存款人合法权益。存款保险制度要覆盖所有存款类金融企业。加快建立金融机构风险救助和市场退出机制,及时处置风险。"①2008年国家发改委公布的《关于2008年深化经济体制改革工作的意见》②也明确提出:"制定出台存款保险条例(人民银行、法制办负责)。"2013年4月3日,国务院第一次全体会议提出:"加快建立存款保险制度。"③2013年6月,根据国务院2013年立法工作计划,由中国人民银行起草的六大立法项目中,《存款保险条例》被列为预备项目。2014年11月30日,中国人民银行、国务院法制办就《存款保险条例(草案)》公开向社会征求意见,征求意见期限为30天。④《存款保险条例》最终于2015年2月17日正式公布,并于2015年5月1日起正式实施。

---

① 魏加宁等:《存款保险制度与金融安全网研究》,中国经济出版社2014年版,第181页。

② 国办发〔2008〕103号。

③ 魏加宁等:《存款保险制度与金融安全网研究》,中国经济出版社2014年版,第182页。

④ 《存款保险条例》,载百度百科:http://baike. baidu. com/link? url = CwJjd42awCC_TKoY8vA1vNw3D - Z0UuZVf7ToIcRGy9syWKZYGLvNYts_byC4ZojVvM3Y5XNUF6fKZKxGjAb6Yq,最后访问日期:2015年1月2日。

2.《存款保险条例》的主要内容

《存款保险条例》由国务院法制办公室牵头,中国人民银行、财政部、银行业监督管理委员会、国家发展改革委员会联合制定。2013 年 6 月进入最后的草案准备阶段,2014 年 11 月 30 日公开该草案并征求意见。从 1993 年起对建立存款保险制度进行有关研究活动,到 2015 年发布,历时达 22 年。

(1)制定目的

根据《存款保险条例》第 1 条规定,其制定目的是建立和规范存款保险制度、依法保护存款人的合法权益、及时防范和化解金融风险、维护金融稳定。

(2)投保金融机构的范围

《存款保险条例》第 2 条第 1 款规定:"在中华人民共和国境内设立的商业银行、农村合作银行、农村信用合作社等吸收存款的银行业金融机构,应当依照本条例的规定投保存款保险。"第 2 条第 2 款规定:"投保机构在中华人民共和国境外设立的分支机构,以及外国银行在中华人民共和国境内设立的分支机构不适用前款规定。但是,中华人民共和国与其他国家或者地区之间对存款保险制度另有安排的除外。"

存款保险制度按照投保方式大致分为三种:第一种是自愿型投保方式;第二种是强制型投保方式;第三种是两者结合的方式。中国《存款保险条例》第 8 条明确规定:"本条例施行前已开业的吸收存款的银行业金融机构,应当在存款保险基金管理机构规定的期限内办理投保手续。本条例施行后开业的吸收存款的银行业金融机构,应当自工商行政管理部门颁发营业执照之日起 6 个月内,按照存款保险基金管理机构的规定办理投保手续。"由此可见,中国的存款保险制度采用了强制型投保方式。并且,关于存款保险参保人范围的确定包括属人原则、属地原则、属人与属地兼顾原则等。采用哪种原则,国内银行的外国支行或外国银行的国内支行是否被包括会存在差异,根据该条例的规定,对于在中国境内设立的存款类银行业金融机构适用存款保险制度,但是国内银行的外国支行和外国银行的国内支行都不适用。

因此,中国的存款保险制度,确切地说,不采用属人原则或属地原则,原则上只适用于在中国境内设立的存款类金融机构。投保金融机构的范围与外国的立法类型相比,可以说其范围较小。但是,在中国与其他国家之间对于存款保险制度另有安排的,也可以适用存款保险制度。

(3)存款保险的定义

对于存款保险的定义,《存款保险条例》第3条规定如下:"本条例所称存款保险,是指投保机构向存款保险基金管理机构交纳保费,形成存款保险基金,存款保险基金管理机构依照本条例的规定向存款人偿付被保险存款,并采取必要措施维护存款以及存款保险基金安全的制度。"

(4)被保险存款的种类

《存款保险条例》第4条规定:"被保险存款包括投保机构吸收的人民币存款和外币存款。但是,金融机构同业存款、投保机构的高级管理人员在本投保机构的存款以及存款保险基金管理机构规定不予保险的其他存款除外。"

按照受保的存款种类和存款主体,存在关于存款保险制度多样的立法例。存款人可分为个人、企业、金融机构及国家等,在中国的存款保险制度下,个人和企业持有的存款债权(活期及定期人民币存款和外汇存款)属于保护范围,但是金融机构持有的存款债权却不在保护范围之内。并且,个人存款人是投保金融机构的高级管理人员的,也不被包含在保护范围内。此外,存款保险基金管理机构规定不予保险的其他债权也不被包含在保护范围内。

(5)存款保险的最高偿付限额

根据《存款保险条例》第5条规定,存款保险实行限额偿付,最高偿付限额为人民币50万元,而同一存款人在同一家投保机构所有被保险存款账户的存款本金和利息合并计算的资金数额在最高偿付限额以内的,实行全额偿付;超出最高偿付限额的部分,依法从投保机构清算财产中受偿。

存款保险制度按照赔付的限度如何确定分为保障存款全额的全额保险制度与保障一定限度的限额保险制度,中国采取了限额保险制度。最高偿付限额为人民币50万元,这是2013年中国的人均国内生产总值的12倍,这与其他国家相比是比较高的。最高偿付限额设为人民币50万元,能够为99.62%的存款人(包括个人和企业)提供100%的全额保障。① 最高偿付限额可以根据经济发展、存款结构变化、金融风险状况等重要因素来进行调整,经国务院批准后,公布执行(第5条第1款)。

---

① 《存款保险条例》,载百度百科:http://baike.baidu.com/link? url = CwJjd42awCC_TKoY8vA1vNw3D - Z0UuZVf7ToIcRGy9syWKZYGLvNYts_byC4ZojVvM3Y5XNUF6fKZKxGjAb6Yq,最后访问日期:2015年1月2日。

采取限额保险制度的,其限额以任何基准计算应当决定。对此,有如下3种方式:第一种是以每个账户的存款金额为准的方式;第二种是以存款人在所有的金融机构中的全部存款金额为准的方式;第三种是以存款人在单一金融机构中的全部存款金额为准的方式。中国采取的是第三种方式,即对于单一金融机构的全部存款本金和利息合并计算的总额在最高偿付限额以内的,实行全额偿付,而超过最高偿付限额的部分,在投保金融机构的清算程序中受偿。

(6)存款保险基金的构成及运用

根据《存款保险条例》第6条规定,存款保险基金的来源包括四部分:①投保机构交纳的保费;②在投保机构清算中分配的财产;③存款保险基金管理机构运用存款保险基金获得的收益;④其他合法收入。应当说,存款保险基金的最主要来源是投保金融机构所交纳的保费。按照存款保险的融资方式可以分为发生破产、退出市场等情况之前事先交纳的事前融资模式和发生破产等情况之后才交纳保费的事后融资模式,中国的存款保险制度采取了前者,投保金融机构应当每6个月交纳一次保费(《存款保险条例》第10条)。

而且,按照保险费率,可以分为所有投保金融机构都基于统一的标准费率交纳保费的固定费率制度,或者按照风险概率采用差别费率的风险差别费率制度,中国采取了后者(《存款保险条例》第9条)。在中国的存款保险制度下,先制订费率标准,然后各投保机构的适用费率根据经营管理状态和风险状况等因素确定。存款保险基金的运用,应当遵循安全、流动、保值增值的原则,限于下列形式(《存款保险条例》第11条):存放中国人民银行;投资政府债券、中央银行票据、信用等级较高的金融债券及其他高等级债券;国务院批准的其他资金运用形式。

(7)存款保险基金管理机构的职责

存款保险基金管理机构履行下列职责(《存款保险条例》第7条):①制定并发布与其履行职责有关的规则;②制定和调整存款保险费率标准,报国务院批准;③确定各投保机构的适用费率;④归集保费;⑤管理和运用存款保险基金;⑥依照《存款保险条例》的规定采取早期纠正措施和风险处置措施;⑦在《存款保险条例》规定的限额内及时偿付存款人的被保险存款;⑧国务院批准的其他职责。

(8)其他规定

对于存款保险基金管理机构的核查权限和与有关机关的信息共享机制,《存款保险条例》第13条和第14条作出规定。对于当投保机构发生各种风险时存款保险基金管理机构能够采取的措施,《存款保险条例》第15条、第16条、第17条作出了规定。并且依据第18条第2款规定,存款保险基金管理机构当使用基金来偿付存款人时应当遵循成本最小的原则。

(四)主要案例

1.海南发展银行案例①

(1)案情

海南发展银行是总部设在海南省海口市的一家股份制银行,于1995年8月18日开业,注册资本16.77亿元人民币,由海南省政府控股,一共有43个股东。该银行以兼并5家信托投资公司、并向中国大陆募集股本的方式设立,该银行在建立之初就先天不足。1993年当海南省一些金融信托公司陷入困境后,为了寻求出路,海南省政府申请设立地方性股份制银行。海南发展银行就是由几家经营亏损、债台高筑的机构合并而成的。

海南发展银行走向倒闭的直接原因是之后的合并信用社。1997年5月以后,海南省部分城市信用社出现支付危机。1997年12月16日中国人民银行宣布,关闭海南省5家已经实质破产的城市信用社,其债权债务关系由海南发展银行托管,其余29家海南省境内的城市信用社,除1家独立经营之外,另外28家全部被并入海南发展银行。为了进行合并,中国人民银行提供了30多亿元贷款。总资产为110亿元的海南发展银行接管的城市信用社资产总计37亿元,但负债却高达142亿元。但是,这次合并最终以失败告终,在几个月内,海南发展银行也陷入支付危机。由于城市信用社在之前无一例外地对储户进行高利息揽存,而该银行兼并后单方面降低存款利率,引起了储户的不满,导致许多的储户纷纷提款,海南发展银行出现全面挤兑。

1998年3月22日中国人民银行在陆续给海南发展银行提供40亿元再贷款后,决定不再给予资金支持。1998年6月21日国务院、中国人民银行决定关闭海南发展银行,停止其一切业务活动,由中国人民银行依法组成清算组,对其进

① 参见宋清华:《银行危机论》,经济科学出版社2000年版,第310~315页;张继红:《银行破产法律制度研究》,上海大学出版社2009年版,第183~185页;许胜锋主编:《困境企业的退出与再生之路》,人民法院出版社2011年版,第152页;张雪强:《银行业金融机构市场退出法律制度研究》,法律出版社2014年版,第292~294页。

行行政清算并由中国工商银行对其进行托管。

(2)评价

本来,海南发展银行是中国第15家商业银行,是《商业银行法》颁布后成立的第一家股份制商业银行。[①] 不过,海南发展银行也成为中国迄今为止关闭的唯一一家商业银行。[②] 海南发展银行的破产确实是由海南省房地产市场的降温、城市信用社的风险经营活动等造成的,但是不当的行政性干涉措施也是导致该银行破产的原因。本案中,海南发展银行的设立和后来的合并都是由中国人民银行等金融当局主导而实现的。其在设立时吸收了几家不良信托投资公司,并在合并时吸收了许多的不良城市信用社等。当时,金融监管机构不是基于合理的经营判断而是基于政策性判断,没考虑到市场退出或破产,只采用了合并或资金支持等回避风险的方法。所以,从本案中可以看出,迅速判断是否退出市场来及时采取措施非常重要。总之,笔者认为,本案是显示及时市场退出的重要性和金融监管机构政策判断失误后果的非常有意义的案例。

2. 中银信托投资公司案例[③]

(1)案情

中银信托投资公司成立于1988年,是一家全国性的非银行金融机构。自20世纪90年代开始,因为该公司的发展规模急剧膨胀,管理日益混乱,不良资产不断增加,并出现了资金运营困难。至1995年积压了大量逾期贷款,长期投资比重极大,造成资不抵债。1995年6月中国人民银行发布公告宣布对中银信托投资公司停业整顿3个月,9月又宣布将整顿期限延长1个月。同年10月5日中国人民银行宣布对其实施接管,期限为1年。但是,由于该公司的问题比较严重,在1年的接管期限内无法使其恢复正常经营。当时,中银信托投资公司已经陷入严重资不抵债的境地(总资产为37亿多元,而负债则高达50多亿元)。1996年9月24日广东发展银行与中银信托投资公司正式签订收购协议,1996年10月5日中国人民银行宣布批准广东发展银行实施对中银信托投资公司的收

---

① 张雪强:《银行业金融机构市场退出法律制度研究》,法律出版社2014年版,第293页。

② 许胜锋主编:《困境企业的退出与再生之路》,人民法院出版社2011年版,第152页。

③ 参见金晓斌著:《银行并购论》,上海财经大学出版社1999年版,第222~223页;沈伟:《"中银信"事件的法律思考》,载《法学》1996年第12期,第2~3页;张继红:《银行破产法律制度研究》,上海大学出版社2009年版,第185~187页;张雪强:《银行业金融机构市场退出法律制度研究》,法律出版社2014年版,第295~296页。

购。同时,结束对中银信托投资公司的接管,收回其经营金融业务许可证。

广东发展银行按照1:1的比例收购中银信托投资公司的实有股权并承接了所有的债权债务,使股东、所有债权人的利益均得以保护。对于广东发展银行而言,收购既是机遇,也是挑战。首先,广东发展银行需要偿还中银信托投资公司的巨额对外债务。在具体操作中,广东发展银行对中银信托投资公司的债务清偿顺序为:先个人和对外债务,后一般企业和金融机构。到1997年年底,广东发展银行清偿人民币债务合计24.72亿元,占应清偿额的95.7%,而且原中银信托投资公司的外汇债务3893万美元,已经全部清偿完毕。同时,广东发展银行的经办人员认真审核会计凭证和相关资料,并与债权人积极协商,通过追回中银信托投资公司多付的利息、债权人自愿放弃利息和分段计算利息等,一共为广东发展银行减少利息支出4亿多元。虽然面对如此巨额的偿债压力,但是广东发展银行也获得重要的发展契机。广东发展银行从主要局限于广东省的区域性商业银行的市场定位发展为全国性商业银行。仅1997年一年,广东发展银行在昆明、大连、杭州、上海等城市筹建了6家分行。

(2)评价

本案是在先实行停业整顿和接管等措施之后,以第三人收购的方式终结金融机构破产程序的案例。本案在两个方面具有意义:第一,这是在中国金融发展历史上最早实施接管的案件;①第二,这是在中国银行收购非银行金融机构的首例案件。②

本案中,广东发展银行在收购中银信托投资公司并全部清偿了承接的巨额债务之后,以此为契机,逐步发展为全国性商业银行。从结果上来看,金融监督机构对于已经陷入资不抵债的状态面临破产的中银信托投资公司,没有立即选择破产清算,而选择接管与第三人收购的重整方法保存继续运行价值,可以说非常成功。③

但是,本案还显示了中国行政破产程序的限制。在外观上,广东发展银行是自愿地收购了中银信托投资公司,但是原来是因金融监管机构的行政干预而导

---

① 张继红:《银行破产法律制度研究》,上海大学出版社2009年版,第185页。

② 同上书,第186页;张雪强:《银行业金融机构市场退出法律制度研究》,法律出版社2014年版,第296页。

③ 张忠军:《金融监管法论——以银行法为中心的研究》,法律出版社1998年版,第305页。

致其作出收购决定的。在接管期间,广东发展银行当初并没有参与收购投标,但1996年年初,在接到中国人民银行的通知之后其才作出了收购决定。[①] 广东发展银行并不是真正的决策者。上述的公司收购和债务承担是原则上市场主体应当自愿选择进行的。但本案中的公司没有遵守这个原则,实际上,金融监管机构影响了经营判断。并且,由于中国的金融机构破产有关法律中对并购程序几乎没有专门的、具体的规定,因此实践中存在公司收购程序具有很大的随意性无序性的忧虑。[②]

3. 广东国际信托投资公司案例[③]

(1)案情

广东国际信托投资公司成立于1980年12月,是广东省人民政府全资直属并享有外汇经营权的非银行类金融机构。通过在国际上发行债券、贷款、提供担保、参股等方法,该公司兴办了一批大型建设项目,历经了10余年发展的辉煌历史。但20世纪90年代后期,该公司管理不善导致的问题越来越突出,尤其是1997年下半年亚洲金融危机爆发后,广东国际信托投资公司长期累积的金融支付风险加速暴露,并于1998年出现严重的支付危机,难以继续经营下去。经国务院的批准,1998年10月6日中国人民银行发布公告,决定关闭该公司并依法组织成立清算组对其进行为期3个月的行政清算。在清算期间,该公司的债权债务由中国银行托管。但是,在行政清算期间发现该公司出现的问题远比预期的严重,其总资产为214.71亿元,总负债为361.45亿元,资不抵债高达146.74亿元。鉴于该公司财务状态恶化的严重性,不能清偿到期债务成为连续状态,为了保护债权人的利益,该公司董事会经过决议,于1999年1月向法院提起广东国际信托投资公司及其附属的深圳公司、广信租赁公司和广信企业发展公司4家企业的破产申请,广东省高级人民法院和广州、深圳两个中级人民法院分别依法受理该案。1999年1月16日,广东国际信托投资公司被广东省高级人民法院依

---

① 张继红:《银行破产法律制度研究》,上海大学出版社2009年,第187页;张雪强:《银行业金融机构市场退出法律制度研究》,法律出版社2014年版,第296页。

② 张继红:《银行破产法律制度研究》,上海大学出版社2009年版,第187页。

③ 参见周仲飞、郑晖:《银行法原理》,中信出版社2004年版,第161~164页;方加春:《金融托管经典案例研究》,经济科学出版社2002年版,第26~29页;张继红:《银行破产法律制度研究》,上海大学出版社2009年版,第187~189页;张雪强:《银行业金融机构市场退出法律制度研究》,法律出版社2014年版,第296页。

据《企业破产法》宣告破产,正式进入破产清算程序。据统计,一共有320家境内外债权人申报了569笔债权,申报债权总额高达387.8亿元,但是最终被确认的债权总额为202.2亿元。通过对该公司破产案件的审理,法院积累了丰富的实践经验,作出了许多的创新活动。例如,债权人的申报确认程序、债权人主席委员会、多次分配破产财产等。①

另外,除机构存款人外,该公司还有25,000多名自然人存款人。对于该公司违规吸收的个人存款,采取了比较特殊的处理办法。在法院受理破产案件之前,先由广东省财政厅垫出5.9亿元资金,以中国银行的名义收购个人存款债权,向其支付存款本金(利息不予偿付);对于个人存款超过50万元的存款债权,经有关部门组成小组辨别批准后,再支付本金。中国银行取得上述自然人存款债权的求偿权并以普通债权人的身份申报债权,参与原广东国际信托投资公司的破产财产分配,再将受偿所得退还给广东省财政厅。广东省政府采取如上措施主要是出于社会公意的考虑,即万一不优先支付个人存款有可能导致严重的社会后果。②

(2)评价

本案既是中国首宗非银行金融机构破产案件,也是全国法院迄今为止受理的涉及财产金额最大、境内外债权人最多的国有企业破产案件,更是首宗最大的涉及境外债权人的破产案件。③ 本案中,当初实行了撤销和行政清算程序,但公司的财务状态远比预料的更严重,从而进入了法院的破产清算程序。并且,该公司还有25,000名多个人存款人,这是因为债务人公司大量办理高息存款而吸收资金等违规筹集资金。原来,债务人公司因为不能接收个人存款,所以接受个人存款本身就是违法行为。而且,受高息引诱的个人原则上债权也不应受到法律的特别保护。但是,考虑到社会公益,广东省政府和中国银行收购个人存款债权,支付了相当于本金的数额。如果不快速偿付个人存款人,包括广东省在内的社会全体都有可能会发生社会混乱。但是,还有观点认为由于债务人公司接受存款的行为因为是违法的,因此与其相应的个人存款行为根本不应得到特别优

① 张继红:《银行破产法律制度研究》,上海大学出版社2009年版,第189页。

② 同上书,第188~189页。

③ 许胜锋主编:《困境企业的退出与再生之路》,人民法院出版社2011年版,第152页。

待,从而上述措施不应成为先例。[①] 由于因债务人公司经营失败而发生了巨大损失,并对于因债务人的违法行为而产生的存款债权使用政府资金进行补偿,肯定会发生道德风险,因此上述见解很有道理。

另外,本案是法院对金融机构进行破产清算程序的最初案例,因此成为可以积累多样、丰富的实践经验的很好契机。这些成果在自 2002 年 9 月起施行的最高人民法院《关于审理企业破产案件若干问题的规定》中得到了体现,[②]债权人的申报确认程序在第 21 ~ 24 条中进行了规定,债权人主席委员会在第 39 条中进行了规定,多次分配破产财产在第 92 条中进行了规定。

二、中韩两国的差异

(一)中国金融机构破产制度立法现状的分析

1. 以行政法规为主的立法体系

中国金融机构破产制度的立法主要由行政法规和部门规章构成。由于中国没有采用金融机构破产专门立法例,因此没有单一的有关专门法律,只在《企业破产法》第 134 条中作出了原则性的规定。此外,涉及各金融行业的《商业银行法》《保险法》《证券法》《银行业监督管理法》《公司法》等相关法律中也只有部分相关条款。《企业破产法》第 134 条规定,当金融机构破产时,国务院依照《企业破产法》及其他相关法律的规定制定实施办法,即委托国务院对具体内容进行立法。由此,中国金融机构破产的相关法律制度主要由国务院的行政法规和各部门的规章构成,金融业行政主管部门和监督机构制定法规并实际执行,从而降低了权威性和说服力。[③] 以行政法规为主的立法虽然有利于应对具体的紧急状况,迅速、机动地采取措施,但从立法正当性的角度来看,存在缺少法律依据的问题。金融机构破产制度与大多数利害关系人的权益紧密相关,跟随金融世界化的趋势,会对国家的公信力及可信度产生巨大影响,因此关于金融机构破产程序的主要内容,有必要以法律形式制定相关法规。

2. 以原则性为主的规定

中国金融机构破产程序的立法中大都是以原则性为主的规定,具体程序性

---

① 张继红:《银行破产法律制度研究》,上海大学出版社 2009 年版,第 189 页。

② 张雪强:《银行业金融机构市场退出法律制度研究》,法律出版社 2014 年版,第 296 页。

③ 同上书,第 300 页。

规定很少。虽然证券业的破产程序规定相对较为详细,但银行业的破产程序规定就较为笼统。银行破产程序的相关法律包括《商业银行法》和《银行业监督管理法》等,其中与破产有关的具体条款大都是概括性的规定,对于实施撤销和破产的具体内容规定不明,特别是缺少对实施方式的具体程序性规定。① 此外,法律法规的制定或修订工作赶不上现实中所产生的新问题,因此无法找到合适的法律解决方法,从而金融机构破产程序的可预见性下降,可信度也随之下降。在这种情况下,有必要制定具体的实施细则,特别是如与银行有关的金融机构破产条例的立法迫在眉睫。

3. 各金融行业的破产立法体系复杂

中国金融机构破产的相关立法特征之一是银行、保险公司、证券公司等各金融行业都分别制定了不同的法律,对其的主管监督机构也各不相同。而且,按各金融行业都先后成立存款保险机构,运营各自的存款保险基金,其中保险保障基金和证券投资人保护基金已经设置,但银行的存款保险基金还未设置。大部分的行政法规也按各金融行业制定不同法规。与此相反,中国还有如《金融机构撤销条例》的以银行和非银行金融机构为适用对象的行政法规,即以所有金融行业为适用对象的立法和只以个别金融行业为适用对象的立法共存。尽管各法律法规规定同一名称的行政破产处置措施,但是,按各金融行业,其规定形式或内容不尽相同的情况也不少。例如,托管在《企业破产法》《证券法》《金融机构撤销条例》中有相关规定,但在《商业银行法》《银行业监督管理法》和《保险法》中难以寻找相关规定;行政重组在《银行业监督管理法》中有相关规定,但在《证券法》和《保险法》等法律中都没有,只能在《证券公司风险处置条例》中找到相关规定。笔者认为,这是因为其是按各金融行业先后分别进行各自的立法,并不是为了反映金融行业的个别特性作出不同规定。中国也随着金融业的开放、世界化及市场化而有可能产生金融危机或金融机构的连锁倒闭。由于各金融行业的立法不同,主管金融监督管理机构分散,在紧急状况下就会很难统一、有效地应对。当然,建立反映各金融行业特性的破产制度很重要,但是对于各金融行业之间共通的部分制定、施行统一的综合性立法,会更有助于应对系统性风险,解决危机状况。

---

① 夏斌主编:《中国金融法律法规核心解读》,中国金融出版社2008年版,第36页。

4. 对于金融消费者的保护

金融机构的破产或市场退出会对众多金融消费者产生巨大影响，如果对金融消费者的保护体系尚不完善，就会使其遭受重大损失。特别是中国是世界上储蓄率最高的国家，银行等存款类金融机构倒闭，会导致许多公民受到财产损失，也可能造成社会动荡。因此，保护直接面对金融机构破产的金融消费者是十分重要的。对于证券公司和保险公司的金融消费者已实施了存款保险制度，而对于银行金融消费者的存款保险制度于2015年5月1日正式实施。中国《存款保险条例》建立存款类银行业金融机构的存款保险制度，并能够为约99.62%的存款人提供全额保护。

一旦发生金融危机或金融机构的连锁破产，就会给存款保险基金的安全带来巨大影响，需要大笔资金，因此按各金融行业的区分显得不太重要。所以，只有存款保险基金的规模大，并确保尽量多的资金，才能稳定地运营基金。当初，韩国的存款保险制度从分行业设立存款保险基金开始起步，即对于银行、保险公司、互助储蓄银行、综合金融公司等几个金融行业分别运营存款保险基金，但是在1997年金融危机时将其他非银行金融机构的存款保险基金并入了单一的存款保险基金。为了进一步完善存款保险制度，中国可以参考借鉴韩国的经验。

5. 有必要加强对经营不善负有责任的人员的责任追究

银行等金融机构具有与其他企业不同的资本结构，与其他企业相比资本非常少，通常90%或更多的资金来源于借债，其负债比重会相对偏重。而且，由于资产大部分是贷款债权，因此很难对其资产作出准确的价值评估，并且由于信息不对称问题导致对金融机构的管理监督也极为不易，融资相对方便，因此不良贷款的比例或财务结构的不健全并不即时可见，会被长期隐藏。① 因此，金融机构的大股东等经营层，不是有可能会谋求长期发展，而是有可能会更侧重于短期利益，以给有问题的贷款人提供高息贷款，提高表面上的实绩等方法，追求高收益、高风险的投资活动。上述的道德风险会给该金融机构带来经营困难，最后，因金融机构破产或退市，而导致债权人等利害关系人受到很大损失。因此，在金融机构的破产程序中，对发生经营不善负有责人的经营层更严格地追究法律责任，有助于防止经营层发生上述的道德风险。也有人主张，中国相关法律制度只是对

① 王红一：《银行公司治理研究》，法律出版社2008年版，第24～26页。

破产、关闭等金融机构的负责人在担当相关行业高层任职进行了限制,没有建立严格的责任追究制度。[①] 违法违规的金融机构负责人应当承担损失赔偿责任等民事责任,而且对其过追究刑事责任。

(二)两国金融立法与制度的差异

1. 立法形式

(1)立法的系统性

韩国涉及金融机构破产的特别法主要包括《关于金融产业结构改善的法律》《存款人保护法》《关于金融委员会的设置等的法律》等,都是由国会以法律形式制定的。对于重要事项,法律作出相关规定,而对于具体程序或实施办法等事项,该法律的施行令、施行规则、告示等下级法令作出规定。与之相反,中国涉及金融机构破产的相关规定主要具有行政法规的形式,即依据《企业破产法》的概括性委任,由国务院和主管行政部门制定行政法规和部门规章。如上所述,按照上述的立法方式,规则制定者和具体执行者相同,因此不仅不容易确保其权威性和说服力,而且很难认为具有系统性的立法。

(2)立法的统一性

韩国涉及金融机构破产的立法所具有的特征是以几乎所有金融机构为对象制定有关金融机构破产的统一、有效的法律。《关于金融产业结构改善的法律》和《存款人保护法》以几乎所有的金融机构为适用对象,规定了行政破产处置程序和存款保险制度。将按各金融行业分别对金融机构进行管理、监督的监管机构并入了统一的金融监督体系。通过这样的过程成立的金融监督机构,即金融委员会、金融监督院、韩国存款保险公社等主导金融机构的破产程序。不管银行、保险公司、证券公司等金融机构属于任何金融行业,只要发生金融危机或金融机构的连锁倒闭,就可以迅速、有效地应对。实际上,韩国在1997年外汇危机以前,与中国一样,按各金融行业都另有金融监督机构和存款保险制度,但是在危机状态下,现有的体制难以迅速、有效地应对系统性金融危机,从而为了进一步完善金融机构破产制度,修改了相关法律。后来,在克服1997年外汇危机、2008年国际金融危机、2011年互助储蓄银行停业事件的过程中,韩国金融当局通过有效、迅速的应对没有发生特别的危机状况,有效解决了金融危机,这是因

① 张雪强:《银行业金融机构市场退出法律制度研究》,法律出版社2014年版,第303页。

为韩国的统一有效的金融机构破产制度充分发挥了重要作用。反之,中国涉及金融机构破产制度的立法主要散见于各行业的个别法律中,存款保险制度也分散在各行业中。此外,金融监督管理部门也按各行业不同。与证券业或保险业的破产有关立法相比,有关银行业的破产立法相当缺少。当然,对于破产程序制定反映各金融行业的特性的专门法律有优点。但是,中国也随着金融业的改革开放、世界化及市场自由化有可能会产生金融危机或金融机构的连锁破产,如此各金融行业的立法体制不同,主管金融监督当局分散的,在紧急状况下就会很难统一、有效地应对。笔者认为,中国有必要制定统一有效的金融机构破产法律,而现在中国政府正在促进的《金融机构破产条例》可能会成为一个开始。

2. 在行政处置程序方面

(1)适时纠正措施

在韩国,金融机构破产优先适用《关于金融产业结构改善的法律》和《存款人保护法》。这些法律的主要内容是金融监督机构的广泛的裁量权和各种行政强制措施。另外,在金融机构的市场退出或再建程序的进行过程中,程序不透明,法律依据不明确的情况有时发生。韩国参考美国的立法例,引进了适时纠正措施制度,以解决金融监督机构任意的判断或滥用职权等问题,确保金融产业的健全性及稳定性,保护存款人、投资者等利害关系人的权益。适时纠正措施制度的法律依据就是《关于金融产业结构改善的法律》,对于详细的标准和具体的措施内容,金融委员会制定、告示的各金融行业的监督规定作出相关规定。适时纠正措施将金融机构的健全性以自有资本比率等经营状态为准划分为几个等级,金融监督机构按其实施纠正措施的制度,因此该制度可以在一定程度上防止金融监督机构滥用裁量权并提高可预见性。目前,中国还没有将该制度立法化,但最近出台的《存款保险条例》第 7 条规定早期纠正措施的法律依据。这可以说是与韩国的适时纠正措施相应的,今后有必要对中国早期纠正措施的具体内容进行研究。

(2)所谓的“三中止”司法保护措施

所谓的“三中止”司法保护措施,是指当金融监督管理机构对于发生重大经营风险的金融机构进行接管、托管、撤销、整顿等行政破产处置时,暂时中止以该金融机构及其实际控制的附属机构为被告、第三人、协助执行人的民商事案件诉讼程序及执行程序的措施。上述措施可以在《企业破产法》第 134 条规定中发现其法律依据。其目的在于保证该金融机构的资产不被个别债权人哄抢和瓜分并通过破产清算程序为整体的债权人实施公平清偿。此外,该制度有助于有效实行金融机构的破产处置措施。

与之相反,韩国法院不能在进行破产清算程序之前,只以金融当局进行行政破产程序为由决定中止相关诉讼或执行程序,对其没有法律依据。但是,在实践中,在行政破产处置进行过程中,韩国存款保险公社为存款人迅速支付临时预支款、保险金及概算给付金等,金融委员会通过合同转移决定等方法缓解存款人的不便,因此实际上债权人以行政破产程序中的金融机构为对方持续进行诉讼或执行程序的实际利益几乎没有。

另外,自向法院提出破产申请时至破产宣告时的期间,是否能够中止债权人的强制执行程序等也是值得研究的问题。这是因为,如上所述,就算存款保险制度能够保护大部分债权人的利益,被排除在保护对象外的债权人还可以持续进行强制执行程序。《关于债务人重整及破产的法律》在重整程序相关部分中对其作出明文规定,但在破产清算程序相关部分对于中止强制执行等程序并未作出规定。但是,因破产宣告裁定而强制执行会失效,破产宣告之前的个别强制执行行为会成为撤销权的适用对象,承认破产宣告之前的上述个别执行行为可能给总债权人的公平受偿带来不好的后果,中止强制执行的命令也属于在《关于债务人重整及破产的法律》第323条中所规定的"必要的保全处分之一",鉴于上述情况,以中止破产债权人的强制执行程序为内容的保全处分可以被允许。① 然而,在大部分的破产案件中,关于是否宣告破产,法院迅速作出裁定,所以实践中这种事例并不常见。因此,在韩国,法院不能在进行破产清算程序之前,只以金融当局进行行政破产程序为由作出如中国"三中止"保护措施的中止决定,只能在破产申请后通过保全处分决定中止强制执行程序。特别是由于中国还没有完备存款保险制度,因此在行政破产处置过程中许多存款人可以行使权利,如果存款人对问题金融机构行使权利,就会对行政破产处置措施的成效造成坏影响,因此采取"三中止"司法保护措施的实际利益很大。

(3)行政清算程序

在韩国,金融机构发生经营困难的,金融委员会、韩国存款保险公社等先进行

---

① 首尔中央地方法院破产部实务研究会:《法人破产实务》(第4版),博英社2014年版,第50页。

行政破产处置程序;决定退市的,向法院提出破产申请,最后进行破产清算程序。而中国更倾向于进行行政清算程序,而向法院提出破产申请并不常见。

3. 在司法破产程序方面

(1)关于破产申请权

在中国,债务人和债权人对金融机构提出破产申请,需要得到相关监督管理机构的同意。地方各级人民法院在决定受理对证券公司的破产申请时,需要逐级上报最高人民法院批准。

然而韩国没有上述限制,对金融机构的破产申请权人包括债权人、债务人和金融委员会等,无须经金融当局同意。不过,由于在大部分的金融机构破产案件中都先进行金融当局的行政处置措施,因此实际上可以视为金融委员会对几乎所有的破产案件决定是否提出破产申请。在以往的实践中,当对不实金融机构作出合同转移决定时,金融委员会委托该金融机构的管理人申请破产清算,因此管理人作为金融委员会的受托人或者该金融机构的代表人申请了破产清算。但是,关于依据《关于金融产业结构改善的法律》的管理人是否享有解散金融机构的破产申请权,提出疑问。因此,首尔中央地方法院从2013年起劝告韩国存款保险公社以债权人资格提出对问题金融机构的破产申请。实际上,在金融机构的破产案件中,几乎没有债权人提出破产申请的情况。在行政破产程序中,金融委员会选任的管理人保有债务人的代表资格,但管理人应当遵循金融委员会的命令,因此没有可能随意提出破产申请。此外,除了韩国存款保险公社之外的债权人大部分不是存款人就是其他金融机构,因此它们也几乎没有可能申请破产。如果在行政破产程序的过程中部分债权人申请破产的,法院不是尽快作出破产宣告裁定,而是为了最大限度地保护存款人的权益,先会参考韩国存款保险公社或金融监督院的意见,然后会考虑行政破产程序的进行状况进行破产清算程序。[①] 法院对金融机构作出破产宣告裁定时,无须经大法院批准。

(2)关于选任破产管理人

在金融机构的破产案件中法院选任破产管理人,两国相同。韩国的《关于金融产业结构改善的法律》《存款人保护法》及《银行法》都在金融机构的破产程序

① 根据《关于金融产业结构改善的法律》第19条规定,金融监督院或韩国存款保险公社可以在银行等金融机构的破产程序过程中向法院提出或陈述意见。

中对选任破产管理人作出特别规定。法院在金融机构破产案件中选任破产管理人时,金融委员会可以将金融专家或韩国存款保险公社的职员推荐为破产管理人,法院在没有特别事请的情况下将被举荐人选任破产管理人(《关于金融产业结构改善的法律》第15条)。当银行破产时,应当将金融监督院院长或所属职员选任为破产管理人(《银行法》第57条)。韩国存款保险公社支付保险金或支持资金的投保金融机构破产时,为了有效回收支持的资金而将韩国存款保险公社或其职员选任为破产管理人(《存款人保护法》第35条之8)。从实践中来看,在绝大多数的金融机构破产案件中韩国存款保险公社或其职员都被选任为破产管理人,而作为一个例外,在没有来自国家的资金支持的部分证券公司破产案件中,律师被选任为破产管理人。

中国《企业破产法》并没有对金融机构破产时破产管理人的选任作出特别规定,对破产管理人的选任只有一般性的规定。对于商业银行、证券公司、保险公司等金融机构的破产案件,2007年4月12日最高人民法院制定的《关于审理企业破产案件指定管理人的规定》第15条、第21条、第22条等作出了特别规定。金融机构的破产案件与在全国范围内有重大影响、法律关系复杂的企业破产案件一样,扩大了将能被指定为管理人的管理人候选人的范围,并尽可能地通过公开竞争方式来寻求适合管理人的人员。并且,对于经过行政清算程序的金融机构破产案件,在尊重现有的清算组的同时,赋予金融监督管理机构推荐权,使其可以干预管理人的指定程序。上述司法解释的内容可以看出与韩国的《关于金融产业结构改善的法律》和《银行法》相似。但是,像韩国的《存款人保护法》一样的相关内容并没有被包含在中国的《存款保险条例》中,即中国并没有采取在投保金融机构的所有破产案件中都应当将存款保险公司选任为破产管理人的立法方式。笔者认为,韩国的《存款人保护法》中关于破产管理人选任的特别条款应当修改或废止。

4.在存款人保护制度方面

(1)关于存款人的优先偿付权

在中国,个人存款人在破产清算程序中有权比一般债权人优先受偿(《商业银行法》第71条第2款)。在韩国,旧《互助储蓄银行法》规定了与其类似的互助储蓄银行存款人的优先偿付权,而该条款已被宪法裁判所的违宪判决废止。这是因为存款保险制度已经充分体现了存款人权益保护,许多存款人比一般债权人处于更有利的地位,加之破产清算程序时存款债权还属于优先权是可以说过于保护存款人,给一般债权人带来很大损失。因此,笔者支持选法裁判所的判决。此外,《保险业法》还有以为投保人或受益人予以优先偿付权为宗旨的条款,但是在不实保险公司的重组过程中,由于实际上优良保险公司全部接受该不实保险公司的保险合同,因此尚未出现适用依据《保险业法》的优先偿付权的案例。对于保险公司也适用存款保险制度,从而《保险业法》上的优先偿付权规定也应当修改或废止。但是,由于中国目前还没有完备的存款保险制度,因此上述存款人的优先偿付权条款还有充分的存在意义,待将来存款保险制度完善以后,有必要重新考虑是否废止上述条款。

(2)关于投保银行的范围

中国的《存款保险条例》规定了受保护的投保金融机构的范围,在中国境内设立的存款类银行业金融机构都适用存款保险制度。国内银行的国外分支机构或外国银行的国内分支机构则不适用。而韩国的《存款人保护法》规定,国内银行的国外支行或外国银行的国内支行都包括在投保金融机构的范围内。这种立法类似于属地原则和属人原则结合的德国的立法模式。反之,中国的存款保险制度,确切地说,不采用属人原则或属地原则,原则上只适用于在中国境内设立的存款类金融机构。投保金融机构的范围与外国的立法类型相比,可以说其范围比较小。

(3)对于不实金融机构负责人的责任追究

根据韩国《存款人保护法》第 21 条之 2 的规定,韩国存款保险公社可以要求该不实金融机构或不实忧虑金融机构请求对其经营困难应承担责任的负责人赔偿损失,如果不实金融机构没有回应其要求,那么就可以及时代替该金融机构代位行使其损失赔偿请求权。为了进行上述请求,在必要时可以要求不实金融机构提交业务及财产状况等资料,并采取要求出席调查等措施。另外,根据在 2011 年 5 月 19 日修改的《存款人保护法》规定,当请求对导致不实金融机构经营困难应承担责任的前现任高级管理人员、实际控制人赔偿损失或者为了请求赔偿损失进行调查时,若不凭相关金融交易内容的信息或资料,就无法确认不实金融机构相关人员的赔偿责任或隐匿财产与否,韩国存款保险公社有权请求相关金融公司提供金融交易信息(第 21 条之 4)。对导致一连串的储蓄银行停业事件负有责任的相关人员必须承担损失赔偿等相应的法律责任,因此作为确保其实效性手段,韩国政府赋予韩国存款保险公社关于提供金融交易信息的请求权。但是,该规定的有效期只到2019年3月23日。这是由于上述的立法目的和对金融交易信息的保密之间产生矛盾,因此只赋予限时性效力。另外,与2011年互助储蓄银行停业事件相关的所罗门储蓄银行、TOMATO储蓄银行、现代瑞士储蓄银行等主要储蓄银行的各前代表都分别以指令了数千亿韩元的违法贷款、挪用了数百亿韩元等有关犯罪,被法院判处了有期徒刑。以2014年8月为准,在首尔的监狱里一共有与储蓄银行破产相关的代表或职员150名。① 这些储蓄银行都被其他银行收购或正在进行破产清算程序。如上,对于使该金融机构发生经营困难导致债权人等利害关系人受到很大损失,并使对金融市场的可信度下降的经营层追究了严格的刑事责任。在金融机构的破产程序中,对于发生经营不善负有责任的经营层更严格地追究法律责任,有助于防止经营层发生上述的道德风险。也有人主张,中国相关法律制度只是对破产、关闭等金融机构的负责人日后在担当相关行业高层管理职务时的任职进行了限制,没有建立严格的责任追究制度。② 违法违规的金融机构负责人应当承担损失赔偿责任等民事责任,而且对其追究刑事责任。

结　论

一、关于理想的金融机构破产制度的看法

在市场经济体制下,金融机构是市场主体,大多是具有法人资格的企业。市场经济体制最显著的特征是通过自主经营与合理竞争,以提高市场效率并力图资源的合理分配,追求全体社会利益的最大化。因此,在企业竞争中出现优胜劣汰是必然结果。被淘汰的企业退出市场的同时,又有新的企业进入市场,由此相关市场可以持续维持良性竞争机制,金融行业也无一例外。金融机构可以通过市场竞争逐步成长,反之也可能因在市场上被淘汰而处于破产境地。建立有效、公正的市场退出机制有助于提高金融制度的效率、维护金融体制的稳定和社会稳定。金融机构破产制度可以说是上述金融机构市场退出机制的典型。

---

① 《被逮捕的储蓄银行的代表们》,载NAVER博客:http://blog.naver.com/PostView.nhn?blogId=jcs203&logNo=220086703172,最后访问日期:2015年2月13日。

② 张雪强:《银行业金融机构市场退出法律制度研究》,法律出版社2014年版,第303页。

然而,建立金融机构破产制度绝非以金融机构退出市场或破产为目的。建立一套完善的金融机构破产制度会对防范金融机构的破产、维持金融体系的稳定发挥重要作用,而且有助于避免发生利害关系人的损失并保障合法权益。与一般企业破产相比,金融机构的破产不仅具有更广泛的波及效果,而且具有较高的风险传导性,因此可能对其他金融机构造成连锁的负面影响,还有可能导致整个金融系统陷入危机状况。甚至因出现大量挤兑现象而可能导致整个社会的动荡,进而金融危机有可能扩散到全球。由于这类负面影响极其严重,因此有必要提前防范金融机构破产的发生。即使金融机构出现经营风险,还需要及时采取合理的处置措施以最大限度地减少风险的扩散。因此,世界上大多数国家都通过政府的日常监督管理和早期介入措施等各种手段应对金融机构破产。上述所述,为防止发生破产的努力以及适当的监管和约束必不可少。

不过,对金融机构的约束和监管应尽可能最小化。如果为避免金融机构的破产而实施过度的约束或监管,反而有可能严重阻碍自主经营和合理竞争。金融业本身就是从社会公众等外部吸收存款等资金进行经营活动的行业,金融业是一直与风险共存的行业,不可能完全消除风险,关键在于如何管理和利用风险。从这个观点上来看,以不发生金融机构的破产为目标的做法并不可取,反而很可能因过度的约束和干预而大大削弱金融机构的竞争力。在日常经营中进行过度行政干预,金融机构自然看政府部门的“脸色”行事,不能作出合理的经营判断,甚至很可能作出不利于金融机构的决策。金融机构的经营效率下降,金融市场也会丧失活力。当前许多国家对金融机构的监管程度依然较高。其原因在于对金融自由化所带来的后果的担忧以及对出现金融机构的连锁倒闭或金融危机的恐惧。

但是,美国、英国、日本等金融发达国家的例子显示,只约束和监管并不够,还要保障金融机构的自主经营、建立有效的金融机构破产制度,这些可以成为金融行业走向先进的重要契机。保障自主经营,促使金融机构致力于提高自身的竞争力,因此这种做法有利于金融消费者。例如,金融机构为了尽量多筹集资金而通过健全、有效的竞争过程向金融消费者提供利率优惠或不断开发新的金融产品。对此,随着金融机构之间融资竞争的加剧,有专家预测因竞争加剧,成本会增加,而收益下降。但是,多数意见认为随着相关业务范围和经营规模的扩大以及资金渠道的多样化,风险可以分散,因此不会对金融机构的效益产生负面影响,笔者也认为这一意见更有道理。如今,在金融行业中,银行业金融机构与非银行机构之间的区分逐渐淡化,出现金融控股公司和大型金融集团等,因此有效进行监管也越来越困难了。总而言之,判断金融机构是否具备竞争力,与其由金融当局负责,不如由市场负责。同时,对于退出市场的金融机构建立有效、公正的市场退出机制,有助于将因破产而对利害关系人和金融市场造成的损失最小化。

因此,笔者认为,有必要尽可能保障金融机构的自主经营和合理的经营判断,对金融机构的监管和约束则在为防范金融机构破产的最小限度内实行,但在发现违法违规行为或造成重大经营失败的情况下,应当采取市场退出或破产清算等严厉措施,追究相应的法律责任。关于理想的金融机构破产制度的研究可以说是寻找一方面能最大限度地保障金融机构的自主经营,另一方面能防止发生金融机构的破产的平衡点的过程。在常态下,金融机构破产制度有助于促使金融机构经营层重视金融风险的控制,做出为避免金融机构破产的积极努力,并加强风险意识、防范道德风险。而在危机背景下,金融机构破产制度以运作迅速、有效的市场退出机制,并采取为保护存款人等债权人利益的措施,在金融机构的市场退出过程中起到如维持金融体制稳定的重要作用。

二、关于韩国金融机构破产制度的评价与建议

(一)韩国的金融机构破产制度的优点

韩国先后经历了1997年的亚洲金融危机和2008年国际金融危机。在克服这两次危机的过程中,韩国建立了关于金融机构破产的法律制度,进而逐步加以完善而有了长足的发展。特别是在1997年发生亚洲金融危机时,韩国政府只侧重于克服金融危机、消除风险等事后风险处置,然而当面临2008年金融危机之后发生的一系列互助储蓄银行停业事件时,韩国的金融监督当局成功化解了风险,对问题储蓄银行采取及时、有序的合理措施,防止了大规模挤兑现象的发生,从而维持了整个金融体系的稳定。可以说,这样的成果都归功于韩国一直不断完善金融机构破产制度并在多年间积累丰富的实践经验。由此,韩国最终实现了以下三大目标:第一,建立有效、合理的市场退出机制;第二,维护存款人等利益关系人的权益;第三,维持金融制度的稳定。

韩国的金融机构破产制度具有的最显著的特征和优点是具备以大多数金融

机构为适用对象制定的统一的特别法——《关于金融产业结构改善的法律》和《存款人保护法》。由于以国会制定的法律形式进行立法，金融机构破产制度可以确保法律稳定性和可预见性；由于这些法律以几乎所有金融机构为适用对象，金融当局可以较统一、系统地实行金融机构破产处置措施。同时，将按各金融行业分散的不同金融监管机构整合为金融委员会、金融监督院、韩国存款保险公社，使这些机关合理分担金融监管职责，以更加有效、合理地处置各方工作。

在金融危机爆发之后，韩国按照成本最小化原则只侧重于事后风险处置，而近年来则加强风险防范措施，实施风险差别费率制度等重视提前管理风险。并且，请求对发生经营不善负有责任的经营层赔偿损失、扩大对其的调查等，对发生经营不善负有责任的经营层，更严格地追究法律责任也逐步增强。这是旨在防止经营层发生道德风险或冒险经营活动。在存款人保护方面，向存款人迅速支付临时支付款、概算给付金等，从而最大限度地保护存款人的利益，并且，近年来，韩国在采取停业措施的同时作出合同转移决定，从而减少客户的不便，对相关利益关系人的保护也予以深切的关注。

（二）韩国的金融机构破产制度的不足

迄今为止，韩国金融机构破产制度取得了许多成果，为金融制度的稳定发挥了重要作用。然而，韩国的金融机构破产制度也并非完美无缺，仍有不少问题。由于韩国的金融机构破产制度是在克服两大金融危机的基础上逐步发展起来的，因此迅速、有效的处置比当事人的权益保护一直得到了更多重视。在以政府主导的行政破产程序为主的金融机构破产程序中，行政机关行使的权力非常大。这固然有利于迅速有效地处置金融风险，但为因其措施而遭受损失的当事人的不服手段或保护对策却相对不足。从指定不实金融机构的决定到该金融机构退出市场的过程中，金融委员会等金融当局单独主管决定全过程，因此尽管整个环节上有可能存在判断上的错误或过失，对其决定的任何审查或控制都很不容易。所以，对此及时不服或提出异议申请事实上极其艰难，而且实效性也较低。最终只能采取向法院提起诉讼等事后的司法救助手段，这种方法具有局限性。另外，简化不实金融机构的合并和减资等程序的特别规定也很大限度地限制或排除股东和债权人的权益。很多人指出，与这些特别规定所追求的目标和利益相比，对股东和债权人加以过度的限制。另外，对于在投保金融机构的破产清算案件中，一定要将韩国存款保险公社选任为破产管理人的相关规定也有较多批判意见。

在投保金融机构的破产处置过程中,为了实行保险金的支付等各种破产处置措施而使用大量的政府资金,因此政府资金的回收问题相当重要。而且,韩国存款保险公社具有政府机构的性质,适合作为破产管理人负责破产清算职务也有一定程度的说服力。但是,破产清算程序本来应当由公正、中立的破产管理人主管操作,然而韩国存款保险公社只是一个破产债权人,并不是在投保金融机构的破产程序中适合破产管理人的唯一人员或机构。所以,笔者认为,当法院在金融机构破产案件中选任破产管理人时,赋予金融委员会推荐权就够了。韩国《存款人保护法》中关于破产管理人选任的特别条款应当修改或废止。

(三)韩国金融机构破产制度完善的建议

如上所述,由于韩国的金融机构破产制度在金融危机的状况中得以建立,并在克服金融危机的过程中逐渐发展,与最大限度地保障金融机构的自主经营相比,其更重视为防止发生金融危机或破产情况而进行严格的监管。纵观以往的金融机构破产制度的演变和发展过程,这是当然的结果。然而,关于理想的金融机构破产制度的研究,也可以说是寻找能最大限度地保障金融机构的自主经营,以及防止发生金融机构破产的平衡点的过程,因此,笔者认为应当改善过去过度侧重防止发生金融机构的破产的政策方向。现行法律规定对各种行政破产措施没有事前不服手段、简化不实金融机构的合并和减资程序等的特别规定只有在整个金融市场的系统性风险或金融危机中才能找到其合理性,但是在金融机构的常态环境下也同样适用这些规定,没有说服力。因此,上述规定被适用仅限于金融危机等紧急时期,对于在常态环境下适用的规定则应当通过修改相关法律规定的方式制定更合适的规定,以充分保障利益关系人的权利救助和不服手段,并依靠市场机制充分发挥市场退出判断作用,而不是依靠金融当局的行政决策。

三、对中国建立金融机构破产制度的启示

中国在2001年加入世界贸易组织之后,经过5年的过渡期,包括银行业在内的金融业市场逐渐实行对外开放,许多外资金融机构进入中国金融业市场。如今,中国金融市场已成为全球金融市场的重要组成部分,中国金融市场内部的竞争也日趋激烈。至于中国的银行,从计划经济体制下的国有银行起步,经过多次金融改革已发展为股份制商业银行,甚至有很多银行成功上市。特别是中国工商银行、中国建设银行、中国银行、中国农业银行4家银行都被评为世界十大银

行,中国已经成长为国际金融强国。近年来,中国在利率市场化的进程中,筹备制定关于存款保险制度和金融机构破产制度的配套法规的现象与20世纪90年代的韩国非常相似。当时,因为政府对利率进行过度干预引发了相关行业的不满并出现了全球范围的金融自由化风潮,所以韩国政府正式推行利率市场化政策。随着利率市场化政策的开展,银行等金融机构自主经营的保障,在市场经济体制下难免出现金融机构倒闭,因此作为补充措施,政府对于存款保险制度和金融机构破产制度进行了相关立法。于是,在1995年12月27日制定了《存款人保护法》,接着在1997年1月13日制定了《关于金融产业结构改善的法律》。中国在推进利率市场化政策的过程中,在2015年2月17日正式公布了《存款保险条例》,自2015年5月1日起施行,《金融机构破产条例》迟早也会出台。过去的20年间,韩国的金融机构破产制度通过各种试错和许多破产案件处理经验,取得了明显、长足的发展,如今进入了稳定阶段,从而获得了一套较成功的制度的评价。虽然存在约20年的时间间隔,但笔者认为,关于韩国金融机构破产制度的研究,可以为中国建立和完善金融机构破产制度提供有益的借鉴和参考。笔者也衷心希望本文成果能有助于中国金融机构破产制度的发展和完善。

保险公司破产中投保人利益保护

李锦珠*

引　言

当我国保险行业越来越多的保险公司面临经济危机时，我国的保险公司破产机制却并不完善。目前，我国保险公司市场退出的先例，仅有瑞福德健康保险公司被安邦保险公司吸收合并的案例。这并不是因为我国的保险市场足够稳定，而是政府以其行政执行力对陷入经营危机的保险公司进行了监管和救济。我国保险公司完全退出保险市场的法律法规并不完善，而其对于投保人的利益保护方面的制度也并没有科学系统地建立起来。

自我国保险保障基金公司设立以来，一共参与了两起保险公司风险处置案例，分别是新华人寿和中华联合保险公司的风险处置。保险保障基金公司在参与这两起案例时，最后都实现了保险公司偿付能力的恢复。保险保障基金公司的积极参与，使陷入危机的保险公司化解了经营危机，避免了大规模退保浪潮，在维护金融市场稳定的同时，以恢复保险公司偿付能力的方式，维护了投保人的利益。对于投保人而言，保险的重要价值在于对其

---

* 大成律师事务所助理，中国政法大学硕士。

提供一种有效的风险分担作用。投保人支付保险费是为了在风险发生时能够获得保险赔偿。然而,如果我国的保险公司因经营不善进入了破产程序,那么,依照我国目前的法律法规以及制度规制,能否在保险公司破产中对于投保人利益起到良好的保护作用是存在疑问的。

对于投保人的利益保护,可以说是问题保险公司或保险公司破产处置中的保障重点。在构建保险公司风险处置及市场退出制度时,也应将投保人利益最大化设为价值目标。保险保障基金的救助是本着通过保险公司的持续营业,保护保单的生命力得以延续,最终目的也正是对于投保人的利益保护。然而,我国对于保险公司破产中投保人利益保护的制度并未得以健全和完善,在政府参与、保险保障基金的适用等方面尚存在诸多问题。

第一章 问题缘起

迄今为止,我国保险保障基金参与的保险公司风险处置的案例仅有两起,分别是保险保障基金参与新华人寿和中华联合的风险处置这两个案例。本章将通过我国保险保障基金参与的这两起保险公司风险处置案例引出文本想要讨论的问题。

一、案例一:新华人寿保险公司风险处置案

(一)案件背景

新华人寿保险股份公司(以下简称新华人寿)是自我国《保险法》颁布后,成立的第一批全国性的人寿保险公司。新华人寿的董事长关某某在职期间,擅用新华人寿的资金,多次出现了资金运用违规的现象。2006 年保监会正式对其采取监管措施并开始对资金的去向进行调查。2007 年 5 月保监会宣布保险保障基金以市场价格,收购公司问题股东所持股份,后经过几次增持,保障基金公司在新华人寿持有了最多的股份。

作为资金援助机构的保险保障基金于 2008 年成立保险保障基金公司。在保监会的主导下,其取代保险保障基金,参与了新华人寿风险处置一案,并“配合有关部门,妥善处理了股东间的分歧,支持管理层稳步开展公司经营,处理偿付能力不足问题,参与处理遗留法律纠纷,并以大股东身份加强公司治理,促进了

新华人寿的稳步发展”。[①] 最终保障基金公司按照协议转让的方式,将所持股份一次性转让给汇金公司,最终以溢价12.68亿元顺利退出。

(二)采取的主要措施

在保险保障基金参与新华人寿的风险处置过程中,其所作的主要工作有以下几种:第一,参与经营管理,稳定新华人寿的发展;第二,选聘专业机构、推进股权转让工作;第三,维护金融稳定,合理确定股权价格;第四,确保依法合规,严格履行审批程序;第五,加强沟通协调,正面引导媒体舆论。

保障基金公司在参与新华人寿的风险处置期间积极参与公司股东会议,认真研究如何改善经营管理的问题,及时对新华人寿的重大经营问题进行决策,稳定了新华人寿的发展。并且在保险保障基金公司的努力下,补充完成了2006~2008年的审计报告。同时,为资产保全和债权清收工作加大了力度,并加强了内部风险控制工作。

保障基金公司在新华人寿一案中,股权转让工作可以说是工作重心之一。保障基金公司为了新华人寿的股权转让工作顺利进行,选聘了专业的财务顾问、法律顾问和资产评估机构,制订了股权转让方案,并开展了资产评估工作。同时,保障基金公司与汇金公司积极展开股权转让协议,并于2009年11月和汇金公司签署了《转让协议》。股权转让的交易价格也以各方都能接受的价格确定。“保障基金公司董事会决议按协议转让方式,将公司所持有的新华保险股份一次性整体转让给汇金公司,每股8.71元,总计40.58亿元。自此,保险保障基金公司所持有的新华股权以溢价12.68亿元顺利退出。”[②]

(三)案例评析

在这一案例中,最主要的成果可以说是让新华人寿恢复了偿付能力,使其实现了新一轮的发展。

在新华人寿风险处置一案中,也发现了不少问题。为了改善新华人寿经营管理的问题,保障基金公司着手掌握了公司的管理权,并接管了问题股东的股权,采取了股权重组的方式进行了对新华人寿的风险处置。最终,保障基金公司通过股权转让的方式退出了新华人寿,最终实现了新华人寿的保值增值。在保

---

① 参见张领伟:《保险公司风险处置研究》,南开大学2010年博士学位论文,第124页。

② 薄燕娜:《保险公司风险处置及市场退出机制研究》,北京大学出版社2013年版,第227页。

障基金公司退出新华人寿之后的3年里,新华人寿的偿付能力从2010年的充足Ⅰ类提升至2012年的充足Ⅱ类,新华人寿应对风险的能力得到稳步提升。这足以证明保险保障基金公司参与新华人寿风险处置一案取得了阶段性成果。偿付能力充足才能保证对投保人的风险赔偿和到期给付,最终才能保证投保人的利益。恢复偿付能力的成果本身就是保障了投保人利益不受侵犯。保险保障基金参与新华人寿的风险处置,在政府和市场两端起到了很好的过渡作用,避免了新华人寿的破产,进而保护了投保人的利益。

二、案例二:中华联合保险公司风险处置案

(一)案件背景

中华联合保险公司(以下简称中华联合)是主要经营财产保险的国内大型保险公司之一。自2005年以来,中华联合就显示出风险隐患。中华联合在经营过程中,进行了业务规模的急速扩张,赔付成本急剧升高。2007年中华联合的综合赔付率①达到108.4%,综合成本率②达到143.5%。到2009年,中华联合的偿付能力③缺口高达159.1亿元,偿付能力充足率④为-443.1%。

自2005年开始,监管机构便一直采取各项监管措施,督促"中华联合改善经营,防范风险。从2007年开始,保监会对中华联合的监管逐渐加强,通过督促整改、严控规模、停批机构、监控资金、监测舆情等方式控制中华联合的风险"。⑤

2009年保险保障基金公司参与了对中华联合的整顿工作,期间,保险保障基金公司对中华联合实施了股份托管、股权重组、增资扩股和引入战略投资者等措施。⑥

(二)采取的主要措施

在参与中华联合的案件中,保障基金公司所做的主要工作有以下几种:第一,托管主要股份;第二,改善经营管理;第三,推进股权重组;第四,处理员工股

---

① 综合赔付率是指保险公司已发生赔款支出与已赚保费的比率,已发生赔款支出包括赔款支出、分保赔款支出与未决赔款准备金提转差,并扣除摊回赔款支出与追偿款收入。

② 综合成本率是指保险公司用来核算经营成本的核心数据,包含公司运营、赔付等各项支出。

③ 偿付能力是指衡量保险公司财务状况时必须考虑的基本指标。

④ 偿付能力充足率:保险公司应当具有与其风险和业务规模相适应的资本,确保偿付能力充足率不低于100%。

⑤ 参见薄燕娜:《保险公司风险处置及市场退出制度研究》,北京大学出版社2013年版,第228页。

⑥ 参见黄蕾:《保险保障基金突破700亿 行业并购基金酝酿设立》,载《上海证券报》2016年3月4日。

问题;第五,引进战略投资者。

在保险保障基金公司进入中华联合的初期,中华联合的偿付能力严重不足,保单最终的偿付责任随着保险保障基金公司的进入已经实质性地转移到了保险保障基金公司。保险保障基金公司通过托管股份的形式,进入公司内部治理结构,及时有效地改善公司的经营管理,开展了中华联合的股权重组工作。2011年保险保障基金公司通过股权转让的方式,正式成为中华联合的控股股东。

2012年1月保险保障基金公司向中华联合注资60亿元,用于改善其偿付能力;同年12月通过保障基金公司的努力,东方资产管理公司通过债转股的方式,向中华联合注资78.1亿元,成为第一大股东。

(三)案例评析

保险保障基金公司在参与中华联合风险处置过程中,针对风险发生的主要原因,果断介入公司治理结构内部,迅速遏制了经营亏损的不良局面。同时,通过托管股权、注资重组等方式迅速恢复了公司的偿付能力。在制订重组方案时,果断削减了原股东的权益,妥善处理了员工股,并科学计算了注资规模和用途,防止了大规模退保的极端情形出现。这不仅避免了中华联合的亏损,也有效避免了大规模退保浪潮,保护了投保人的权益。并且保险保障基金公司在政府和市场中,做到了很好的协调平衡作用。在遵守法律法规和监管制度的同时,充分利用了市场化的运作手段,以市场平等主体身份参与到中华联合的风险处置中。

最终,保险保障基金公司的整顿工作在保值增值的方面取得了显著的成效。中华联合"连续6年实现盈利,历史亏损消化了近120亿元"。① 2015年年底和2016年年初,保险保障基金公司将持有的60亿股份挂牌转让,以144.05亿元的价格成交,保险保障基金正式退出了中华联合保险公司。

可以说,保监会和保险保障基金公司确实有效地控制了中华联合的经营管理,使其风险得到有效控制。其中,最主要的成果便是恢复了中华联合的偿付能力,并保障了投保人的利益。② 保障基金公司在维护各方利益的同时,主要实现了中华联合的恢复经营,维护了中华联合的无数保单持有人的保单利益,实现了

① 黄蕾:《保险保障基金突破700亿 行业并购基金酝酿设立》,载《上海证券报》2016年3月4日。

② 参见于海纯:《保险市场退出语境下的保单持有人权益保护探析》,载《北京联合大学学报》2015年第3期,第97页。

对投保人利益的保护。

三、问题说明

我国保险保障基金参与的保险公司风险处置案例仅有新华人寿和中华联合两起。通过这两个案例,我们了解到我国的保险保障基金对陷入破产危机的保险公司会采取哪些措施,帮助保险公司脱离风险,恢复偿付能力,进而保护投保人利益的。从结果来看,两起案例都实现了保险公司偿付能力的恢复,使保险公司脱离经营危机,最终实现了保值增值。但是政府监管机构的过度保护以及周期性较长,成本较大的问题也是存在的。政府对保险公司市场退出进行过度的监管和限制,可能迟滞相关法律法规的构建。同时,政府的过度保护可能引发保险公司经营者的道德风险,对于一般市民的风险意识形成也是不利的。竞争市场的成熟和政府部门的监管力度是成反比的。政府干预越多,可能越会体现我国保险业市场退出机制的不完备。完善的市场退出机制和保险行业自由竞争市场的成熟,才能更好地保护投保人的利益。

那么,在这里我们可能会思考为什么我们要保护投保人的利益?投保人的利益保护在保险行业究竟代表着怎样的含义?对于投保人利益的保护应当采取哪些措施?我国保险公司破产中投保人利益保护制度建立尚需哪些完善措施?

第二章　我国投保人利益保护的现状及不足

要讨论我国保险公司破产中投保人利益保护这一问题,首先我们要了解我国目前对投保人利益保护都有哪些现实情况。本章将从我国的保险公司破产时对投保人的法律保护、保险公司对保单的处理,以及保险公司的偿付能力等方面,说明我国目前在保险公司破产时对投保人利益保护的状况,同时提出我国对于投保人利益保护的问题尚有哪些不足之处。

一、保险公司破产中对投保人的法律保护

我国对于保险公司破产的法律规定可以参照《企业破产法》第135条[①]和

① 我国《企业破产法》第135条规定:"其他法律规定企业法人以外的组织的清算,属于破产清算的,参照适用本法规定的程序。"

《保险法》第90条。[①] 根据《保险法》第90条的规定,我国的保险公司破产需要经过保监会的同意。根据《企业破产法》第135条的规定,我国的保险公司破产清算时,可以适用《企业破产法》的程序。简言之,我国的保险公司破产须经过保监会的同意,并且破产程序可以适用《企业破产法》的相关规定。在保监会同意保险公司破产后,在破产清算等过程中,有关投保人利益的保护问题,可以适当参照《企业破产法》规定的一般破产企业破产时,对于债权人的保护措施。

随着保险行业的发展,我国保险监管机制也在逐渐完善。对于保险公司的监管也从单纯市场行为,扩展为市场行为、偿付能力和治理结构这3个方面。监管的手段也从直接干预变为间接监管。保险监管机构在鼓励保险公司自主经营的同时,对出现经营困难的保险公司仍掌握着保险监管的主导地位。

"中国有关保险监督规制的主要部分是在《保险法》中规定的,在《企业破产法》《公司法》等法律中也有涉及。《保险保障基金管理办法》《保险公司保险业务转让管理暂行办法》等行政规章中也有体现。"[②]

在2009年修订的《保险法》中,增加的主要内容之一便是加强对投保人利益的保护,强化保险监督。"《保险法》第六章'保险业监督管理'所规定的保险监管的内容主要包括:第一,对保险机构的监管;第二,对保险业务和市场行为的监督;第三,对财务状况与偿付能力的监管;第四,对资金运用业务的监管。"[③]对于保险行业的监督管理,是保险监管工作的基础,也是保护投保人利益的有效手段。因为中国保险市场的发展尚处于初级阶段,不能过于期待保险业内部的自我规制,因而只能通过扩大行政干预的手段对保险业进行规制。[④]

在《保险法》第134条中,明确了保监会实施保险监管所应遵循的原则及基本任务。该条规定,保险监督管理机构应保护投保人的权益,明确了保护投保人权益是保险监管的基本任务之一。

---

① 我国《保险法》第90条规定:"保险公司有《中华人民共和国企业破产法》第二条规定情形的,经国务院保险监督管理机构同意,保险公司或者其债权人可以依法向人民法院申请重整、和解或者破产清算;国务院保险监督管理机构也可以依法向人民法院申请对该保险公司进行重整或者破产清算。"

② 参见薄燕娜:《保险公司风险处置及市场退出制度研究》,北京大学出版社2013年版,第172页。

③ 吴定富主编:《中华人民共和国保险法释义》,中国财政经济出版社2009年版,第3~4页。

④ 中国保险学会编:《中华人民共和国保险法释义》,中国法制出版社2009年版,第1页。

保护投保人利益向来是保险行业的核心目标之一。如果投保人的利益能够得到有效的保护,公众对于保险行业的信赖度便会提高,从而进一步促进保险行业发展,扩大保险行业规模,促进行业发展。而保险行业的发展,也会反向加强对投保人的利益保护,进而使投保人的利益受到更加完善的保护。

然而当前在我国保险监管法律法规中,对于投保人利益保护的法律规定大多属于原则性的规定,在实践中能够做到何种程度,并不明确。《保险法》中对于保护投保人利益的规定大多依赖于保险监管手段。中国的保险行业以保险公司的健康发展为中心,通过维持保险公司偿付能力及财务健全实现对投保人利益的保护。在保险公司出现"重大风险"时,我国的保险监管机构更倾向于采用接管的方式解决保险公司的经营问题,从而维持保单的连续性,进而维护投保人的利益。

二、保险公司破产中保单的处理

在保险公司破产中对于保险合同的处理,因人寿保险区别于其他种类的保险的特殊性,我们可以按照人寿保险合同的处理和非人寿保险合同的处理这两种分类方式,来了解我国保险公司破产中对于保单的处理措施。

根据我国《保险保障基金管理办法》第 19 条①和第 21 条②的规定,我们认识到我国现行的保险保障基金制度对于人寿保险合同和非人寿保险按合同的救助规定如表 1 所示:③

---

① 《保险保障基金管理办法》第 19 条规定:保险公司被依法撤销或者依法实施破产,其清算财产不足以偿付保单利益的,保险保障基金按照下列规则对非人寿保险合同的保单持有人提供救助:(一)保单持有人的损失在人民币 5 万元以内的部分,保险保障基金予以全额救助;(二)保单持有人为个人的,对其损失超过人民币 5 万元的部分,保险保障基金的救助金额为超过部分金额的 90%;保单持有人为机构的,对其损失超过人民币 5 万元的部分,保险保障基金的救助金额为超过部分金额的 80%。前款所称保单持有人的损失,是指保单持有人的保单利益与其从清算财产中获得的清偿金额之间的差额。"

② 《保险保障基金管理办法》第 21 条规定:"被依法撤销或者依法实施破产的保险公司的清算资产不足以偿付人寿保险合同保单利益的,保险保障基金可以按照下列规则向接受转让的保险公司提供救助:(一)保单持有人为个人的,救助金额以转让后保单利益不超过转让前保单利益的 90% 为限;(二)保单持有人为机构的,救助金额以转让后保单利益不超过转让前保单利益的 80% 为限。保险保障基金依照前款规定向接受转让的保险公司提供救助的,救助金额应以保护中小保单持有人利益以维护保险市场稳定,并根据保险保障基金资金状况为原则确定。"

③ 马洪刚:《中国保险保障基金法律制度研究》,中国政法大学出版社 2009 年版,第 33 页。

表1　我国保险保障基金制度的救助规定

<table>
<tr><th>业务类别</th><th>基金给付对象</th><th>救助条件</th><th>救助比例</th><th>救助最高限额</th></tr>
<tr><td rowspan="3">非人寿保险合同</td><td>所有保单持有人</td><td>5万元以内的损失</td><td>100%</td><td>无</td></tr>
<tr><td>个人保单持有人</td><td rowspan="2">损失超过5万元的部分</td><td>90%</td><td>无</td></tr>
<tr><td>机构保单持有人</td><td>80%</td><td>无</td></tr>
<tr><td rowspan="2">人寿保险合同</td><td rowspan="2">接受转让的保险公司</td><td>保单持有人为个人的</td><td>不超过转让前保单利益的90%</td><td>无</td></tr>
<tr><td>保单持有人为机构的</td><td>不超过转让前保单利益的80%</td><td>无</td></tr>
</table>

(一)对人寿保险合同的处理

我国对于人寿保险行业的投保人利益保护起到了一种信用担保的作用。对于人寿保险行业,出现了一种“人寿保险公司不会倒闭”的说法。这一说法其实是根据《保险法》第92条第1款①和《保险保障基金管理办法》第20条②的规定产生的。上述法规中表示了经营人寿保险业务的保险公司在破产时,必须将保单和责任准备金转让给其他经营有人寿保险业务的保险公司,不能同其他保险公司达成转让协议时由保监会指定接收保险公司。

在这一过程中,可以动用保险保障基金对人寿保险公司提供救济,③具体的救济规则可以参考《保险保障基金管理办法》的第21条。如表1所示,人寿保险

---

① 我国《保险法》第92条第1款规定:“经营有人寿保险业务的保险公司被依法撤销或者被依法宣告破产的,其持有的人寿保险合同及责任准备金,必须转让给其他经营有人寿保险业务的保险公司;不能同其他保险公司达成转让协议的,由国务院保险监督管理机构指定经营有人寿保险业务的保险公司接受转让。”

② 我国《保险保障基金管理办法》第20条规定:“经营有人寿保险业务的保险公司被依法撤销或者依法实施破产的,其持有的人寿保险合同,必须依法转让给其他经营有人寿保险业务的保险公司;不能同其他保险公司达成转让协议的,由中国保监会指定经营有人寿保险业务的保险公司接收。”

③ 我国《保险法》第100条规定:“保险保障基金应当集中管理,并在下列情形下统筹使用:(一)在保险公司被撤销或者被宣告破产时,向投保人、被保险人或者受益人提供救济……”

合同的救济对象是接受转让的保险公司,这有别于非人寿保险合同。接受救济的保单还可以根据性质再次加以区分。保单持有人为个人时,受到的救济比例不超过转让前保单利益的90%;保单持有人为机构时,受到的救济比例不超过转让前保单利益的80%。这两种救济规定都没有救济的最高限额。

虽然以上规定都偏向于原则性,在现实中缺少实践和可操作性,但这也与我国缺少真正意义上的保险公司破产清算的事实不可分离。对于人寿保险合同的处理,应当逐步规范保险公司破产过程中的合同问题,并对其具体操作加以规定。

(二)对非人寿保险合同的处理

在表1中,我们可以看到对人寿保险合同的救助对象是接受转让的保险公司,而非人寿保险合同的救助对象是保单持有人。我国《保险法》并未对非人寿保险合同的处理作出特别规定。

非人寿保险合同的救助对象直接分为个人保单持有人和机构保单持有人。5万元以内的损失不论保单持有人的性质,均救济100%;保单持有人为个人时,超过5万元的部分,救济比例为90%;保单持有人为机构时,超过5万元的部分,救济比例为80%。非人寿保险合同和人寿保险合同一样没有设定最高救助限额。

“延续保险合同、使投保人继续享有保险服务,是保险公司在市场退出过程中保障保单持有人利益最大化地处理方式之一”,[①]因此,在保险公司破产案件中,对于非人寿保险合同的移转和接受保险保障基金的救助也应当予以重视。在《保险法》中,应当对非寿险保单的处理加以规定,而具体操作方法等也需要更多的理论支撑。

三、保险公司的偿付能力

偿付能力,是指保险公司偿还到期债务的财务能力,[②]同时也是保证投保人

---

① 参见龙翔:《保险保障基金保单持有人救济制度的完善》,载《保险研究》2011年第3期,第97页。

② 参见马海峰、谢志刚:《保险保障基金对问题保险公司的事前救助分析》,载《商业研究》2011年第6期,第95页。

利益的基础。“保险公司的风险是由内因和外因共同作用形成的。”①对保险公司风险的正确认知需要从各个角度综合考量。公司的偿付能力和财务状况便是需要优先考虑的因素。对于保险公司的“风险”,我们可以根据公司的偿付能力和财务状况建立衡量指标。

保险公司的偿付能力情况可以用“偿付能力充足率”来衡量。它的计算方式是“实际资本 ÷ 最低资本”。② 这里的“实际资本”是指“认可资产和认可负债的差额”,而“最低资本”是指“根据监管机构的要求,保险公司为吸收资产风险、承保风险等有关风险对偿付能力的不利影响而应当具有的资本数额”。

在《保险公司偿付能力管理规定》中,要求保险公司要确保公司偿付能力充足率不低于100%。③ 保监会根据保险公司的偿付能力状况将保险公司分为三类,分别是不足类公司、充足Ⅰ类公司和充足Ⅱ类公司。

表2 根据偿付能力状况实施监管的公司

公司类别	偿付能力充足率
不足类公司	低于100%
充足Ⅰ类公司	100% ~150%
充足Ⅱ类公司	高于150%

根据上述规定和表2可以看出,所谓存在“重大风险”的保险公司必然是偿付能力充足率低于100%的公司。

《保险法》第144条④对保监会对保险公司实行监管的情形作出了规定。偿付能力严重不足的规定可参考已被废止的《保险公司偿付能力与监管指标管理规定》中,偿付能力充足率小于30%的保险公司被“接管”的规定。⑤

① 参见王瑞、钟蕾:《论我国保险保障基金制度的不足与完善》,载《商业时代》2014年第23期,第121页。

② 参见张领伟:《保险公司风险处置研究》,南开大学2010年博士学位论文,第31页。

③ 《保险公司偿付能力管理规定》第3条规定:“保险公司应当具有与其风险和业务规模相适应的资本,确保偿付能力充足率不低于100%。偿付能力充足率即资本充足率,是指保险公司的实际资本与最低资本的比率。”

④ 我国《保险法》第145条规定:“保险公司有下列情形之一的,国务院保险监督管理机构可以对其实行接管:(一)公司的偿付能力严重不足的;(二)违反本法规定,损害社会公共利益,可能严重危及或者已经严重危及公司的偿付能力的。被接管的保险公司的债权债务关系不因接管而变化。”

⑤ 参见王瑞、钟蕾:《论我国保险保障基金制度的不足与完善》,载《商业时代》2014年第23期,第121页。

保监会接管偿付能力充足率严重不足的保险公司,是为了对其采取必要措施,帮助公司合理经营、恢复市场竞争力、维护金融环境的稳定,进而保护投保人利益。

保监会接管保险公司之后,存在两种情形:保险公司通过保障基金的帮助,恢复经营;保险公司进入清算程序,保障基金直接救助投保人。①

由此可以看出,我国保险公司动用保险保障基金实施风险处置或市场退出时,偿付能力的状况是非常重要的标准之一。科学完善的偿付能力监管机制能有效防止保险公司的破产,进而保护投保人的利益。对于保险公司偿付能力的明确认知,也能帮助保险公司在遇到风险时,对其及时进行救助,进而保障投保人的利益。

四、我国投保人利益保护制度的缺陷

想要对我国保险公司破产中投保人利益保护的问题有一个清晰的认识,不仅要把握我国目前对于投保人利益保护的现状问题,而且要对其中存在的不是有一个清晰的认识。下文中,笔者将列举出笔者认为目前的投保人利益保护的现状中,尚需进一步完善的问题。

(一)无法选择救济方式

在上文中介绍的保险公司破产中对保单的处理部分,我们了解到我国的保单处理分为人寿保险和非人寿保险。根据我国《保险法》第 92 条第 1 款②的规定,针对人寿保险公司的救济对象是接受转让的保险公司,救济方式是保单转移。非人寿保险合同,在我国《保险法》中虽然没有特别规定,但是可以参照《保

① 参见马海峰、谢志刚:《保险保障基金对问题保险公司的事前救助分析》,载《商业研究》2011年第6期,第96页。

② 我国《保险法》第 92 条第 1 款规定:“经营有人寿保险业务的保险公司被依法撤销或者被依法宣告破产的,其持有的人寿保险合同及责任准备金,必须转让给其他经营有人寿保险业务的保险公司;不能同其他保险公司达成转让协议的,由国务院保险监督管理机构指定经营有人寿保险业务的保险公司接受转让。”

险保障基金管理办法》第 19 条[①]的规定。针对非人寿保险公司的救济对象是保单持有人,救济方式是破产清算。从上述规定我们可以看到,我国对于保险公司破产中的保险公司的救济方式作出了限制,法律规定也并不完备。

在实践中,我国人寿保险的投保人的保单利益不会随着公司破产而全部消失,但作为投保人的独立个体而言,其不再具有自由选择承保保险公司的权利,而是被动地由原公司将保单转让给达成协议的其他寿险公司,若不能达成协议则会转让给保监会指定的寿险公司。

虽然《保险法》第 92 条第 2 款[②]规定了转让或者由保监会指定接受转让的保险公司,应维护被保险人、受益人的合法利益。但是在这一过程中,投保人始终处于一种被动的状态,不仅丧失了可以自由选择保险产品的权利,而且选择退保并取回尚未发生风险的保费的权利也被剥夺了。[③] 这一情况有别于美国的制度,在美国投保人可以自由选择清算或保单转移的方式,给予投保人更多的自主选择权,然而我国的投保人是没有这种选择权利的。

非人寿保险的保单持有人,随着保险公司的清算而获得保障基金的救助。保障基金也对救助方式进行了规定。在这一过程中,非人寿保险的保单持有人同样没有选择权。哪怕非人寿保险的性质可能是长期性的保险,利用保单转移的方式进行救助可能会对投保人利益的保护更加有力,也因为我国的法律规制的限制无法作出更多的选择变化。

(二)偿付能力监管制度的不完善

在上文中,笔者介绍了偿付能力在保险公司破产中的作用。科学完善的偿付能力监管机制对于保险公司破产有着重要影响。但需要指出的是,我国的偿

---

① 我国《保险保障基金管理办法》第 19 条规定:“保险公司被依法撤销或者依法实施破产,其清算财产不足以偿付保单利益的,保险保障基金按照下列规则对非人寿保险合同的保单持有人提供救助:(一)保单持有人的损失在人民币 5 万元以内的部分,保险保障基金予以全额救助;(二)保单持有人为个人的,对其损失超过人民币 5 万元的部分,保险保障基金的救助金额为超过部分金额的 90%;保单持有人为机构的,对其损失超过人民币 5 万元的部分,保险保障基金的救助金额为超过部分金额的 80%。”

② 我国《保险法》第 92 条第 2 款规定:“转让或者由国务院保险监督管理机构指定接受转让前款规定的人寿保险合同及责任准备金的,应当维护被保险人、受益人的合法利益。”

③ 顾业池:《寿险公司破产后保单持有人利益的保护》,载《保险研究》2009 年第 9 期,第 5 页。

付能力监管制度并不完善。虽然近年来,保监会提出了“偿二代”[①]的设想,以期完善我国的偿付能力监管机制,但是现如今也是发展进步阶段,并未能完全完善该制度,难以和保险市场做到完全契合。

我国的偿付能力监管,施行的是静态的偿付能力监管制度,这一制度的弊端在于无法准确跟进市场变化,不能充分展现偿付能力监管制度建立的初衷。我国目前缺少动态的偿付能力监管制度,虽然我国目前正在大力发展动态偿付能力监管制度的设计工作,但设计工作尚未完成,尤其是非人寿保险公司相关的动态的偿付能力监管制度的设计工作要远远落后于人寿保险公司相关的动态偿付能力监管制度。

(三)风险监测机制的不完善

在上文中,笔者提到了我国对于投保人利益保护的法律规定大多停滞于原则性规定阶段,缺少实际操作的规范。所以在实践中,对于投保人利益的保护要多依赖于保险监管手段。如果法律法规相对滞后,那么我们只能更多地依赖于行政措施。保险行业的健康发展需要通过完善的监管措施和风险监测机制来维系。而我国的风险检测机制也存在很大的进步空间。

我国的保险保障基金公司虽然正大力发展风险监测预警机制以及保单登记制度等事前防范工作,但还是需要多加努力。现阶段的风险监测机制尚不足以满足我国保险行业的需求,不只是针对保险公司风险监测机制,投保人相关的风险监测制度也需要建立起来。

(四)缺少对保单针对性的分级保障机制

我国的保单救济制度相对单一,如上文中对保单处理部分的表1所示,保险保障基金对保单的救助规定仅以人寿保险合同和非人寿保险合同两类加以区分。要知道,我国的保险行业中的保险类别是非常多样的。每种保险类别都有其自身的特点。像义务性购买的保险、长期的财产保险、高利率的保险、风险较大保险等各类保险都有其自身的特性,都有需要区别于其他保险类别的原因。各式保单根据其特点,在保险公司破产时都需要具有针对性的保障措施,否则对于各投保人的利益难以做到公平合理。但相对于保险类别的多样化,我国的保

---

① 中国保监会2012年年初发布的《中国第二代偿付能力监管制度体系建设规划》,提出要用3~5年时间,形成一套既与国际接轨,又与我国保险业发展阶段相适应的偿付能力监管制度体系。

单救助规定相对单一,保障机制也不够完备,缺少对各类保单具有针对性的保障机制。

第三章 投保人利益保护的国际经验及借鉴

在上文中,笔者介绍了我国投保人利益保护制度的现状和存在的缺陷问题。笔者想要结合上文的内容,对发达国家在保护投保人利益方面的制度和相关案例进行研究。

美国、日本、英国等发达国家的保险行业发展要远早于我国。其保险公司破产中对于投保人的保护制度也各有特色,对于我国均具有借鉴意义。笔者将通过对以上几个国家的投保人保护制度的了解,结合各自的保险保障机关保护投保人利益的实例,进行经验借鉴和比较分析。最终将提炼出我国在保险公司破产中,对投保人利益的保护还需要关注的问题。

一、美国的投保人利益保护

(一)美国的制度

美国保险产业的规制是于1945年McCarran-Ferguson法案通过后,于各州相继施行的,并为各种形态的给付能力制定、施行了相关规定。美国的保险保障基金最初只是保障工伤保险保单持有人的保险理赔,随后逐渐发展为覆盖众多险种的综合保险保障基金制度。

美国各州都有其自身的保险保障基金及制度。虽然美国有保险监督官协会①制定的统一标准,但不强求各州一定要适用。所以每个州都有自身的担保费率、保险金给付制度等。

在美国,人寿保险保障基金和非人寿保险保障基金是由不同的主体进行管理的。人寿保险保障基金的管理主体是"国家生命与健康保险保障基金协会"(National Organization of Life&Health Insurance Guranty,NOLHGA),由其向破产保险公司的投保人给付保险金。非人寿保险是由"国家保险保障基金协会"

---

① 美国保险监督官协会(National Association of Insurance Commissioners,NAIC)是保险制定标准的制度支持机构,于1871年创建,由来自美国50个州、哥伦比亚特区和5个美国领地的保险调整者负责创建和管理。

(National Conference of Insurance Guaranty Fund,NCIGF)在保险公司因破产收到法院的清算命令后,接收保险金请求权人的书面申请书,进行检讨后由其给付保险金。非人寿保险被分为车险、工伤保险以及其他非人寿保险3个账户进行管理。

美国各个州的保险保障基金的保障限度都不同,保单期限较长的人寿保险比起非人寿保险的保障限度要稍多。但是大部分人寿保险和非人寿保险的投保人保障限度是一样的。在人寿保险公司破产中,死亡保险金的限度一般在30万美元以内,中途解约时的退款保障在10万美元以内,而非人寿保险的情况是每个保单请求保障限度一般在30万美元以内。

在美国可以自由选择清算和保单转移的方式,还可以在同一种情况下混合使用两种方式。非人寿保险因其保单期间较短,保险公司破产中选择清算方式的情况较为常见。而人寿保险因为保险期间较长,破产保险公司的投保人比起清算更愿意选择其他的保险公司进行保单转移,以维持保单的连续性。破产保险公司的没有被接收时,投保人由保险保障基金联合会直接管理或由其指定的第三方机关管理。比如,下面将要提到的执行人寿保险公司(Executive Life Insurance,ELIC)破产事例便是这种情况。

(二)美国保险保障机构保护投保人利益的实例

ELIC曾是加利福尼亚州最大的人寿保险公司。1991年12月其收到了法院的清算命令,1993年加利福尼亚州州政府制订了针对该公司的清算(重整)计划案。该计划案使ELIC的投保人可以选择接收收购公司Aurora保险公司提供的新合同以持续保单的生命力,或终止和ELIC的保单以收取退保金。但是州政府和保险保障基金协会对于ELIC将资产分配给投保人的合约内容具有不同的解释,由此引发了各种矛盾和诉讼。

因为ELIC在美国47个州获得了营业许可,但每一个州的保险保障基金制度都不尽相同,所以为了在各州的保险保障基金之间获得统一的立场,由全国人寿保险保障基金联合会担当了存款保险公司的角色。加利福尼亚州则是以事后征收的方法收取了必要的存款人保护基金。ELIC的大部分人寿保险协议于2003年被国家人寿保险公司(Aurora National Life Assurance Company)收购了。

因ELIC的破产而选择终止保单的投保人获得了持有资产的退款金,而没有获得保险保障基金的保险金。而选择保单转移,从Aurora保险公司获得新保单的投保人,其中受到100%保障的投保人,其投保人损失金额[1] 163,800万美元都从保险保障基金获得支援。对于可以受到部分保障的投保人的损失金额85,000万美元,保险保障基金支援了36,300万美元。无保障的投保人完全没有获得保险基金的支援。之后虽然有追加给付额,但因ELIC的破产,投保人整体相当于获得了90.1%的救济,因破产终止保单的投保人只有79.1%获得了救济,其他人相当于受到了损害。根据加利福尼亚州保险保障基金状态2008年发表的资料,给选择保单转移的投保人给付的保险金从1993年9月合计的200,100万美元,增加至2007年的258,000万美元,其间增加的金额为57,900万美元。[2]

(三)小结

在美国的制度和实例中,投保人在保险公司破产中可以自由选择清算或保单转移的方式,这给了投保人更大的自主选择权,使其可以积极推动投保人自身对于各类保险公司的了解,在选择保险公司和保险类别时,更加能动。这一方面可以加深投保人对于保险行业的认识,另一方面可以积极促进保险行业良性的竞争发展。对于我国保险公司破产,投保人利益保护制度方面也有借鉴作用。我们可以思考在保险公司破产中,是不是可以给投保人更多的自主决定权。当然这种决定权不能以非黑即白的方式作出。要经过对于清算和保单转移,以及保单转移中保障协议的各种类别分别进行系统的计算之后,得出各类选择的优缺点,过后让投保人自主选择。如果能够得出科学的计算公式,这种自主选择方式是不是能够最大限度地保护投保人的利益。

二、日本的投保人利益保护

(一)日本的制度

从1996年开始,日本的人寿保险协会和非人寿保险协会分别设立运营了人寿保险投保人保护基金和非人寿保险投保人保护基金。这些基金在保险公司破产后为了保护投保人能够大范围地继承当初的保险协议而物色新的救济保险公司。投保人保护基金也基本上采取了尽可能保全资本损失金额的方式。每一个

---

① 投保人损失金额是指清算过程中因ELIC的资产处分等原因可以收到的金额和ELIC不破产中投保人价值的差额。

② 若破产保险公司规模较小,保险金会在1年至5年内支付完毕。

破产案件都设置了救援金额限度，人寿保险基金的限度为2000亿日元，非人寿保险基金的限度为300亿日元。

但是因为在保险公司破产中，保险投保人保护基金暴露出如找不到救济保险公司等各种缺陷，日本政府重新修订了《保险业法》，并于1998年为人寿保险和非人寿保险各自新设了投保人保护机构。初时该机构没有规定补偿金金额的上限，后于2001年修订为补偿保障内容的90%，除了家族地震险和汽车责任险依然补偿100%。

2005年日本再一次部分修订《保险业法》，对于1998年设置的投保人保护机构的补偿限额做出了再次调整，对于机构的合理运营和筹措资金等问题进行了完善。① 其中的主要变化有，当破产保险公司的投保人补偿不少于准备金90%时，如果遇到的是高利率保单，②可能需要有所下调。现在人寿保险公司破产中投保人保护机构的补偿限度如表3所示。③

表3 日本投保人保护机构的补偿限度

保险商品的类型	投保人保护机构的补偿限度	
个人保险	一般保险	投保人责任准备金的90%
	预定利率高的商品（高息商品）	准备金×(90% - 调整率) 调整率 = 过去5年间预定利率的和 - 准备金储蓄利率(目前3%)
团体保险	一般商品	投保人责任准备金的90%
	预定利率高的商品（高息商品）	准备金×(90% - 调整率) 调整率 = 过去5年间预定利率的和 - 准备金储蓄利率(目前3%)
	实质分红型团体年金	补偿对象以外

因破产使保险协议条件的变更并不仅止于准备金的削减。计算资产和负债的金额，根据超额债务的规模计算保险费时，可以调整假定的基本率。首先可以

① 参见日本人寿保险协会：*Bussiness in Japan* 2007/2008年版，第33页。

② 高利率的保单，是指保险公司破产前5年内预定利率超过准备金储蓄利率的保险产品。储蓄金的储蓄利率是政府及保险监督当局制定的利率，目前是3%。

③ 日本人寿保险协会(LIAJ)：*Policyholder Protection system*，2008年版，第176~177页。

下调将来需给付的预定利率。预定死亡率可以变更为现今的预定死亡率标准。预期营业费率也可以根据各个保险种类的平均营业费率进行变更适用。若以下调责任准备金和预定利率等方式变更合约内容,投保人将来能获得的保险金将大大缩小。

可以用变更基本率的方式使保险金额或退保金的变更代替保险费的变更。若保险公司破产,保单转移给救济保险公司后投保人在中途解约,因可以在退保金内提升可扣除的金额,最终将导致净退保金的削减。所以在日本,若保险公司破产,就算有其他救济保险公司接受保单转移,投保人利益受到损害的可能性还是很大。所以投保人需要自己选择优良的保险公司,而且保单签订后也需要持续性地关注该保险公司的经营状况。

(二)日本保险保障机构保护投保人利益的实例

自1997年日产生命保险公司破产以来,日本有8个人寿保险公司和2个非人寿保险公司相继破产。[①] 20世纪80年代,日本的保险公司以销售高利息产品来追求快速成长,到90年代日本泡沫经济的崩溃以及不动产市场的长期停滞导致了负利息现象,引发了很多保险公司的破产。其中,日产生命、东邦生命、第百生命、大正生命以及第一火灾根据以前的《保险法》的方式进行了处理。千代田生命、协荣生命、东京生命、大和生命以及大成火灾则根据《更生特例法》进行了处理。[②]

在日本,保险投保人保护机构对1997年以后破产的保险公司的资金支援金额达到了7900亿日元。以千代田为例,此公司的对比资产的负债超额评价为5950亿日元,AIG收购千代田生命时对其无形财产支付了3200亿日元,且没有支付保险金。[③] 现今,破产保险公司的投保人准备金最多削减到10%,保险商品的保障利息也进行了大幅削减,现下调至0.3%~2.75%。

① 8个人寿保险公司分别是:日产生命、东邦生命、大和生命、第百生命、大正生命、千代田生命、协荣生命以及东京生命。2个非人寿保险公司分别是:第一火灾和大成火灾。

② 参见武田久义:《生命保险会社的经营破产》,成文堂,第7页。

③ 参见*Japan Center for Economic Research*(2004),第47页。

表 4 日本破产保险公司的清算结果①

破产 保险公司	破产时间 （年）	保险金支援额（亿日元） ［资产对比负债超额］	准备金 削减率	日后保障利息 下调（%）
日产生命	1997	2000［3000］	0	3.75～5.50→2.75
东邦生命	1999	3810［6500］	10	4.79→1.50
第百生命	2000	1450［3200］	10	4.46→1.00
第一火灾	2000	400［无］	10	无→0.3～1.3
大正生命	2000	260［365］	10	4.05→1.00
千代田生命	2000	0［5950］	10	3.70→1.50
协荣生命	2000	0［6895］	8	4.00→1.75
东京生命	2001	0［731］	0	4.20→2.60
大和生命	2008	300（预定）［650］	10	3.35→1.00

资料来源：柳瑾玉：《保险公司破产中发达国家存款保险机构的保险金给付案例研究》，载《金融安定研究》（第 11 册第 1 号），2010 年，第 75 页。

1. 日产生命

1997 年日产生命破产以后，经日本大藏省②判断，维持原保单是对投保人利益保护的最佳方式，并开始试图通过"人寿保险投保人保护基金"进行救济。但没有出现愿意接受保单转移的救济保险公司是其面临的一大难题。最终，1997 年 6 月人寿保险业界共同成立了"Aoba 生命"（Aoba Life），③以股份有限公司的形式维持、管理日产生命的现有保单。

日产生命的最终债务超过额是 2906 亿日元，其中的 2000 亿日元是由人寿保险公司负担的"人寿保险投保人保护基金"支援的。对这 2000 亿日元的事后征收额是按照人寿保险公司的规模进行分配的。对于剩下的债务，通过变更预定利率、控制解约率制度的运用等来维持管理保单，且计划 5 年内处理完毕。具体

① 柳瑾玉：《保险公司破产中发达国家存款保险机构的保险金给付案例研究》，金融安定研究 2010 年第 11 册第 1 号，第 75 页。

② 大藏省是日本自明治维新后直到 2000 年期间存在的中央政府财政机关，主管日本财政、金融、税收。2001 年 1 月 6 日，中央省厅重新编制，大藏省改制为财务省和金融厅（主要负责银行监管）。

③ Aoba Life 于 1999 年 11 月收购了 Artemis SA。参见 *Freeman and Fujiki* 2001 年版，第 6 页。

的破产处理步骤有将现有保单的预定利率下调至2.75%,对保险费则未作变动。而且变更了保险金额、年金金额和给付金金额,退保金经过7年的时间,从1997年的15%每年削减2%。

2. 协荣生命

协荣生命人寿保险合同的破产是自第二次世界大战以来,日本人寿保险行业最大的经营破产案例。自20世纪80年代以来,协荣生命为了追求量化的成长,积极销售高利息保险商品,并且积极进行企业贷款、股票及不动产的投资。同时,协荣生命对投保人的分配率也制订了较高的标准。在日本泡沫经济崩溃后,协荣生命因其经营不善和不动产价格暴跌等原因,出现了大量的负利息现象。

2000年10月协荣生命被保德信生命收购,2001年2月通过的重整计划书如下:第一,协荣生命的总资产为40,890亿日元,总负债额为44,145亿日元,债务超额为3255亿日元。在公司再建过程中,没有接受人寿保险投保人保护机构的支援。第二,保德信人寿保险的子公司投资本金500亿日元,且通过后顺位债权筹备980亿日元使偿付能力维持在500%左右。第三,为解除债务超额及负利息现象,无偿销毁了已发行的全部股票。第四,将保单的实行预定利率下调至1.75%,在8年内适用早期解约退还控制制度。第五,在经过4年或8年的时间时,对适用削减责任准备金的保单实行特别分配。

3. 第一火灾

第一火灾公司是1997年以来的非人寿保险公司破产案例之一。第一火灾在日本泡沫经济崩溃后,因为不良债券的增多与资产运用收益率的下降引起的负利息现象持续时间较长,最终导致其破产。

2001年第一火灾提交了破产申请,同年全部保单转移到"财产保险投保人保护机构"。财产保险投保人保护机构对于第一火灾的处理主要包括以下几点:第一,个人或小规模法人的投保人属于财产保险投保人保护机构的保护对象,其补偿比例会根据保单的种类具有差异;第二,作为义务保险的汽车赔偿责任险和家庭地震险的保险金及退保金会受到100%的保障;第三,车险、火灾险及保障性财产保险在破产后3个月内可以保障100%的保险金,但3个月后只保障80%,退保金不论期限都补偿80%;第四,疾病及伤害保险除了短期伤害保险等部分商品外,保障其保险金、退保金及到期返还金的90%;第五,储蓄型保险保障其储蓄部分的80%,高利率保险商品可以追加下调。

4. 大和生命

大和生命保险公司是日本近期刚破产的公司。大和生命是受到2008年世界金融危机的余波而破产的。2009年3月大和生命的救济保险公司由美国保德信金融集团(Prudential)①下属人寿保险公司担任。

大和生命的超额债务以2008年10月末为准达到了650亿日元。在缩小债务的过程中,选择了削减投保人的保险金等方式。并且大和生命还削减了责任准备金的10%,并将订立合约时约定的预定利率从3.35%缩小到1.00%。其结果是,约14万名投保人获得的保险金额根据合约内容大幅削减。这种措施对投保人本身是十分不利的,而且因为像大正生命这样之前因破产被大和生命收购的情况,其投保人甚至等于遭受了两次保险金削减,极大地打击了投保人的利益。像日本这种用保单转移的方式整理破产保险公司的同时,让投保人来分担损失的情况对投保人利益保护是非常不利的。当然这种措施同样可以使投保人在投保前选择保险公司时尽到更多的注意义务,并在投保后对保险公司起到更多的监督责任。

(三)小结

从上述几个实例,我们可以看到日本的保险公司破产对于投保人的利益保护存在我国可以借鉴之处,同样也有一些我们需要注意的问题。首先,日本的投保人保护协会和投保人保护基金分为人寿保险和非人寿保险,这一点和我国只有一家保险保障基金公司的情况有所差别。

日本的保险公司在破产时,大部分都选择保单转移的方式寻找救济保险公司。投保人保护基金的事后征收也按照保险公司的规模来进行分配。非人寿保险,按照其保险种类不同,可以各自设计合理的保险保障方式。像在第一火灾的破产处理中,对于各类的财产保险进行不同的保障方式都可以进行借鉴。当然,日本的保单转移方式在整理破产保险公司时往往会选择让投保人分担不少的损失。通过责任准备金的削减和预定利率的下调追究投保人部分的责任。这一系列行为可能是为了通过投保人分担损失,减轻保险公司和保险市场压力的要求。这种措施虽然可能对破产保险公司的整理有一定正面影响,但是对于投保人利益却是极大的打击。可以说这种分担损失的方式,虽然可能使投保人在投保前选择优良的保险公司,投保后会持续跟进其监督责任,良性地推动保险公司的健

---

① 美国保德信金融集团是美国最大的金融机构之一,成立于1875年。

康发展,但是当保险公司破产时,投保人利益却会受到打击。日本的制度设计是根据本身的市场需求制定的,和我国的国情不尽相同。在投保人利益保护制度这一方面,我们可以选择性地借鉴。

三、英国的投保人利益保护

(一)英国的制度

欧洲有很多国家都是发达国家,其保险行业也相较我国有更加科学先进的制度。欧盟成员国中,有13个国家设立运营了保险保障机构,保障对象主要集中在义务性购买的保险商品中。① 在设立保险保障机构的国家中,最具综合性质的国家是英国。②

设立保险保障机构的13个国家中有5个国家设立了单一综合机构来保障保险公司破产中投保人的权利。而法国和德国分别设立运营人寿保险和非人寿保险的保险保障机构。

表5 英法德保险保障机构的参与时间点及保障形态

国家名称	保险保障机构的形态	保险保障机构的参与时间点	保障形态
英国	人寿财产保险综合机构	基于监督机关,法院的判决基础上决定FSCS破产	• 给付报酬 • 合同的连续性
法国	人寿保险单一机构	保险监督厅的破产决定	• 给付报酬 • 合同的连续性
	财产保险单一机构	保险监督厅的破产决定	• 给付报酬 • 合同的连续性
德国	人寿保险单一机构	金融监督厅的破产决定	• 给付报酬(保险保障机构收购)
	财产保险单一机构	金融监督厅的破产决定	• 给付报酬(保险保障机构收购)

① 参见非人寿保险协会:《企划情报组》2002年版,第38~56页。

② 2016年英国实施了"脱欧"公投,2017年2月1日,经过2天辩论,英国议会下院于2017年2月1日晚投票决定支持政府提交的"脱欧"法案,授权首相启动"脱欧"程序。

在这里我们主要研究英国的保险保障机构对投保人的利益保护制度。2000年英国出台了《金融服务与市场法》(Financial Services and Markets Act, FSMA),根据此法保护金融消费者的机构FSCS(Financial Service Compensation Scheme)在2001年成立。该机构的保护对象不仅有投保人,银行的存款人、投资信托人还有不动产抵押权人的利益也一同受到保护。FSCS有5个下属组织,其中一个就是保险保障机构,它是保险公司破产中保护投保人利益的单一组织。保险保障机构又被分为人寿保险和财产保险两个组织,两个组织各自征收保险费。

在英国保险公司破产中,FSCS会代替破产的保险公司给付保险金等必要的清算金额。但是在人寿保险的情况下,与清算相比,选择维持合同连续性的保单转移更加有利于投保人的利益保护。①

若保险公司没有破产,FSCS会依照签订的合同使投保人至少能获得90%的补偿。对于破产保险公司的投保人的补偿标准与限度如表6所示。首先,义务性投保的财产保险会受到100%的保障。不是义务性质的一般财产保险在2000英镑的限度内会受到100%的保障,超过2000英镑时只能保障90%。请求额则没有最高给付限度。

人寿保险的保障标准是3000英镑以下受到100%的保障,超过3000英镑之后的2000英镑受到90%的保障。请求金额超过5000英镑时,当财源不足时,是没有任何保障措施的,尤其像投保人分配金等可以获得法院的支持不进行给付。

表6 英国保险保障机构(FSCS)的补偿及给付限度

保险类型		最低保障标准(C是请求金额)	最高限度
财产保险	义务性财产保险	100% ×C	无
	一般财产保险	100% Min(C,2000) +90% Max(C -2000,0)	无
长期保险(人寿保险等)		100% Max(C,3000) +90% Min [Max(C -3000,0),2000]	无

(二)英国保险保障机构保护投保人利益的实例

独立保险公司②(Independent Insurance,IIC)是1986年设立的英国的大型财

① 参见柳瑾玉:《保险公司破产时发达国家存款保险机构的保险金给付事例研究》,载《金融安定研究》2010年第11册第1号,第80页。

② 独立保险公司是英国一家主要的财物与灾害保险公司,经过几年的快速增长后,其于2001年破产。

产保险公司。2001年6月因经营不善等原因破产。

IIC的3名核心人员因涉嫌伪造会计及审计报告而被英国法院判决有期徒刑7年。[①] 破产前一年的2000年会计报告中IIC的资产总额是9亿英镑,纯资产价值为3亿英镑,纯利润为2200万英镑,报告书的数据显示公司的经营状况良好。但是伦敦警察局大型欺诈重案办公室调查发现该公司2000年纯损失至少为18,000万英镑。

截至2007年9月,FSCS给IIC的破产给付的保险金是36,600万英镑。因IIC保单中责任保险居多,所以直到清算终结前保险金的累计金额可能会扩大到约5亿英镑。

(三)小结

根据英国的保险保障机构对投保人利益保护的制度和上述案例,我们可以发现英国的保险保障机构对于保险公司破产中投保人的保障具有较为系统的分类和科学的数字计算方式。像破产保险公司对投保人的补偿标准会区分义务财产保险和一般财产保险。人寿保险的保障标准也会有一定的分级保障规定。而且IIC的破产实例也提醒我们,对于保险公司的会计报告、审计报告等要有科学系统的、周期性的检查机制。像欧盟这种情况,其早在1999年就建立了连续性的偿付能力监管措施。[②] 保险公司的经营和财政状态是否健康也是我国保监会等机构需要持续关注的问题。不能等到问题发生了再去弥补,要做到防患于未然。

第四章 完善我国投保人利益保护制度的建议

对于投保人利益的保护是我国保险业健康发展的核心目标之一。而在我国的实践中,在处理保险公司风险处置和市场退出时,"将保险公司的存续作为主要目的,以接管等手段解决保险公司的资本问题或经营问题。"[③]这一点虽然可以

---

① See Financial Fraud News(www. financialfraudnews. com),July14,2008;Financial(The IFA'S Bulletin;www. standardfinancial. co. uk),December 2007,p. 4.

② 孙祁祥、郑伟:《欧盟保险偿付能力监管标准Ⅱ及对中国的启示》,经济科学出版社2008年版,第31页。

③ 薄燕娜:《保险公司风险处置及市场退出的保障制度研究》,北京大学出版社2013年版,第190页。

不与投保人利益保护的目的矛盾,但是在实践中还是会出现无法及时回应投保人赔偿要求的现象。

我国投保人利益保护制度的发展尚处于初级阶段,还有很多方面需要不断研究完善。在这一章节中,笔者将通过对上文的总结提炼,尤其针对第二章中提出的问题和第三章域外国家的经验借鉴部分,提出我国保险公司破产中对于投保人利益保护制度的完善建议。

一、救济方式的可供选择

对于陷入重大风险的保险公司进行救济的方式可以分为清算和保单转移两种。清算方式多适用于销售保险期间较短的非人寿保险的保险公司破产时,而保单转移的方式则多适用于销售保险期间较长的人寿保险的保险公司破产时。日本在保险公司破产时主要使用保单转移方式,而美国则可以两者同时适用。在我国的保险公司破产时,人寿保险公司采取的是保单转移的方式,非人寿保险公司则采取清算的方式。

在这两种程序的选择上,需要重点考虑的问题有如何最大限度地保障投保人利益、尽快恢复金融市场的稳定,以及投入较少的费用等。

清算方式虽然在多数情况下适用于销售短期财产保险商品的保险公司破产时,但是在非人寿保险公司中也会存在销售大量长期财产保险的可能性。这时采用清算方式处理保单可能会侵害投保人的利益。

像日本的第一火灾破产案,就是对非人寿保险公司的破产采取保单救济方式的例子。在第一火灾案中,财产保险投保人保护机构在保单转移过程中,针对各类不同的保险种类,采取了各自合理的补偿方式,同时也取得了良好的社会稳定作用。由此可见,使用保单救济的方式不一定要局限于人寿保险公司。

我国法律法规在破产保险公司的救济方式上,规定了人寿保险公司只能保单转移,非人寿保险公司只能破产清算。这一问题可能和我国保险行业破产重整制度的实践经验较少和我国保险行业的国情相关。但是,对于救济方式的选择,我们为什么要自己给自己设置一个范围限制?目前,我国的保险公司风险处置和市场退出制度不够完善,无法和美国那样同时使用两种救济方式,但是笔者认为,在法律规定中,并不需要将这个口堵死。我们可以在法律规定中留有余地,具体救济方式的选择可以在其他规范性文件中提出。这样既能符合我国目前的国情,也能为将来我国保险行业发展、保险公司破产重整制度完善之后进行其他规定留下便利。

除在法律法规中进行规制以外,我们还能通过对投保人在破产救济方式选择上的优劣进行指导。如果我国能够使保险公司或者破产保险公司的投保人自主选择救济方式,那么对于投保人对这方面的正确认知是很有必要的。

保险公司的破产和一般企业的破产还是有一定程度的差别的。在一般企业破产中,债权人一般会有破产清算会比破产重整更有利的认知误区。但是像寿险公司这种主要销售长期保险合同的保险公司破产时,投保人接受保险公司的破产重整可能相较于破产清算是更为有利。①

我国的保险公司也可以依据《企业破产法》的规定进行破产重整。在重整过程中,如果保险公司能够说服投保人主动削减部分债务,找到其他保险公司承接该公司,不仅对保险公司恢复偿付能力具有帮助作用,还能避免保险公司进入清算程序,使投保人的保单得以维持,此类做法更有利于投保人利益的保护。恢复偿付能力并实现破产重整,该公司可以在不依赖保险保障基金帮助的情况下使投保人利益得到确切的保障。通过市场自我调节而不过分依赖政府的干预,也是保险行业健康发展的必然走向。最重要的是,保险公司的重整最终也能帮助投保人获得比清算更多的利益,这对投保人的利益保护有积极的影响。

所以,让投保人正确认识到在保险公司破产中破产清算和破产重整的对其自身的利弊作用,对投保人本身也有很重要的意义。如果能够令投保人对保险公司破产有一个清晰的认识,根据现实情况分析清算和重整的做法哪一种对于投保人更加有利,相信保险公司破产时,尤其是寿险公司破产时,投保人可以作出对保护自身利益更有效的选择。笔者认为,在这一过程中,投保人选择削减一部分债务,帮助保险公司进入重整程序的做法对投保人本身和保险公司都是更有力的选择。而且这一过程,对于政府和保险保障基金也有很好的减压作用。这会使二者不至于造成太大的财政负担,对自由市场竞争和发展也有积极意义。最重要的是,投保人自身可以从中获得更多的收益。

对此,一般债权人,也就是保险公司破产中的投保人对于破产重整的正确认

① 参见于海纯:《保险市场退出语境下的保单持有人权益保护探析》,载《北京联合大学学报》2015年第3期,第96页。

识，是非常重要的社会认知，同时政府在其中的倡导和教育作用是必不可少的。政府可以通过公众媒体，向投保人就重整和清算的区别进行普及。保险公司进入破产程序时，也可以通过保险公司本身，向投保人进行相关概念的介绍和利弊分析。考虑到投保人的情绪问题，保险公司如果进入破产程序，可以调动保险保障基金公司、法院和破产管理人做投保人的思想工作。

二、完善偿付能力监管措施

从上一章英国的 IIC 财产保险公司破产案例中可以了解到，对于保险公司的监管制度是有一定必要的。甚至早在 1999 年，欧盟就建立了动态的偿付能力监管措施。针对保险公司市场退出时对于投保人的利益保护的问题，我们可以从偿付能力这一问题着手。

对于偿付能力监管，我们可以建立针对保险公司的分级制度。根据保险公司的经营状况、偿付能力充足率、信用状况等，对保险公司进行分级监管工作。如此将更加便于了解保险公司偿付能力的情况。保监会也可以对保险公司采取一种动态的偿付能力监管措施。我国从 2006 年开始便致力于构建动态的偿付能力监管体系。[①] 目前我国保监会虽然已经构建了一个初步的偿付能力监管体系，但因缺少法律规定，尚不能适用于实践。

在设计动态的偿付能力监管体系时，需要将人寿保险公司和非人寿保险公司区分开来。我国人寿保险公司的动态偿付能力监管制度经过数年的发展，逐渐完善了动态偿付能力监管体系。但是财产保险公司的动态偿付能力监管体系的发展却远落后于人寿保险公司。

对于动态的偿付能力监测方式，我们可以结合保险公司的自身情况，间歇性地对其进行监测，测试保险公司的经营情况、有效业务、发展趋势等；并为保险公司建立资产负债匹配模型。

对于保险公司偿付能力的信息，保监会需要及时将其披露给投保人及利益相关方。采取动态的偿付能力监测措施可以有效地控制资金运用情况，并能及时阻止公司的不利经营等情况。保监会也能及时阻止对公司不利的决断，保护

---

① 2006 年国务院在《关于保险业改革发展的若干意见》中，2008 年中国保监会在《保险公司偿付能力管理规定》中对构建动态偿付能力监管体系进行了明确规定。

投保人的利益不再受侵害,最终有效避免公司失去清偿能力现象的产生。

保监会采用动态的偿付能力监测措施可以积极地对公司进行管制,即使保险公司退出市场后,也能有足够的资金维持原投保人的利益。当然这些监测措施的前提是需要一份科学合理的计算方式和数据标准。

三、开展投保人相关的风险监测工作

“保险消费者相关风险监测是保障基金公司开展保险行业和保险公司风险监测业务的有益补充。”[①]保险保障基金作为“保单持有人的最后安全网”,[②]保障投保人的利益便是其首要任务。在保险保障基金展开保险行业的风险监测工作时,也应当研究掌握作为保险市场主体之一的投保人的相关市场行为和市场反应等状况。

保险保障基金公司可以通过动态监测了解投保人的消费偏好、风险预期、市场动态等。保险保障基金公司对于投保人的了解是很必要的,只有了解投保人的情况变化,才能更好地保障投保人的利益。根据对投保人的了解,及时提出风险预警,制订合理有效的风险处置对策,才能更好地发挥信息支持服务。

保险保障基金公司开展投保人相关的风险监测工作主要可以通过两种方式。这里我们可以大体分为线上和线下两种,也就是直接通过现实生活中的市场调查和通过互联网操作的网上信息调查。

线下调查可以主要采取问卷调查形式。保险保障基金公司可以委托专业调查机构,对保险公司的高管发放问卷,调查保险公司的管理状况、风险因素、对保险行业新政策的看法等。同时也可以向投保人群体发放问卷,调查他们消费购买的保险种类和金额、对于保险行业风险水平的认识、对保险公司的信任程度、对保险保障基金的认识等。

在这一工作上,我们可以借鉴和保险保障基金公司性质类似的证券投资者保护基金的调查机制。

保险保障基金公司可以下设一个调查中心或者委托专业调查机构定期或不定期地对投保人进行综合调查,观察投保人的组成、消费模式、心态变化等。调

---

① 任建国:《保险业风险监测预警机制与保单登记制度研究》,中国金融出版社2016年版,第65页。

② 马洪刚:《中国保险保障基金法律制度研究》,中国政法大学出版社2009年版,第2页。

查投保人的信心指数,量化其心态和预期变迁。通过以上调查结论,提前预判投保人对保险市场的影响。同时,可以时常进行针对性的调查,准确把握投保人对保险市场的关注点。这种做法也可以很好地为投保人和监管部门设置一个桥梁,不至于双方脱节严重,更好地起到风险防范的作用,更好地对投保人合法利益进行保护。

线上调查主要是指通过互联网进行信息资源的获取。在当今社会,互联网可以说是最全面科学的数据库。网络环境为投保人和保险保障基金公司的双向数据交换提供了最好的平台作用。网络既可以作为信息公开的媒介,也可以成为互动交流的平台。

在线上调查这一工作中,保险保障基金公司可以自主开发一个调查网站,将链接推送给各大保险公司。在推送的链接中可以通过连接各大保险公司的线上客户信息库推动网络调查问卷,以便各保险消费者填写。同时,在调查网站中可以设立一个论坛版块,以便和投保人进行双向交流;也可以设立匿名投诉版块,通过投保人或保险公司内部人员的匿名投诉,实时监督各大保险公司是否存在违规操作,经营不良等行为。网站同样可以建立独立的信息库,鼓励购买保险的投保人将信息录入该网站,定期给投保人推送保险行业的发展动态、市场变化、个别保险公司的风险预警等。建立该网上平台可以更好地实现保险保障基金公司和投保人的双向互动,同时可以为保监会等保险监督机构搭建和消费者互相了解的桥梁,更好地将保险行业的各大主体连接起来。这可以更好地实现风险监督工作,而且不仅止于风险监测,能够起到更好的桥梁作用。

科学技术如此发达的现如今,互联网巨大的信息量和其便捷的媒介平台需要更好地利用起来。网络风险监测工作理应逐渐成为保险保障基金公司参与投保人相关风险监测工作的重要手段。

四、加强投保人对保险公司的监督功能

上文中提到了保险保障基金公司可以针对投保人进行风险监测工作。那么反向来说,投保人也需要对保险公司进行一定的监督工作。保险监管机构、保险公司和投保人应当是一个有机的整体,互相之间应当形成一个监督工作的循环。

像日本、英国等国家,保险公司破产时投保人准备金最高可以削减到90%,之后也可能受到有息利率大幅削减等不公正待遇。中国的保险保障基金救济制

度,最低救助比例可以达到80%。[①] 在保险公司破产的过程中,投保人的利益几乎避免不了受到侵害的可能。

投保人本身在保险公司破产时处于被动地位,对于保险公司破产的信息接收也较为缓慢。一般的投保人在保险公司破产清算过程中处于被动地位的原因固然有对其保单进行清算或者保单转移等方面没有太多选择的原因,但还有一部分原因是因为投保人专业知识的匮乏导致的投保前的保险公司的选择,以及投保后对于保险公司的监督工作均未能到位。我国公众对保险行业并没有准确的认识和理解。人们对于“保险公司破产”的理解是相当浅显的,甚至很多人不知道保险公司也会破产。投保人对保险公司破产的浅显认知,可能导致投保人无法维护好自己的保险利益。[②]

投保人需要加强对保险公司的监督功能,监督工作可以分为事前、事中和事后,包括保险公司的选择、投保后的持续监督以及保险公司破产时的救济方式等。保险监督机构和保险公司也应当做好事前提示工作,使投保人增强风险意识,促使投保人更具保险知识,帮助其在投保前后做好选择和监督工作,避免造成不必要的社会矛盾。

五、各类保单分级保障机制的建立

日本财产保险投保人保护机构在处理第一火灾破产案时,采取了对各类财产保险进行不同保障方式的做法。这一做法在一定程度上体现了公平性和公正性。像英国就区分义务性财产保险和一般财产保险,并且对义务性财产保险的保障更有力度。日本的高利率保险商品的投保人在保险公司破产时,投保人准备金或预定利率的削减比例相比低利率保险商品要高。

相对于保险行业发达的国家,我国的保单救济制度相对单一,仅区分了人寿保险和非人寿保险的类别。在保险公司破产中对投保人利益保护的具体操作上,尚有许多不合理、不公平的环节。为了保护购买了各类保险合同的投保人的利益,我们应当考虑各类保险商品的角色、功能、风险、价格、强制性与否等因素。我们国家可以综合考虑各类保险商品的性质、功能、强制性、风险高低等因素,建

① 参见上文中的表1:保险保障基金制度的救助规定。

② 参见海纯:《保险市场退出语境下的保单持有人权益保护探析》,载《北京联合大学学报》2015年第3期,第96页。

立一个针对各类保单分级保障的补偿制度。在这一点上,我们可以借鉴日本的经验。日本在第一火灾破产时作出的对各类财产保险不同的保障做法,先不论其合理性,其对于各类财产保险各自不同的保障措施的设想是极为可取的。如果能够设计出适合我国国情的,针对各类保单的分级保障制度,将大大改善我国保险公司破产中对投保人利益的保护,同时能够更为合理和公平地保护投保人的利益。

结　论

从我国的保险行业的实情出发,我国保险公司破产中对于投保人利益保护的工作确实相当匮乏,实践经验也非常稀少。随着我国保险行业的迅速发展、保险监管法律法规的逐步完善和进步,对于保险行业核心价值之一的投保人的利益保护上却未见几多完善的制度构建。尤其是在保险公司破产中的投保人的利益,我国从理论和实践上都相对缺乏对其的保护制度。

对此,笔者从我国保险保障基金参与的两起保险公司风险处置的案例引出了本文的问题:保险公司破产中投保人利益的保护。提出本文想要讨论的问题后,笔者介绍了这一问题在我国的现状和缺陷,即问题相关的现实情况和需要改善的问题。随后,笔者考虑到我国在保险公司破产中投保人利益保护的相关制度和实践经验较少的现实问题,通过介绍域外的相关制度和案例,寻求可供我国借鉴学习的实践经验。

在文章的最后,笔者针对第二章提出的需改善的问题和第三章对域外的经验学习,总结提炼出了几点完善建议。分别从选择救济方式、偿付能力监管制度、针对投保人的风险监测、投保人对保险公司的监督工作,以及建立各类保单分级保障机制等方面提出了个人的简单建议。

我国保险公司破产中对投保人利益保护的问题需要更多的实践经验,并学习借鉴域外相关方面,逐步完善其制度。笔者提出的建议仅止于理论层面,尚缺实践经验。而我国到目前为止,实践中对保险公司风险处置及市场退出的案件较少,难以检验目前我国的制度规定是否还有大量的不合理之处,以及需要补充修改的问题,更遑论笔者提出的建议是否可行。笔者文章中的诸多理论和建议尚不成熟,但也希望能够对我国保险公司破产中投保人利益保护制度的完善起到微弱的帮助作用。

韩国破产法最新修改动态

陈景善*

韩国最大船运公司韩进海运破产案,使学界、实务界再次关注韩国破产法,但是国内对韩国破产法的研究资料甚少。在韩进海运公司破产过程中我们可以了解到该公司从法庭外重组程序转入法定重整程序,直到最后转入破产清算程序。从该案中我们可以初步了解到韩国的破产法制度中既有法定重整与破产清算制度,也有法庭外重组制度。因此,本文围绕韩国破产法近几年的修改状况以及最新修改动态,作以介绍并分析,以资国内学界、理论界予以借鉴。韩国破产法制如此完善主要源于1997年的韩国金融危机,该金融危机是促进韩国破产法发展的重要契机。在大企业、金融机构的破产,中小企业的破产,大规模的企业重组中,韩国破产法起到举足轻重的作用。1998年以来韩国从国家层面大力推动发展破产法,直到2007年,这期间可以称为是韩国"破产法改革的时代"。自1998年开始,韩国根本性地大修改破产法,

---

* 中国政法大学教授、博士研究生导师,日本早稻田大学法学博士。本文是本人主持的国家社科外译项目(12WFX003)研究成果。同时得到金杜律师事务所支持,横向课题:《韩国法庭内外重整(组)制度研究》项目(1021/23215062)研究成果。最高人民法院2017年研修项目"僵尸企业破产法律问题研究"成果之一。

2005年制定了"债务人重整以及破产清算相关法律",[①]2006年4月1日开始施行。[②] 韩国在如此完善破产法的同时,致力于完善法庭外重组制度。2001年开始作为法庭外重组制度又制定了《企业构造调整促进法》。[③] 因此,韩国法庭外重组制度以及韩国的破产法在这10年期间急速发展。韩国的破产法就比中国破产法早实施一年,不同的是韩国的破产法实施之后一直未停止破产法修改工作。

一、韩国破产法近期修改方针

韩国破产法修改委员会主席吴守根教授指出,韩国在没有足够破产实务经验以及理论体系的基础上构建了破产法立法体系,因而一直以来存在构造上的缺陷以及适用中的问题。

修改前的韩国破产法存在效率性差、中小企业受到各种限制利用率比较低、公司重整率低的问题。同时在法院的专业性不足、适用对象基准不明确、程序漫长、调查委员以及管理人资格、旧股东股份注销等方面存在诸多争议。这与中国破产法实施中的问题极其类似。针对此类问题,韩国破产法立法审议会主要探讨以下问题:(1)在程序效率化方面,为了提高重整的可能性,缩短了程序所需的期间,将利益相关人的矛盾最小化、确保企业退出制度的灵活性。为此,建立专门受理企业破产案件的破产法院;为了有助于法官判断企业经营情况,设负责管理业务的公司管理委员会;整合商法的清算程序、破产清算程序、公司重整、和解法;统一重整程序和和解程序的管辖;缩短保全处分、调查委员会的调查、债权申报、重整计划草案的提交和批准时间等各种期间;缩短重整计划草案中偿还期间,同时制定迅速协商制度。[④] 其中,迅速协商制度,是指事前提交的重整计划草案中如果含有对金融机构等主要债权人的偿还计划,法院省略选任调查委员等程序迅速将主动权转移给债权人协议会,迅速进行重组,使重整对象企业尽快回归市场。在重整计划草案得到批准之后,只要开始偿还,哪怕是部分也可以终结

---

① 是韩国破产法的名称,韩语简称为"统合倒产法",本文简称"韩国破产法"。

② 参见吴守根:《破产法改革(1998~2007)》,Doosol出版社2007年版。

③ 该法全文旧条文载于陈景善、张婷主编:《东亚金融机构风险处置法律评论》,法律出版社2015年版。2016年3月最新修改版载于王卫国、郑志斌主编:《法庭外重组制度》,法律出版社2016年版。

④ [韩]金亨斗:《韩国破产法最近动向》,载《破产法研究》2011年第2期,第45~46页。

程序;为了使海外资产也能够适用重整程序取消属地主义;法院可以取消对税务债权的临时扣押,通过批准重整计划使滞纳处分失效。[①] (2)确立适用基准。原来韩国破产法规定的企业大小基准以及清算、公益性基准均取消,适用于所有企业,包括中小企业,同时需要指出的是将重整程序开始的基准"重整可能性"用经济性替代。(3)确立经营制度的健全性。导致企业破产应由企业经营者负责。[②]经营者在企业破产中只是失去经营权意义就不大了。必须完善董事对债权即第三人责任制度。(4)确保利益相关人的公平性问题。进入重整程序之后的公司应确保债权人利益,并确保担保债权人、无担保债权人、经营者、股东等的公平,在重整程序中应做到使利益相关人之间相互协助。比如,需要金融机构组成债权人协议会,作为对债权人提供信息的窗口并成为提交债权人意见的渠道;为保持公平、透明度,像上市公司由注册会计师负责进行外部审计,像非上市公司管理委员会进行审计;企业向债权人每年报告重整程序的推动情况,使债权人亲自要做到申请取消或终结程序;管理委员会作为义务,应向债权人协议会提交重整公司信息;担保债权应优先于税务债权等。基于以上基本原则韩国破产法审议会近几年进行大修改,本文因篇幅的关系以下重点介绍2016年《韩国破产法》在法定重整以及法庭外重组中的修改内容。

二、2016年《韩国破产法》修改主要内容[③]

世界性的金融危机爆发之后,韩国经济持续不景气,资不抵债的困境公司调整并重组债务成为常态化,因而破产法需要顺应债权人及债务人的要求确保重组程序的公正、效率,因此韩国修改了重整程序并对其进行了补充。为了确保债务人在重整程序中灵活地得到新的投资资金,通过强化投入新的资金的债权人的权限,引导对债务人投入新的资金强化了重整程序中的供应商债权人的保护,由此达到债务人公司在重整程序中持续性进行商业交易,确保资金以及营业的持续性。为了提高事前计划草案的有效利用度,认可了债务人提交草案的权利,新设了书面决议视为同意的特殊规则。同时,扩大了债权人参与重整程序的程

---

① 吴守根:《破产法改革(1998~2007)》,Doosol出版社2007年版,第15~17页。

② 金性龙:《破产企业董事责任》,东亚破产再建协会2014年第四届研讨会论文集。

③ 参见法务部综合法律信息,法令。2016年5月29日法律第14177号债务人重整及破产清算相关法律部分修改,自2016年8月30日起实施。

序参与权、并提高了债务人重整可能性，如具体新设了债权人意见提示权等；还规定达到一定规模以上的法人债务人的重整及破产清算案，由首尔中央地方法院集中管辖。管理委员会委员的资格欠缺事由中包括限定监护人等。对原法律规定进行了改善以及补充。主要内容如下。

（一）确保灵活的资金供给

1. 对于提供新资金的债权人赋予其在重整程序中对重要事项提示意见的权限，同时提供资金的新的债权人有权要求管理人提供资料（《韩国破产法》第22条之2新设的规定）。

2. 新提供的资金使用用途明确时，债务人、管理人、保全管理人除了向法院提交报告事项之外还应追加新资金的执行事项（《韩国破产法》第39条之2第2项第3号）。

3. 在重整程序中选任调查委员时，进行意见交流阶段应追加债权人协议会，重整程序开始之后根据对债务人提供新资金者的邀请，经调查委员的调查，在必要的资金借入范围内，允许向债务人提供信息（《韩国破产法》第87条第1项、第6项）。

4. 申请重整程序之后，允许债务人借入新的资金时，把法院听取意见的对象变更为债权人协议会，法院在批准新资金的借入方面参照债务人与债权人之间的交易情况、债务人的财产情况、利害关系人的利害关系等所有情形（《韩国破产法》第179条第2项）。

（二）强化保护供应商债权

1. 申请重整程序前的20日以内，债务人持续性正常营业所得到供应的物件，相应的对价请求权作为共益债权（《韩国破产法》第179条第1项第8之2号新设）。

2. 基于重整计划批准要件中的平等原则，在不违反平等原则的事由中追加了"作为债务人的供应商的中小企业的重整债权，如果判断会显著阻碍债务人企业的可持续性应优先于其他重整债权偿还"（《韩国破产法》第218条第1项第3号新设）。

3. 法院在批准重整计划之前，在重整债权偿还批准事由中，作为债务人的供应商的中小企业所持有的小额债权如果得不到偿还，"有可能显著阻碍事业的可持续性"时修改为"有可能阻碍事业的可持续性"（《韩国破产法》第132条第1项）。

4. 法院在批准重整计划之前,在重整债权人批准事由中,"认定不偿还重整债权有可能对债务人重整造成显著阻碍的"字句变更为"认定重整债权的偿还对债务人重整所必要的时候"(《韩国破产法》第132条第2项)。

(三)韩国型预重整制度的创设

1. 债权份额达到债务人负债的1/2以上的债权人或得到这类债权人同意的债务人,在申请重整程序之后开始到重整程序开始之前为止,可以提交事前计划草案(《韩国破产法》第223条第1项)。

2. 提交事前计划草案的债权人之外的债权人,根据《韩国破产法》第240条第2项在法院规定的回信期间前日为止可以书面作出同意事前计划草案的意思表示(《韩国破产法》第223条第3项)。

3. 提交事前计划草案者应在重整程序开始之前为止向法院提交债权人目录、《韩国破产法》第92条第1项各号规定书面记载的内容以及大法院规定须提交的书面资料(《韩国破产法》第223条第4项)。

4. 提交事前计划草案者如果提交了重整债权人、重整担保权人、股东、持有股权人的目录,其目录参照《韩国破产法》第147条第1项(《韩国破产法》第223条第5项)。

5. 在提交事前计划草案者提交债权人目录的情形下,在作出重整程序开始决定时无须规定债权人目录提交期间(《韩国破产法》第50条第1项第1号)。

6. 提交事前计划草案之后,重整债权、重整担保权、股份或出资股权的申报期间开始之日为重整程序开始决定之日(《韩国破产法》第50条第1项第2号)。

7. 在事前计划草案用书面作出决议的情形下,无须规定执行日(《韩国破产法》第240条第2项)。

8. 在重整计划草案用书面作出决议的情形下,法院在批准之前,在作出是否批准重整计划草案时可以听取相关利害关系人的意见(《韩国破产法》第242条之2)。

(四)扩大了债权人参与的范围

1. 对于主要债权人赋予构成债权人协议会时的意见提示权限(《韩国破产法》第20条第4项新设)。

2. 选任管理人时,对债权人协议会赋予管理人候选人推荐权(《韩国破产法》第74条第7项新设)。

在以上修改中最重要的内容是导入了韩国型预重整制度。该制度是债务人与主债权人在法庭外将事前协商的重整计划草案以书面决议的方式迅速得到批准由此赋予法定效力的制度。以美国《联邦破产法》第 11 章(Prepackaged Chapter 11 Bankruptcy)为模板,韩国型预重整制度的导入应该有利于衔接自律性重组和法定重整程序,今后期待制度的有效利用。

三、韩国法庭外重组①制度

目前,韩国破产企业重组的方式分为:债权金融机构之间私下约定而重组(所谓"自律性协议")的方式;根据《企业构造调整促进法》金融债权人协议会主导的限定在金融机构债权人的强制性债务调整以及注入新资金重组(所谓"庭外重组");在法定重整程序中包括金融机构债权在内对所有债权人强制性的调整债务(企业重整程序)。本部分着重介绍法庭外重组制度中的《企业构造调整促进法》,该法的实施免去了庭外重组只停留于一种约定,而缺乏法律约束力的问题。如前所述,韩国于 2001 年制定《企业构造调整促进法》(以下简称《企促法》)作为暂行法实施到 2005 年 12 月 31 日为止,为的是促进金融机构主导的企业构造调整。② 但是,债权金融机构之间自律性的达成一致协议调整企业构造并未得到市场化的效果,因而为了迅速并灵活地促进企业构造的调整,2007 年又重新制定并暂时实施到 2010 年 12 月 31 日为止。于是该法到 2010 年又失去了效力。之后,在促进法庭外重组的过程中,为强化企业的自律性,完善保护反对债权金融机构之间的协议的债权金融机构以及小额债权金融机构的权利,2013 年 3 月 1 日为止又重新制定该法。为促进企业构造调整的《企促法》于 2015 年 12 月 31 日再次失效。但是,以弱势行业为中心进行法庭外重组的需求依然在增加,而该法失效后,韩国尚未找出替代方案,因而出现了因无法迅速进行法庭外重组,企业没能迅速进行结构调整给国民经济带来巨大负担的可能性。本次修改的主要内容:以前企业构造调整法的主要对象是大型企业,③但本次修改将适

---

① 关于韩国庭外重组部分参见陈景善:《韩国法庭外重组制度》,载王卫国、郑志斌主编:《法庭外重组制度研究》,法律出版社 2016 年版。

② 曹圭洪:《法庭外债务重组与预重整》,载《破产法研究》2014 年第 4 卷,第 77 页以下。

③ 吴守根整理、朴文峰译:《企业结构调整促进法(旧版)》,载陈景善、张婷主编:《东亚金融机构风险处置法律评论》(第 1 辑),法律出版社 2015 年版。

用范围扩大到所有企业,基于该法参加的法庭外重组程序的债权人范围也是从债权金融机构扩大到所有金融机构,最终通过企业构造调整改善金融市场的稳定、并促进国民经济发展的目的,将该法的有效期限暂时延长到2018年6月30日为止。《企促法》多次被规定为暂行法是因为1997年亚洲金融危机与2007年雷曼兄弟破产后经济长期不景气,债权组之间存在协商不足与利益冲突,不通过法律,仅通过单纯的法庭外重组不能解决企业构造的调整。因此,虽然有政府的一定干预,但通过法制化来解决此问题的必要性显著增加。

(一)《企促法》的主要内容①

1. 适用庭外重组的对象企业

法律规定"通过对交易企业进行信用危险评估,主债权银行或债权金融机构协议会认为无外部资金援助或其他借款(在正常金融交易中发生的借款除外),无法偿还金融机构贷款的企业"为出现经营困难的企业(《企促法》第2条第5号,以下只标注条款的法律为现行《企促法》)。对被认定为出现经营困难的企业,进行法庭外重组。开始进行《企促法》规定的法庭外重组的前提是金融机构贷款金额为500亿韩元以上(但不包括商业交易债权或公司债权的债权金额),因此,《企促法》规定的法庭外重组不适用于自然人或中小企业。

2. 申请权人

第一次与第二次《企促法》实施时,只有主债权银行(债权金融机构)具有申请开始企业构造调整程序的权限,债务人无申请权限。换言之,旧《企促法》规定主债权银行对企业进行信用评估后企业得到C等级时,将对象企业指定为出现经营困难的企业,随后召集协议会对共同管理程序的开始进行表决,之后进入管理程序。非主债权银行金融机构有权限要求主债权银行采取措施(第一次《企促法》第10条,第二次《企促法》第5条)。

但有些人批评只赋予债权人可以依法律规定开始法庭外重组既不公平,又很残酷。因此,现行《企促法》规定对交易企业进行信用评估后,主债权银行应向企业通报企业可以申请进入管理程序,获得通报的债务人企业可以申请进入管理程序(第4条第1项、第3项)。从法条规定上来看,债权人的申请权限被剥

① 朴文峰、李慧璟译:《企业结构调整促进法》(2016年最新版),载王卫国、郑智斌主编:《法庭外重组制度》,法律出版社2016年版。

夺,但债务人很难拒绝主债权银行的通报,在多数情况下,由债务人企业申请法庭外重组。以前在形式上也经过对象企业向主债权银行申请开始法庭外重组,因此,即使修改了法条,在实务中也不会有太大的变化。但第三次《企促法》实施后,企业的大股东对企业信用评估不满或认为有充分担保时,也会出现不愿意申请法庭外重组的情况。但债务人企业经过自我判断,申请重整程序的情况也时有发生。存在商业债权额、发行了公司债券,多数公司债券的债权人为自然人并其债权额不少时,依《企促法》规定的法庭外重组成功可能性不大,因此,只能申请重整程序。

3. 保全处分

第一次《企促法》第14条第1项规定,主债权银行为了开始债权金融机构共同管理程序而召集协议会时,应将其事实向金融监督院院长及债权金融机构通报。① 收到通报的金融监督院院长可以请求从收到通报之日起至第一次协议会召集之日延缓行使对该企业包括行使担保权在内的一切债权。但为了中断时效而提交的票据交换除外(第6条)。

但判例不承认金融监督院院长的延缓行使债权请求的法律约束力,因此,即使有延缓行使债权的请求,债权金融机构也可以对出现经营困难的企业的债权行使抵销权。② 上述判例的原审法院提出了以下4个理由:③(1)《企促法》制定时,立法草案中规定"债权金融机构……应延缓债权行使"。但是,在国会审议过程中认为,因私企业主债权银行通报召集协议会为理由限制债权金融机构的债权行使违反宪法为由删除了此规定。因法条的文义解释上规定金融监督院院长可以要求,因此,在文义解释上不承认法律约束力。(2)在立法审议过程中,在第一次债权金融机构协议会作出延缓债权行使的决议之前,相比依市场职能进行有效的企业构造调整,应将重点放在保障债权金融机构的财产权上,修正并通过赋予金融监督院院长延缓要求的权限。(3)如果收到延缓要求的金融机构因此受到限制,债权的行使与否将根据持有最多债权的主债权银行单方面意思表示决定。(4)即使债权金融机构行使了违反债权行使延缓要求的行为,也没有规定任何制裁措施。概言之,延缓行使债权的开始时间为协议会根据《企促法》第17

① 现行《企促法》第6条删除了对债权金融机构的通知。

② 大法院2005年9月15日宣告,2005dada15550号判决(gonggong 2005,1604)。

③ 首尔高等法院2005年1月13日宣告,2004na39445号判决。

条第1项第3号规定决定延缓期限的时间,结束时间是协议会未作出延长决定时,延缓期限的最后一天。

使经营不良企业的资金状况变得更加恶化的追债等行为称为“被禁止的债权行使”,但担保权的取得不包括在被禁止的债权内。①

4. 对经营不良企业的评估

银行之间签订(2007年11月4日)“债权银行的企业信用危险常规评估运营协议”,按上述协议进行的企业信用危险常规评估结果,对获得C等级的企业一般进行《企促法》规定的共同管理程序,对获得D等级的企业进行退出程序。② 因此,一般由获得C等级或D等级的企业申请重整程序。③ 对经营不良企业已开始管理程序时,任何债权金融机构可以申请重整程序(第4条第5项)。④

主债权银行或协议会可以与经营不良企业共同协商选任会计师事务所等外部专门机构对经营不良企业进行资产负债实际调查及企业继续存续能力评估(第7条第1项)。法律上并无强制规定该实际调查与评估,但在实务中认为该外部机构的实际调查与评估对包括债权再调整在内的经营正常化计划的树立是必备过程。可以根据该实际调查判断最终经营正常化的可能性,该实际调查将成为债权再调整、债转股比率等准备经营正常化计划最重要的基础资料。

5. 申请开始程序的决定权限

债务人申请开始《企促法》规定的管理程序时,主债权银行通报债权银行协议会的召集,由协议会或债权银行协议会通过决议开始共同管理程序。根据《企

① 大法院2006年11月10日宣告,2004dada21312号判决(未以刊物形式发布)。该判决是《企促法》实施前有关企业构造调整协议的判决,但在《企促法》中也有效。

② 对常规评估结果的分类规定在《运营协议》第11条各号中,属于第1号到第4号的情况称为实务中的A、B、C、D等级。A为正常企业;B为不良经营可能性大的企业;C为属于不良经营企业,但有经营正常化可能的企业;D为属于不良经营企业,并无经营正常化可能的企业。

③ 第一次、第二次《企促法》中有成为不良经营企业时,主债权银行除管理程序外可以根据债务人重整法申请重整程序的条款(第一次《企促法》第7条第1项第4号,第二次《企促法》第12条第1项第4号),但现行《企促法》删除了此条款。

④ 第一次、第二次《企促法》中有规定即使存在对企业的解散、清算要求或破产申请,债权金融机构也可以申请重整程序的条款,但对已存在破产申请,很难重整的企业申请重整程序无意义,删除了此条款。

促法》被债权金融机构决定为对象企业的债务人公司对此不能不服从。现行《企促法》规定虽被通报为对象企业,只要经营不良企业对此表示反对,应视为其不申请开始管理程序。

6. 公司的经营权

即使开始了法庭外重组,原经营者的经营权不会立即变更,原则上原经营者将继续经营。但债权金融机构协议会通过决议选任的资金管理人严格控制公司的资金执行(第二次《企促法》第8条第3项,第一次《企促法》第13条第3项)。现行《企促法》第5条删除了有关资金管理人的规定,笔者认为虽无法律依据,但在实务中现在还通过与债务人公司签订个别企业改善协议派遣资金管理人。如果对作为上市公司的大企业开始进行法庭外重组,可以通过协议会派遣的外部董事参与经营。根据履行经营正常化计划的约定,对重要经营事项(特定董事的辞职要求等),一般应得到协议会的事前同意。

7. 债权申报制度

发出第一次协议会召集通知后,债权金融机构应在5天内以召集通知日前一日为基准申报对象企业的信贷额(第19条第1项)。协议会将根据综合信用信息集中机构通知的债权金融机构信贷额度为比例赋予的表决权,并根据该表决权对议案进行表决(第19条第2项)。对申报的信贷额的存在与否有争议时,确认存在与否之前可以限制表决权的行使(第19条第4项)。根据第6条第1项规定,表决权的争议属于调解委员会的业务。[①] 届时,即使确认存在信贷额可以行使表决权,也不能对抗之前协议会的表决(第19条第4项、第5项)。经过申报期限后申报信贷额,待该金额得到确认后可以行使表决权时,前述规定同样适用于该种情况(第19条第6项)。但即使对信贷额的存在与否或数额有争议,也没有规定可以不服从的制度。

8. 共同管理程序的类型

共同管理程序分为以下3种:(1)由《企促法》规定的所有债权金融机构组成的协议会进行的债权金融机构共同管理(第5条);(2)由债权银行组成的债权银行协议会进行的债权银行共同管理(第13条);(3)由主债权银行进行的单独管

① 经实务工作者确认,对债券本身的存在与否有争议时(例如,对经协议会决议进行债权再调整之前行使的偿还或抵销、债权转让等债权转移或消灭与否,对象企业与债权金融机构之间,或债权金融机构之间存在争议时),多为最终以法院判决得出结论,因此,也有调整委员会不调整的情况。

理(第14条)。在适用于债权金融机构共同管理的条款中,一些条款也适用于债权银行共同管理与主债权银行管理(第13条与第14条)。对大部分企业由债权金融机构协议会根据债权金融机构共同管理程序进行。如此最大化地分散金融机构之间的损失危险,法庭外重组对象债权比重变大,有效的经营正常化将变为可能。[①] 但除一般银行外,韩国资产管理公司、根据特别法设立的进出口银行、信贷公司也参与债权金融机构协议会时,将会受到有关债转股等法律上的制约,有可能难以进行有效的法庭外重组。对银行债务占大部分的企业进行债权银行共同管理是最理想的,但实务中没有只有银行债权人参与的企业,因此适用所有债权金融机构参与的方式进行。但除参与的机构有差异外,进行的共同程序结构是相同的。

9. 协议会对经营正常化计划的决议

协议会根据持有债权金融机构总信贷额(包括根据经营正常化计划债转股的债权)3/4以上信贷额的债权金融机构的同意表决通过。但可以根据个案另行规定表决方式(第18条第1项)。管理程序开始后,协议会在延长期限内为经营正常化计划的履行,与对象企业签订协议[一般称为"备忘录"(MOU)]。在实务中,也会有对象企业的股东兼管理层作为当事人参与的情况。协议应包含销售额等企业的目标、人力及财务结构改善计划、债权再调整与信贷计划等。协议会审议、表决是否要与企业签订此种协议等事项(第17条)。但有关债权再调整的决议除满足一般协议会的表决条件外,同时还应满足担保债权额的3/4以上同意的条件(第10条)。企业的股东不能参与表决。

新信贷额,除法定担保权外,优先于其他债权金融机构的债权受偿的权利得到承认(第11条);《企促法》规定的共同管理程序过渡到法定重整程序时,制订承认该新信贷额优先受偿权的重整计划(《债务人重整法》第193条第3项)。[②]

管理程序是对象企业与协议会签订协议,由协议会对有关履行协议的签订

---

① 大宇通信(株)于2000年1月15日《企促法》制定前签订了有关企业改善工作的协议,此时也进行了所有金融机构都参加的债权金融机构协议会的共同管理程序。

② 该条款附加于2001年4月7日。修改的旧《公司整理法》第228条第3项中,其目的是将在法庭外重组中达成的优先偿还协议反映到重整程序中。但存在一个缺点,《债务人重整法》规定只有在不损害其他债权人的范围内承认其效力,因此,对所有无担保重整债权人不能助长优先重整债权,只能对约定的当事人之间主张优先权。

与履行业绩的检查情况等事项进行审议、表决的程序。此后,主债权银行按季度检查协议的履行实绩,以检查结果为基础定期评估、检查经营正常化可能性,并向协议会报告。主债权银行为了检查,可以要求报告有关该企业业务或资产的情况、提交资料、有关人员的陈述等(第9条)。

10. 共同管理程序的中止或结束

《企促法》上共同管理程序开始后中止的情形有以下几种:(1)决定对公司开始重整程序时(第4条第5项);(2)协议会在第1次协议会中未确定延长期限或延长期限终止日未确定经营正常化计划时(第8条第3项);(3)经营正常化履行协议的检查结果认为企业未履行或很难履行经营正常化计划的重要事项(第12条第1项);(4)评估结果认为不适合继续进行共同管理或无经营正常化可能性(第12条第2项);(5)相关企业要求中止进行共同管理程序(第12条第3项);(6)规定的事由是现行《企促法》新增加的内容,认为赋予了企业申请权限,也应赋予其终止权限才符合法律体系。

在旧《企促法》中,只有协议会才有是否中止法庭外重组的决定权,但现行《企促法》将此要求权限赋予了对象企业。但最终协议会拥有是否中止的权限方面并无差异。

旧《企促法》第15条规定对象企业或债权金融机构申请重整程序时,主债权银行应向法院提交经营正常化计划,将此视为《债务人重整法》第223条规定的事前重整计划草案。

但在重整程序中即使事前提交了计划草案,管理人也可以提交计划草案(《债务人重整法》第223条第5项),因为在重整程序中强制进行失败内容的事前计划草案无成功的可能性,因此在实务中法院没有优先提及事前计划草案,事前计划草案未曾得到有效利用。而且添加了《企促法》不优先于债务人重整法为宗旨的条款(第3条),但该条款已被删除。

根据判例,因企业改善工作中止而进行重整程序或破产清算程序时,无其他约定,债权再调整决议继续有效,因此在企业改善中协议消灭的担保债权不会重新恢复。企业改善工作(共同管理程序)中止时,拟将债权金融机构的权利恢复至此前状态,经营正常化计划草案决议时在协议会议案中明确规定该特别协议。

11. 不良经营企业的保证人的效力

企业改善协议或《企促法》未规定《债务人重整法》第250条第2项第1号规

定的保证债务的从属性例外规定,因此适用民法的保证债务相关规定。对主债务人根据企业改善协议将债务人公司发行的公司债券偿还债务进行债转股,同时将金融机构承担的股票收购价款缴纳债务与公司债券偿还债务根据相同金额消灭的抵销合同方式消灭时,保证人承担的公司债券偿还债务也将根据保证债务的从属性消灭相同金额。

而且,企业改善工作中进行的债转股是债权人与债务人之间根据抵销合同由债务人向债权人发行股票,债权人承担的新股收购价款债务与对债务人的贷款债权在等额内消灭,被消灭的债权额是相当于新股发行价格的收购价款,而不是评估新股的市价。[①] 在重整程序中债转股时,视为以新股发行效力发生日为基准日评估的新股市价相当额偿还债务,在这点上与重整程序有所不同。[②]

经营不良企业的法定代表人指示做假账,相信假账里制作的财务报表而提供贷款保证、买入CP(短期票据)等金融机构以共同侵权行为为由对法定代表人提起损害赔偿请求诉讼,在诉讼中达成在对经营不良企业进行的企业改善工作程序中将贷款等债权与新股收购贷款债务抵销的协议,使贷款等债权因债转股而消灭时,因抵销而产生的债务消灭的效力涉及不真正连带债务人法定代表人。[③] 在法庭外重组中,原则上在法庭外重组期间延长对保证人的权利行使,[④] 承认对保证人的从属性,也承认对不真正连带债务人法定代表人的债务消灭效果。在这点上法庭外重组比法定重整程序更有利于旧股东。

12.程序开始后的债务人融资(DIP Financing)

法庭外重组只改变该企业与债权金融机构之间的关系,不改变企业的法律地位或其他权利义务,因此,法庭外重组开始后在资金运营方面与法庭外重组开始之前无任何区别。但是在现实中,在资金管理人的监督下进行。虽然可以对债权金融机构的债权延长偿还,但对其他商业交易债务与个人债权人的公司债券支付债务应按原约定履行。一旦法庭外重组开始后,债权金融机构为了不使企业破产而管理资金,在资金运用方面出现问题的可能性很小。例如,因公司债

---

① 前述大法院2010年9月16日宣告,2008dada97218号判决,全体法官出席判决。

② 关于重整程序的确定的判例。大法院2010年3月25日宣告,2009da85830号判决(gonggong2010,801);2009年11月12日宣告,2009dada47739号判决等多数。

③ 前述大法院2010年9月16日宣告,2008dada97218,全体法官出席判决。

④ 实务中,除保证人外对背书人也限制追索权的行使。参见《有关企业构造调整的答疑集》,第11页。

券的数额高，债权金融机构需要支援的新资金规模变大时，债权金融机构不愿开始法庭外重组，而是往法定重整程序诱导。因大型建筑公司或造船公司新信贷资金规模比较大，债权金融机构之间因调整承担的数额不能进行迅速的法庭外重组，因而也发生过政府不得不参与的情况。

（二）根据《企促法》进行的法庭外重组的评估

法院每年的统计资料公开重整程序的受理、驳回、开始、批准、废止、终结等资料，所有利害关系人都可以查阅向法院提交的材料，国民容易知道该程序的内容。

与此相反，因很难取得法庭外重组程序的案件总申请数、终结数、成功率、开始到终结的期限等相关资料，预测可能性与透明性不足。面临破产的公司应比较哪种程序更有利于自己后选择适合自己的程序，但拟利用法定重整程序或法庭外重组的使用者很难做出合理的判断。在实践中，经过法庭外重组后转到法定重整程序的公司有：世界建筑公司、南光土建三能建设、大宇汽车销售、丰林产业、雨林建设、碧山建设、丰林建设等。这些企业都是因法庭外重组失败而申请了法定重整程序。当法庭外重组的成功率下降时，无法迅速地进行结构调整，不能实现当初的立法目的，程序也将转移为法定重建程序的前置程序。因此，不仅迟延结构调整，法定重建程序失败的可能性也很大。

与此相反，现代建设、HYNIX 半导体公司、大宇国际、PANTECH & CURITEL、Keangnam Enterprises、ISU E& C 等企业通过法庭外重组实现了经营正常化的企业。

根据《企促法》进行的法庭外重组的优势是债权人金融机构可以对交易企业定期进行信用风险评估，对存在经营不良风险的企业做出经常性的提前结构调整。2001 年年初，企业规模小，当国内银行的债务占企业的大部分债务时，根据《企促法》进行的法庭外重组对有效的结构调整可以起到一定的作用。而且，因《企促法》的存在法院注意到《企促法》，并将《企促法》的优势反映到法定重整程序中，在实务中规定迅速地开始破产重整程序裁定与法定重整程序的早期终结等，这可以评估为法庭外重组的功劳。如果债务人企业自主选择法庭外重组与法定重整程序，两种制度可以起互相补充的作用。

但从第一次、第二次《企促法》的规定与实务中可以看出由债权人银行决定法庭外重组的开始与终结，债务人不能自主选择法庭外重组程序。随着韩国政治、经济的民主化,对官治金融弊端的批评增多,因而企业规模变大、融资渠道多样化并全球化,企业构造调整也应向国际标准发展。

在债务减免中债权人是具有最敏感利害关系的一方当事人,但因持有大额债权为由主导程序,会对减免债务有所迟疑,①债权人之间的利害关系也会发生冲突。从长远的发展角度来看,强迫外国债权人(外国银行的国内分行等)接受不符合全球标准的制度将不利于吸引外资,通过境外分行发展巧妙的金融手段使外国金融机构逃避法网,国内金融机构将受到不公正的待遇。企业的结构调整应依靠法律与市场,政府应尽可能不要干预企业的调整。根据《企促法》进行的管理程序从外观上看除金融监督院院长的债权行使延缓要求外是由债权银行主导的程序,但也存在政府持有一半以上股份的银行,主要银行行长的人事决定还是由政府进行干预的现实条件下,很难避免官治金融。

起初制定《企促法》时将其定为临时法的目的是在2001年经济萧条的环境下,无时间上的宽裕,缺乏债权金融机构之间通过自主协议合理调整利害关系的市场习惯,原打算根据《企促法》进行结构调整的体制成为市场习惯之前适用《企促法》。因此,虽然在法律体系或内容上存在一些问题,但考虑到毕竟是暂行法,且为了克服当时的经济危机,学界也没有强烈反对。尽管如此,在现在看来,因市场习惯还未确定而制定第三次《企促法》证明利害关系人之一的债权人(金融机构)主导的自律性利害调整本先就很难。不顾金融手段的改变、法律进入到社会所有领域的现实,一直呼吁权威主义时代通用的官治金融的优势无法跟紧时代的步伐。法庭外重组的核心是参与者之间的自律性,通过自律性表现法庭外重组的优势。但将法庭外重组法制化为《企促法》的瞬间,原先法庭外重组具有的自律性将消失,产生其他国家没有的特殊的新破产法,在法庭外重组中不存在的破产费用将在法定化的法庭外重组中产生。

(三)2016年《企促法》修改的主要内容

以前企业构造调整法的主要对象是大型企业,在韩国,以负债规模为准,对

---

① 根据[吴守根,"韓國新倒产法制の概要,"國際商事法務 Vol. 35,(2008)]第738页的记载,与重整程序因债务减免与债转股,认可重整计划后营业利润增加相反,指出法庭外重组在终止后营业利润下降,因此,比法院主导的债务调整更彻底。

金融机构的信贷额度在500亿韩元以上的企业[①]适用《企促法》,对未满500亿韩元的企业适用债权银行协议会运营协议(以下简称债权银行协议),对建筑公司与房地产开发商适用债权组协议会运营协议(以下简称债权组协议),[②]对信用危险评估B等级的中小企业适用中小企业Fast-Track程序共同运营指南,[③]自律协议[④]等多种法庭外重组程序。[⑤] 但本次修改将适用范围扩大到所有企业,基于该法参加的法庭外重组程序的债权人范围也从债权金融机构扩到所有金融机构,最终通过企业构造调整改善金融市场的稳定与并为促进国民经济的发展为目的,将该法的有效期限暂时延长到2018年6月30日。

1.《企促法》适用的债务企业根据《商法》规定的公司及其他进行营利活动者等,也就是将适用对象扩大到所有企业,参与企业改善的债权人范围也扩大到所有债权人,并局限于金融机构债权人。

2.明确规定企业信用风险评估相关的评估基准,提出异议期限(14日),再评估期间(1个月)等企业构造调整所需阶段性期限(第4条、第6条、第9条,以及第14条)。

3.被判定为困境企业后,企业有权提出异议,主债权银行考虑企业的资产负债进行实地调查,根据结果与目标企业进行协商,通过制定自救计划书修改并补充。

4.法律强制性地规定了对困境企业的事后监测,被宣告为困境企业之后,经由一定期间企业无正当理由未进行结构调整或未申请法定程序等情形下,主债权银行可以采取贷款管理措施(第7条)。

5.过去金融监督院院长履行的债权行使缓期由主债权银行申请,在缓期申

---

① 在韩国,对金融机构的负债超过500亿韩元的企业约有1800家,其中信用等级为C、D的企业约有40家(2013年7月8日《朝鲜日报》第1页)。主交易银行对《企促法》对象企业分两次进行信用评估,分为基本评估与详细评估。金融监督院统计各银行的评估后发表。

② 对暂时流动性不足的一般建筑业为对象,2011年12月加入了银行、住宅金融公司等171家机构。主债权银行选择援助对象企业后要求延缓行使债权时,加入的金融机构应延缓行使债权。

③ 主要是为了解决KIKO问题而制定,适用于有KIKO损失的大企业。KIKO是Knock-in、Knock-out的省略语,是为了规避汇兑风险的通货选择协议。2008年下半年因美元汇率急升,签订上述协议的企业受到大规模损失而破产。

④ 因规模少不适合适用企促法的行业类特定企业(造船、海运公司)的债权金融机构等自主制定个别协议适用于相关企业。

⑤ 有关以上各种协议的说明请参见조규홍:"基于现行企业构造调整促进法的法庭外重组制度实务",BFL第53号(2012年),第45页。

请之后金融债权人行使债权的情形下,开始结构调整之后,债权履行之后立即恢复原状(第9条第3项、第4项)。

6. 结构调整评估周期定为3年,经过3年之后结构调整还未终结,经营评估委员会综合考虑到企业的自救努力,支援方式的妥当性等判断是否持续支援,其结果应向金融债权人协议会(以下简称协议会)报告,在网上公开(第16条)。

7. 对结构调整中的企业注入新的资金的效力在赞成的债权人与债务人之间签订的约定的时候生效。在协议会决议提供新的信贷资金的情况下,赞成的债权人未履行时,可以要求其支付违约金以及赔偿损害等。随着新的信贷资金支援而出现的风险应以公正,衡平原则分担(第18条)。

8. 协议会的表决要件中规定,单一债权额的比重占有3/4以上的情形下,金融债权人数的2/5以上赞成方可通过(第24条第2项)。

9. 债务人调整以及给予新的贷款相关的协议会决议事项如果违反《企促法》,协议会决议之日起1个月以内,可以向法院提起可撤销之诉(第25条)。

10. 对异议债权人的收购价格中应明确保障清算价值为原则,异议债权人向赞成的债权人提起收购请求之后,6个月之内应连带收购债权,在协议会表决之前事前应告知异议收购请求权行使内容以及方式(第27条)。

11. 设置"金融债权人调整委员会",促使所有金融债权人均参与,委员会的委任任期为2年,为的是强化专业性的同时规定只限连任一届,以此保护其独立性(第29条)。

12. 主债权银行召集协议会进行表决时,向企业经营者事前赋予以口头或书面陈述意见改进的机会,为了处置困境症状出现的企业的困境,可另设困境症状企业处理困境委员会(第23条第2项、第30条,以及第35条第1项第2号)。

结　语

在《韩国破产法》从1997年以来进行大幅度修改的过程中,值得一提的是完善了法庭内外重整(组)制度,基本实现了提高效率、透明度、程序的公正性、迅速化等问题。但是,也带来了是否实现保护债权人利益以及债权人公平的理念的问题。尤其是在法庭外重组方面引用多数决(3/4以上债权人同意)原则,导致个人财产权保护的问题,甚至于违宪问题。但是,导入多数决原则之后为确保债权人利益,还导入了异议债权人回购请求权制度,债权人之间可以商议回购价格。企业退出机制的完善、法定重整制度的高效、庭内外制度的衔接等问题基本得到解决。我国虽然部分地方法院已经设有专门的破产法庭,像深圳市中级人民法院等还在程序的迅速推动上做了积极努力,但笔者认为,今后在我国破产法整体完善工作中可以借鉴韩国破产法修改中的部分立法经验。

附:中韩破产法单词对照表

【陈瑞卓】		
重整	rehabilitation	회생
重整计划	rehabilitation plan	회생계획
债权人	creditor	채권자
担保权人	secured creditor	담보권자
股东	shareholder	주주
持股人/股权持有人	equity right holder	지분권자
共益债权	public-interest claims	공익채권
债务人	debtor	채무자
债权	claims	채권
债务	obligations	채무
重整程序	rehabilitation procedures	회생절차
制定	prescribe	(규정을) 정하여야 한다
营业	business	영업
财产	assets	재산
转让	transfer	이전
出资	investment	출자
租赁	rent	임대
经营	corporate governance	경영
委任	commission	위임

续表

公司章程	articles of incorporation	정관
变更	change	변경
新股	new shares	신주
债券	bonds	사채
发行	issuance	발행
交换	exchange	교환
股份移转	transfer of shares	주식이전
整体交换	all-inclusive exchange	포괄적교환
股份整体移转	total transfer of shares	전체지분이전
合并	merger	합병
分立	split	분리
分立合并	merger by split	분할합병
解散	dissolution	해산
设立	incorporation	설립
清偿顺序	repayment order	상환순서
明示	expressly stated	명시
期限	deadline	기간
担保	security	담보
确认	confirmation	확인
申报	report	신고
清偿	repayment	변제
共益债权	public-interest claims	공익채권
解除	cancel	해제
—		해지
受让	acquired by transfer	양수하다
分配	distribute	분배
争议	dispute	쟁의
解决	settle	해제

续表

和解	compromise	화해
调解	mediation	조정
诉讼	lawsuit	소송
董事	director	이사
监事	auditor	감사
法定代表人	chief executive officer	대표이사
选任	select	선임
选定	appoint	선정
任期	terms	임기
逃避	flight of the assets	도피
隐匿财产	concealment of the assets	재산은닉
故意	intentional	고의
经营不善/不实经营	poor corporate governance	부실경영
留任	retain	유임
债权人委员会	creditors consultative council	채권자회의
衡平	equity	형평
债务人公司	corporate debtor	법인인채무자
整体利益	overall interests	전체이익
认购	underwrite	청약
公积金	reserve	준비금
金钱	cash	금전
商号	trading name	상호
金融机关	financial institutions	금융기관
全资母公司	full parent company	모회사
全资子公司	full subsidiary	자회사
吸收合并	mergers of companies by absorption	인수합병
偿还	redeem	상환
利息	interest	이자

续表

金额	value	금액
利率	interest rate	이율
合并合同	written merger contract	합병계약서
股东大会	general meeting of shareholders	주주총회
社员大会	general meeting of employees	사원총회
股份	shares	지분
出资股份	equity shares	출자지분
审计委员会	audit committee	감사위원회
新设合并	incorporation by mergers	신설합병
目的	purposes	목적
总部	principal office	본점
分支机构	branch offices	지점
减资/减少资本	reduce the capitals	자본감소
价额	value	가액
总数	total number	총수
存续	remains in existence	존속하다
所在地	location	소재지
物的分立	asset spinoff	물적분할
但书	proviso	단서
筹资	raise fund	조달
另一方	other/another	상대방
对价	the price thereof	대가
标的物	the subject matter	목적물
新股认购权	the right to underwrite newly issued shares	신주인수권
限额	limited amount	한도액
制定	prescribe	정하는
特定第三人	any third person	특정한 제3자

续表

收益金	profits	수익금
附担保的债券	the bonds are collateralized	담보부사채
关系人会议	meeting of persons concerned	관계인집회
书面决议	written resolution	서면결의
提交	submit	제출
清算	liquidation	청산
解散	dissolution	해산
审查	examine	심사
利害关系人	interested persons	이해당사자
阅览	inspect	열람
提前计划草案	prior draft plan	사전계획안
重整计划草案	draft rehabilitation plan	회생계획안
平等原则	principles of equality	평등원칙
管理人	custodian	관리인
担保人	guarantor	담보인 / 보증인
担保债务	guarantee obligation	담보채무 / 채무 보증?
申报	report	신고
清单	list	리스트
记载	record	기록
司法部长	Minister of Justice	법무부장관
金融服务委员会	the Financial Services Commission	금융서비스위원회
管理机构	administrative agency	관리기구
批准	permission	인가
授权	authorization	수권
许可	license	허가
工会	Union	노동조합
劳动者	worker	노동자
修改	revise	개정

续表

【李亚茹】		
原因事实	the factual grounds	원인인 사실
启动、开始	commencement	개시
法人	corporation	법인
合伙公司	general partnership	합명회사
有限合伙(合资会社)	joint venture	유한회사 (합자회사)
社团或财团	incorporated association or foundation	사단 혹은 재단
转移	delivery	이전
接管人	trustee	접수관리자
清算人	liquidator	청산인
管理人	custodian	관리인
合并	coincide	합병
宣告和送达	publication and service of	선고와 송달
中断	discontinue	중단
公诉人	prosecutor	공소인
证明	substantiate	증명하다
准用于	apply mutatis mutandis to	에 준용하다
遗产(继承财产)	inherited assets	유산 (상속재산)
住所	domicile	주소
暂时支付	provisional payment	가지급금
国库	the national treasury	국고
财产清单		재산목록
持股		지분
预缴		선납
人合公司		합명회사
资合公司		합자회사선
破产财产管理人		도산재산관리인
受遗赠者		유증을 받은 자

续表

【周诗璇】		
保全处分	disposition taken to preserve	보전처분
公司董事	corporate directors	사내이사
依职权	by its inherent jurisdiction	직권으로
出资履行请求权	claim investments	출자집행청구권
赔偿损失请求权	claim compensation for damage	손해배상청구권
监察人	inspectors	검사인
审计员	auditors	회계감사
选任	selected and appointed	선임
管理委员会	custodial committee	관리위원회
调查确定裁判	final inspection judgment	조사확정재판
时效中断	the stay of prescription	시효중단
附理由	accompanying the reasons thereof	이유를 붙여
调查确定程序	inspection confirmation procedures	조사절차확정
利害关系人	interested persons	이해관계인
预先审查	examine in advance	사전심사
不变期间	invariable period	불변기간
批准	authorize	허가
强制执行	compulsory execution.	강제집행
命令执行	orders execution	집행명령
撤销	withdrawn	철회
重整担保权人	rehabilitation secured creditors	회생담보권자
补偿性赔款	compensatory damages	보상적 배상금
双务合同	bilateral contract	쌍무계약
团体协议	collective agreement	단체협약
防卫事业长		방위사업장
支付结算制度	governing payment and settlement system	지급결제제도

续表

金融衍生交易	derivative financial transactions	파생금융거래
金融委员会	the Financial Services Commission	금융위원회
转账	transfer instruction	계좌이체
精算		정산
抵充		충당
结算		결제
结余		차감
宗旨	purposes	취지
终止权		해지권
立即		지체없이
继续进行		속행하다
支付结算制度		지급결제제도
《关于资本市场和金融投资业法律》		자본시장과 금융투자업에 관한 법률
破产清算程序		파산절차
【李晨】		
财务困难	financial difficulties	재정적 어려움
公正的分配	fairly distribute	공정하게 배당하다
简易重整		간이회생
裁判管辖	Jurisdiction	재판관할
地方法院	district court	지방법원
专属管辖	the exclusive jurisdiction	전속관할
主要办事机构	the location of the principal office	주된 사무소
营业所	the debtor s place of business	영업소
高等法院	the high court	고등법원
《反垄断及反不正当竞争法》	the Monopoly Regulation and Fair Trade Act	「독점규제 및 공정거래에 관한 법률」
保证人	guarantor	보증인

续表

合议庭		합의부
《信托法》		「신탁법」
有限责任信托财产		유한책임신탁에 속하는 재산
受托人		신탁인
首尔东部地方法院	the Seoul Eastern District Court	서울동부지방법원
首尔中央地方法院	the Seoul Central District Court	서울중앙지방법원
移送	transfer	이송하다
居所	residence	거소
废止	discontinue	폐지
登记		등기
登录		등록
受托		수탁
破产清算诈骗罪	fraudulent bankruptcy	사기파산죄

图书在版编目(CIP)数据

东亚金融机构风险处置法律评论. 第2辑 / 陈景善,
张婷主编. -- 北京 : 法律出版社, 2017
ISBN 978-7-5197-1699-8

Ⅰ. ①东… Ⅱ. ①陈… ②张… Ⅲ. ①金融机构-破
产法-东亚-文集 Ⅳ. ①D931.022.9-53

中国版本图书馆CIP数据核字(2017)第294031号

东亚金融机构风险处置法律评论(第2辑)
DONGYA JINRONG JIGOU FENGXIAN CHUZHI FALÜ PINGLUN(DI 2 JI)

陈景善 张 婷 主编

策划编辑 沈小英
责任编辑 沈小英 刘晓萌
装帧设计 李 瞻

出版 法律出版社
总发行 中国法律图书有限公司
经销 新华书店
印刷 北京京华虎彩印刷有限公司
责任校对 马 丽
责任印制 吕亚莉

编辑统筹 财经出版分社
开本 720毫米×960毫米 1/16
印张 25
字数 430千
版本 2018年1月第1版
印次 2018年1月第1次印刷

法律出版社/北京市丰台区莲花池西里7号(100073)
网址/www.lawpress.com.cn
投稿邮箱/info@lawpress.com.cn
举报维权邮箱/jbwq@lawpress.com.cn
销售热线/010-63939792
咨询电话/010-63939796

中国法律图书有限公司/北京市丰台区莲花池西里7号(100073)
全国各地中法图分、子公司销售电话:
统一销售客服/400-660-6393
第一法律书店/010-63939781/9782
西安分公司/029-85330678
重庆分公司/023-67453036
上海分公司/021-62071639/1636
深圳分公司/0755-83072995

书号:ISBN 978-7-5197-1699-8
定价:80.00元